Eberhard Hamer
Benita Riedel

GASTRONOMIE-MARKETING

Eberhard Hamer
Benita Riedel

GASTRONOMIE-MARKETING

Ein Handbuch für die Praxis

mi Poller

CIP-Titelaufnahme der Deutschen Bibliothek

Hamer, Eberhard:
Gastronomie-Marketing-Handbuch : Situation und Zukunftschancen für Hotels und Restaurants / Eberhard Hamer. – Landsberg am Lech : Mi-Poller, 1990
ISBN 3-478-56821-8

Umschlaggestaltung: Werner Beck, 8938 Buchloe-Honsolgen
Satz: abc Fotosatz GmbH, 8938 Buchloe
Druck und Bindearbeiten: J. Ebner, 7900 Ulm
Printed in Germany 560 821 / 0590 203
ISBN 3-478-56821-8

Inhaltsverzeichnis

1. Vorworte

Ein wachsender, sich ständig verändernder Markt mit starken Konzentrationstendenzen und wechselnden Konsumgewohnheiten stellt dem mittelständischen gastgewerblichen Unternehmer täglich neue Aufgaben.

Nicht ohne Grund wurden deshalb auch im Branchenleitbild des Deutschen Hotel- und Gaststättenverbandes* die beiden Kapitel „DER MARKT“ und „DIE UNTERNEHMER“ an den Anfang gestellt. Der Unternehmer braucht im Markt Hilfe, will er nicht als Einzelkämpfer mit seinen bescheidenen Ressourcen ins Defizit gelangen.

Hilfen in dem mehr und mehr in den Mittelpunkt rükkenden Markt sind betriebswirtschaftliches Denken und das konsequente Anwenden betriebswirtschaftlicher Führungsmethoden.

Prof. Dr. Eberhard Hamer und Benita Riedel haben sich die Aufgabe gestellt, vorwiegend dem mittelständischen Unternehmer das für ihn unverzichtbare betriebswirtschaftliche Gedankengut und das notwendige Führungsinstrumentarium zu vermitteln, um kosten- und leistungsmäßig im Markt bestehen zu können.

In einer umfangreichen Bestandsaufnahme kann sich jeder Gastronom in seiner speziellen betrieblichen Situation und in seinem Marktsegment wiederfinden. Der Analyse der Stärken und Schwächen gingen eigene Primärerhebungen voraus.

Die Arbeit liefert dem mittelständischen Gastronomen echte Hilfe beim Finden der richtigen Zielgruppe und des richtigen Marketings für seine Leistung, das oft wichtiger sein kann als die Leistung selbst.

Dr. Egon Heider
Hauptgeschäftsführer DEHOGA, a.D.

* DEHOGA – Branchenleitbild 1988: „Deutsches Gastgewerbe – Wege in die Zukunft“.

Die jetzt vorgelegte Studie „Wege zu einer erfolgreichen Gastronomie“ erscheint zu einem Zeitpunkt auf dem Markt, in dem das Hotel- und Gaststättengewerbe Daten und Fakten benötigt, um für die Erfordernisse der unmittelbaren Zukunft gerüstet zu sein. Der europäische Binnenmarkt, Verknappungen am Arbeitsmarkt, Vordringen der Systemgastronomie sowie ein gewandeltes Nachfrageverhalten der Gäste fordern eine Neuorientierung eines jeden Unternehmers in der Gastronomie. Es gilt für jeden Wirt zu prüfen, ob sein Betrieb, wie er heute – wie er vielleicht seit vielen Jahren, ja Generationen – besteht, auch unter den sich wandelnden Marktvoraussetzungen im Jahr 2000 noch existieren wird.

Es ist das Verdienst der Verfasser, über eine ausführliche Analyse des heutigen gastronomischen Angebotes und des Nachfrageverhalten der Gäste hierzu eine zukunftsweisende Angebotsstrategie für das Hotel- und Gaststättengewerbe entwickelt zu haben.

Besonders hervorgehoben zu werden verdient die übersichtliche Gliederung und klare Sprache der Studie, die jedem Unternehmer unseres Gewerbes ein guter Wegweiser in die betriebliche Zukunft sein möge.

Hannover im Februar 1990

Lühmann
Präsident des Niedersächsischen Hotel- und Gaststättenverbandes NIHOGA

Römmert
Hauptgeschäftsführer des Niedersächsischen Hotel- und Gaststättenverbandes NIHOGA

Alm
Geschäftsführer des Niedersächsischen Hotel- und Gaststättenverbandes NIHOGA

2. Ziel der Untersuchung

Die deutsche Gastronomie ist als Branche unserer Volkswirtschaft viel zu lange viel zu wenig beachtet worden; dabei trägt sie mit einem Umsatzvolumen von mehr als 62 Mrd. DM in 1987[1] bereits mehr als die deutsche Landwirtschaft und doppelt so viel wie der deutsche Bergbau zu unserem Sozialprodukt bei. Die mehr als 200.000 Betriebe des Gaststätten- und Beherbergungsgewerbes machen immerhin mehr als 10% aller Gewerbebetriebe und fast 8% unserer gesamten Betriebe einschließlich der Landwirtschaft und der freien Berufe unserer Volkswirtschaft aus. Mit anderen Worten: Jeder 10. deutsche Gewerbetreibende bzw. jeder 12. Selbständige in der Bundesrepublik ist Gastwirt oder Hotelier.

Damit ist das Gastgewerbe trotz des zunehmenden Anteils internationaler Restaurantketten und Hotelkonzerne immer noch ein traditionell mittelständischer Wirtschaftsbereich von Familienbetrieben, in denen der Betriebsinhaber mit seiner Familie die wichtigsten Arbeitsleistungen im Betrieb erbringt und auch das volle Risiko des Betriebes trägt. In einer Zeit, in welcher der Dienstleistungssektor am deutlichsten expandiert, aber Dienstleistungen durch Mitarbeiter immer schwieriger und vor allem nur noch immer teurer zu bekommen sind, ist die täglich durchschnittlich 14–16 Stunden im Gastronomiebetrieb erforderliche Unternehmerleistung und die Mitarbeit der Familie mehr denn je der entscheidende Schlüssel zum Erfolg eines Gastronomiebetriebes.

Da Bedienung von Gästen notwendigerweise immer auch personalintensiv ist, hat das Gastgewerbe auch als Arbeitgeber eine seiner Entwicklung entsprechende Bedeutung erlangt. Die Gastronomie stellte 1988 ca. 853.000 Arbeitsplätze zur Verfügung[2]. Damit ist die beschäftigungspolitische Bedeutung der Gastronomie größer als die der gesamten Automobilindustrie[3].

Welche Leistungen wir Gäste unserer deutschen Gastronomie für unsere Lebensführung und für unseren Lebensstandard verdanken, wird vielleicht am besten im Vergleich zur Staatsgastronomie der sozialistischen Länder deutlich:

- Während man bei uns in jeder Gastwirtschaft willkommen ist, jederzeit kommen und gehen kann, und sich der Gastwirt mit seinen Mitarbeitern Mühe gibt, unseren Wünschen zu entsprechen, kann man in den sozialistischen Ländern keineswegs in alle Staatsgasthöfe gehen. Vielmehr hat man dort zu warten bis man dran ist. Vor allem aber wird man nicht wie ein willkommener Gast behandelt, sondern eher als Belästigung der dortigen Staatsangestellten. Die Begründung ist wahrscheinlich darin zu suchen, daß das Einkommen der dortigen Gastronomen nicht von den Gästen sondern vielmehr vom Staat abhängt.
- Unsere Gastronomie will dem Kunden Freude machen und bemüht sich entsprechend um ihn; Staatsgastronomie will den Kunden vermeiden und ihn schnell wieder los sein. Dementsprechend wird der Gast behandelt. Freude kann dabei nicht aufkommen.
- Bei uns stehen nahezu überall für den Gast Hotels offen und warten auf unangemeldete Gäste. Nur weil so viele Hotels dieses Angebot erbringen, können wir so freizügig in unserem Lande umherreisen und sicher sein, daß wir abends irgendwo freundlich aufgenommen werden. In Staatsländern gibt es kein freies Reisen, dementsprechend gibt es kein auf den Gast wartendes Hotelzimmer. Nur der kommt unter, dessen Reise von der Staatsorganisation vorher genehmigt, geprüft und angemeldet ist. Freiheit des Reisens wird durch Planung und Kontrolle des Reisens und Übernachtens in den Staatshotels für die Bürger begrenzt.
- Während bei uns der Gast zwischen unterschiedlichen Hotelangeboten auswählen kann, und die Leistungen immer besser und die Hotels immer komfortabler werden, hat der Gast in den sozialistischen Ländern mit dem zufrieden zu sein, was die Funktionäre für ihn als ausreichend empfinden.

Es ist der Leistung freier unternehmerischer Gastronomen und des Wettbewerbs unter ihnen zu verdanken, daß wir heute in immer mehr Gaststätten und Hotels willkommen sind und daß wir zwischen einem immer vielfältigeren Angebot von Speisen, Getränken und Übernachtungsmöglichkeiten auswählen können. Die deutsche Gastronomie hat unserem Volk durch ihr Dienstleistungsangebot ungeheuere zusätzliche Lebensführungsmöglichkeiten eröffnet. Darüber hinaus hat sie für viele auf das Reisen angewiesene Wirtschaftsbranchen überhaupt erst die Infrastruktur geschaffen, damit diese Branchen ihren Wirtschaftsleistungen nachgehen und sie reibungslos erbringen können[4]. Würden wir uns die freie unternehmerische Gastronomie in unserem Lande einmal wegdenken, wäre dadurch ein entscheidender Teil unserer Geselligkeit, unseres Urlaubs, unserer Mobilität und unserer Lebensfreude betroffen und entsprechend vermindert. Die meisten Vereine könnten nicht existieren, die meisten Feste nicht stattfinden und vor allem Alleinstehende blieben ohne die Möglichkeit, in einer Gaststätte andere Leute zu treffen und Gespräche zu führen, häufig völlig alleine. Aber auch eine Fülle von geschäftlichen Veranstaltungen, Treffen, Essen und Reisen könnten dann nicht stattfinden. Das gesamte externe Geschäftsleben würde darunter leiden.

Mehr Gaststätten und mehr Hotels sind deshalb ein Ausdruck von mehr Freiheit, mehr Mobilität, mehr Freude und mehr Lebensqualität für alle Bürger unseres Volkes sowohl im privaten als auch im geschäftlichen Leben. Eine hoch entwickelte Gastronomie ist für eine hoch entwickelte Volkswirtschaft unverzichtbar.

Doch trotz des ständig gestiegenen volkswirtschaftlichen Nutzens der deutschen Gastronomie für alle Bürger und für die gesamte Wirtschaft darf nicht übersehen werden, daß viele Betriebe dieser Branche mit erheblichen Problemen zu kämpfen haben und nur unter wachsenden Schwierigkeiten überleben können. Die Gastronomie ist heute die Branche mit der höchsten Unternehmensfluktuation. Ca. 30% aller bestehenden Betriebe scheiden pro Jahr mangels Rentabilität aus dem Markt wieder aus, werden aber jedes Jahr durch sogar mehr neu hinzukommende Betriebe wieder ersetzt. In der Hotelbranche liegt die Fluktuation um 20%, im Gaststättengewerbe sogar bei etwa 33%[5].

Diese hohe Fluktuationsrate deutet die Schwierigkeiten an, mit denen die bestehenden Gastronomiebetriebe zu leben und zu kämpfen haben. Vor allem zeigt sie aber, wie nötig diese Branche theoretische Hilfe hat. Verstärkt werden diese Probleme durch immer mehr und immer wieder neue in und vor allem ausländische Hotelkonzerne, die in die deutschen Gaststätten- und Hotelstrukturen eindringen und immer mehr selbständige mittelständische Betriebe vom Markt verdrängen. Auch gegenüber dieser Strukturwandlung und Konzentrationstendenz brauchen unsere selbständigen Gastronomen Rat und Hilfe, wie sie dieser neuen Konkurrenz begegnen können. Sie brauchen Ideen und Ratschläge, sich gegenüber diesen neuen Tendenzen und Konkurrenten durchzusetzen, sie brauchen aber auch offenen Rat und Beistand, wenn neue Markttendenzen oder neuer Wettbewerb ihnen an ihrem Standort keine Chance mehr lassen.

Aus diesem Grunde hat das Mittelstandsinstitut Niedersachsen die vorliegende Untersuchung durchgeführt, um damit mehrere Ziele zu erreichen:

1. Sowohl für das Gaststätten- wie auch für das Beherbergungsgewerbe sollte untersucht werden, welche Veränderungen der gesamtwirtschaftlichen Rahmenbedingungen sich auf diese Branche auswirken, wie die Auswirkungen für die einzelnen Betriebstypen und Regionen sind, und wie die einzelnen Betriebe darauf reagieren sollten.
2. Die vordringende Konzerngastronomie im Gaststätten- und Beherbergungsbereich bringt neuen Wettbewerb für die selbständigen mittelständischen Betriebe. Für diese Veränderung sollten Analysen vorgelegt und Verhaltensmöglichkeiten der mittelständischen Betriebe ausgearbeitet werden.
3. Wir stehen vor Strukturveränderungen der gesamten Bevölkerungszusammensetzung, der gesellschaftli-

chen Werte, der Haushaltsgrößen und des Kundenverhaltens. Auch diese Zukunftstrends sollten herausgearbeitet und auf ihre Wirkungen für die Gastronomiebetriebe abgeklopft werden, damit sich die Betriebe auf diese Veränderungen rechtzeitig einstellen können.

4. Mehr Gastronomiebetriebe bedeuten nicht nur einen höheren Nutzen für die Bevölkerung; vielmehr stellt ein umfangreiches und gesundes Gastgewerbe darüber hinaus einen wesentlichen Baustein für eine funktionierende Infrastruktur eines Landes dar. Somit stellt ein ausgebautes flächendeckendes Gastgewerbe eine wesentliche Grundlage für die Wirtschaftsentwicklung einer Region dar. Dies gilt besonders für einige niedersächsische Feriengebiete wie z.B. für die Nordseeinseln, die Heide, den Harz oder das Weserbergland, in denen die Gastronomie einen entscheidenden Wirtschaftsfaktor dieser Region darstellt. Viele dieser Gastronomiebetriebe wissen jedoch nicht, wo ihre künftigen Chancen liegen, mit denen sie sich langfristig ihre Existenz sichern können. Eine Sicherung der Existenzfähigkeit dieser Gastronomiebetriebe wäre deshalb zugleich auch eine Stärkung der Wirtschaftskraft dieser Region. Auch für diese Zwecke soll die vorliegende Untersuchung Vorschläge erarbeiten.
5. Einige Landesregierungen sind bereit, aus ihrem allgemeinen Wirtschaftsförderungsauftrag heraus auch die Gastronomie zu fördern. Sie wissen aber oft nicht, wie diese Förderungen optimal angesetzt, für wen sie gegeben werden sollen, und in welchen Regionen die Förderungen vorrangig anzusetzen sind. Auch diesen öffentlichen Interessen soll die vorliegende Untersuchung eine Hilfe bieten, die Wirtschafts-, Fremdenverkehrs- und Gastronomieförderung zu optimieren.
6. Im Unterschied zu Konzernbetrieben, welche von ihrer Zentrale kontrolliert werden und darüber hinaus auch ständig Hilfestellungen, neue Ideen und maßgeschneiderte Anregungen für Stärken und Schwächen

bekommen, stehen die selbständigen mittelständischen Gastronomen alleine. Da aber gerade diese Einzelunternehmer die Masse unserer Gastronomiebetriebe ausmachen, brauchen sie vor allem neutrale Vergleichsmaßstäbe, an denen sie die Schwächen und Stärken ihres Betriebes erkennen und sich Anregungen für die Verbesserung ihres Betriebes holen können.

Diesen Aufgaben fühlt sich das vorliegende Buch verpflichtet.

Prof. Dr. Eberhard Hamer
Dipl. rer. pol. Benita Riedel

3. Geschichtlicher Rückblick

Um die einzelnen Betriebsformen der Gastronomie für die Zukunft richtig zu verstehen, ist es zweckmäßig, einen Blick zurückzuwerfen auf die Entstehung und Entwicklung der einzelnen gastronomischen Betriebsformen in der Vergangenheit.

Die Gastronomie steht in einer langen Tradition und hat bis heute in dieser Entwicklung ihre grundsätzlichen Aufgaben und einige grundsätzliche Prinzipien zur Durchführung dieser Aufgabe beibehalten. Wenn man diese durchgehenden Grundlagen zurückverfolgt, spricht alles dafür, daß sie auch künftig Gültigkeit behalten werden. So wie es die technischen Möglichkeiten der jeweiligen Zeit erlauben werden und so wie es der Geschmack und die Situation der Gäste in den jeweiligen Zeitströmungen bevorzugt, werden auch in Zukunft der Strukturwandel vor allem die Angebotsinhalte und die Angebotsformen der Gastronomie bestimmen. Irgendeine Form von Gastronomie muß es und wird es immer geben, so lange Menschen sich miteinander treffen, zueinander reisen, miteinander Geselligkeit pflegen und Feste feiern wollen. So kann der Rückblick auf die Entwicklung der Gastronomie auch Anregungen für eine künftige Epoche bieten.

3.1 Die Entwicklung der Gastronomie aus dem Gastrechtsgedanken

Bevor eine gewerbliche Gastronomie die Bewirtung des Gastes im Sinne der Arbeitsteilung zu einer ausschließlichen Aufgabe entwickkelte, gab es private Bewirtung. Wer reiste, mußte sehen, wo er privat unterkam – sei es auch nur in einem Stall wie Maria und Josef. Wer eine Familienfeier oder ein Fest feiern wollte, lud seine Gäste dazu in sein Haus ein.

Lediglich die Fürsten und z.T. die Klöster hatten bereits ständig bereitstehende Gästezimmer, weil sie häufig aus dienstlichen oder gesellschaftlichen Anlässen offizielle Gäste in ihren Häusern zu bewirten oder zu beherbergen hatten.

Wer aus irgendwelchen Gründen reisen oder in die Fremde fliehen mußte, dem stand in den meisten Völkern ein heiliges Gastrecht zu, welches den Gastgeber nicht nur zu Unterkunft oder Verpflegung, sondern auch zum Schutz des fremden Gastes in seinem Hause verpflichtete. Dieses Gastrecht wurde insbesondere von den Germanen sehr hoch gehalten und hat wesentlich zum Informationsaustausch zwischen den Stämmen und Völkern beigetragen. Vor allem in der dunklen, kalten und langweiligen Winterszeit waren fremde Gäste stets willkommen, wenn sie gut erzählen konnten und viel zu berichten wußten. So wurden durch fahrende Sänger, vor allem an den Höfen, die alten Sagen überliefert, neue Heldensagen berichtet oder aus Schriften rezitiert. Die fahrenden Sänger wurden so zu immer regelmäßigeren Gästen an den Höfen der antiken Fürsten.

Auch unter den heidnischen Priestern fand von Tempel zu Tempel schon ein reger Austausch statt, wobei ein entsprechendes Gastrecht, Gästezimmer oder Gästeeinrichtungen die Priesterkasten untereinander verband.

Einer der Ursprünge gewerblicher Gastronomie entstand mit den olympischen Festspielen in Griechenland im 4. Jahrhundert. Die offiziellen Gäste wurden in Olympia im sogenannten „Leonidaion" (das ca. 80 Gästezimmer umfaßte) beherbergt. Darüber hinaus wurden diese offiziellen Gäste zusammen mit den Siegern der Wettkämpfe im „Prytaneion"[1], dem priesterlichen Eßsaal, gemeinsam bewirtet. Alle anderen Besucher und Teilnehmer der olympischen Spiele mußten entweder Zelte mitbringen oder in von Privatleuten in der Nähe der Wettkampfstätten errichteten Hütten unterkommen. Dafür hatten die Gäste natürlich entsprechend zu zahlen. Da zu den olympischen Spielen Teilnehmer und Besucher aus ganz Griechenland geladen waren, entwickelte sich notwendigerweise aus den sportlichen Veranstaltungen heraus auch die Notwendigkeit, regelmäßig dort Gäste zu beherbergen und zu bewirten. Hieraus entwickelte sich alsbald erstmalig arbeitsteilig ein eigenes Gewerbe, welches diese Funktion für die Gäste übernahm.

Das antike Rom war berühmt für seine Tabernen[2], in denen sich vor allem Soldaten und die unteren Volksschichten, aber auch die einfachen Bürgerschichten vergnügten. Bei der damaligen Wohnungsnot hatten diese Bevölkerungskreise keinerlei Möglichkeit, häusliche Geselligkeit zu pflegen; und so waren sie angewiesen auf die für jedermann offenen Schankwirtschaften, in denen man sich mit seinen Freunden treffen konnte. Die Tabernen wurden z.T. von Einzelunternehmern, zum anderen Teil aber auch schon als Konzerntabernen von großen Weinhändlern betrieben. Diese gewerblichen Weintabernen verbreiteten sich im Gefolge der römischen Legionen überall dort, wo sich die Legionen Lager oder Städte bauten. So gab es auch westlich und südlich des Limes, an Rhein, Main und Donau überall römische Tabernen für die römischen Truppen und für solche einheimischen Germanen, die sich die Einkehr in diese Betriebe leisten konnten. Darüber hinaus entwickelten sich die Tabernen sehr bald zu einträglichen Tausch- und Handelsplätzen, die gerne von Händlern und Zulieferern der Truppen aufgesucht wurden.

Mit dem Untergang des römischen Reiches und dem Abzug der römischen Legionen schwand jedoch auch wieder der Bedarf nach gewerblicher Gastronomie, und so wurde sowohl in den ehemaligen römischen Provinzen[3], als auch in den von den Franken beherrschten Gebieten und in Sachsen wieder die private Gastfreundschaft vorherrschend. Auch die Kirchen nahmen das altgermanische Gastrecht im Sinne des christlichen Gebotes der Nächstenliebe auf und sahen es als oberste Christenpflicht an, Fremden Unterkunft bereitzustellen. In den Klöstern gab es meist sogar eigene Gebäudeteile unter dem Namen „Hospiz“, die den Pilgern und durchreisenden Gästen als Herberge dienten. Diese Hospize haben wesentlich dazu beigetragen, das Pilgern in Wallfahrtsorte und nach Rom überhaupt erst zu ermöglichen und später üblich werden zu lassen. Sie waren allerdings nicht als gewerbliche Unternehmen zu verstehen, da den Pilgern meist kein Geld abgefordert wurde.

Eine andere Art unentgeltlicher Beherbergung entwickelte das mittelalterliche Handwerk:

Um die Handwerksgesellen zu zwingen, in der Fremde Erfahrungen zu sammeln, wurde von den meisten Zünften eine „Wanderschaft“ vorgeschrieben, während der sich die Gesellen in der Fremde Arbeit suchen mußten. Bei dieser Suche konnten sie bei allen Meistern der gleichen Zunft anklopfen und um Arbeit nachsuchen. Gab es für sie nichts zu tun, so wurde ihnen doch zumindest vorübergehend eine kostenlose Herberge gewährt.

Ähnlich den Handwerksgesellen wurde es auch für Studenten üblich, nach Abschluß des Studiums „auf die Walz“ zu gehen, um nach Möglichkeiten einer selbständigen oder unselbständigen Existenz zu suchen.

Durch die Zunahme der allgemeinen Reisetätigkeit waren jedoch sowohl der kirchlichen Beherbergung als auch der privaten Gastfreundschaft bald Grenzen gesetzt. Da zudem allmählich auch regelmäßiger Postverkehr und ein stärkerer Handel entstanden, konnten sich schon gegen Ende des 14. Jahrhunderts in ganz Europa – vor allem an den Poststationen und an den Handelsplätzen – gewerbliche Gasthöfe entwickeln. Diese standen den Reisenden nicht nur für Übernachtungen zur Verfügung, sondern beköstigten sie auch und beherbergten sie bis zum Ende ihrer Geschäftstätigkeit.

Im 15. Jahrhundert klassifizierte man die Gasthöfe bereits. Es entstanden sogen. „Herrenwirte“[4], die gut eingerichtete Einzelzimmer für die Herrschaften verfügbar hielten und zusätzlich auch Stallungen für die Dienerschaft sowie frische Pferde. Diese Gastwirte übernahmen z.T. bereits eine erste Reisebürotätigkeit, indem sie ihre Gäste durch den Postillion bei einem gleichrangigen

Herrenwirt in der nächsten gewünschten Stadt anmelden ließen. Daneben gab es sogenannte „Karrenwirte", die für die Bewirtung von Fuhrleuten und Gästen einfachen Standes sorgten. Hier wurden die Gäste zwar ebenfalls bewirtet, aber es wurden ihnen nur ein Gemeinschaftslager und Schlafplätze im Stall zur Beherbergung zur Verfügung gestellt.

Im Unterschied zu den Gasthäusern entwickelten sich die Wirtshäuser im 15. Jahrhundert mit Ausbildung des öffentlichen Schankrechts. Ursprünglich hatte jeder Bürger mit seinem Grundbesitz auch das Recht der eigenen Getränkeherstellung und des Ausschanks für sich. Bald hatten aber die Städte erkannt, daß man mit einer Konzession für ununterbrochenen Ausschank von Getränken und mit einer Schankerlaubnisabgabe den Reihenausschank von Wein und Bier regeln und gleichzeitig Abgaben für die Stadt erwerben konnte. So entstanden die ersten Wirtshäuser in den Städten und auf dem Land. Die Stadt oder Grundherren vergaben diese Rechte an eigenständige Wirtsleute und ließen sich von diesen die Konzessionen teuer bezahlen. Dadurch verlor sich im Laufe der Zeit in der Regel das Eigenbraurecht der Bauern sowie der übrigen Grundeigentümer der Stadt und konzentrierte sich der Ausschank von Bier und Wein auf die konzessionierten und dafür abgabepflichtigen Wirtshäuser in Stadt und Land.

Durch das ab 1505 eingeführte Postwesen[5] wurde das Reisen nicht nur angenehmer und sicherer, sondern auch üblicher. Das 18. Jahrhundert wurde sogar zur großen Zeit der Kavaliersreisen. Der Adel und das reiche Bürgertum reisten nach Italien, Frankreich, England und den Niederlanden, um fremde Sprachen zu erlernen und fremde Kulturen kennenzulernen. Diese Reisenden waren wegen ihrer Finanzkraft gern gesehene Gäste in den Gasthöfen, Poststationen und Städten.

Im 19. Jahrhundert wurde es erstmals üblich, seine Ferien in Heilbädern und Kurorten zu verbringen. Der Adel und das reiche Bürgertum begründeten durch diese Sommerferien in den Kurorten die in den letzten 50 Jahren unseres Jahrhunderts explosionsartig gestiegene

Welle des Ferientourismus. Es entstand ein dementsprechender Bedarf an Ferienorten und Ferienunterkünften.

Zu den Gastwirtschaften, Herbergen und Ferienhotels entwickelten sich bald neue Gastronomieformen:

- 1677 wurde in Hamburg das erste deutsche Kaffeehaus eröffnet, in Wien erstaunlicherweise sogar erst 1683. Die Sitte des Kaffeetrinkens war aus den Türkenkriegen, aus Ägypten über Konstantinopel bis nach Europa eingeführt worden und brachte das Kaffeehaus als neue Form eines gewerblichen Gastronomiebetriebes hervor.
- In den Bade- und Kurorten entwickelten sich Badehotels, welche sich speziell auf die Wünsche der wohlhabenden Badegäste einstellten.
- In den wachsenden Städten des 19. Jahrhunderts brachte das Verlangen der Bevölkerung nach Unterhaltung Vergnügungswirtshäuser (Tivoli) hervor[6]. Dies war die erste Art von Erlebnisgastronomie. Der Dienstleistungsschwerpunkt war nicht mehr nur auf das Angebot von Speisen und Getränken gerichtet, sondern mehr noch auf die Unterhaltung der Gäste (Tanzvergnügen). Dies waren die Vorläufer der großen Tanzpaläste zu Anfang dieses Jahrhunderts.
- Die Einführung der Dampfschiffahrt und der Eisenbahn brachte einen starken Aufschwung des Reiseverkehrs und damit nicht nur neue Gastronomieformen hervor wie z.B. die Schiffsgastronomie, die Bahnhofsgaststätten oder Ausflugslokale und Saisonbetriebe, sondern brachte auch dem traditionellen Bewirtungs- und Beherbergungsgewerbe entsprechende Nachfrage- und Umsatzzuwächse.
- Anfang des 20. Jahrhunderts wirkte sich die Blüte des gesellschaftlichen Lebens durch eine zunehmende Bedeutung des Unterhaltungscharakters der Gastronomie aus. Es entstanden exklusive Eßrestaurants, Spielcasinos und zur „Charleston-Zeit“ die großen Tanzpaläste bis schließlich der 2. Weltkrieg diese alte Kultur gemeinsam mit den meisten Hotels und Restaurationsbetrieben vernichtete.

Mit dem Ende des 2. Weltkrieges ging es der Bevölkerung in den folgenden 10 Jahren nach der Währungsreform zuerst darum, die notwendigsten Anschaffungen an verlorenem Hausrat vorzunehmen und durch neuen Wohnungsbau eine häusliche Basis wiederzugewinnen. Dies galt insbesondere auch für die Millionen Flüchtlinge, welche sich zunächst eine neue Heimat gestalten mußten. Nachdem jedoch die dringlichsten Nachholbedürfnisse der Bevölkerung – und vor allem ihre Existenz – in etwa gesichert waren, zeigte die schnell wieder wachsende Bevölkerung Anfang der sechziger Jahre alsbald ein Nachholbedürfnis an Unterhaltung. Das langsam auch wieder wachsende Einkommen der Bevölkerung ließ neuen Optimismus und neue Lebensfreude entstehen, die sich vor allem auch außerhalb der eigenen Wohnung auswirkte. Die Menschen waren bereit, sich mit ihren wachsenden Einkommen auch außerhalb des eigenen Zuhauses wieder etwas zu gönnen. Die Gastronomie hat damals bereits variabel auf die wachsende Nachfrage und mit neuen Angeboten reagiert:

- Ende der fünfziger Jahre entstanden die ersten Imbißlokale, welche vor allem von den einfachen Bevölkerungsschichten für vorübergehende Mahlzeiten aufgesucht wurden.
- Neu aus den USA kamen zu uns die Hähnchenrestaurants, vor allem bekannt bei uns unter dem Namen „Wienerwald". Durch neue Aufzuchtmethoden und automatische Schlachtereien war es möglich, zu einem billigen Preis gebratene und gegrillte Hähnchen anzubieten und damit eine Mahlzeit „zur Volksmahlzeit" zu machen, die noch dreißig Jahre zuvor als Sonntagsspeise politische Zukunftsvision und Wahlversprechen gewesen war[7].
- Der wachsende Wohlstand der sechziger und siebziger Jahre entwickelte bei allen Bevölkerungsschichten den zunehmenden Wunsch, häufiger auswärts essen zu gehen. Auf diese Konsumentennachfrage reagierte die Gastronomie durch eine Gründungs- und Erweiterungswelle einfacher Speiserestaurants.

- Auf Massenkonsum ohne spezielle Qualitäts- und Serviceanforderungen stellte sich nach amerikanischem Vorbild eine neue Systemgastronomiewelle ein. 1970 wurde in München das erste McDonald's-Restaurant eröffnet, dessen Waren inzwischen in fast jeder größeren Stadt angeboten werden. Heute findet man ähnliche Betriebe bereits in nahezu jeder stark frequentierten Einkaufsstraße von Klein- oder Mittelstädten an aufwärts.
- Die große Reisewelle seit den siebziger Jahren lehrte die Deutschen ausländische Speisen und Getränke zu schätzen. Auf diese neue Nachfrage stellte sich die Gastronomie durch Gründung ausländischer Restaurants für ausländische Spezialiäten (Pizzerien, griechische, jugoslawische, chinesische Restaurants u.a.) ein.
- Zur Gründung und zum Betrieb von Gastronomiebetrieben haben auch die Brauereien in den sechziger und siebziger Jahren erheblich beigetragen, indem sie entsprechende Betriebe aufkauften, einrichteten und brauereigebunden verpachteten und auf diese Weise auch Gastwirten ohne Eigenkapital eine selbständige Existenzgründung mit einem Gastronomiebetrieb ermöglichten.
- In den achtziger Jahren setzte sich die Spezialisierung des Gastronomieangebots vor allem durch solche Betriebsformen fort, welche sich auf das wachsende Qualitätsbewußtsein der Konsumenten rechtzeitig einzustellen wußten und ihr Angebot entsprechend des immer stärker aufkommenden Gesundheits- und Umweltdenkens (Fitnesswelle) ausrichteten, wie z.B. die Steak-Häuser.
- Bei den überwiegend auf Getränke spezialisierten Gastronomiebetrieben entwickelten sich nach amerikanischem Vorbild neue Angebotsformen, die sich ausschließlich auf die konsumorientierte Jugend konzentrierten und ihr spezielle Erlebnisangebote (Discos u.a.) als Attaktion anboten.
- Eine ebenfalls neue Entwicklung der achtziger Jahre liegt in dem Vordringen internationaler Hotelkon-

zerne mit modernen Großhotel-Neubauten[8], welche auf wachsende Mobilität der Bevölkerung und auf den Geschäftstourismus setzen und mit hochwertigen Standardangeboten im Konzernverbund mit Konzernmarketing werben.

Dieser positiven Entwicklung steigender Massennachfrage nach Gastronomieleistungen unserer Bevölkerung und immer vielfältigerem Angebot durch die deutsche Gastronomie steht jedoch als Warnzeichen die bereits oben erwähnte hohe Fluktuationsrate von etwa 30 % im deutschen Gastronomiegewerbe gegenüber. Dies zeigt, daß der Gastronomiemarkt in scharfem Wettbewerb umkämpft ist und daß deshalb offenbar die Anforderungen an die Betreiber von Gastronomiebetrieben zwangsläufig ständig steigen müssen, um sich in diesem Wettbewerb überhaupt behaupten zu können.

Für den einzelnen Gastwirt oder Hotelier ist deshalb der positive Gesamttrend längst nicht auch gleichbedeutend mit einem positiven Trend für seinen eigenen Betrieb. Hierin unterscheidet sich die Gastronomiebranche entscheidend von anderen Wirtschaftsbereichen der Industrie, des Handels oder der freien Berufe, in denen ein positiver Gesamttrend meist auch positive Aussichten für alle oder zumindest die Mehrzahl der entsprechenden Betriebe der gleichen Branche in Aussicht stellt.

3.2 Dynamik der Betriebsformen

Unsere schnellebige Zeit blieb nicht ohne Auswirkungen auf den Gastronomiebereich. Rechnet man die Fluktuationsrate von 30% der Gastronomiebetriebe auf die durchschnittliche Lebensdauer aller Betriebe um, so dürfte dies eine durchschnittliche Überlebensdauer von nur 3 Jahren und 4 Monaten ergeben. Selbst wenn man demgegenüber berücksichtigt, daß unter den Gaststätten und Hotels einerseits ein sehr stabiles Segment existiert, aber dafür andererseits bei den kleinen Pachtbetrieben ein besonders instabiles Betriebssegment anzutreffen ist, liegt doch die durchschnittliche Überlebensdauer bei den deutschen Gastronomiebetrieben inzwischen niedriger als der Lebenszyklus anderer Branchen.

Das kann einmal mit den Unternehmerpersonen zusammenhängen: Im Unterschied etwa zu den Freien Berufen oder zum Handwerk gibt es in der Gastronomie keine entsprechenden Zugangsvoraussetzungen, welche garantieren, daß der Unternehmer über ausreichende Kenntnisse und Erfahrungen zur Führung eines Gastronomiebetriebes verfügt. Die Gastronomie ist eine offene Branche – auch für wirtschaftliche Abenteuerer –, und deshalb ist gerade dieser Sektor besonders anfällig.

Ein zweiter Grund für die durchschnittlich geringe Betriebsüberlebensdauer in der Gastronomie liegt im Dienstleistungscharakter des Gastronomiebetriebes und in den – vor allem bei den Personalkosten – ständig steigenden Betriebskosten für Dienstleistungen begründet. Der Faktor Arbeit ist durch die tarifliche Kartellsituation[9] und durch die diesem Faktor aufgesattelten und in keinem Land der Erde so hohen Personalzusatzkosten[10] in Deutschland überproportional teuer geworden. Damit wurden menschliche Dienstleistungen so teuer, daß sie entweder reduziert oder durch Kapital substituiert werden müssen. Neue Angebotsformen mit verminderter Dienstleistung (Selbstbedienung) etwa im Handel und in anderen Dienstleistungsbereichen haben den serviceintensiven Betriebsformen immer mehr Marktanteile abnehmen können, weil sie durch Senkung der Personalkosten die Gesamtkosten vermindern und damit Wettbewerbsvorteile erringen konnten. Ebenso setzt sich auch in der Industrie der Ersatz von Personal durch Maschinen und Einrichtungsinvestitionen immer mehr durch, weil das Kapital billiger und nicht mit Zusatzkosten belastet ist wie der Produktionsfaktor Arbeit. Dies hat z.B. zu entscheidenden Betriebskostenvorteilen der modernen, arbeitssparenden Hotels gegenüber den traditionell gestalteten Hotels geführt. Der Personalkostendruck auf die Gesamtbetriebskosten ist also ein entscheidendes Wettbewerbskriterium der gastronomischen Betriebsformen untereinander und dadurch auch ein entscheidendes Überlebenskriterium geworden.

Ein dritter Grund für die durchschnittlich geringe Überlebensrate der Gastronomiebetriebe liegt in den Marktveränderungen begründet. Ein Dienstleistungsbereich wie die Gastronomie lebt von einer hochsensiblen Konsumentennachfrage. Diese ist – je nach Regionalmarkt und sektoralem Markt der einzelnen Gastronomiebetriebstypen – ständig Wandlungen unterworfen. Der Marktzulauf zu den einzelen Gastronomiebetrieben hängt von täglichen Einzelentscheidungen der Konsumenten ab. Diese wandeln sich nicht nur nach generativem Verhalten oder gesellschaftlichen Strömungen sondern auch nach lokalen Trends und Gesinnungswechseln; d.h. der Marktzulauf hängt mit davon ab, welche Restaurants und Gastwirtschaften jeweils im Ort bzw. der jeweiligen Region gerade „in" sind. Dabei spielt die Attraktion neuer Angebotsformen eine entscheidende Rolle, weil der Erlebnisfaktor der Gastronomienachfrage bei den Konsumenten immer nach neuen Anregungen und neuen Erlebnissen sucht und deshalb neue Angebotsformen in der Regel einen entsprechenden Neuheitenvorsprung und einen entsprechenden Umsatzabzug von älteren Angebotsformen zur Folge haben. Wenige andere Dienstleistungsbereiche sind so wie die Gastronomie von den Trendwechseln des Nachfrageverhaltens der Konsumenten abhängig.

Die Gastronomiebetriebe sind also nicht nur von ihrer Kostenstruktur her besonders anfällig und reagieren auf die Kostensteigerungen des Produktionsfaktors Arbeit, sondern sie sind auch besonders marktempfindlich für die generellen und lokalen Veränderungen des Konsumentengeschmacks und des Konsumentenverhaltens und die Attraktionen neuer Wettbewerber.

Gegenüber den schnellebigen Marktveränderungen hat die Gastronomie den Betriebsnachteil hoher und immer steigender Investitionen, welche oft nicht so kurzfristig abgeschrieben werden können, wie die Marktendenzen es erfordern würden. Dies gilt vor allem im Beherbergungsgewerbe und hier insbesondere dort, wo zunehmender oder neuer Wettbewerb bestehenden Betrieben ein regionales oder sektorales Gästepotential abzieht. Die Amortisationskosten hoher Investitionen können so bei sinkenden Umsätzen zum „Sinkgewicht“ des ganzen Betriebes werden.

So hat sich in den letzten zwanzig Jahren in der Gastronomie durch die schnellen Markttrendänderungen der Lebensdauerzyklus der Betriebe deutlich vermindert. Ähnliche tendenzielle Verkürzungen von durchschnittlichen Betriebsdauern haben wir auch in anderen Branchen, z.B. im Einzelhandel. Hier hat sich ebenfalls in den letzten zwanzig Jahren die durchschnittliche Betriebslebensdauer um etwa 10 Jahre verkürzt[11].

Die üblichen Phasen der Betriebslebensdauer werden in 6 Abschnitten gesehen:

1. Einführung
2. Wachstum
3. Reife
4. Sättigung
5. Verfall
6. Absterben bzw. Versteinerung[12]

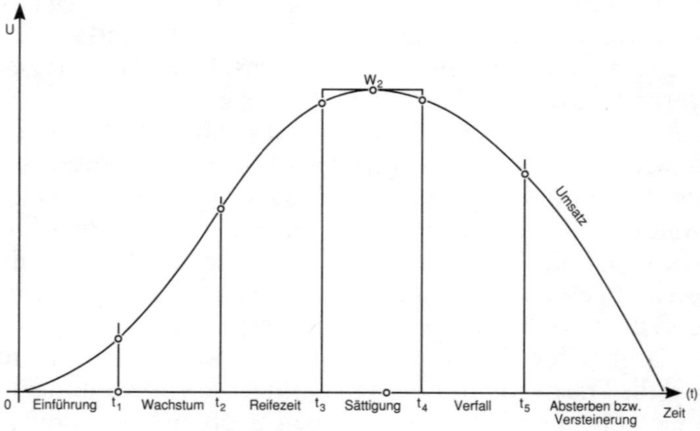

Abgrenzung der Phasen des Lebenszyklusses

Im Handel wird der natürliche Alterungsprozeß aller im Betrieb verwendeten Komponenten als „store-erosion“ bezeichnet[13]. Diese Veralterung setzt eine entsprechende Erneuerung der Komponenten jeweils auf den neuesten technischen Stand und nach den neuen Markttendenzen voraus.

Für die Gastronomie würde zwar die rein statistische Betriebslebensdauer nur 3 Jahre und 4 Monate betragen; da sich die Fluktuation aber überwiegend im gleichen unteren Segment der kleinen Gaststätten bewegt und dieser Sektor nicht für die Gesamtbranche repräsentativ ist, kann auch für die Mehrzahl der Gastronomiebetriebe von einer durchschnittlichen Betriebslebensdauer von 8 – 10 Jahren ausgegangen werden, wobei der Lebensdauerzyklus der Gaststätten von etwa 8 Jahren, der Lebenszyklus der Hotels etwa 10 Jahre beträgt. Dieser Lebensdauerzyklus ist nicht ein Existenzzyklus, sondern ein Regenerationszyklus der Einrichtungsinvestitionen. Werden diese in der Zwischenzeit unterlassen, wird der Lebensdauerzyklus der Investitionen allerdings oft auch zum Existenzzyklus des gesamten Betriebes.

Hieraus ergibt sich, daß die Gastronomie in ihrer Existenz und in ihrem wirtschaftlichen Erfolg besonders auf die Anpassung an die jeweiligen Markttrends und Wettbewerbsveränderungen angewiesen ist. Jeder Unternehmer in der Gastronomie muß deshalb viel marketingorientierter als seine Kollegen in anderen Branchen sein, um in der Gastronomie langfristig und anhaltend erfolgreich zu sein.

4. Leistungsbereiche des Gastgewerbes

Öffentlichkeit und Wissenschaft ordnen die Gastronomie im allgemeinen dem Dienstleistungssektor zu[1]. Für die Kunden steht nämlich eindeutig der Dienstleistungscharakter der Gastronomie im Vordergrund[2]. Für die Anbieter von Gastronomie – die Gastwirte und Hoteliers – ist jedoch entscheidend zu wissen, daß sich ihr absatzfähiges Leistungspaket in der Regel aus drei verschiedenen Leistungsarten zusammensetzt, deren betriebswirtschaftliche Bedingungen, Kosten und Einsatzkriterien sehr unterschiedlich sind:

- in einem Angebotsteil aus der Leistung eigener *Produktion*,
- einem Angebotsteil an *Handelsleistungen*
- und dem meist größten Angebotsteil verschiedener *Dienstleistungen*.

Diese drei Leistungsarten können entweder einzeln oder zu zweit kombiniert oder alle drei gemeinsam im Angebot des Gastronomiebetriebes enthalten sein. Sie umfassen auch spezielle Angebotsarten innerhalb dieser drei Formen wie z.B. Unterhaltungsangebote, Informationsangebote[3] oder Kur- bzw. Gesundheitsleistungen.

Welche dieser drei Leistungsarten allein oder kombiniert im jeweiligen Gastronomiebetrieb angeboten wird, hängt von der jeweiligen Markt- und Konkurrenzsituation, aber auch von den Fähigkeiten und Neigungen des jeweiligen Unternehmers und von den Rentabilitäten ab, zu denen er die jeweilige Leistungsart erstellen kann. Generell gilt jedoch, daß die *individuelle Produktion der Gastwirte sehr personalintensiv und deswegen teuer und entsprechend gering rentabel* ist. Die dominierende Gastronomieleistung ist Dienstleistung. Hierbei hängt die Rentabilität dieser Dienstleistung erheblich von den verschiedenen externen und internen Kostenbedingungen der jeweiligen Betriebe ab. Eine in einem Betrieb rentable Dienstleistung kann in einem anderen Betrieb unrentabel sein. Deshalb sind generelle Aussagen für alle verschiedenen Betriebstypen sehr schwierig.

Aus der Sicht der Gäste wird das Angebot der Gastronomiebetriebe nicht nach Produktions-, Dienstleistungs- oder Handelsfunktion unterschieden, sondern als einheitliches Angebot betrachtet. Wegen der immer noch dominierenden Dienstleistung im Gastronomiegewerbe gilt deshalb die Gastronomie auch statistisch und aus der Sicht der Kunden als Dienstleistungsbranche.

Aus der Sicht der Gastronomen dagegen bestehen zwischen den verschiedenen Leistungsbereichen nicht nur erhebliche betriebswirtschaftliche und marktrelevante Unterschiede, sondern auch Kostenunterschiede. Die in der Regel rentabelste Leistungsart der Gastronomie betrifft den Handel, den Einzelverkauf fertiger, zugekaufter Waren wie z.B. Getränke. Hierbei ergibt sich für den Einzelbetrieb die Rentabilität aus den Einsatz- und Betriebskosten einerseits sowie aus den im Wettbewerb möglichen Abgabepreisen andererseits.

Umgekehrt zeigen die stark produktionsorientierten Gastronomiebetriebe die größten Rentabilitätsprobleme, weil die Einzelfertigung des vom Gast gewünschten Gerichtes nach Art und Qualität völlig unterschiedlich ist und deshalb nur begrenzt vorgefertigt werden kann. Die Produktion ist also als individuelle Produktion zeitbezogen und damit kostenintensiv, während auf der anderen Seite die Preisgestaltung dieser Produktionsleistungen – von den Ausnahmen der Spezialitätenrestaurants abgesehen – sehr begrenzt ist.

Die Gastronomie ist also ein Dienstleistungsbereich, der sowohl Produktionsleistungen wie Handelsleistungen einschließt, sich aber auch überwiegend auf den einen oder anderen Leistungsbereich konzentrieren kann. Für den Kunden mag dies alles ein einheitliches Gastronomieangebot sein, für den Anbieter dagegen ist die Dienstleistung heute immer mehr Grundleistung, welche nur individualisiert oder spezialisiert oder kombiniert mit Produktion oder Handel eine existenzfähige Betriebsbasis ergibt. Dabei läßt sich generell behaupten, daß die *Rentabilität für die Gastronomiebetriebe mit wachsendem Produktionsanteil tendenziell sinkt, während sie mit wachsendem Handelsanteil tendenziell steigt.* Die rentabelsten Gastronomiebetriebe sind zur Zeit solche, welche schon fast als Handelsbetriebe bezeichnet werden könnten[4].

4.1 Produktionsleistungen der Gastronomiebetriebe

Innerhalb der Gesamtgastronomie hat das Beherbergungsgewerbe eine deutlich geringere Produktion als das Gaststättengewerbe. Die meisten Hotels und Pensionen bieten an Produktionsleistung überwiegend die Frühstücksbereitung und evtl. Bardienstleistungen an. Soweit darüber hinaus eine Versorgung der Hotelgäste angeboten werden soll, wird dies häufig durch einen Unterpachtbetrieb eines selbständigen Gastwirts oder durch Zulieferer sichergestellt.

Selbst der Produktionsrest „Frühstück" wird heute bis hin zu Spitzenhotels durch ein Buffetangebot in Selbstbedienung produktionsarm gestaltet. Die eigentliche Produktion reduziert sich damit auf die Herstellung von warmen Getränken und evtl. Eierzubereitung. Die Produktionsfunktion ist also im Beherbergungsgewerbe inzwischen nebensächlich geworden und stellt für diesen Gastronomiezweig keine entscheidenen Probleme mehr dar.

Im Gaststättengewerbe sind die beiden Typen der Getränkegaststätten und der Speisegaststätten unterschiedlich produktionsabhängig. Während die Getränkegaststätten zumeist ihre Produktionsleistungen auf das Mixen von fertigen Getränkezusätzen oder auf das Aufbrühen warmer Getränke reduzieren und damit die erheblichen Kosten jeder Produktion vermeiden konnten, kann die Speisegastronomie auf die Zubereitung der Speisen, also auf ein hohes Maß an Produktion, nicht verzichten.

Das Produktionsproblem der Speisegastronomie liegt darin, daß der Gast unter mehreren Angebotsmöglichkeiten wählt und kurzfristig ein fertig produziertes Gericht verfügbar sein muß. Zu den Mahlzeiten häufen sich die Produktionsnachfragen der Gäste und es muß entsprechend viel produziert werden. In den Zwischenzeiten zwischen den Mahlzeiten dagegen werden kaum Speisen nachgefragt und die Produktionsstätte (Küche) bleibt unausgelastet.

Je anspruchsvoller und spezieller nun die Gästenachfrage nach Speisen ist, desto höhere Produktionsanforderungen werden an die Speisen und damit an den Betrieb gestellt. Hochwertige und spezielle Gerichte können nicht vorgefertigt werden, sondern müssen frisch auf Bestellung des Gastes hergestellt werden. Je qualitativ höherwertig deshalb das Speisenangebot ist, desto stärker ist sein kurzfristiger Produktionsanteil und desto höher sind die Kosten der Herstellung dieser Gerichte.

Aus dieser Zwangslage und Kostenschere zwischen den Anforderungen (durch die Gäste) an kurzfristige Herstellung und an kurzfristigen Produktionsmöglichkeiten (des Betriebes) können die Betriebe nur herauskommen durch zeitliche Verteilung der Produktionsleistung, also durch Kapazitätenausgleich im Sinne einer Vorproduktion von Speisen in den Zeiten, in denen die Kapazität durch Endproduktion nicht ausgelastet ist. Solche Vorproduktion ist durch die modernen Kühlaggregate und die Auftautechnik zunehmend möglich geworden. Je einfacher deshalb die Gerichte oder je standardmäßiger die Vorprodukte in einer Speisegaststätte sind, desto stärker kann die Kostenentlastung durch Vorproduktion ausgenutzt werden. In dieser Richtung hat die fast-food-Gastronomie den höchsten Grad von kontinuierlicher Vor- und Endproduktion erreicht, die Spezialgaststätten und Gourmet-Betriebe dagegen die geringsten Möglichkeiten zum Kapazitätsausgleich. Insofern ist die Produktionsleistung der Speisegaststätten generell der teuerste Zweig der Gastronomie geblieben und mit zunehmender Spezialisierung entsprechend kostenintensiver geworden. Da zudem die Speisegastronomie wegen ihres hohen Produktionsanteils auch überproportional personalintensiv ist und entsprechend hohe Personalkosten verursacht, wird in vielen Speisegaststätten am Absatz der Speisen selbst relativ wenig oder gar nichts verdient; diese Betriebe sind darauf angewiesen, durch Getränkeverkauf den für ihren Ertrag notwendigen Deckungsbeitrag zu erwirtschaften.

Einen Vorteil hinsichtlich der Produktionskosten haben in der Regel die Ausländerbetriebe, weil sie statt teurer fremder und tariflich bezahlter Angestellter in stärkerem Umfang mit Familienmitgliedern arbeiten können und dadurch insbesondere die Spitzenbelastung zu den Essenszeiten kostengünstiger auffangen können. Hierin mag ein Grund dafür liegen, daß die Ausländergastronomie sich vor allem in dem für deutsche Betriebe schwierigsten Bereich der Speisegaststätten überproportional durchsetzen konnte.

Zum anderen haben die fast-food-Ketten der Konzerne die Produktion ihrer Betriebe so stark standardisiert und automatisiert, daß sie die teure Produktionsleistung mit billigen Hilfskräften abwickeln und dadurch entscheidende Personalkostenvorteile gegenüber der mittelständischen Gastronomie erringen konnten.

4.2 Dienstleistungen der Gastronomiebetriebe

Im Unterschied zur Produktion als der Herstellung materieller Güter ist die Dienstleistung eine personale Leistung zu personalem Nutzen meist immaterieller Art.

Dienstleistung kann entweder dadurch geschehen, daß ein bestimmtes Ergebnis geleistet wird wie z.B. das Transportergebnis im Transportgewerbe, das Sicherheitsergebnis im Versicherungsgewerbe, der Urlaubsaufenthalt im Touristikgewerbe oder die zeitliche Überlassung eines Zimmers im Hotelgewerbe. Entscheidend für die ergebnisorientierten Dienstleistungen ist, daß sie persönlich erst auf Bestellung des Empfängers geleistet werden, also nicht lagerfähig und nicht transportfähig sind. Lediglich die dazu verwendeten Hilfsmittel und materiellen Güter sind lager- und transportfähig. Im Hotelgewerbe z.B. ist das Hotelzimmer als Mittel für die Dienstleistung vorratsfähig. Die Bereitstellung des Hotelzimmers, der damit verbundene Service, die Reinigung sowie die Betreuung des Gastes dagegen ist eine immaterielle Dienstleistung, welche erst auf Bestellung des Gastes begonnen und unmittelbar für ihn geleistet werden kann. Ebenso ist in der Versorgungsgastronomie die Dienstleistung stark ergebnisorientiert. Hier geht es dem Gast darum, einen bestimmten Erfolg, ein Essen oder ein bestimmtes Getränk als fertiges Ergebnis zu bekommen. Die in diesem Zusammenhang geleistete Bedienung und Betreuung steht dagegen im Hintergrund.

Bei der Erlebnisgastronomie dagegen geht es nicht in erster Linie um die Versorgung des Gastes, sondern darum, diesen zu unterhalten, ihm eine Kontaktbasis zu bieten, ihm eine besondere Betreuung zuteil werden zu lassen oder ihm den Austausch mit anderen Menschen zu ermöglichen. Diese Dienstleistungen sind „prozeßorientiert", weil es auf die Art der Dienstleistung und auf die Personen ankommt, welche diese Dienstleistung leisten. Auch diese prozeßorientierten Dienstleistungen sind nicht lagerfähig und nicht transportierbar. Sie sind sogar gegenüber den ergebnisorientierten noch persönlichkeitsbestimmter und werden auch vom Gast in diesem Sinne gewünscht und angenommen.

Der Dienstleistungsvorgang mit der Art der Dienstleistung, ihrem Umfang, ihrer Sorgfalt, ihrer Freundlichkeit und ihrem Nutzen für den Gast steht im Vordergrund. Damit hängt zusammen, daß die gastronomische Dienstleistung immer und überwiegend ein menschlicher, persönlicher Service für den Gast sein muß: Dienstleistung ist Leistung von Menschen für Menschen, Leistung des Anbieters für die Person des Nachfragers. Dieses zweiseitig persönliche Leistungsverhältnis ist nicht nur für die prozeßorientierten Dienstleistungen generell maßgebend, sondern speziell in der Gastronomie: Ohne die persönliche Bestellung oder den persönlichen Wunsch des Gastes würde die Nachfrage nach der Dienstleistung des Gastronomiebetriebes nicht entstehen. Die Leistung ist also, mit anderen Worten, abhängig vom persönlichen Wunsch des Gastes. Umgekehrt ist aber die Leistungsnachfrage nicht an eine anonyme Leistungseinheit gerichtet, sondern an spezielle Personen, deren spezielle Leistung erwartet wird. Daraus ergeben sich folgende Besonderheiten:

- Die Dienstleistung zwischen Gast und Gastwirt bzw. Hotelier ist so speziell, daß sie nicht vorfabrizierbar und nicht lagerfähig ist. Sie muß also am Ort des Auftrages sofort auf den Wunsch des Gastes hin geleistet werden.
- Die zweiseitig persönliche Dienstleistung ist auch nicht transportfähig. Der Wunsch des Gastes, gerade in dieser Gaststätte ein spezielles Gericht essen zu wollen, läßt sich nicht dadurch erfüllen, daß ihm ein anderes Essen oder ein anderes Lokal angeboten wird. Die Spezialität des Gastronomieangebotes ist also nicht nur eine Voraussetzung zur Gewinnung von Kunden, sondern ist immer auch ein spezieller Auftragsbestandteil des Kunden, ohne den die Dienstleistung nicht in seinem Sinne erfüllt würde.

4.2.1 Typische Dienstleistungen des Gaststättengewerbes

Das Gastgewerbe ist vielfältig. Die einzelnen Betriebe können deshalb nicht den Gesamtumfang der möglichen oder üblichen gastronomischen Dienstleistungen komplett erbringen; sie haben sich in aller Regel auf bestimmte Dienstleistungen oder einen Schwerpunkt bestimmter Dienstleistungen konzentriert. Hierin liegt in der Regel auch ihre Marktbedeutung und ihr Erfolg.

Rahmen- und Hauptdienstleistungen

Bei den gastronomischen Dienstleistungen kann man „Rahmendienstleistungen" und „Hauptdienstleistungen" unterscheiden. Erstere werden in der Regel benötigt, um überhaupt die Hauptdienstleistung des speziellen Gastronomiebetriebes erbringen zu können. So ist z.B. die Bereitstellung und Einrichtung des Gastraumes Rahmenbedingung dafür, daß der Gastwirt überhaupt seine speziellen Hauptleistungen des Speisen- und Getränkeangebotes „an den Mann bringen" kann. Erst wenn der Gast das Restaurant betritt, bringt er damit zum Ausdruck, daß er das Rahmenangebot des Gastwirts annimmt und zur Abgabe einer speziellen Nachfrage (Bestellung) bereit ist. Insofern stellt die Eröffnung und Bereitstellung des Restaurantlokals erst ein Allgemeinangebot des Gastwirts gegenüber allen Gästen dar, zu ihm zu kommen und seine Hauptleistungen in Anspruch zu nehmen. Durch das Betreten des Ladenlokals zeigt der Gast sich geschäftsbereit. Seine Bestellung ist dann erst der Wunsch nach der Hauptleistung (Angebot), durch deren Annahme der Umsatz zustande kommt.

Diese theoretische Unterscheidung nach Rahmendienstleistung und Hauptdienstleistung hat für die Gastronomie den Sinn, darauf hinzuweisen, wie geschäfts- und erfolgsnotwendig bereits das Rahmenangebot des Gastwirts ist. Zwar bringen erst die konkreten Bestellungen der Gäste den Umsatz. Ohne einen attraktiven Raum würden aber die Gäste nicht bei *diesem* Gastwirt und in *dieser* Gastwirtschaft ihre Bestellung aufgeben. Eine attraktive Gaststätte ist also unverzichtbare Voraussetzung, notwendiger Rahmen, um dort dann überhaupt die konkrete Dienstleistung absetzen zu können. Das besagt aber auch, daß der Rahmen seiner Qualität nach von der Hauptdienstleistung bestimmt wird. Ohne einen ansprechenden Rahmen sind auch anspruchsvolle Dienstleistungen nicht abzusetzen, weil anspruchsvolle Gäste auch entsprechende Ansprüche an den Dienstleistungsrahmen stellen. Für den Gast ist mit anderen Worten die Rahmendienstleistung und die Hauptdienstleistung eine Nachfrageeinheit. Deshalb muß auch der Gastronom beide Dienstleistungsarten miteinander harmonieren, um aus der ersten Voraussetzung die zweite, nämlich den Dienstleistungsumsatz, zu erreichen.

Es gibt nur wenige Ausnahmefälle, in denen hochwertige Speise- und Getränkeangebote in einem geringwertigen Rahmen angeboten werden können und von einem entsprechenden Publikum (Snobs) angenommen werden. In der Regel gilt: Das Niveau des Gaststättenlokals bestimmt bereits das Niveau des Speise- und Getränkeangebots nach Qualität und Preis. Wer in einer von beiden Dienstleistungsarten nachläßt[5], wird schon kurzfristig in der absinkenden Nachfrage nach seinem Hauptangebot den Zusammenhang sehen. Gleiches gilt auch umgekehrt. Die Gesamtdienstleistung des Gastgewerbes ist so sensibel, daß sie vom Gastwirt als Einheit gesehen werden muß. Nur harmonisch koordiniert wird sie langfristig Erfolg bringen.

Im engeren Sinne liegt die Dienstleistung einer Gaststätte in allen Tätigkeiten, welche zwischen dem Gast und der Küche einen Nutzen und die Versorgung des Gastes gewährleisten:

Dienste des Gaststättengewerbes

- Zunächst muß der Wunsch des Gastes evtl. durch Beratung geweckt, entgegengenommen und mit Zusatznachfrage (Getränke, Nachtisch) vervollständigt werden.
- Dann wird der Wunsch des Gastes an die „Produktion“ (Küche, Mixer o.a.) weitergegeben, wobei der Service vom Gast vor allem als Schnelligkeit, Freundlichkeit und Qualität empfunden wird. Nach Fertigstellung des Gerichts bzw. Getränks liegt die

weitere Dienstleistung darin, die Speisen und Getränke so zurechtzumachen, daß sie dem Gast präsentiert werden können.

- Dienstleistung gegenüber dem Gast ist das Servieren der Speisen und Getränke einschließlich des Tellerwechsels u.a.
- Nach der eigentlichen Versorgung des Gastes folgt noch eine Nachfolgeleistung. Die Unterhaltung mit dem Gast, ob er zufrieden war, Frage nach weiteren Versorgungsmöglichkeiten, die Freundlichkeit bei der Abrechnung und das Geschick sicherzustellen, daß der Gast gerne wiederkommt.

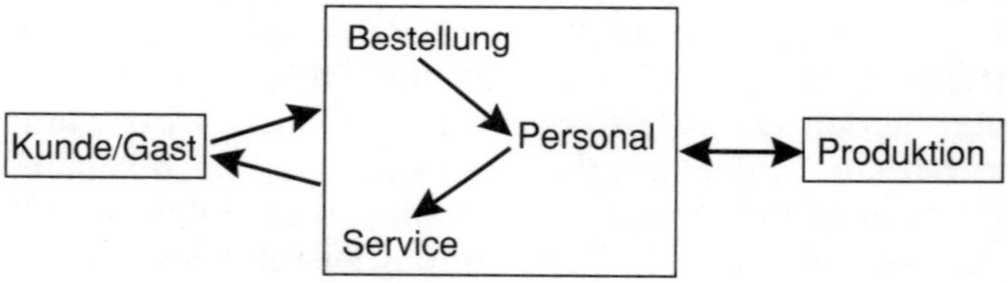

Dienstleistung

Diese verschiedenen Dienstleistungen gegenüber dem Gast sind in den verschiedenen Betriebsformen der Gaststätten sehr unterschiedlich betont oder ausgestaltet:

- Im Spitzenrestaurant übernimmt der Kellner regelmäßig auch die Beratung des Gastes über die aktuellen Gerichte, die dazu passenden Getränke und die Zusammenstellung des Gesamtangebotes.
- Im Schnellrestaurant dagegen findet Bedienung praktisch kaum mehr statt. Hier wird nur noch über die Theke die Bestellung entgegengenommen und das Geld gegen die Ware getauscht.
- In manchen Getränkegaststätten werden dem Gast die Getränke an seinen Tisch gebracht; in anderen Getränkegaststätten dagegen wird Wert darauf gelegt, daß der Gast sein Getränk ohne Zusatzservice an der Theke selbst empfängt und dort trinkt.

Man kann deshalb von

Haupt- und Nebenleistung

sprechen, bestehend aus:

- Zubereitung der Waren für den Verzehr;
- Service beim Gast bis zur Abrechnung.

Es wird darüber gestritten, ob die neuerliche Tendenz zu weniger Service- und mehr Versorgungsfunktion im Gaststättengewerbe sich fortsetzt oder die Entwicklung solcher Servicenormen von der Gastronomie nur als Ausweg aus der Zwangslage des Arbeitskräfteproblems gefunden wurde. Möglicherweise spielen hierfür auch Verhaltensänderungen traditioneller Gästegruppen eine Rolle, die z.B. in der kurzen Mittagspause die reine, schnelle Versorgungsleistung ohne Serviceleistung vorziehen. In diesem Sinne haben einige neue Gastronomieketten den Dienstleistungs- bzw. Servicegedanken der Gastronomie weitgehend reduziert und sich auf die

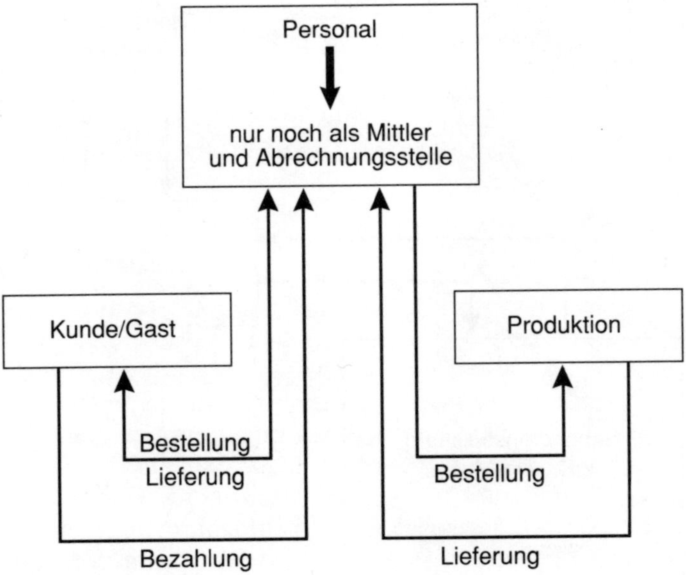

Von der Dienstleistungs- zur Handelsfunktion

Handelsfunktion vorproduzierter Waren konzentriert[6]. Daß sich diese weitgehend servicelosen Versorgungsformen durchsetzen konnten zeigt, daß die traditionelle, serviceintensive Gastronomie hier einen Nachfragesektor nicht abdecken konnte, der offenbar weniger auf Service als auf bloße Versorgung Wert legt.

Dagegen tritt der Versorgungsgesichtspunkt bei den meisten getränkeorientierten Gaststätten wie z.B. Bars, Diskotheken, Bierkneipen weitgehend in den Hintergrund. Das Geschäft dieser Gastronomiebetriebe liegt in der Betonung der anderen Dienstleistungsfunktionen: der Rahmenbedingungen und der Angebotsdienstleistung im Sinne von Erlebnis- bzw. Unterhaltungsnutzen. Die Gäste, welche eine Getränkegaststätte o.ä. aufsuchen, wollen offenbar nicht nur und oft nicht einmal in erster Linie Getränke haben, sondern einen Gesamtdienstleistungsnutzen erwerben: Sie wollen sich während des Verzehrs ihres Getränkes mit anderen Gästen

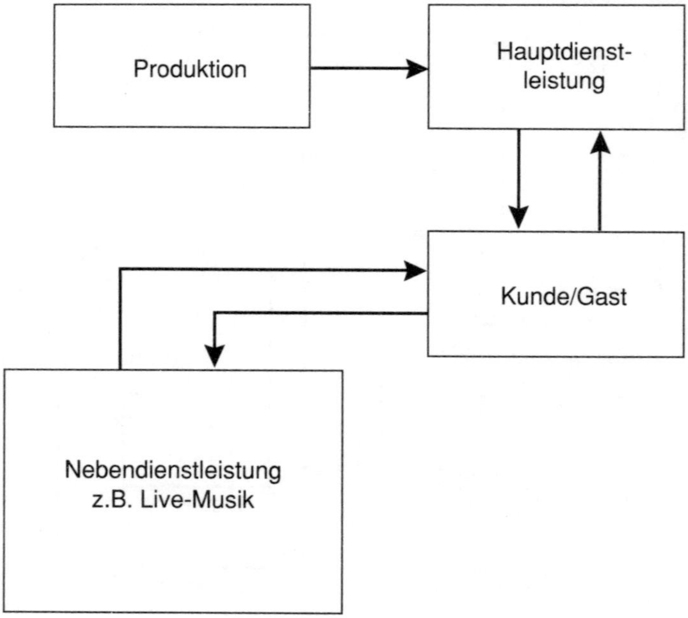

Schwerpunkt Nebendienstleistung

oder mit dem Wirt unterhalten, wollen Musik hören, Bekanntschaften schließen oder suchen ähnliche Nebendienstleistungen, die sie gerade in den Getränkegaststätten statt an anderen Orten erwarten. Zum Teil sind diese Nebendienstleistungen wenig personalintensiv[7], zum Teil hängt aber auch die Attraktivität der Getränkegaststätte mit den Personen, Kapellen oder Erlebnisangeboten zusammen, so daß der Personalservice nicht nur intensiv, sondern auch für den Erfolg der gastronomischen Einrichtung überhaupt entscheidend ist. Dabei spielt es keine Rolle, ob die Abrechnung dieser Nebendienstleistungen über die Getränkepreise oder über spezielle Eintrittsgelder (Diskotheken) erfolgt. Letzteres scheint eher darauf hinzudeuten, daß der Gast die Nebendienstleistung eigentlich als Hauptnutzen dieser Einrichtung für sich sieht.

4.2.2 Typische Dienstleistungen des Hotelgewerbes

Das Hotelgewerbe ist aus den mittelalterlichen Herbergen entstanden und verdankt die Beherbergungsfunktion und Beherbergungsnachfrage der Reisetätigkeit. Entsprechend der gewachsenen Reisetätigkeit haben sich deshalb auch die Hotelnachfrage und das Hotelgewerbe entwickeln können.

Dabei gibt es je nach Übernachtungsanlaß zwei prinzipiell unterschiedliche Kreise und Bevölkerungsgruppen:

- die Geschäftsreisenden und
- die Privatreisenden.

Für die Geschäftsreisenden steht vorwiegend der Herberge-Gesichtspunkt mit Übernachtungsfunktion im Vordergrund. Sie wollen möglichst bequem, sicher, sauber und preiswert übernachten, um am nächsten Tage für ihre geschäftlichen Zwecke wieder fit zu sein.

Ganz unterschiedliche Interessen dagegen haben die Privatreisenden. Sie verreisen in aller Regel an Urlaubstagen oder in ihrem Jahresurlaub, wollen sich dabei zwar ausruhen, suchen aber neben der reinen Beherbergung auch Unterhaltungs- und Erlebnisangebote. Ihre Nachfrage ist damit gleichsam doppelt ausgerichtet:

Die Art des Zimmers, dessen Einrichtung und dessen Preis ist nur die eine Seite ihrer Nachfrage, oft sogar die geringere. Die Erlebniswerte, die Gegend oder das Unterhaltungsangebot sind für sie eher wichtiger. Ein Hotelier, der diese Urlaubsreisenden beherbergen will, muß also ein andersartiges Angebot bieten als der Gastronom, dessen Gästekreis sich vorwiegend aus Geschäftsreisenden zusammensetzt.

Für die Pensions- oder Hotelbetriebe, welche sich vorrangig auf die Übernachtung von Geschäftsreisenden eingestellt haben, spielt dennoch nicht allein das Übernachtungsangebot eine Rolle, sondern in der Regel auch in unterschiedlichem Maße die Servicefunktion und die Bedienung der übernachtenden Gäste. Dabei gibt es Betriebe, die diese Bedienung um des Preises willen sparsam halten und sich ganz auf die reine Übernachtungsfunktion konzentrieren. Andere Betriebe suchen dagegen das Übernachtungsangebot durch entsprechenden Service anzuheben und aufzuwerten, um damit eine entsprechend anspruchsvolle Kundengruppe zu gewinnen.

Die Kombinationen von Übernachtungs- und Serviceangebot können also unterschiedlich ausgeprägt sein. Eine wesentliche unternehmerische Leistung des Hoteliers liegt darin, für die Rahmenbedingungen seines Betriebes die richtige Kombination von Übernachtungsfunktion und Servicefunktion zu finden, mit welcher er in seiner Region die für ihn attraktivste Kundengruppe anziehen kann.

Auch in den auf Urlauber konzentrierten Beherbergungsbetrieben gibt es eine große Spannbreite zwischen solchen, die vornehmlich das Urlaubszimmer ohne viel Service zur Verfügung stellen (Pensionen, Hotels Garni u.a.) und anderen Betrieben, die neben der Übernachtungsmöglichkeit auch den Hauptservice (Mahlzeiten, Bedienung) betonen, und einer dritten Gruppe, welche vor allem die Nebendienstleistungen (Animation, Unterhaltungs- und Freizeitangebote) anbieten. Diese unterschiedlichen Schwerpunkte ziehen auch Urlaubergruppen mit unterschiedlichen Interessen und unterschiedlichem Ausgabeverhalten an. Dabei scheint mit wachsendem Wohlstand der Bevölkerung auch das Interesse der Gäste an Nebendienstleistungen zu wachsen. Deshalb dürften die Chancen der dritten Gruppe besonders steigen. Die wachsenden verfügbaren Einkommen ermöglichen es einer immer größeren Anzahl von Menschen im Urlaub und durch Urlaubsgastronomie das zu erleben, was ihnen im üblichen Arbeitsleben und zu Hause verschlossen scheint. Ihre Erwartungen an ein Urlaubshotel richten sich deshalb auch von vorneherein stärker auf die Betonung der Erlebniswerte als auf die bloßen Rahmenbedingungen oder den Service[8].

Die Fixkapazität des Hotelgewerbes

Das Beherbergungsgewerbe hat als gastronomischer Anbieter insofern eine Sondersituation, als es sich hierbei um Dienstleistungsbetriebe handelt, deren Dienstleistungsbereitschaft eine Fixgröße darstellt und auch zeitlich von der Nachfrage unabhängig konstant bleibt. Ein bestimmtes Hotel hat eine bestimmte Zimmerzahl oder Bettenzahl, die es als Kapazität und als Rahmenbedingung vorhält, ganz gleich, wie diese Kapazität nachgefragt und damit ausgelastet wird. Die Zahl der Zimmer oder Betten stellt die Dienstleistungsbereitschaft des Hotels dar, die weder kurzfristig veränderbar noch zeitlich transportierbar ist. Diese Kapazität ist auch durch zusätzliche Serviceleistungen oder Nebendienstleistungen nicht reduzierbar oder erhöhbar. Mit anderen Worten: Der Hotelier muß mit einer starren Kapazität arbeiten, die er zeitlich unterschiedlichen Nachfrageschwankungen nicht anpassen kann. Während dagegen eine Gaststätte ihren Sitzplatz oder Tisch bei entsprechender Nachfrage auch mehrmals am Tag oder Abend besetzen kann, bleibt der Hotelier auf die Einmalbelegung pro Nacht begrenzt. Andererseits hängt die Höhe seines Ertrages davon ab, in welchem Maße er seine Fixkapazität pro Nacht und insgesamt auslasten kann[9].

Während also andere Gastronomiebetriebe bei entsprechender Nachfrage ihr Mengenangebot vergrößern können, kann der Hotelier sein Mengenangebot nicht vergrößern, sondern muß umgekehrt seine Geschäftspolitik darauf ausrichten, seine fixe Kapazität möglichst stark auszulasten. Der Hotelier kann also weder eine Übernachfrage befriedigen, noch kann er zeitliche Nachfrageschwankungen durch Betriebsveränderungen ausgleichen. Eine Nichtauslastung seiner Kapazität bedeutet damit einen unwiderruflichen Gewinnentgang.

Die unternehmerische Aufgabe des Hoteliers besteht also darin, das Hotel auch in nachfrageschwachen Zeiten auszulasten und den mit hohen Fixkosten belasteten Betrieb mit möglichst hoher Durchschnittsauslastung gewinnbringend zu halten. Die Hotels haben somit eine Sondersituation:

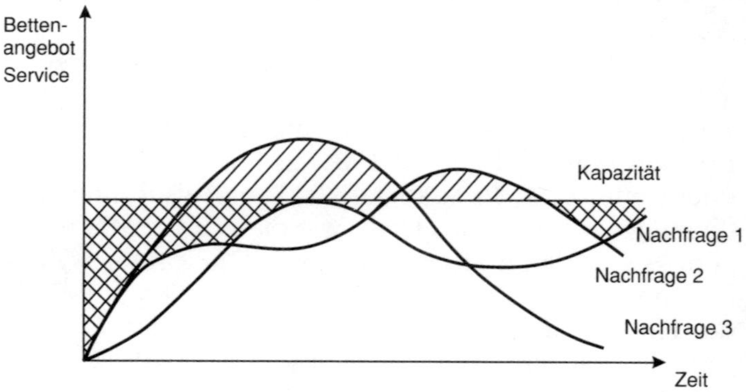

Aufgabe des Hoteliers: Bestauslastung einer fixen Betriebskapazität.

4.3 Handelsleistungen der Gastronomiebetriebe

Als Handel gilt im Gastronomiebereich der Verkauf von Speisen und Getränken ohne wesentliche Ver- oder/ und Bearbeitung und ohne wesentlichen Service. Bisher wurden in diesem Sinne vor allem einige Arten der Getränkegastronomie[10] angesehen. Neuerdings haben sich aber auch in der Speisegastronomie Einzelbetriebe und Konzerne darauf konzentriert, vorgefertigte oder schon verzehrfertige Speisen im Haus oder außer Haus ohne Service als Fertigwarenverkauf anzubieten. Einzelne Konzernketten versuchen sogar, unter ihrem Namen das Fertigwarengeschäft auf Basis von Speisegastronomie auch mit Zusatzangeboten[11] anzureichern, um sich zunehmend und noch ausschließlicher auf die Handelsfunktion zu konzentrieren. In einzelnen Konzernen steigen zur Zeit solche Handelsumsätze jährlich um oder sogar über 20% an[12].

Vor allem die Systemgastronomie der sogenannten Fast-Food-Betriebe versucht mit den angebotenen Speisen in Verbindung stehende Randsortimente auch branchenfremder Handelswaren im eigenen Betrieb mitzuverkaufen und dadurch den eigenen Handelsumsatz noch stärker anzuheben. Die früher untergeordnete Handelsleistung der Gastronomie nimmt also zur Zeit besonders stark zu, weil der Handelsumsatz als Zusatzumsatz und Zusatzertrag auf Basis der vorhandenen Betriebskapazität besonders günstige Möglichkeiten zur Rentabilitätsverbesserung bietet. Vielleicht wird also die Gastronomie die Tendenz anderer Branchen wie z.B. der Tankstellen, der Kaffeeröstereien oder des Lebensmittelhandels zu einem wachsenden Nebensortiment nachvollziehen. Für das Tankstellengewerbe gilt jedenfalls, daß die meisten Tankstellen ohne die Erträge aus dem Nebensortiment heute nicht mehr lebensfähig wären.

5. Bestimmung des Gaststättengewerbes

Nimmt man den Begriff „Gastgewerbe“ als Oberbegriff aller gastronomischen Betriebsformen, so unterteilt sich die Gesamtheit in zwei große Gruppen mit unterschiedlichen Hauptleistungsbereichen:
- das Gaststättengewerbe zur Bewirtung von Gästen
- das Beherbergungsgewerbe für die Übernachtung der Gäste

Auch dort, wo beide Funktionen in einem Betrieb zusammentreffen, besteht meist ein Übergewicht eines der beiden vorgenannten Hauptleistungsbereiche, so daß die Betriebe einer der beiden Gruppen zugeordnet werden können.

Der Unterschied zwischen Gaststättengewerbe und Beherbergungsgewerbe ist nicht nur definitorisch oder theoretisch, sondern bedeutet eine andersartige Hauptleistung mit andersartigen Rahmenleistungen und andersartigen Funktionsschwerpunkten. Auch die Kosten und die Betriebsführung sind in beiden Gastronomieformen unterschiedlich.

5.1 Die beiden Konzeptionsformen der Gaststättenbetriebe

Die traditionelle Gaststätte wird von einem Inhaber-Unternehmer entweder als Eigentümer des Betriebes oder zumindest als Pächter geführt. Seit jeher war nämlich die Gründung einer eigenen Gaststätte für unternehmerische Menschen eine Einstiegsmöglichkeit in die Selbständigkeit.

Erst in den letzten 20 Jahren hat sich daneben eine Konzerngastronomie entwickelt, in der Gastronomiekonzerne Standardgaststätten errichten und diese entweder durch einen angestellten Manager führen lassen oder im Fremd-Verfahren (Franchise) an einen Halbselbständigen abgeben oder sich einen Pächter suchen, den sie aber weitgehend konzernzentral steuern.

Dadurch gibt es heute zwei unterschiedliche Konzeptionen für Gaststättenbetriebe:
- die Individualgastronomie;
- die Systemgastronomie.

5.1.1 Die Individualgastronomie

Der Begriff der Individualgastronomie stellt auf die Selbständigkeit und Unabhängigkeit des Einzelunternehmers ab, der die entsprechende Gaststätte führt. Die selbständigen Gastwirte sind in diesem Sinne echte mittelständische Unternehmer, die ihren Betrieb als Personalunternehmen führen, im eigenen Namen und auf eigene Rechnung handeln und auf ihre Unabhängigkeit großen Wert legen. In der Regel ist auch die Familie des Gastwirtes in irgendeiner Form in die Arbeiten oder in die Leitung des Betriebes einbezogen, so daß die meisten Individualbetriebe der Gastronomie auch gleichzeitig echte Familienbetriebe sind.[1]

Die besonderen *Vorteile* eines mittelständischen Unternehmens treffen auch für die Familienbetriebe der Gastronomie zu:

Sie werden getragen von der Unternehmerperson, und hierin liegt als Dienstleistungsbetrieb in der Regel auch ihr Erfolgsgeheimnis. Die Betreuung von Gästen ist nämlich immer persönliche Betreuung und jedes mittelständische Personalunternehmen und insbesondere die Familienunternehmen haben in der persönlichen Betriebsführung zugleich auch eine persönliche Note, welche die besondere Atmosphäre der mittelständischen Gastronomiebetriebe schafft. Wer also als Gast einen Betrieb mit persönlicher Atmosphäre sucht, muß einen vom Unternehmer selbst geführten Individualbetrieb aufsuchen. Je anspruchsvoller die Gäste in der Betreu-

ung werden und je sprunghafter sie ihre Wünsche ändern, desto stärker sind sie darauf angewiesen, mittelständische Familienunternehmen mit ihrer höchsten Flexibilität zu suchen. Hierin liegt nach den Ermittlungen der Mittelstandsökonomie der große Vorteil der mittelständischen Personalunternehmen:
Bei allen persönlichen Dienstleistungen ist die persönliche Wirkung, Betreuung und Führung durch einen Unternehmer, dem Management durch Angestellte oder Betriebsleiter eines Konzernbetriebes überlegen[2].

Umgekehrt bedeutet natürlich die zentrale Funktion der Unternehmerperson für den Ablauf und die Unternehmenskultur im Betrieb auch eine ebenso zentrale Belastung gerade dieses Unternehmers und seiner Familie. Die meisten Gastronomieunternehmer sind deshalb ständig überlastet, gehören zur Bevölkerungsgruppe mit der höchsten Arbeitszeitbelastung und können sich dieser Belastung wegen des besonderen Charakters ihres Individualbetriebes auch nicht entziehen.

Beispiel:
Der Gastwirt H. hat politische Funktionen und ist deshalb häufig außer Haus. Tests durch das Mittelstandsinstitut Niedersachsen haben ergeben, daß man bereits beim Betreten der Gaststätte am Verhalten des Personals merkt, ob der Inhaber anwesend ist oder nicht: Kommen die Mitarbeiter herbei, um den Gast sofort zu begrüßen und ihm einen Tisch anzubieten, deutet dies darauf hin, daß der Inhaber in der Nähe ist. Gehen dagegen die Mitarbeiter in Deckung, weil mit dem Kunden Arbeit kommt, ist der Inhaber sicher auswärts.

Der mittelständische Individualbetrieb lebt nicht nur vom Inhaber und durch den Inhaber, er ist auch vom Inhaber so individuell geprägt, daß er ohne diesen Inhaber in der Regel nicht mehr läuft. Hierin liegt der große Irrtum vieler Brauereien und Konzerne, welche den Erfolg oder Mißerfolg eines Betriebes nicht genügend auf die Unternehmerperson bezogen haben. Wie in jedem mittelständischen Unternehmen ist auch in der mittelständischen Gastronomie ein Betrieb so rentabel, wie der Inhaber/Gastronom stark ist. Die gerade bei Individualbetrieben der Gastronomie hohe Fluktuationsrate von mehr als 30% hängt nach den Erkenntnissen der Mittelstandsökonomie auch wesentlich damit zusammen, daß der Inhaber/Gastronom häufig als Unternehmer persönlich zu schwach ist, um die besonderen Anforderungen des Individualbetriebes an die Unternehmerleistung erbringen zu können. Mit anderen Worten: *Ein gastronomischer Individualbetrieb steht und fällt und ist erfolgreich oder erfolglos vor allem durch die Person des Inhabers!*

Die besondere Situation der mittelständischen Risikounternehmer als alleinstehende Einzelkämpfer trifft auch für die Individualbetriebe der Gastronomie zu. Die meisten Inhabergastwirte stehen ebenfalls als Einzelkämpfer allein oder mit ihrer Familie und unterliegen deshalb auch den typischen Risiken und Nachteilen des Einzelkämpfers in der Wirtschaft:

Finanzierungsprobleme

Da die Finanzen und Investitionen im Familienbetrieb allein aus der Familie oder durch die Familie kommen können, besteht in den meisten Familienbetrieben ständige Geldknappheit bzw. Kapitalunterdeckung. Dies wird in der Entwicklung der Betriebe immer mehr zur Gefahr, wenn – wie in den letzten 20 Jahren – der Kapitaleinsatz pro Betrieb konkurrenzentscheidend steigt, und die Familienbetriebe deshalb bei der Kapitalbeschaffung gegenüber den Konzernbetrieben im Nachteil sind.

Fortbildungsprobleme

Konzerne bilden ihre Mitarbeiter fort. Der mittelständische Alleinunternehmer merkt jedoch oft nicht rechtzeitig, daß neue Marktentwicklungen oder neue Organisationsmittel (EDV) oder neue Organisationsformen neue Managementanforderungen stellen, für die neue Managementkenntnisse erforderlich sind. Auch stehen die meisten Gastronomen im ständigen Streß, daher kommt bei ihnen die eigene Fortbildung häufig zu kurz, und sie merken deren Notwendigkeit erst dann, wenn sie im Wettbewerb oder in ihren Erträgen zurückbleiben.

Präferenzenwechsel des Unternehmers

Nach neuen Erkenntnissen der Mittelstandsforschung[3] vollziehen erfolgreiche Unternehmer wie auch alle anderen Bürger um die Lebensmitte – in der Regel zwischen dem 40. und dem 50. Lebensjahr einen Wandel ihrer Lebensziele. Bis dahin haben sie sich voll in ihren Betrieb gestürzt und nichts anderes gesehen. Nachdem sie den Betrieb nun erfolgreich stehen haben, denken sie dann oft an Dinge, die sie versäumt zu haben glauben und wollen diese nachholen, wie z.B. Auslandsreisen, Ehrenämter oder Hobbys. Sobald sie sich aber dann diesen neuen Interessen oder Lebenszielen stärker zuwenden, entziehen sie ihrem Betrieb Unternehmerinitiative, was zwangsläufig zu einer Schwächung des Betriebes führen muß.

Insofern ist der Präferenzenwechsel der Lebensziele bei mittelständischen Unternehmern folgenschwerer als bei allen anderen Bevölkerungsgruppen. Wenn die Gastronomen sich dessen bewußt sind und für Ersatz an Unternehmerinitiative in ihrem Betrieb sorgen (Nachfolge oder Beteiligungsregelung), können sie die wirtschaftlichen Nachteile des Präferenzwechsels vermeiden. In den meisten Fällen ist aber den mittelständischen Unternehmern selbst nicht klar, daß sie bzw. wenn sie andere Lebensziele entwickeln und ihrem Betrieb dadurch die wichtigste Initiativkraft entzogen wird. In diesen Fällen leidet der Betrieb.

Nachfolgeregelung

Vor allem solche Gastronomen, die Grundeigentümer ihres Betriebes sind, neigen dazu, wie Landwirte den

Betrieb nur in ihrer Familie weitergeben zu wollen (Erbhofbauernmentalität). Nicht jeder Sohn oder jede Tochter ist aber geeignet und bereit, die Nachfolge auch so zu übernehmen, wie sie der Betrieb erzwingt. Ein immer geringerer Teil der Jugendlichen hat Unternehmermentalität. In der Jugend wächst bereits die Zahl derer mit Rentnermentalität. Wer also keine Kinder hat, die Unternehmertypen sind, sollte die Kinder und den Betrieb nicht dadurch unglücklich machen, daß er sie zur Nachfolge treibt. In diesen Fällen ist es oft besser, den Betrieb an einen fremden Unternehmer zu verpachten oder diesen zu beteiligen oder den Betrieb zu verkaufen.

Welche Rolle die Lösung des Nachfolgeproblems für mittelständische Unternehmer spielt, haben neuere empirische Untersuchungen ergeben[4]. Weil außerdem in den Gastronomiebetrieben meist sehr langfristige Investitionsentscheidungen zu treffen sind, kann eine langfristige Sicherung des Familienbetriebes auch nur durch langfristige Nachfolgeregelung gewährleistet werden.

Kostenbewußtsein

Während Manager in Konzernbetrieben ständig unter Kostenkontrolle stehen und sich für die entstandenen Kosten rechtfertigen müssen, sind die selbständigen Gastronomen zu sehr daran gewöhnt, ihren Betrieb nach den Erträgen, also der Differenz zwischen Umsatz und Kosten zu beurteilen. Gehen die Erträge zurück, wird in der Regel ein Weg über eine Umsatzsteigerung gesucht. Einzeluntersuchungen bei mittelständischen Gastronomiebetrieben haben dagegen ergeben, daß die Erträge viel leichter durch Senkung der Kosten hätten verbessert werden können. Im Zuge der täglichen Anstrengungen versäumen es viele Gastronomen immer wieder, ihren Betrieb ständig zu rationalisieren, die Kosten zu kontrollieren, die Kosten zu planen und durch Organisationsänderungen oder andere betriebswirtschaftliche Maßnahmen Kostenersparnisse anzustreben. Per Saldo sind deshalb die mittelständischen Gastronomen weniger kostenbewußt als die Gastronomiemanager der Konzerne – ein Nachteil, der nicht sein müßte und ihnen häufig einen entscheidenden Wettbewerbsnachteil gegenüber ihrer Konzernkonkurrenz einbringt.

5.1.2 Die Systemgastronomie

Eine in den letzten Jahren stärker gewordene Form von Kettengastronomie oder Restaurantketten wird als „Systemgastronomie" bezeichnet, weil die entsprechenden Gastronomiebetriebe in allen ihren betrieblichen Strukturen und Abläufen systematisch auf eine bestimmte gastronomische Idee ausgerichtet sind[5]. Zum Teil werden sie auch in der Literatur oder Praxis „Versorgungsgastronomie" oder „Konzerngastronomie" genannt. Dahinter steht die Marketingkonzeption, alle Systembetriebe im Markt so einheitlich auftreten zu lassen, daß der Kunde von vorneherein weiß, was er dort kaufen kann und unter welchen Bedingungen.

Die systemgastronomischen Konzerne arbeiten entweder mit dem Filialprinzip, indem sie eigene Filialen nach gleichem System errichten und betreiben (Wienerwald, Möwenpick, Churrasco), oder indem sie im Franchise-System Subunternehmen nach ihrem System errichten, kontrollieren und beherrschen[6] (Mc Donalds...). In anderen Fällen arbeitet ein Gastronomiekonzern mit zentraler Steuerung und Betriebsverpachtungen, wie dies früher vor allem bei Brauereien üblich war. Gemeinsam ist allen diesen systemgastronomischen Konzernen, daß sie mit einheitlicher Marketingkonzeption die Versorgungsfunktion betonen und die personalintensive und teure Servicefunktion zu reduzieren versuchen. Die großen Muttergesellschaften sind meist international tätig, kommen aber auch teilweise aus anderen Branchen, wie z.B. aus der Industrie oder dem Handel.

Je nach unterschiedlicher Betonung der Versorgungs- oder der Dienstleistungsfunktion lassen sich innerhalb der Systemgastronomie vier Schwerpunktformen unter-

scheiden:
1. Zweckbezogene Gastronomie;
2. Kettengastronomie;
3. Fast-Food-Gastronomie;
4. Handelsgastronomie.

1. Die *zweckbezogene Gastronomie* ist eigentlich nur Nebenzweck und Hilfsgewerbe für andere Zwecke. Sie hat sich deshalb auch den Haupttätigkeiten unterzuordnen, für die sie die Hilfsfunktion ausübt. Dies gilt z.B. bei der Deutschen Bundesbahn und ihrer Gastronomietochter (DSG), für die Schiffsbetriebe (KD), für die Autobahnraststätten oder für die Catering-Gesellschaft zur Versorgung der Lufthansapassagiere. Letztere finanziert sich aus den Fahrpreisen der Lufthansa selbst, schließt also mit den Gästen nicht einen eigenen Vertrag, erstere dagegen rechnen selbst mit den Gästen ab. Solche Betriebe werden zum Teil auch als „Verkehrsgastronomie" bezeichnet.

Davon unterscheidet sich die „Veranstaltungsgastronomie", welche die Bewirtung von Gästen bei bestimmten Anlässen übernimmt, z. B. die Messe-Gastronomie (Reiss) oder die Hallen-Gastronomie (Stockheim). Zum Teil haben diese zweckbezogenen konzerngastronomischen Betriebe auch mit Einzelkämpfer-Konkurrenten der Individualgastronomie zu kämpfen, welche auf Messen und Veranstaltungen zusätzlich auftreten und entweder regelmäßig oder sporadisch bestimmte Speise- oder Getränkeangebote bieten. Der Trend regelmäßiger Großveranstaltungen geht jedoch immer mehr zu professionellem Management mit professioneller Vermarktung auch des Gastronomieteils über, so daß die Kettengastronomie sich schon wegen ihrer größeren Finanzkraft in den offenen Publikumsveranstaltungen immer stärker durchsetzt.[7]

2. Der Schwerpunkt der *Kettengastronomie* ist der Versuch der jeweiligen Gastronomiekonzerne, mit einheitlichem Bild, einheitlicher Ausstattung, einheitlichem Angebot und einheitlicher Qualität einen bestimmten Angebotstyp der Gastronomie im Bewußtsein der Bevölkerung darzustellen. Konzerne wie z.B. Wienerwald, Ma-

redo oder Blockhaus sind bewußt auf die Hauptmahlzeiten ausgerichtet und versuchen, diese in einer spezialisierten Form mit meist günstigem Preis-Leistungs-Verhältnis in ausschließlich zentralen Lagen attraktiv zu machen. Dabei spielt offenbar auch eine Rolle, daß ein zunehmender Teil der Gäste nicht mehr lange Auswahlkarten bevorzugt, sondern seine Gerichte in einer Standardform oder in einer am Buffet selbst zusammengestellten Form sucht.

Da es sich bei den Gastronomieketten immer um Konzerne mit entsprechender Kapital- und Marktmacht handelt, konnten sich diese bei der Anpachtung von Betriebslokalen in der Regel leicht gegenüber der mit begrenzter Finanzkraft ausgestatteten mittelständischen Gastronomie durchsetzen und diese aus den Innenstädten zunehmend verdrängen. Und weil der typische Kunde der Kettenbetriebe seine Mahlzeiten relativ schnell einnimmt, ist die Verweildauer der Gäste pro Tisch kurz und der Umsatz pro Platz entsprechend hoch. Auch dies entspricht nach amerikanischem Vorbild dem Versorgungskonzept der Kettengastronomie.

Für die Herstellung des Speiseangebots hat sich die Kettengastronomie in aller Regel auf wenige Standardgerichte bzw. Standardangebote konzentriert, wie z.B. Grillhähnchen von Wienerwald, Steak mit Salat bei Churrasco, Grillsteak von Maredo usw. Diese Standardisierung ist nicht nur ein Produktionskostenvorteil, sondern – fast noch wichtiger – ein entscheidender Einkaufsvorteil der Kettengastronomie. Sie können in großen Mengen Standardrohstoffe einkaufen, diese relativ sicher planen und dadurch den Verderb von Waren oder Speisen sehr viel stärker ausschließen, als dies die variationsreiche Individualgastronomie kann. Insofern haben die Kettengaststätten in aller Regel günstigere Herstellungskosten, günstigere Belegungsfluktuationen und deshalb tendenziell eine günstigere Ertragslage als die mittelständische Konkurrenz aus der Individualgastronomie.

3. Der Trend der Standardisierung des Angebots und möglichst hoher Durchlaufgeschwindigkeit der Gäste

bestimmt vor allem die *Fast-Food-Gastronomie*. Auch diese Betriebe gehören in der Regel einem Konzern an, ganz gleich, ob sie als Pächter oder als Franchise-Nehmer eine Teilselbständigkeit haben oder als Filialbetrieb voll beherrscht werden. Dadurch hat der Fast-Food-Konzern die Möglichkeit zentralen Einkaufs zu entsprechend günstigen Konditionen, zu zentraler Organisation, zentraler Abrechnung[8] und zu zentralem Marketing. Die Fast-Food-Ketten sind auch konsequent den Weg gegangen, sich nicht mehr vorrangig auf die Hauptmahlzeiten zu konzentrieren, sondern ihr Standardangebot durchgehend – sowohl als Hauptmahlzeit wie auch als Zwischenmahlzeit – anzubieten. Sie haben deshalb eigentlich mit den traditionellen, auf die Bedienung des Gastes orientierten, mittelständischen Gastronomiebetrieben wenig mehr gemeinsam als den Versorgungsgesichtspunkt. Der größte Teil der Kunden der Fast-Food-Betriebe verzehrt die Mahlzeit nicht einmal im Verkaufsraum. Dazu sind auch die Sitze absichtlich ungemütlich. Die Fast-Food-Betriebe setzen also auf eine Kundschaft, die eine handfertige Speise aus dem Ladenlokal mitnimmt und unterwegs oder im Auto verzehrt. Entsprechend ist das Angebot in Form und Preis auf das untere Niveau ausgerichtet.

4. In der *Handelsgastronomie* findet Bedienung überhaupt nicht mehr statt. Es wird deshalb nicht mehr an einen *Gast* verkauft, sondern an einen *Handelskunden*. Dieser muß sich die Ware entweder selbst an irgendwelchen Selbstbedienungseinrichtungen entnehmen und dann an einer zentralen Kasse bezahlen oder er muß sie sich selbst von der Theke abholen, wo sie ihm ohne jegliche weitere Dienstleistung nur ausgehändigt wird.

Es gibt verschiedene Formen der Handelsgastronomie. Teilweise sind solche Versorgungsbetriebe nur Annex-Betriebe für andere Handelsbetriebe, wie z.B. die Kantinen oder Restaurants in den Kaufhäusern, die Imbißecken in den Bäckereien oder den Metzgereien oder die Stehtische in den Kaffeeverkaufsläden (Eduscho). In anderen Fällen kann der Handel mit Fertiggerichten oder Getränken auch Haupthandelsfunktion sein und gilt als Handelsgastronomie, weil – wie im Warenhandel – der Verzehr über die Theke verkauft und auf jegliche Serviceleistung verzichtet wird. Es besteht Streit darüber, ob die Handelsgastronomie nun eigentlich Handel ist oder noch Gastronomie. Mit dem Handel hat sie zumindest die Abgabeform und Organisation gemeinsam, zumeist auch eine Einbindung in einen andersartigen Betrieb. Sie eigentlich zum Handel zu zählen wird auch dadurch gestützt, daß diese Handelsgastronomie wie der übrige Handel den Ladenschlußzeiten unterliegt.

5.2 Die Betriebsformen des Gaststättengewerbes

Neben den Betrieben mit unterschiedlichen Konzepten wie z.B. des Individual-Betriebs oder des System-Betriebs, lassen sich die Gaststättenbetriebe auch nach unterschiedlichen Betriebsformen einteilen. Dabei zeigt sich, welche Vielfalt das Gastgewerbe in unserer Wirtschaft anbietet und welche breite Wahlmöglichkeit der Kunde hat. Vergleicht man damit das unzulängliche Einheitsangebot von Staatsgaststätten der sozialistischen Länder, so wird deutlich, eine wieviel höhere Lebensqualität wir durch die unternehmerische Leistung des Gastronomiegewerbes in unserem freien marktwirtschaftlichen System geboten bekommen.

5.2.1 Abgrenzungen

Es ist im Einzelfall oft sehr schwer, einen bestimmten Gastronomiebetrieb einer bestimmten Betriebsform eindeutig zuzuordnen, weil viele Betriebe nach der jeweiligen Marktlage oder nach den Stärken ihres Unternehmers mehrere Betriebskriterien miteinander kombinieren. Dennoch erscheint es sinnvoll, die unterschiedlichen Betriebsformen des Gaststättengewerbes abzugrenzen, um deren jeweils unterschiedliches Leistungsangebot dadurch eindeutiger zu bestimmen. Selbst wenn ein einzelner Betrieb mehrere Leistungsangebote miteinander kombiniert und mehreren Betriebsformen zugeordnet werden könnte, hat er doch in aller Regel einen Leistungsschwerpunkt, der es erlaubt, ihn einer entsprechenden Betriebsform zuzuordnen.

Die Zuordnung hat nicht nur wissenschaftliches Interesse, sondern ist auch praktisch bedeutsam, weil die unterschiedlichen Betriebsformen eine unterschiedliche Marktfunktion haben und auch andere Unternehmertypen, andere Organisationsformen und andere Marktstrategien erfordern. Die Definitionen der Betriebsformen helfen deshalb vor allem den Gastronomen selbst, sich mit ihrem Betrieb in einer Schwerpunktform wiederzufinden, um daraus die entsprechenden Betriebs- und Angebotsstrategien zu entwickeln.

Nach der Handels- und Gaststättenzählung[9] zählen alle Betriebe zum Gaststättengewerbe, die aus Sicht des Gastes eine „Außer-Haus-Verpflegung“ ermöglichen. Charakteristisch ist also für das Gaststättengewerbe, daß bei der Bewirtung der Gäste Speisen und Getränke in der Gaststätte selbst angeboten werden, deren Verzehr üblicherweise an Ort und Stelle erfolgt.

Neben der eigentlichen Gastronomie findet Außer-Haus-Verpflegung auch noch durch andersartige öffentliche oder private Einrichtungen statt, die üblicherweise nicht zur Gastronomie zählen z.B.
- öffentliche Anstalten;
- Kantinen;
- Verpflegung durch Zentralküchen[10].

Diese letzteren sind aber kein Gastgewerbe, weil sie weder im steuerlichen Sinne der „Gewinnerzielung“ dienen[11] noch gewerblich betrieben werden. Sie dienen als gastronomische Einrichtungen nur zur Versorgung für bestimmte Bevölkerungskreise (Werksangehörige, Behinderte, ältere Menschen, o.a.), sind also im Gegensatz zum Angebot der ordentlichen Gastronomie auch nicht für jedermann zugänglich. Dazu werden sie zum

Teil auch von den verantwortlichen Instituten der betreuten Gruppen (Firmen, Behörden, öffentliche Anstalten)[12] subventioniert oder sogar völlig bezahlt, so daß der Versorgungsempfänger ganz anders als ein Gast in einer Gaststätte nur einen Teil der Kosten oder überhaupt keine Kosten trägt.

Deshalb werden aus der Gastronomie begrifflich zunächst einmal die nicht von Unternehmern geführten, nur zur Versorgung bestimmter Gruppen dienenden öffentlichen Betriebe oder Hilfsbetriebe ausgegrenzt. Im Rahmen der vorliegenden Untersuchung sollen aber auch solche von Unternehmern geführte Einrichtungen ausgeschlossen werden, welche als Kantinen oder Verpflegungseinrichtungen institutioneller Anbieter oder als gastronomische Hilfsbetriebe von Einzelhandelsbetrieben ebenfalls nicht ihren Hauptzweck in der Versorgung und Verpflegung des Gastes haben, sondern einem anderen Hauptzweck untergeordnet sind, nämlich dem Geschäftszweck des Hauptbetriebes, für den sie nur eine Hilfsleistung erbringen. Dafür spielt der eigene Kostenbeitrag des gastronomischen Hilfsbetriebes solcher Betriebe oft nur eine untergeordnete Rolle, weil er sich aus dem Geschäftszweck des anderweitigen Gewerbes rechtfertigt und finanziell auch unter diesem Gesichtspunkt behandelt wird. Nicht die gastronomische Leistung steht also im Vordergrund des Betriebszwecks solcher Neben- und Hilfsbetriebe, sondern die Verkaufsförderung des gewerblichen Hauptbetriebes bzw. die Sozialpolitik der Fabrik oder der öffentlichen Institutionen.

Diese gastronomischen Nebenbetriebe haben auch ein ganz anderes Verhältnis zum Gast. Der Gast sucht die Hilfsgaststätte nicht um ihres Angebotes willen auf, sondern er nutzt sie nur hilfsweise, um andere Geschäftszwecke (Einkauf beim Handel) zu erledigen, oder um die Versorgung während der täglichen Arbeitszeit (Werkskantinen) sicherzustellen, oder weil ihm keine andere Versorgungsmöglichkeit bleibt (Mensa).

Alle diese Gründe sprechen dafür, diese Hilfsbetriebe nicht als normale, ordentliche Gastronomie anzusehen, sondern nur als gastronomische Hilfsform und außerordentliche Versorgungseinrichtung.

Die ordentlichen Gaststättenbetriebe lassen sich wiederum nach ihrem unterschiedlichen Angebotsschwerpunkt in sechs Hauptbetriebsformen unterteilen:
- Speisewirtschaften;
- Schankwirtschaften;
- Imbißhallen;
- Trinkhallen;
- Bars, Tanz- und Vergnügungslokale;
- Cafes und Eisdielen.

In den meisten dieser vorgenannten Hauptformen der Gaststättenbetriebe gibt es wiederum Unterformen, die sich nach unterschiedlichen Kriterien unterscheiden lassen.

Bei den Speisegaststätten z.B. könnte man unterteilen nach:
- Spezialitätenrestaurants;
- Selbstbedienungsrestaurants;
- Restaurants mit ausschließlich ausländischem Warenangebot;
- Bürgerlichen Restaurants.

Auch die neuerlichen Unterscheidungen der Gaststätten als „versorgungsorientiert“ oder „erlebnisorientiert“ sind Unterscheidungsmöglichkeiten nach unterschiedlichen Angebotsschwerpunkten. Diese Kriterien spielen aber weniger für die Beschreibung der Betriebe als vielmehr für deren Marktstrategien eine Rolle. Sie werden deshalb in der vorliegenden Untersuchung auch unter diesem Gesichtspunkt behandelt[13].

5.2.2 Kennzeichnung der Gaststätten – Betriebsformen

Die nachfolgende Beschreibung der Hauptbetriebsformen des Gaststättengewerbes soll nur Anhaltspunkte für die Angebotsschwerpunkte geben und dem Unternehmer selbst die Einordnung seines Betriebes erleichtern:

a) Speisewirtschaften:

1. Gaststätten

Typisch deutscher mittelständischer Gastronomiebetrieb. Im Mittelpunkt steht ein Angebot deutscher Gerichte. Sie haben in der Regel ein breites Speisenangebot. Die Einrichtung entspricht dem Familienbetrieb und von Familien für Familien. Zusätzlich werden oft Räumlichkeiten für Feiern, Kegelbahnen u.a. angeboten. Die Betriebsgrößen schwanken sehr stark.

2. Ausländische Gaststätten

Einrichtung entspricht dem Stil des Landes, dessen Angebot sie erbringen. Sie versuchen mit einem Speisenangebot ihres Heimatlandes eine bestimmte Marktstellung zu erreichen. Konzentrieren sich oft auf ausländische Spezialitäten (Pizzerien) und werden in der Regel auch von ausländischen Unternehmern betrieben.

3. Restaurants

Meist kleine und mittlere Betriebe, die sich auf bestimmte Waren oder Sortimentsbereiche spezialisiert haben. Sie legen auf bestimmte Qualitätsmerkmale oder auf eine bestimmte Art deutscher oder internationaler Küche wert, werden nach ihrer besonderen Ausprägung auch bewertet (Michelin, Varta). Die Innenraumgestaltung und das Speisenangebot werden auf ein bestimmtes Niveau oder eine bestimmte Spezialität harmonisiert.

b) Schankwirtschaften:

4. Kneipen

Sie sind eine typische deutsche, individuelle Gastronomie mit einfacher Ausstattung und starker Bindung an die Person des Gastwirtes. Ihre Stammgäste kommen meist aus der Nachbarschaft und haben auch untereinander besondere Kontaktbereitschaft. Angebotsschwerpunkt: Biersorten frisch vom Faß.

5. Pub

Englische, gehobene Variante der herkömmlichen Schankbetriebe. Sie sind meist mit dunklen englischen Möbeln, Ledergarnituren u.a. ausgestattet. Sie schenken englische Biere, Weine und andere alkoholische Getränke aus. Zum Teil bieten sie auch kleinere Mahlzeiten an. Ihr Hauptumsatz liegt im Abendgeschäft.

6. Spezialschankbetriebe

Meist kleine und mittlere Betriebe mit alkoholischem Angebot. Hierzu gehören Weinlokale ebenso wie zielgruppenorientierte Künstlerkneipen, Studentenkneipen, Rockcafes und ähnliche Betriebe.

7. Trinkhallen

Der statistische Begriff der „Trinkhallen“ ist etwas altertümlich, wie auch die früheren Trinkhallen in den Arbeitergebieten sich heute gewandelt haben. Zu ihnen gehören vor allem die Strauß-, Busch-, Kranz- und Besenwirtschaften, in denen Winzer, Apfelweinhersteller und ähnliche Produzenten alkoholischer Getränke ihre Produkte ganzjährig oder saisonal begrenzt anbieten.

Hauptzweck ist, die eigenen Waren zu verkaufen, um rechtzeitig vor der nächsten Ernte den Altvorrat verkauft zu haben[14].

c) *Imbißhallen:*

Sie finden sich vor allem in den Innenstädten und in den Groß- oder Mittelstädten liegenden Wohnvierteln. Dazu gehören:

8. Imbißbuden

Meist kleine Verkaufslokale mit Verkauf von Flaschen- und Dosenbier sowie begrenzter Möglichkeit des Ausschanks alkoholischer und nichtalkoholischer Getränke, ohne Sitzgelegenheiten. Hauptgeschäft ist die „Außer-Haus-Versorgung“.

9. Fast-Food-Betriebe

Sie dienen der Schnellverpflegung mit schmalem anspruchslosem Sortiment. Zentral geführte Konzernbetriebe mit begrenzter Eigenständigkeit, mit Hilfskräften betrieben. Ihr Hauptgeschäft sind wenige Markenartikel (Burger's-King, Hamburger).

d) *Bars, Tanz- und Vergnügungslokale:*

Die Bars, Tanz- und Vergnügungslokale kann man eigentlich nur nach ihrer Größe oder ihrer Exklusivität unterscheiden:

10. Bars

Meist kleine exklusive Betriebe. In der Regel ohne Speiseangebot. Das Hauptgeschäft liegt abends und nachts, in der Regel oberste Preisklasse, gerichtet an zahlungsfähige Gäste.

11. Diskotheken

Große Tanz- und Vergnügungslokale. Gerichtet an ein einfaches, jugendliches Publikum. Zum Teil wird ein Eintrittsgeld erhoben. Einfaches Standardangebot von Getränken, zum Teil auch einfache Speiseangebote. Im Vordergrund steht die Musik und Tanzmöglichkeit.

12. Vergnügungslokale

Anbieter von speziellen Vergnügungsleistungen, in Kombination mit Getränkeausschank. Vergnügungsangebot wird in der Regel über die Getränkepreise finanziert. Variation der Vergnügungsbetriebe von Primitivvergnügen bis hochwertigen Künstlerleistungen.

Die Cafés und Eisdielen bieten zum Teil Getränke, zum Teil aber auch Speisen (Kuchen, Eis) an. Zu ihnen gehören:

13. Ganztagscafés

Unterschiedliche Schwerpunkte wie z.B. Frühstückscafés, Tagescafés, oft mit kleineren Gerichten, Nachmittagscafé (Kuchengeschäft) oder Abencafé (evtl. auch mit alkoholischen Getränken).

14. Bistro

Französische Variante des Cafés. Schwerpunkt: Abendgeschäft. Im Café, Cappuccino, Espresso auch Angebot von offenen Weinen, daneben meist kleine französische Gerichte. Ausstattung meist mit kleinen runden „Bistro-Tischen“. Im Sommer auch Straßenbetrieb.

15. Eisdielen

Saisonbetriebe. Im Sommer mit Sitzgelegenheiten für den Verzehr von Eis oder Getränken. Umsatzschwerpunkt zum Teil im Mitnahmegeschäft.

6. Bestimmung des Beherbergungsgewerbes

Auch für das Beherbergungsgewerbe gilt, daß es aus Betrieben mit unterschiedlichen Grundkonzepten und aus ebenso unterschiedlichen Betriebsformen besteht. Insofern findet sich im Beherbergungsgewerbe eine ähnlich Formenbreite oder eine ähnliche Entwicklung wie im Gaststättengewerbe, so daß es von praktischem Nutzen erscheint, die Unterschiede herauszuarbeiten, um daraus Erkenntnisse, Verhaltensnotwendigkeiten und Marketingstrategien für die Unternehmer zu entwickeln, wie auch den Gästen die Auswahl des von ihnen gewünschten Übernachtungsangebots zu erleichtern.

6.1 Die beiden Konzeptionsformen der Beherbergungsbetriebe

Wie bei den Gaststätten haben wir auch bei den Beherbergungsbetrieben zwei grundsätzlich verschiedene unternehmerische Konzeptionen: der individuell vom Einzelunternehmer geführte Beherbergungsbetrieb eines Hotels oder einer Pension und das zentral von einer Konzernzentrale gesteuerte, konzernabhängige und von Managern geführte Hotel. Selbst wenn die Leistung im Einzelfall gleich sein mag, sind doch Grundstruktur, Organisation und Personalität beider Konzeptionsformen der Beherbergung grundsätzlich verschieden.

6.1.1 Das mittelständische Hotelgewerbe

Das mittelständische Hotelgewerbe entspricht der Individualgastronomie. Es wird vom Eigentümer – in der Regel von der Familie des Eigentümers – als Personenfirma und Familienbetrieb geführt. Schon daraus ergibt sich, daß der Unternehmer nur einen einzigen Betrieb führen kann und insofern den Charakter des mittelständischen Unternehmens als vom Inhaber geführtes Personalunternehmen erfüllt[1].

Wie stark die Unternehmerperson bzw. die Unternehmerfamilie auch für den Gast im Zentrum des mittelständischen Beherbergungsbetriebes steht, geht meist aus der Bestellung bereits hervor. Man bestellt nicht in einem bestimmten Hotel, sondern bei einem bestimmten *Hotelier*. Die Anwesenheit des Hoteliers und dessen Führung des Hotels werden vom Gast als entscheidende Nachfragekriterien empfunden.

Die Probleme der mittelständischen Gaststättenbetriebe mit ihren auf die Familie begrenzten Finanzen, die Einzelkämpfersituation des Inhabers und die Nachfolge- oder Fortbildungsprobleme[2] finden sich auch im Hotelgewerbe wieder. Stärker als bei den Gaststätten wirkt sich die Finanzierungsproblematik aus. Ein Hotelbetrieb erfordert ein so hohes und festgelegtes Finanzinvestment, daß die unternehmerische Leistung hierdurch sehr viel mehr bestimmt wird als in den meisten anderen Wirtschaftsbereichen. Und gerade Einzelunternehmer können die Investitionsrisiken solcher Großinvestitionen besonders schwer tragen. Hinzu kommt, daß ein Hotel im Unterschied zum Konzernbetrieb mit jedem Generationswechsel einer Auszehrung durch die Erbschaftssteuer unterliegt und damit die Finanzierung der Investition erneut gefährdet. Aus diesen Gründen sind auch die mittelständischen Hotels meist nur kleinere oder mittlere Hotels, während die Großhotels Domäne der Kapitalgesellschaften und Konzerne sind.[3]

Nicht nur die Unternehmersituation ist bei den mittelständischen Eigentümer-Unternehmern anders als bei den Managern der Konzernbetriebe; die Mittelstandsforschung hat neuerdings auch nachgewiesen[4], daß aus der andersartigen Situation im Betrieb die Eigentümer-Unternehmer auch andere Entscheidungsvoraussetzungen und in der Regel auch anderes Entscheidungsverhalten haben als die fremdangestellten Manager. Dies hängt mit folgenden Positionsunterschieden zusammen:

- Hotelinhaber sind Eigentümer des Betriebes und handeln aus eigenem Recht und souverän; Manager dagegen handeln aus fremdem Recht oder auf Grund ihres Anstellungsvertrages. Sie müssen nicht nur ihr Managerrecht nachweisen, sondern ihr Verhalten auch ständig von den Anteilseignern und Aufsichtsgremien kontrollieren lassen. Handeln sie nicht vertragsgemäß, droht ihnen Entlassung.
- Unternehmer handeln auf eigenes Risiko im eigenen Namen; Manager handeln in fremdem Namen auf fremde Rechnung. Bricht der Betrieb zusammen, ist ein Unternehmer auch persönlich ruiniert. Ein Hotelmanager dagegen wechselt nur den Betrieb.
- In den meisten mittelständischen Hotelbetrieben ist die Gesamtfamilie des Unternehmers einbezogen. Der Betrieb ist ein Familienbetrieb, der Erfolg ist Familienerfolg[5]; bei Managern ist die Unternehmensführung ein Job, der nur die Person selbst berührt. Die Familie ist davon ausgeschlosssen; das Familienleben ist vom Arbeitsleben geschieden.
- Der mittelständische Unternehmer steht allein mit seinen Sorgen. Der Manager dagegen kann seine Probleme mit Konzernkollegen oder mit der Konzernführung besprechen und sich dadurch absichern.

Diese unterschiedliche Entscheidungssituation führt empirisch nachweisbar[6] zu einem anderen Entscheidungsverhalten. Die mittelständischen Eigentümer-Unternehmer entscheiden im Betrieb, da sie niemandem Rechenschaft schuldig sind, mehr intuitiv und subjektiv als Manager. Ihr Vorteil ist, daß sie sofort entscheiden können. Sie haben die höchste Reaktionsfähigkeit auf die betrieblichen Probleme. Hierin liegt ihre besondere Stärke. Andererseits sind sie bei Investitionen niemandem Rechenschaft schuldig und sind es deshalb weniger gewohnt, betriebswirtschaftlich und strategisch zu denken. In der Tendenz sind deshalb die von Managern geführten Konzernbetriebe betriebswirtschaftlich, organisatorisch und strategisch überlegen. Die von mittelständischen Eigentümer-Unternehmern geführten mittelständischen Unternehmen dagegen haben eine stärkere persönliche Note, sind im Direktkontakt mit den Gästen, in deren Betreuung und im Vertrauenspotential stärker[7]. Die Stärke der mittelständischen Unternehmer wirkt sich deshalb vor allem in ihrer Stammkundschaft aus, die Stärke der Konzernbetriebe in der Marktinformation über ihren Standard und ihre Preiskategorie.

6.1.2 Die Hotelketten der Konzerne

Der wachsende Tourismus und die ansteigende Geschäftsreisetätigkeit haben die Nachfrage nach Übernachtungsmöglichkeiten in allen Preiskategorien entsprechend steigen lassen. Die unternehmerische Antwort hierauf war die Entwicklung von Großhotels durch große nationale und internationale Kapitalgesellschaften. Diese Entwicklung hat sich vor allem in den letzten 20 Jahren tendenziell verstärkt, weil die Hotelketten mit ausgezeichneter Logistik und internationalem Buchungssystem internationales Marketing betreiben, mit den touristischen Großunternehmen entsprechende Großabkommen abschließen können und mit ihrem Marketingkonzept des Standardangebots an Ausstattung, Service und Preis eine bestimmte Wettbewerbskategorie gewinnen, welche sie für die entsprechenden Kundengruppen attraktiv und verläßlich macht. Wer z.B. bei einem „Intercontinental“-Hotel oder bei „Hilton“ bucht, weiß, was ihn erwartet, womit er rechnen kann und was er dafür zu zahlen hat.

Darüber hinaus haben die internationalen Hotelkonzerne das Arbeitskräfteproblem durch internationale Schulungszentren und Ausbildungen sowie durch ein Rotationsverfahren gelöst, wobei sie nicht nur den Kostenvorteil von Personal aus Billigländern gewinnen, sondern das Personal hat auch Aufstiegsmöglichkeiten innerhalb der Gruppe, die es anderswo in gleicher Weise nicht vorfindet.

Die großen internationalen Hotelkonzerne haben auch den Vorrang betriebswirtschaftlichen Denkens in dieser Branche durchgesetzt. Qualifizierte Stabsabteilungen optimieren ständig alle betriebswirtschaftlichen Faktoren von der Neuerrichtung eines Hotels über die Ausstattung bis hin zum Personaleinsatz und sorgen dadurch innerhalb der Betriebe für entsprechendes kostenbewußtes Denken und Handeln. Dies hat sogar dazu geführt, daß viele mittelständische Eigentümer-Hoteliers ihre eigenen Nachfolger nicht bei anderen mittelständischen Unternehmen, sondern bei betriebswirtschaftlich geübteren und strategischer denkenden Konzernbetrieben ausbilden lassen.

6.2 Betriebsformen des Beherbergungsgewerbes

Entsprechend der amtlichen statistischen Definition[8] werden alle diejenigen Betriebe zum Beherbergungssektor gerechnet, in denen Personen gegen Entgelt vorübergehend, d.h. maximal für 2 Monate, Unterkunft gewährt wird. Dementsprechend werden auch solche Betriebe als „Beherbergungsbetriebe“ bezeichnet, die nicht der Erlaubnispflicht nach § 2 des Gaststättengesetzes unterliegen. Damit werden nach der amtlichen Definition auch die gewerbliche Vermietung von Zelt- und Wohnwagenplätzen ebenso als Beherbergungsbetriebe gezählt wie die Vermietung von Ferienhäusern und Ferienwohnungen. Dieser extensiven Definition wird aber für die vorliegende Untersuchung nicht gefolgt, weil das Beherbergungsgewerbe nur so weit auch als Dienstleistungsgewerbe gelten kann, als nicht bloß Einrichtungen zur Verfügung gestellt werden, sondern der Gast in irgendeiner Weise im wörtlichen Sinne „beherbergt" wird. Bei Privatquartieren kommt hinzu, daß sie in aller Regel nur eine Nebenleistung und Neben-Einkunftsquelle darstellen, nicht also der Behergungszweck im Vordergrund der unternehmerischen Tätigkeit steht (kein Gewerbe).

Unter der vorgenannten Einschränkung gibt es dennoch unterschiedliche Betriebsformen des Beherbergungsgewerbes, die sich nicht nur nach mittelständischen oder Großunternehmen unterscheiden, sondern in der Art ihres Angebots:

1. Hotel

Jedermann zugängliche Beherbergungs- und Verpflegungseinrichtung, unterschiedlich ausgeprägtes Dienstleistungsangebot, Angebot von Aufenthaltsräumen für die Gäste, Angebot von Hotelrestaurant, welches auch für Passanten zugänglich ist.

2. Hotel Garni

Jedermann zugänglicher Beherbergungsbetrieb, dessen Versorgungsangebot sich jedoch auf das Frühstück für die Hausgäste beschränkt.

3. Gasthof

Für alle offener Beherbergungsbetrieb mit Bewirtung der Gäste und Fremder, jedoch keine Aufenthaltsräume für die Gäste und nur geringe Nebenleistungen.

4. Pension

Wie ein Gasthof jedermann zugängliche Beherbergungsstätte, deren Speisen und Getränke jedoch nur an

Hausgäste abgegeben werden. Sehr starke persönliche Note des Betriebes durch enge Verbindung von Familienaufenthaltsräumen und Beherbergungsbetrieb.

5. Erholungs- und Ferienheime

Nur für Mitglieder und Angehörige bestimmter Personengruppen (Vereine, Organisationen, Mitarbeiter eines bestimmten Unternehmens, Betreute sozialer Einrichtungen usw.) verfügbar. Speisen und Getränke werden nur an Hausgäste abgegeben.

6. Ferienzentrum

Für alle zugänglich, sehr unterschiedliche Wohn- und Aufenthaltsmöglichkeiten, zumeist aber betriebseigene Freizeiteinrichtungen, gekoppelt mit sonstigen Dienstleistungen und Einkaufsmöglichkeiten.

7. Hütte, jugendherbergsähnliche Einrichtungen

Vorzugsweise für Angehörige der sie tragenden Organisation (Wanderverein, Heimatverein, o.a.). Abgaben von Speisen und Getränken ausschließlich an Hausgäste, rustikale, einfache Unterkunft. Gewerblicher Zweck wird dem meist ideellen Zweck der sie tragenden Organisation untergeordnet.

7. Entwicklung des Gastgewerbes in Zahlen

Die amtlichen deutschen Statistiken sind hervorragend, soweit es um Großunternehmen geht. Für den Mittelstand interessiert sich dagegen die Statistik kaum – für die Gastronomie noch weniger. Wir sind deshalb für das Zahlenwerk des deutschen Gastgewerbes im wesentlichen auf zwei Statistiken angewiesen: die Umsatzsteuerstatistik der Finanzverwaltungen und die letztlich ebenfalls aus den Unterlagen der Finanzverwaltungen[1] stammende Handels- und Gaststättenzählung (HGZ), die zuletzt für 1985 vorliegt. Beide Statistiken passen aber nicht zusammen:

- Die HGZ umfaßt die Umsätze einschließlich Mehrwertsteuer;
- Die Umsatzsteuerstatistik dagegen erfaßt Umsätze ohne Umsatzsteuer.
- Die HGZ umfaßt nur Arbeitsstätten mit mindestens 50.000 DM Umsatz;
- Die Umsatzsteuerstatistik erfaßt Betriebe mit einem Mindestumsatz von 20.000 DM.
- Die HGZ ist eine auf einen Stichtag abgestellte Bestandsstatistik;
- Die Umsatzsteuerstatistik dagegen zählt alle Betriebe, die im Laufe eines Jahres bestehen, bestanden haben oder neu gegründet worden sind, enthält also auch Doppelzählungen die z.B. durch Fluktuation entstanden sind.

Neben diesen Ungenauigkeiten der amtlichen Statistik hat das Gastgewerbe noch ein spezielles statistisches Problem gegenüber allen anderen Branchen: Die eminent hohe Fluktuationsrate[2].

In einer Branche, in der etwa ein Drittel der Betriebe pro Jahr verschwinden und wieder neu entstehen, sind

Statistiken immer nur mit Vorsicht zu genießen und sollten eher als Tendenzaussage denn als exakte Bestandszahl gewertet werden.

Unter diesen Einschränkungen lassen sich dennoch aus den verfügbaren Zahlen eine Reihe eindeutiger Tendenzaussagen ableiten.

7.1 Entwicklung des Unternehmensbestandes

Einschließlich der landwirtschaftlichen Haupterwerbsbetriebe und der freien Berufe gibt es in der Bundesrepublik insgesamt ca. 2,43 Mio. Unternehmen[3].

Davon gelten 1,9 Mio. Unternehmen als gewerbliche und umsatzsteuerpflichtige Unternehmen. Von diesen wiederum sind etwa 38 % Dienstleistungsunternehmen.

Von den Dienstleistungsunternehmen sind wiederum 30 % Unternehmen des Gastgewerbes.

Im Zeitraum von 1970 bis 1986 ist der Unternehmensbestand des Gastgewerbes von 187.676 auf 222.694[4] registrierte Unternehmen angewachsen.

Zur Zeit (1989) dürften wir etwa 225.000 gastgewerbliche Unternehmen haben.

Die durchschnittliche jährliche Zunahme der gastgewerblichen Betriebe liegt bei etwa 1,5 %. Damit hat sich der Bestand der gastgewerblichen Betriebe in den letzten 20 Jahren mit ca. 12 % geringer erhöht als der Gesamtbestand der Gewerbebetriebe (plus 14,5 %).

Die Zahl der Dienstleistungsunternehmen stieg sogar dreimal so stark wie der Betriebszuwachs im Gastgewerbe:

Dienstleistungsunternehmen (Veränderungen in Prozent)

	Verändg. 80/84	Verändg. 84/86	Gesamtveränderung 80/86	80/89[5]
Gesamtbestand	+10,02	+3,86	+14,28	+14,5
sonst. Dienstl.	+23,52	+9,62	+35,40	+36,0
davon				
Gastgewerbe	+ 9,21	+1,94	+11,33	+12,0

7.2 Entwicklung der Betriebsformen

Im Gegensatz zu den Entwicklungszahlen der Umsatzsteuerstatistik zählt die Handels- und Gaststättenstatistik nicht die Unternehmenseinheiten, sondern die Arbeitsstätten. Die Zahl Letzterer ist um die Filialbetriebe höher. Pro 1000 Unternehmen bestanden im Jahr 1985[6] 1037 Arbeitsstätten. Die Differenz ist relativ konstant. Betrachtet man nämlich die Differenz zwischen Unternehmen und Betriebsstättenzahlen nach Betriebsformen, so ist der Filialisierungsgrad im Gaststättengewerbe geringer als im Beherbergungsgewerbe. Bei den Hotels liegt er bei 1.63, bei den Erholungs- und Ferienheimen bei 1.18. Hieran wird das Vordringen der internationalen Hotelketten deutlich. Während z.B. der Unternehmensbestand des Beherbergungsgewerbes im letzten Jahrzehnt um 10 % gesunken ist, hat sich in der gleichen Zeit die Anzahl der Hotelbetriebsstätten um mehr als 10 % erhöht. Im Beherbergungsgewerbe ist also die Zahl der Gasthöfe, Pensionen, Hotels Garni usw. überproportional gesunken, während oder weil sich die Zahl der Kettenhotelbetriebe stark erhöht hat.

Unternehmen des Gastgewerbes im Jahr 1986 (Anzahl):

Gastgewerbe[7]	1986
Hotels	9.172
Gasthöfe	19.157
Pensionen	6.468
Hotel garni	4.520
Erholungsheime	488
Ferienzentren	80
Ferienhäuser	1.553
Hütten	131
Campingplätze	670
Privatquartiere	776
Beherbergungsgewerbe	43.015
Speisewirtschaften	62.368
Imbißhallen	13.499
Schankwirtschaften	72.625
Bars, Tanzlokale u.ä.	5.164
Cafés	6.569
Eisdielen	4.146
Trinkhallen	6.504
Kantinen	4.935
Gaststättenbetriebe	175.810

Innerhalb des Gesamtbestandes der gastronomischen Betriebe machen die Gaststätten etwa 80 % aus, die Betriebe des Beherbergungsgewerbes nur etwa 20 %.

Vorstehende Statistik zeigt, daß im Beherbergungsgewerbe die Gasthöfe mit 44,53 % die größte Bedeutung haben, gefolgt von den Hotels mit 21,32 %. Beide zusammen machen mehr als zwei Drittel des Gesamtbestandes des Beherbergungsgewerbes aus. Danach folgen die Pensionen mit 15,04 % und die Hotels Garni mit 10,51 %.

Vergleicht man den Bestand der Beherbergungsunternehmen in seinem Verhältnis zum Bevölkerungsbestand, so deckt zahlenmäßig ein Beherbergungsunternehmen den Bedarf von durchschnittlich 1.500 Menschen ab, oder anders ausgedrückt: Zur Zeit kann für durchschnittlich 1.500 Menschen ein Beherbergungsbetrieb bei uns existieren, wenn man die ausländischen Gäste einmal außer Betracht läßt.

Setzt man dagegen die Zahl der Übernachtungen (130 Mio.)[8] ins Verhältnis zur Zahl der Beherbergungsbetriebe, so würde statistisch auf jeden Betrieb eine jährliche Übernachtungsziffer von ca. 3.100 entfallen. Das Bild variiert aber dadurch, daß die 21 % Hotels alleine mehr als die Hälfte der Gesamtübernachtungen auf sich konzentrieren. Von der anderen knappen Hälfte der Übernachtungen entfallen wiederum die Hälfte (28 Mio.) auf die Hotels Garni, so daß die gesamten übrigen Beherbergungsbetriebe, die Gasthöfe, Pensionen u.ä., nur ein Viertel der Gesamtübernachtungen bekommen.

Unter den 80 % Gaststättenbetrieben des gesamten Gastgewerbes dominieren mit 41,3 % die Schankwirtschaften (68.000) und mit 35,5 % die Speisewirtschaften (48.500). Vergleicht man zwischen beiden Arten der Speisegastronomie und der Getränkegastronomie die Tendenzentwicklung, so nehmen die Betriebe der Speisegastronomie noch zu, die der Getränkegastronomie dagegen um knapp 1 % jährlich ab.

Der Rückgang der Getränkegastronomie vor allem auf dem Land dürfte sich einmal aus dem neuen Trend der Abwanderung vom Land in die Stadt und zum anderen aus der immer härteren Verfolgung des Autofahrens nach Alkoholgenuß erklären. Vor allem die letztere Erklärung korrespondiert mit dem gestiegenen Getränkeverbrauch in den Haushalten. Die Strafverfolgung des Autofahrens unter Alkoholgenuß hat also dazu geführt, daß sich der Getränkeverzehr aus der Gastronomie tendenziell in die häuslichen Bereiche verlagert.[9]

Die Bestandszahlen der Statistik drücken nicht die Bestandsfestigkeit der Betriebsformen aus. Fluktuationsraten von 20 % im Beherbergungs- und mehr als 30 % im Gaststättengewerbe deuten darauf hin, daß zwar der Unternehmensrahmen bestehen bleibt, die Unternehmer und Unternehmen jedoch in ihm wechseln. Dies gilt insbesondere für die Getränkegastronomie mit ihrer größten Fluktuationsrate. Insofern ist letztere trotz ihrer hohen Bestandszahl die unsicherste Betriebsform der Gastronomie.

7.3. Umsatzentwicklung

Nach der Umsatzsteuerstatistik (1988) setzt das gesamte Gastgewerbe 57,9 Mrd. DM um[10]. Danach entfallen 31,8 % (18,4 Mrd. DM) auf das Beherbergungsgewerbe und 68,2 % (39,5 Mrd. DM) auf das Gaststättengewerbe.

Umsätze nach Betriebsformen in TDM

	1986	Index 88	1988
Hotels	8.549.768	111,1	9.498.792
Gasthöfe	4.771.765	106,8	5.096.245
Pensionen	1.101.920	104,0	1.145.997
Hotel garni	1.130.151	115,5	1.305.324
Erholungs- u. Ferienh.	399.228	–	–
Ferienzentren	239.443	–	–
Ferienhäuser	193.819	105,2	203.898
Hütten	25.846	–	–
Campingplätze	209.358	103,0	215.639
Privatquartiere	77.410	–	–
Beherbergungsgewerbe	16.698.619	110,2	18.401.878
Speisewirtschaften	16.753.184	106,5	17.842.140
Imbißhallen	2.958.843	104,5	3.091.990
Schankwirtschaften	11.662.780	97,8	11.406.198
Bars, Tanzlokale u.ä.	1.563.600	96,6	1.510.438
Cafés	2.057.851	110,0	2.263.636
Eisdielen	832.260	104,8	862.776
Trinkhallen	1.693.973	92,0	1.558.455
sonstiges	667.077	–	–
Gaststättengewerbe	38.180.567	103,4	39.478.706

Betrachtet man die Umsätze nach Betriebsformen, so konzentrieren sich die Umsätze des Beherbergungsgewerbes zur Hälfte (51,6 %) auf die Hotels, gefolgt von den Gasthöfen mit 27,7 %. Diese beiden Betriebsformen machen allein ca. 80 % des gesamten Beherbergungsumsatzes aus.

Im Gaststättengewerbe dominieren umsatzmäßig die Speisewirtschaften (45,2 %), gefolgt von den Schankwirtschaften mit 28,9 %.

Vergleicht man die Betriebszahlen mit den Umsatzzahlen, um durchschnittliche Jahresumsätze je Gastronomieunternehmen daraus zu entwickeln, so liegt insgesamt der Jahresumsatz je Unternehmen zur Zeit bei knapp 300.000,– DM[11]. Allerdings haben drei Viertel aller Betriebe einen unter diesem Durchschnitt liegenden Jahresumsatz (76,3 %). Nur 2,5 % der Gastronomiebetriebe erreichen Jahresumsätze von mehr als 1 Mio. DM. Diese kleine Spitzengruppe allerdings konzentriert bereits einen Umsatzanteil vom 30 % vom Gesamtumsatz der Gastronomie auf sich. Diese ungleichgewichtige Umsatzverteilung zeigt bereits die Problematik des Gastgewerbes: Die größere Zahl der Anbieter erwirtschaftet unterdurchschnittliche Betriebsumsätze, während eine kleine Minderheit von Betrieben weit überdurchschnittliche Umsätze und einen großen Teil des Gesamtumsatzes erwirtschaftet.

Wegen dieses Umsatzungleichgewichts ist es schwierig, für die einzelnen Betriebsformen Durchschnittsumsätze zu errechnen. Dennoch läßt ein solcher durchschnittlicher Umsatzvergleich Aufschlüsse über das Verhältnis der gastronomischen Betriebsformen untereinander zu:

Durchschnittsumsätze nach Betriebsformen in TDM (gerundet)

	Umsätze gesamt 1986[12]	Durchschnittsumsatz/ Betrieb
Hotels	8.549.768	935,0
Gasthöfe	4.771765	250,0
Pensionen	1.101.920	170,0
Hotel garni	1.130.151	250,0
Erholungs- u. Ferienh.	339.228	820,0
Ferienzentren	239.443	3.000,0

Durchschnittsumsätze nach Betriebsformen in TDM (gerundet)

	Umsätze gesamt 1986[13]	Durchschnittsumsatz/ Betrieb
Speisewirtschaften	16.753.184	270,0
Imbißhallen	2.958.843	220,0
Schankwirtschaften	11.662.780	160,0
Bars, Tanzlokale u.ä.	1.563.600	300,0
Cafés	2.057.851	315,0
Eisdielen	823.260	200,0
Trinkhallen	1.693.973	260,0

aus: Statistisches Jahrbuch 1987 nach Umsatzsteuerstatistik des Statistischen Bundesamtes.

Die Durchschnittsumsätze können vor allem den entsprechenden Unternehmern der verschiedenen Betriebsformen Anhaltspunkte dafür geben, ob sie umsatzmäßig zu den gefährdeten Grenzbetrieben gehören oder vom Markt her keine Existenzprobleme haben.

Die Leistungen des Gastgewerbes gehören zu den Lebenshaltungskosten, deren Preise seit 1980 um mehr als 20 % – bei den Übernachtungen sogar um mehr als 36 % – gestiegen sind.

1980 = 100	Lebens-haltung	Gastgewerbe gesamt	Gaststätten	Übernachtung
1981	106,3	106,3	106,2	108,7
1982	111,9	111,9	111,7	116,9
1983	115,6	115,7	115,4	122,7
1984	118,4	118,7	118,3	125,7
1985	121,0	120,6	120,1	130,5
1986	120,7	123,2	122,5	136,0

Quelle: Stat. Jahrbuch 1987 Preisindex für Lebenshaltung

Die vorstehende Durchschnittssteigerung liegt bei fast 4 %. Demnach hat sich ein Standardgericht (z.B. Wiener Schnitzel), welches 1980 noch etwa 12,– DM kostete, heute auf 15,– DM verteuert. Noch stärker waren die Preissteigerungen im Beherbergungsgewerbe. Ein Hotelzimmer, das 1980 50,– DM kostete, kostet heute mehr als 70,– DM.

Trotz dieses oberhalb des Prozentsatzes der Lebenshaltungskosten liegenden Kostenanstiegs im Gastgewerbe hat sich der nominale Branchenumsatz nur durchschnittlich um 2,5 % erhöht. Unter Abzug der Preissteigerungsrate bedeutet dies eine im Gastgewerbe deutlich stärkere Preisstabilität als z.B. im Einzelhandel. Das mittelständische Gastgewerbe klagt seit einigen Jahren über verstärkten Preiskampf und dadurch eine fortschreitende Konzentration in seiner Branche.

Im Beherbergungsgewerbe haben sich vor allem die Großhotels der Hotelkonzerne durch Neubauten und Erweiterungen verstärkt, so daß diese zu Lasten des mittelständischen Beherbergungsgewerbes einen entsprechenden Umsatzzuwachs erzielen konnten.

Im Gastgewerbe wiesen 1984 nur 150 Betriebe einen Jahresumsatz von mehr als 10 Mio. DM aus und hatten einen Anteil am Gesamtumsatz von knapp 9 %. Zählt man ihnen die Unternehmen der Franchise-Systeme mit ca. 1 Mrd. DM Umsatz hinzu, würde sich für die Konzerngastronomie im Gaststättenbereich ein Gesamtumsatz von ca. 5 Mrd. DM und ein Marktanteil von etwa 13 % ergeben[14]. Stärker als diese relativ noch geringe Zahl wiegt jedoch, daß sich dieser Umsatzanteil der Systemgastronomie vor allem in den letzten Jahren erhöht hat, wir also hier vor einer wohl erst noch in den Anfängen stehenden Konzentrationstendenz stehen.

In einem Hotelbetriebsvergleich 1985[15] wurde für die wichtigste Gruppe der „Stadthotels mit normaler Ausstattung" ein Durchschnittsjahresumsatz aller erfaßten Betriebe von 811.000,– DM ermittelt. Dabei wird allerdings darauf hingewiesen, daß die Situation der Stadthotellerie stark durch den Standort, die Größe der Stadt und die damit zusammenhängende Nachfragestruktur bestimmt wird. Von diesem Umsatz versteuern die mittelständischen Inhaber-Hoteliers pro Jahr durchschnittlich 50.000,– DM Ertrag. Berücksichtigt man, daß diese Hoteliers wöchentlich die doppelte Gewerkschaftsnorm an Arbeitszeit leisten und das durchschnittliche Jahreseinkommen eines Angestellten oder Arbeiters bereits bei fast 34.000,– DM liegt, reicht der Umsatz nicht aus, um dem Hotelier einen gleichen Stundenlohn wie dem Durchschnittsarbeitnehmer zu garantieren.

7.4 Auslastung im Beherbergungsgewerbe

Das Beherbergungsgewerbe stellt Übernachtungsmöglichkeiten, also Immobilienvermögen zur Verfügung, um damit seine Dienstleistungen erfüllen zu können. Das bedeutet, daß dieser Wirtschaftszweig erst auf der Basis eines hohen Anlagevermögens betriebsbereit ist. Nach Hotelbetriebsvergleichen liegt die Kapitalintensität der Beherbergungsbetriebe[16] bei über 90 % der Bilanzsumme:

Stadthotels	
– normale Ausstattung	94,2 %
– gehobene Ausstattung	91,2 %
– first-class-Ausstattung	83,4 %

Hotel garnis	93,5 %
Hotelbetriebe in Kur- und Ferienorten	
– normale Ausstattung	91,2 %
– gehobene Ausstattung	88,4 %
– first class-Ausstattung	87,3 %
Kurheime, Erholungsheime, Pensionen u.ä.	92,7 %[17]

Bei den durch diese hohe Kapitalbindung entstehenden hohen Fixkosten (Zinsen, Abschreibungen) hängt der Ertrag der Hotels und anderen Beherbergungsbetrieben entscheidend vom Grad der Auslastung ihrer Fixkapazität ab. Die Auslastung ist somit im Beherbergungsgewerbe ein viel stärkerer Bestimmungsfaktor für das Überleben und den Ertrag des Betriebes als in den meisten anderen Wirtschaftsbranchen. Da Kapazität und Angebot des Beherbergungsbetriebes feststehen, liegt die unternehmerische Aufgabe vor allem darin, die Auslastung für die gegebene Kapazität zu optimieren, um erst einmal die hohe Fixkostenhürde zu überwinden und möglichst auch noch Ertrag zu erzielen.

Auslastung bedeutet für das Beherbergungsgewerbe die tägliche bzw. nächtliche Belegung der Bettenkapazität im Jahr. Insgesamt stellen die vier Hauptbetriebsarten des Beherbergungsgewerbes zur Zeit über eine Million Betten zur Verfügung[18]

Bettenkapazität der vier Hauptbetriebsarten des Beherbergungsgewerbes

Betriebsart	Anzahl der Betriebe	Anzahl der Betten
Hotels	9982	530370
Gasthöfe	11745	238141
Hotels garnis	10422	241426
Pensionen	5953	133507
insgesamt	38102	1133444

Nur ein geringer Teil von weniger als 10 % der Beherbergungsbetriebe sind Saisonbetriebe[19], vor allem in der Sommerzeit.

91,5 % aller Beherbergungsbetriebe sind dagegen ganzjährig geöffnet, haben aber ebenfalls im Sommerhalbjahr ihre stärkste Auslastung.

Berücksichtigt man, daß die durchschnittliche Verweildauer der Übernachtungsgäste bei 2 Tagen bzw. 2 Übernachtungen liegt, wird deutlich, wie sehr es im Beherbergungsgewerbe darum geht, die 1,15 Mio. Betten 365mal im Jahr zu belegen, also mehr als 419 Mio. Übernachtungen pro Jahr zu erzielen bzw. bei durchschnittlich zweitägigem Verweilen der Gäste mehr als 200 Mio. Gäste pro Jahr zu gewinnen. Tatsächlich ergaben sich dagegen nur 130 Mio. Übernachtungen des Beherbergungsgewerbes[20] mit etwa 70 Mio. Gästen. Rechnerisch ist also die Bettenkapazität des deutschen Beherbergungsgewerbes trotz aller regionalen und saisonalen Unterschiede nur zu einem Drittel ausgelastet. Die Gewinnschwelle der Beherbergungsbetriebe liegt aber immer erst bei über 40 % der Auslastungsquote[21].

Das Auslastungsbild muß allerdings jahreszeitlich differenziert werden. In den Sommermonaten ist die Auslastung oft doppelt so hoch wie im Winter und es sind viele Betriebe sogar bis zur Kapazitätsgrenze voll ausgelastet. Vergleicht man in diesem Sinne die Auslastungskurven etwa Norddeutschlands, ergibt sich gegenüberstehendes Bild[22].

Nach diesen Auslastungszahlen scheint die unternehmerische Aufgabe der deutschen Hotellerie noch nicht gelöst, und verstärkte Anstrengungen sind notwendig, um solche Auslastungen in den Betrieben zu erreichen, daß sie aus ihrer Arbeit ein ähnliches Unternehmereinkommen erzielen wie andere Dienstleistungsbranchen. Das deutsche Beherbergungsgewerbe hat offensichtlich noch erhebliche Rentabilitätsreserven.

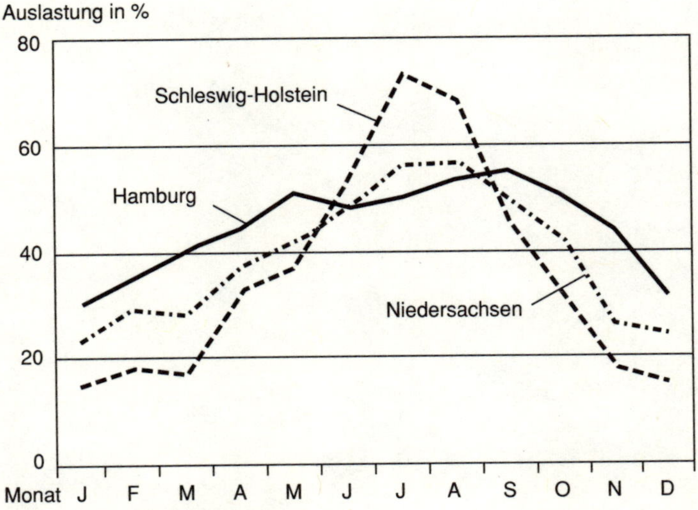

Quelle: Statistisches Bundesamt

8. Einflußfaktoren für die Entwicklung des Gastgewerbes

Wie bei allen wirtschaftlichen Unternehmen ist auch in der Gastronomie der Erfolg nicht nur von der eigenen Tüchtigkeit abhängig, sondern auch – oder oft sogar mehr – von den Umfeldbedingungen, in denen der Unternehmer wirtschaften kann oder muß. Wer einen eigenen Gastronomiebetrieb in der Nähe der Frankfurter Messe hat, für den ist es wesentlich leichter, hohe Umsätze und Erträge zu erzielen als für einen Gastwirt oder Hotelier auf dem Lande oder in der Kleinstadt oder in regionalen Randlagen. Andererseits sind die Marktbedingungen selten dauerhaft, sondern schwankend. Der Gastwirt hat sich also wie jeder andere Unternehmer auf solche Marktveränderungen einzustellen. Er hat sie deshalb frühzeitig zu erkunden und in seiner Unternehmenspolitik umzusetzen. Dabei geht es ebenso darum, die allgemeinen Einflußfaktoren für die Gastronomie zu berücksichtigen wie auch die speziellen Umfeldfaktoren seines eigenen Betriebes.

Wer den Markt am ehesten durchschaut und am besten kennt, wird daraufhin eher und richtiger entscheiden können als seine Konkurrenten. Und wer die Entwicklungstendenzen seines Marktes am besten beobachtet und deutet, wird auch die besten Zukunftsstrategien für die Sicherung seines Betriebes erarbeiten können.

Man kann zwar auf Marktentwicklungen und Marktveränderungen nur reagieren. Für den Wettbewerbsvorsprung im Markt kommt es jedoch darauf an, wer mit besserer Marktkenntnis eher und richtiger reagiert. Hierin liegt die ökonomische Aufgabe jedes Unternehmers und auch jedes Gastronomen.

Aus diesen Gründen werden die für die Gastronomie wichtigsten Marktbedingungen und Marktentwicklungen nachfolgend skizziert, damit die Gastronomen ihr Angebot auf diese Nachfrageveränderungen des Marktes rechtzeitig abstellen können.

8.1 Bevölkerungsentwicklung

Wichtigstes Datum für jeden Anbieter personeller Wünsche ist die Zahl der möglichen Nachfrager, also die Bevölkerungszahl. Nimmt sie ab, schrumpft auch das Marktvolumen. In diesem Sinne weisen alle Prognosen darauf hin, daß unser derzeitiger Bevölkerungsstand von ca. 62 Mio. Menschen einen Höchststand darstellt, der wegen des Kinderdefizits abnehmen wird. 1965 hatten wir jährlich noch mehr als 1 Mio. Geburten, inzwischen nur noch etwa die Hälfte. Jahr für Jahr wachsen also ca. 40 – 45 % weniger neue Verbraucher als noch vor 20 Jahren nach. Die meisten Schätzungen der Bevölkerungsdynamik gehen davon aus, daß der Bevölkerungsrückgang sich nach dem Jahre 2000 verschärfen wird und folgende Entwicklung bringt:

Jahr 1990	56,20 Mill. Deutsche BRD
Jahr 2000	54,87 Mill. Deutsche BRD
Jahr 2030	42,60 Mill. Deutsche BRD[1]

Bezogen auf die deutsche Bevölkerung würde das bedeuten, daß wir von zur Zeit ca. 56,2 Mio. Bundesbürgern im Jahr 2030 auf ca. 35 Mio. deutsche Bundesbürger zurückgehen werden, falls diese Tendenz nicht durch Einwanderungen gemildert oder gestoppt wird.

Die Zahl möglicher Gäste für die deutsche Gastronomie dürfte also, wenn man einmal von den zu uns kommenden Touristen aus dem Ausland absieht, um jährlich 1 % bis 2 % sinken.

Zugleich wird sich aber auch die Altersstruktur der Bevölkerung verändern. Zur Zeit haben wir in unserer Bevölkerung 20 % Jugendliche, 58 % Erwerbstätige und 22 % Rentner. Um das Jahr 2030 werden wir nur noch 16 % Jugendliche in unserer Bevölkerung haben, 48 % Erwerbstätige und 36 % Rentner. Der Anteil der Rentner wird also immer höher, während der Anteil des Nachwuchses in unserer Bevölkerung immer geringer wird.

Modellrechnung zur künftigen Entwicklung der Gesamtbevölkerung nach Altersgruppen

Altersgruppe	Stand 31.12.1983	Modellrechnung				
		1990	2000	2010	2020	2030
		in Millionen				
unter 20 ...	14,9	12,2	11,6	9,7	8,1	7,6
20 bis unter 60	34,1	35,0	32,2	30,2	27,2	22,2
60 u. älter	12,3	12,9	14,6	15,0	15,6	16,7
insgesamt	61,3	60,1	58,4	54,9	50,8	46,4
		in v.H.				
unter 20 ...	24	20	20	18	16	16
20 bis unter 60	56	58	55	55	53	48
60 u. älter	20	22	25	27	31	36

(Neue Modellrechnung des Statistischen Bundesamtes; Modell I) ohne Berücksichtigung der Zuwanderung und DDR-Bevölkerung

Anders ausgedrückt bedeutet dies:

- 1971 standen 10 Rentner über 65 Jahren 94 Jugendliche unter 20 Jahren gegenüber.
- Heute stehen 10 Rentnern nur 17 Jugendliche gegenüber. Im Jahre 2000 werden 10 Rentner nur noch 11 Jugendlichen gegenüberstehen.
- Im Jahr 2030 kommen auf 10 Rentner nur noch 6 Jugendliche.

Wir sind also eine überalternde, eine „vergreisende Gesellschaft"[2]. Die Veränderung der Alterspyramide ist nicht nur durch das Kinderdefizit verursacht, sondern auch durch die steigende Lebenserwartung unserer Bevölkerung. Betrug die Lebenserwartung noch zu Beginn des letzten Weltkrieges bei uns etwa 60 Jahre, ist sie inzwischen für Männer auf 71,2 Jahre und für Frauen sogar auf 77,8 Jahre angestiegen. Wir haben also nicht nur immer mehr Rentner in unserer Gesellschaft, sondern diese Rentner leben auch immer länger. Für den Gastronomen bedeutet dies, daß immer mehr Rentnernachfrage entsteht und die Nachfrage der Jugendlichen mit ihrer sinkenden Zahl abnehmen muß.

Das Kinderdefizit hat noch eine andere, für die Gastronomie wichtige Nachfragewirkung: War früher die kinderreiche Familie überwiegend verbreitet, hat sich die durchschnittliche Kinderzahl pro Haushalt so reduziert, daß nur noch 13 % der Bevölkerung mehr als 2 Kinder haben. Die Hälfte der Haushalte hat überhaupt kein Kind mehr. Dies bedeutet für die Gastronomie, daß die nicht mehr durch Kinder gebundenen Haushalte nun mehr Freiheit und Freizeit haben, gastronomische Angebote zu suchen und anzunehmen.

Der unterschiedliche Bevölkerungsaufbau in der Bundesrepublik führt auch zu Wanderbewegungen. Ältere Menschen können auf dem von Infrastruktur „befreiten" Land nicht mehr existieren. Sie haben keinen Arzt, keinen Kaufmannsladen, keine Versorgung mehr, wenn sie inmobil werden. Sie müssen also in die Stadt ziehen. Umgekehrt werden aber auch die Großstädte für ältere Menschen zu anonym und durch die steigende Kriminalität zu gefährlich, so daß auch aus den Großstädten eine Wanderbewegung in die Klein- und Mittelstädte stattfindet. Die Gastronomie in den Klein- und Mittelzentren kann also mit steigender Bevölkerungszahl und vor allem mit einer steigenden Seniorenzahl rechnen, während das Land und die Großstädte Einwohner und damit auch Gäste für die Gastronomie verlieren[3].

Die abnehmende deutsche Bevölkerung besagt nicht, daß auch die Einwohnerzahl in gleichem Maße abnimmt. Vielmehr nimmt die Zahl der ausländischen Einwohner durch steigende Zuwanderung vor allem aus dem Ostblock zu. Statt heute 5 Mio. Ausländer werden wir im Jahre 2030 mindestens 7 Mio. Ausländer haben, wobei die Ostblock-Zuwanderer hierbei nicht gezählt sind, soweit sie als Deutschstämmige dem deutschen Bevölkerungsanteil zugerechnet werden.

Im ausländischen Bevölkerungsteil gibt es Geburtenüberschuß, und deshalb bleibt auch die Altersstruktur dieses Bevölkerungssegments anders als die der deutschen Bevölkerung. Mit anderen Worten: Die derzeitig junge Ausländerbevölkerung bei uns wird den Vergreisungsprozeß nicht mitmachen, sondern ihre derzeitige Altersstruktur voraussichtlich beibehalten.

Für das Nachfragepotential der Gastronomie bedeutet dies, daß die jungen Ausländer nicht nur überwiegend Ausländergastronomie suchen werden, sondern sich auch die deutsche, an Jugendliche gerichtete Gastronomie verstärkt auf den wachsenden Anteil junger Ausländer einstellen muß. Möglicherweise wird sich durch den zunehmenden Anteil junger Ausländer und durch andersartige Eß- und Reisegewohnheiten langfristig auch das Eß- und Reiseverhalten der übrigen Bevölkerung in dieser Richtung verändern.

Die für die Gastronomie vielleicht nachfragewirksamste Veränderung der Bevölkerungsstruktur findet aber zur Zeit bei den privaten Haushalten statt. Die Zahl der Privathaushalte nimmt seit 40 Jahren ständig zu, während die Größe dieser Haushalte ständig abnimmt.

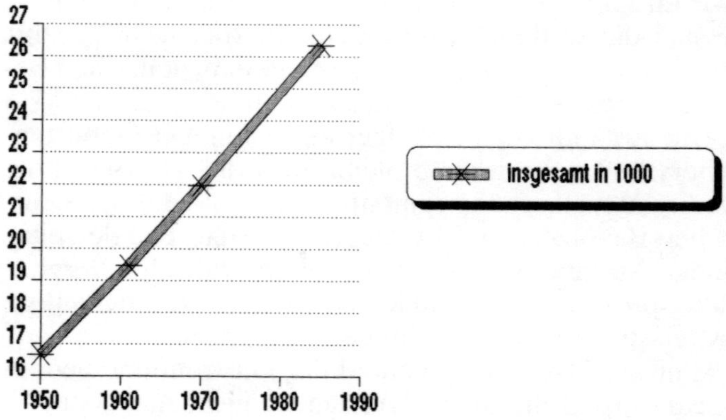

Entwicklung der Privathaushalte

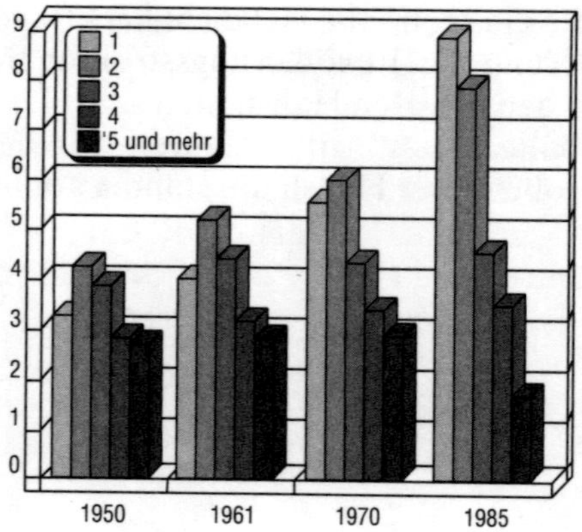

Entwicklung der Privathaushalte nach Haushaltsmitgliedern

Hierin spiegelt sich der Übergang von der früheren Großfamilie zur Kleinfamilie bzw. zum Ein-Personen-Haushalt wider. Während im Jahre 1900 noch 44 % aller Privathaushalte 5 oder mehr Personen umfaßten, lag dieser Anteil 1985 nur noch bei 6 %.[4] Der Anteil der Zwei-Personen-Haushalte nahm in der gleichen Zeit von 15% auf 30% zu und liegt heute bei 34%. In dieser statistischen Entwicklung zeigen sich eine Reihe von gesellschaftlichen Veränderungen:

- Verzicht auf Kinder in immer größeren Bevölkerungskreisen;
- Stärkere Tendenz junger Menschen, vor allem junger Männer, unabhängig zu bleiben und alleine zu leben;
- Hohe Scheidungsrate in der BRD im internationalen Vergleich;
- Die vorverlegte Mündigkeit hat bei den Jugendlichen früheren Auszug aus dem Elternhaus zur Folge, also eigene Haushaltsführung;
- Zunehmende Pendlerzahl mit zum Teil doppelter Haushaltsführung;
- Trend junger Frauen zur Berufstätigkeit unter Verzicht auf eigene Familie bzw. unter Verzicht auf Kinder (dinks = double income, no kids).

Für die Gastronomie bedeutet der Trend zum Ein- und Zwei-Personen-Haushalt („Doppeltverdienerhaushalt") einen Trend mit steigender Kaufkraft dieser Einzel- bzw. Kleinhaushalte. Erwerbstätige, welche nicht mehr für eine eigene Familie und nicht mehr für Kinder zu sorgen haben, genießen ein höheres persönlich verfügbares Einkommen und vor allem mehr Freiheit und Freizeit, dieses Einkommen außer Haus auszugeben. Insofern bedeutet der Trend zum Kleinhaushalt einen für die Gastronomie günstigen Trend zu mehr Gästen, mehr Besuchen dieser Gäste und zu mehr Ausgabebereitschaft dieser Gäste. Verstärkt wird diese Tendenz dadurch, daß die berufstätigen Frauen nicht mehr zu Hause kochen wollen und deshalb die Einzelpersonen und Kleinfamilien schon jetzt verstärkt die Gastronomie in Anspruch nehmen. War es früher für Frauen undenkbar oder jedenfalls nicht üblich, außer Haus „essen zu gehen", wird dies bei den erwerbstätigen Frauen immer üblicher und wird sich die Gastronomie auf die spezielle Nachfrage dieser erwerbstätigen Frauen mit entsprechender Kost einstellen müssen. Insofern wächst in dieser weiblichen Bevölkerungsgruppe der Gastronomie ein zustätzlicher Markt zu.

8.2 Entwicklung des volkswirtschaftlichen Nachfragepotentials für die Gastronomie

Das Bruttosozialprodukt hat sich in den letzten 10 Jahren in der Bundesrepublik im Schnitt mehr als 2% jährlich erhöht (2,2%). Prognosen gehen ziemlich einheitlich dahin, daß sich auch in den nächsten 10 Jahren das Bruttosozialprodukt real um jährlich mehr als 2% erhöhen wird[5].

Diese Steigerung des Volkseinkommens wird auch zu einer positiven Entwicklung des Realeinkommens der Bevölkerung führen, die bisher etwa bei + 1,5% lag und in etwa gleichen Steigerungsraten auch für die mittelfristige Zukunft vorausgesagt wird. Dies würde bedeuten, daß auch das verfügbare Einkommen der Privathaushalte langsam weiter steigen wird. Es hat sich in den letzten 30 Jahren alle 10 Jahre verdoppelt:

1960	3.800,– DM
1970	7.350,– DM
1983	17.000,– DM

Der Verbrauch je Einwohner stieg in etwa dem gleichen Verhältnis wie das verfügbare Einkommen der Haushalte. Zieht man bei den Haushalten die üblichen Anteile für Fixkosten, Ersparnis u.a. ab, bleibt zur Zeit vom verfügbaren Einkommen eine für die Gastronomie in Frage kommende Konsumquote von etwa 25%.

Gerade dieser gastronomierelevante Sektor der Haushaltsausgaben ist in den letzten 5 Jahren überproportional gestiegen. Diese Tendenz dürfte sich zumindest mittelfristig fortsetzen, so daß sich das theoretische Nachfragepotential für die Gastronomie aus Volkseinkommen, Haushaltseinkommen und Verbrauchsgewohnheiten der Haushalte positiv entwickeln wird. Die Gastronomie kann also insgesamt weiter mit Zuwachsraten der Nachfrage und des Umsatzes mit 2 bis 3% oder mehr jährlich rechnen. Vergleicht man diese Marktentwicklung mit dem voraussichtlich schrumpfenden Markt anderer Branchen, sind die volkswirtschaftlichen Daten für die Gastromie günstiger.

8.3 Einfluß des Wertewandels auf den Gastronomiemarkt

Essen, Trinken, Reisen und Freizeitverhalten werden nicht nur durch die quantitativen Bedingungen wie verfügbarem Einkommen, von der Zahl der Nachfrager oder von der Freizeitentwicklung bestimmt, sondern auch von qualitativen Verhaltensentwicklungen der Gesellschaft. In diesem Sinne spricht man heute von einem *„Wertewandel"* hin zu mehr Lebensqualität, zu Verbrauchsgewohnheiten, die nicht mehr den Grundbedarf im Auge haben, sondern einen Luxus- oder Sondernutzen. Die Haushalte sind mit den Gütern des Grundbedarfs in der Regel gut ausgestattet; sie streben deshalb andere zusätzliche Konsumziele an, die ihnen das bieten, was sie im normalen Alltag nicht bekommen.

Dazu kommt auch die Befriedigung anderer ideeller Bedürfnisse. War früher die Arbeit für die meisten Personen eine wesentliche Lebenserfüllung und die Karriere wesentliches Lebensziel, so hat sich dies bei einem erheblichen Teil unserer Bevölkerung gewandelt, der bereit ist, mehr Karriere und mehr Einkommen gegen Freizeit und mehr ideelle Lebensziele einzutauschen[6]. Diese romatische Tendenz wächst, wie auch das Umweltbewußtsein, welches viele Leute dazu veranlaßt, sich anders zu verhalten, aber auch anders zu essen und zu trinken, deshalb eine andere Nachfrage an die Gastronomie stellen als bisher.

Schwerpunkte dieser mit dem Wertewandel zusammenhängenden Entwicklung sind:

- Trend zur gesunden Ernährung.
- Die verstärkten Diskussionen über Umweltverschmutzung, Chemikalien und ihre Auswirkung auf die Gesundheit haben dazu geführt, daß sich das Bewußtsein der Gäste geschärft hat, eine Nachfrage zu entfalten, die auf Speisen und Getränke ohne Konservierungsstoffe in natürlicher Qualität gerichtet ist.
- Trend zur kleinen Zwischenmahlzeit[7]:
  Der Gesundheit dient es auch, nicht dick zu werden und von Speisen und Getränken nicht belastet sein zu wollen. Leistungskraft und Fitness fördern den Trend weg vom reichhaltigen, warmen Essen hin zu kleinen Zwischenmahlzeiten (fast-food-Tendenz).
- Trend zu besonderer Essensqualität:
  Zunehmend wird nicht mehr das gute und reichhaltige Essen gesucht, sondern das spezielle Essen in kleinen Mengen und besonderer Qualität, von besonderer Frische und natürlichen Zutaten.
- Auch die Erfahrungen der Bevölkerung im Auslandsurlaub veranlassen sie, ihnen die im Ausland liebgewordene Gerichte auch im Inland nachzufragen, vor allem wenn es sich um leicht verdauliche Kost handelt.

Diese Verhaltensänderungen beeinflussen auch die Nachfrage für die Gastronomie. Insofern wird das wachsende Nachfragepotential vorerst mittelfristig dem Trend zum Wertewandel folgen und überproportional sich in dieser Richtung entwickeln.

8.4 Gastbereitschaft und Gästemotive

Fragt man den Gast, warum er eine Gaststätte oder ein Hotel aufsucht, so werden unterschiedlich viele Beweggründe genannt. Diese Beweggründe werden wissenschaftlich als Motive bezeichnet.

Nach Maslow[8] werden die Motive heute üblicherweise in menschliche Grundbedürfnisse eingeteilt. Maslow unterscheidet vier verschiedene Bedürfnisebenen:

1. Physiologische Grundbedürfnisse wie Nahrung, Schlaf und Erhaltung der Gesundheit;
2. Sicherheitsbedürfnisse z.B. Erhaltung des Arbeitsplatzes, der Existenz, Sicherung für das Alter;
3. Soziale Bedürfnisse wie Anerkennung, Geselligkeit, sozialer Standard;
4. Selbstverwirklichung, d.h. Freiheit zur Entfaltung der eigenen Persönlichkeit und Kreativität.

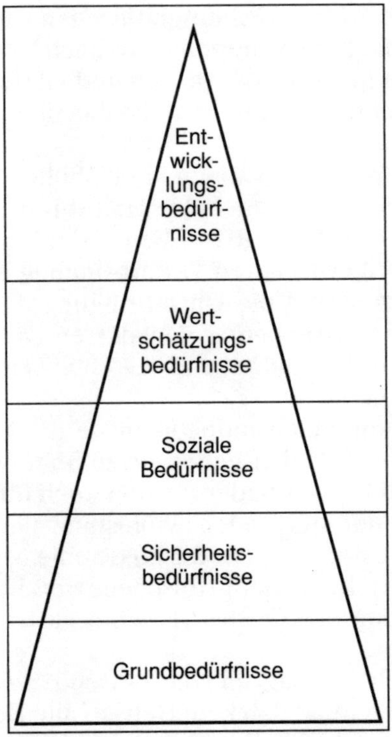

Bedürfnishierarchie (nach MASLOW)

Maslow hat festgestellt, daß erst nach Deckung der Grundbedürfnisse (1) die Sicherheitsbedürfnisse (2), danach die sozialen Bedürfnisse (3) und schließlich erst nach Deckung der drei vorgenannten das Individualitätsbedürfnis gedeckt würden. Mit anderen Worten verwirklicht der Mensch in der Regel innerhalb der Bedürfnispyramide erst die Basisbedürfnisse und das jeweils Höherstehende erst dann, wenn die unteren weitgehend gedeckt sind.

Die unterschiedlichen Bedürfnisebenen sind für die Motive der Gäste auch in der Gastronomie wichtig. Fast-Food-Betriebe konzentrieren sich bewußt auf das Grundbedürfnis des Hungers und verzichten ebenso bewußt darauf, die höherstehenden menschlichen Bedürfnisebenen zu befriedigen.

Ein Spezialitäten-Restaurant dagegen will nicht mehr in erster Linie das Grundbedürfnis nach Versorgung stillen, sondern im Sinne der dritten und vierten Ebene ein soziales Erlebnis vermitteln und dabei die Individualität des Gastes ansprechen.

Die Skihütten, Pensionen und ähnliche Übernachtungsmöglichkeiten siedeln sich mit ihrem Angebot bewußt in den unteren beiden Ebenen der Versorgung des Gastes mit einer sicheren Unterbringung an, während für ein Spitzenhotel die Unterbringung des Gastes gegenüber der Befriedigung von dessen sozialem Ansehen, dessen Individualität und dessen Spezialität im Hintergrund steht.

Je mehr nun die Grundbedürfnisse der Menschen erfüllt sind, desto stärker gehen sie zu höherwertigen Bedürfnissen über. Das bedeutet aber auch für die Gastronomie, daß mit steigendem Wohlstand und steigender Befriedigung der Grundbedürfnisse eine Markttendenz in Richtung höherer Bedürfnisebenen bis hin zur Selbstverwirklichung des Gastes (Erlebnisgastronomie) entsteht.

Wichtig scheint aufgrund dieser Bedürfnisskala vor allem die Erkenntnis, daß kein Betrieb alle Bedürfnisebenen gleichzeitig befriedigen kann, sondern sich in Standort, Art, Ausstattung und Service auf eine bestimmte

Bedürfnisebene konzentrieren muß, um entsprechend den speziellen Erwartungen der Gäste ein spezielles Gaststätten- und Hotelangebot für diese Gästegruppen anbieten zu können. Meist wird die Zielgruppe der möglichen Gäste durch die eigenen Wünsche des Unternehmers selbst vorgegeben. Ein Gastwirt, der gut mit Arbeitern oder Bauern umgehen kann, wird deshalb die entsprechende Zielgruppe der ersten Ebene suchen und seinen Betrieb konsequent darauf einstellen. Ein Hotelier dagegen, dem die gesellschaftliche und kulturelle Position viel bedeutet, wird seinen Betrieb auch auf eine Gästegruppe in den oberen beiden Bedürfnisebenen ausrichten müssen und von seiner Position her auch in dieser Gruppe den größten Erfolg haben. Vor allem für die mittelständischen Gastwirte und Hoteliers spielt deshalb die eigene Bedürfnisskala auch für den Betrieb und für die Geschäftsmöglichkeiten die vielleicht entscheidendste Rolle.

Damit steht aber der Gastronom immer noch vor dem Problem, wie er die Gäste, die er gerne haben möchte, in seinen Betrieb bekommt. Hierzu hat die ökonomische Entscheidungstheorie ein Hilfsmodell – die sogenannte AIDA-Formel[9] – entwickelt:

AIDA	Attention	=	Aufmerksamkeit erzeugen
	Interest	=	Durch Information Interesse wecken;
	Desire	=	Beim Ansprechpartner den Wunsch entstehen lassen;
	Action	=	Die Handlungsentscheidung des Kunden erreichen.

Ähnlich einer Stufenleiter soll also der mögliche Gast in einzelnen Wirkungsphasen umworben werden. Voraussetzung ist dabei immer, daß überhaupt Kontakt zu dem möglichen Kunden entsteht. Dies muß zunächst dadurch erreicht werden, daß der Gastronom Aufmerksamkeit bei möglichen Gästen erweckt. Der erste Werbeschritt ist also immer, Aufmerksamkeiten im möglichen Gästepotential zu erzeugen.

Ist jemand auf einen Gastronomiebetrieb einmal aufmerksam gemacht worden, interessiert er sich nur dann weiter für diesen Betrieb, wenn er mehr Informationen bekommt, wenn ihm mitgeteilt wird, daß dieser Betrieb seine speziellen Bedürfnisse befriedigen kann, daß der Betrieb für ihn der „richtige Betrieb“ ist.

Erst wenn diese Information beim Kunden angekommen und von ihm verarbeitet worden ist, kann in ihm der Wunsch entstehen, diesen Betrieb einmal kennenzulernen und auszuprobieren. Dies ist der entscheidende Schritt von der Passivität, mit welcher der mögliche Kunde bisher Signale des Unternehmens empfängt, zu einer aktiven Rücksendetätigkeit. Erst wenn der Wunsch, Gast zu werden, entstanden ist, tut der Gast selbst etwas, um Gast zu werden.

Damit die Entscheidung, in einer bestimmten Gaststätte oder in einem bestimmten Hotel Gast zu werden, in der richtigen Weise läuft, muß die Handlungsentscheidung auf den Betrieb des Gastronomen gerichtet werden. Der Wunsch allein ist also noch unverbindlich. Er muß zur verbindlichen Handlung (Eintritt in die Gaststätte, Anmeldung im Hotel) verdichtet werden. Hierzu brauchen die allgemein entschlossenen Gäste konkrete Hilfen, eine „Überbrückung“, die ihren allgemeinen Wunsch in die spezielle Richtung lenkt und sie in die Entscheidung stellt.

Insofern ist das AIDA-Modell eine wertvolle Hilfe für jeden Gastronomen, aus dem vorhandenen und möglichen Kundenpotential die möglichen Gäste anzusprechen und für seinen Betrieb zu gewinnen. Es zeigt gleichzeitig, daß die meisten Gäste sich weder überrumpeln lassen – also nur mit dem letzten Schritt gewonnen werden können – noch, daß die ersten, unverbindlichen Schritte genügen, um die Kunden wirklich zur Entscheidung zu bringen. Gästemarketing ist in diesem Sinne eine Kunst, die ebenso gelernt sein will wie andere Künste und ohne die das lokale Angebot einer Gaststätte oder eines Hotels nicht auf den Adressaten überspringt.

9. Zielgruppenfelder der Gastronomie

Die allgemeinen volkswirtschaftlichen Marktdaten wie die Bevölkerungsentwicklung, die Zahl der Haushalte oder deren verfügbares Einkommen bleiben für die Gastronomie theoretisch, wenn es ihr nicht gelingt, daraus Gäste zu ziehen und Umsatz für sich zu machen. Für jeden einzelnen Betrieb ist aber nur ein Segment der Gesamtbevölkerung oder Haushalte und auch nur ein Segment des verfügbaren Einkommens dieser Haushalte erreichbar. Die Aufgabe liegt also für die Gastronomie darin, das Zielgruppensegment herauszufinden, welches mit einem speziellen Angebot für den eigenen gastronomischen Betrieb gewonnen werden kann. Mit anderen Worten stellt sich die Frage, welche Kundenart der Gastwirt oder Hotelier mit seinem Betrieb ansprechen, erreichen und als Gast gewinnen kann.

Das jeweilige Kundensegment ist nämlich nicht nur als Zielgruppe für das Umsatzgeschäft des Gastronomiebetriebes wichtig; umgekehrt bedingt die Zielgruppe auch den Standort, die Einrichtung, die Organisation, die Art der Führung, des Service und der Betreuung durch den Gastronomen. Nur wenn die Art des Zielgruppensegments der Gäste mit der Art des Gastronomiebetriebes harmoniert, kann für beide eine zufriedenstellende Beziehung und für den Gastronomen eine Existenzbasis daraus entstehen. Dies gilt insbesondere für jede Neugründung eines Gastronomiebetriebes, und im Gaststättenbereich sind dies mehr als 30% der Betriebe jährlich.

Das Zielgruppenmarketing der Gastronomie läßt sich unter zwei Gesichtspunkten einordnen:

- Entweder nach der Unterteilung Laufgäste oder Stammgäste;
- oder nach dem regionalen Gästepotential, d.h. ob Gäste aus dem regionalen Umfeld des Gastronomiebe-

triebes angesprochen werden sollen oder Gäste von auswärts oder Gäste, die durch die gewerbliche Touristik vermittelt werden.

Die letztere Einteilung ist nicht nur unterscheidbarer; sie umfaßt auch in jeder Art sowohl Laufgäste wie Stammgäste. Das Zielgruppenmarketing läßt sich deshalb nach dem regionalen Prinzip leichter durchführen.

9.1 Umfeldzielgruppen

Jeder Gastronomiebetrieb muß sich auf eine spezielle Zielgruppe entweder seines Umfeldes oder externer Gäste einstellen. Die Feriengastronomie ist vollständig auf externe Gäste angewiesen. Die ländliche Gastronomie und ein großer Teil der städtischen Gastronomie leben jedoch aus dem Umfeld der Gäste, die entweder im Umkreis des Gastronomiebetriebes wohnen oder arbeiten oder sich dort zu bestimmten Zwecken (z.B. Familienfeste) treffen.

Diese Gästezielgruppe aus dem näheren Umfeld zeichnet sich vor allem dadurch aus, daß sie in der Regel ohne Verkehrsmittel den Gastronomiebetrieb erreichen kann und insofern auch nicht den Problemen der Alkoholbeschränkung von Kraftfahrern unterliegt.

Für die Existenz eines Gastronomiebetriebes ist es aber wesentlich, ob die aus dem Umfeld stammenden Gäste nur gelegentlich und einmal vorbeischauen, um das Angebot des Betriebes anzunehmen oder ob sie regelmäßig diesen Gastronomiebetrieb besuchen und zu Stammgästen werden bzw. als Stammgäste zu gewinnen sind. In der Regel handelt es sich bei den beiden Umfeldzielgruppen um unterschiedliche menschliche Typen von Gästen mit unterschiedlichem Nachfrageverhalten. Teilt man in diesem Sinne die Gastronomiegäste des Umfeldes in zwei große Gruppen ein, die der *Laufgäste* einerseits und der *Stammgäste* andererseits, so lassen sich wiederum bei diesen beiden Obergruppen eine Reihe von Untergruppen unterscheiden, deren Gästenachfrage aus unterschiedlichen Zwecken, unterschiedlichen Motiven oder unterschiedlichen Bedürfnissen stammt, und denen deshalb der Gastwirt ein unterschiedliches Angebot bieten muß:

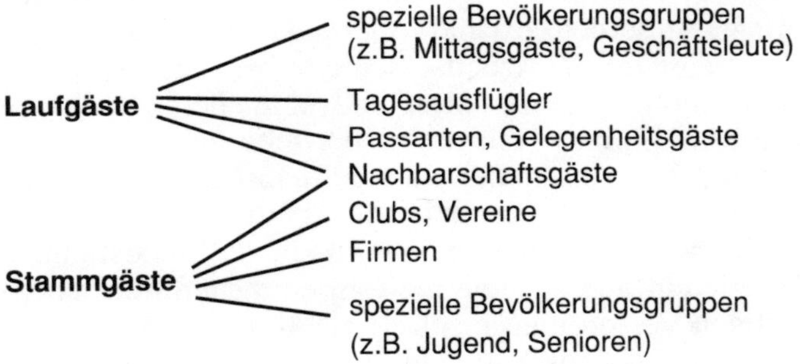

9.1.1 Laufgäste

1. Spezielle Bevölkerungsgruppen

Ein Gastronomiebetrieb kann spezielle Bevölkerungsgruppen aus seinem Umfeld entweder deswegen ansprechen, weil diese Bevölkerungsgruppe keine Zeit hat oder daran gehindert ist, aus dem engsten Umfeld heraus andere Konkurrenten zu suchen, oder indem der Gastronomiebetrieb ein spezielles Angebot aufbaut, um damit eine spezielle Gästenachfrage aus dem Umfeld besser als andere Betriebe zu bedienen.

Zur ersten Gruppe der Gäste, die aus dem engsten Umfeldkreis auf eigene Nachfrage angewiesen sind, gehören vor allem die Mittagsgäste in der Innenstadt oder aus Werken, Verwaltungen oder ähnlichen Bevölkerungsgruppen, die sich in unmittelbarer Nähe ihres Arbeitsplatzes mittags versorgen müssen, weil sie entweder in ihrer Firma oder Verwaltung keine Kantine vorfinden oder dies nicht wünschen, oder weil sie sich zum Essen mit anderen Menschen außerhalb der Firma treffen wollen. Die meisten dieser Mittagsgäste sind als normale Arbeitnehmer an Angeboten der unteren Preisklassen interessiert, weil sie für ihr Mittagessen nicht viel ausgeben wollen. Ein Teil von ihnen nimmt deshalb auch nur fast-food-Angebote wie im Ausland in Anspruch. Außerdem existiert aber auch ein hochwertiges Marktsegment für Arbeitsessen der Geschäftsleute mit ihren Kunden, Lieferanten und ähnlichen Geschäftspartnern. Einige Gastronomiebetriebe haben Abkommen mit Firmen, sodaß sie regelmäßig einen Mittagstisch für die betreffenden Mitarbeiter oder für Geschäftsessen bereithalten und ihnen dafür bestimmte Vorteile einräumen. Die meisten einfachen oder hochwertigen Versorgungsangebote richten sich aber an anonyme Laufkundschaft. Zeitlich hat diese Nachfrage (und damit auch das Angebot) den Nachteil, sich auf wenige Stunden des Tages (Mittagszeit, Abendzeit) konzentrieren zu müssen. Für die Betriebe heißt das, daß sie ihre Laufkundschaft nur in diesen Zeiten befriedigen können und deshalb auch die Kapazität ihres Betriebes so ausrichten müssen, daß sie vom Stoßgeschäft der Laufkundschaft zu den Essenszeiten existieren können. Sie müssen dabei auch ihr Angebot konsequent auf die Versorgungsfunktion konzentrieren; von Getränken könnten sie nicht leben.

In ähnlicher Weise gibt es auch andere Gästegruppen, welche spezielle Nachfrage nach Gastronomieleistungen haben, z.B. die Passanten, die eine Stadt zum Einkaufen aufsuchen und sich während oder nach dem Einkauf ausruhen und erfrischen wollen. Für sie haben die Stadtcafés eine besondere Anziehungskraft, und für sie sind die Kaufhauskantinen sowie die Imbißecken von Handelsbetrieben oder des Lebensmittelhandwerks[1] gedacht. Die Gästegruppe der privaten Einkaufskunden konzentriert sich zeitlich zwar nicht auf wenige Stunden des Tages, aber immerhin auf die Ladenöffnungszeiten. Die Anbieter müssen zudem in unmittelbarer Nähe der Geschäfte liegen, welche die Passanten aufsuchen, also im Ortskern, in der Hauptgeschäftsstraße oder in unmittelbarer Nähe derselben. Jede Verlagerung der Geschäftszentren und jede Veränderung der Ladenöffnungszeiten berührt insofern unmittelbar die Nachfrage nach diesen auf die privaten Einkaufskunden ausgerichteten Gastronomiebetrieben.

Eine weitere spezielle Zielgruppe sind die abendlichen Besucher kultureller Veranstaltungen wie z.B. Theater, Kino, Vorträge usw. Viele von ihnen wollen nicht gleich nach dem kulturellen Erlebnis nach Hause fahren, sondern dies noch mit Freunden besprechen, und suchen dazu ein entsprechendes Gastronomieangebot mit leichter Kost, Getränken und gemütlicher Atmosphäre. Hierauf haben sich Weinlokale, Künstlerkneipen, Bars und ähnliche Gastronomiebetriebe dadurch eingestellt, daß sie vor allem nach 10 Uhr nachts ihren stärksten Gästebesuch haben und entsprechend zu dieser Zeit besonders leistungsfähig sein müssen.

2. *Tagesausflügler*

Die spezielle Laufgästegruppe der Tagesausflügler wohnt nicht in unmittelbarer Nähe des Gastronomiebetriebes, sondern in mindestens 10 Kilometer Entfernung, kommt aber zum Ort des Gastronomiebetriebes, um dort entweder selbst an einem Tag ein bestimmtes Ausflugserlebnis zu genießen oder in unmittelbarer Nähe des Gastronomiebetriebes ein Naturdenkmal oder ein Museum oder ähnliche Dinge zu besichtigen oder im Umkreis des Gastronomiebetriebes Erholung, Sport oder landschaftliche Schönheit zu suchen.

Die durchschnittlichen Tagesausflügler sind insgesamt zwischen 7 und 12 Stunden unterwegs und geben in dieser Zeit in den Gastronomiebetrieben – abgesehen von den Fahrtkosten – in den Großstädten durchschnittlich um 36,– DM (auf dem Lande um 23,– DM) aus. Nur ein kleiner Teil von nicht einmal 20% der Tagesausflügler versorgt sich selbst und nimmt keine Gastronomie in Anspruch[2].

Genau ein Drittel der Tagesausflügler unternimmt den Ausflug als reine Spazierfahrt bzw. zur Erholung; 20% unternehmen einen Tagesausflug anläßlich eines Besuches von Bekannten oder Verwandten[3]. Der größte Teil der Tagesausflügler legt zu seinem Tagesziel eine Entfernung zwischen 26 und 50 Kilometer zurück. An zweiter Stelle liegen die Tagesausflüge mit bis zu 25 Kilometer Entfernung. Insofern stammt die Zielgruppe der Tagesausflügler zu drei Vierteln aus einem Umkreis von 50 Kilometern um den Gastronomiebetrieb[4]. Die Fremdenverkehrseinrichtungen haben für 1986 allein 1,2 Mrd. Tagesausflüge der deutschen Bevölkerung errechnet[5]: Allerdings konzentrieren sich diese Tagesausflüge zu 68,6% auf das Wochenende. Insgesamt werden mit dem Tagesausflugsverkehr mehr als 30 Mrd. DM in der Gastronomie umgesetzt[6].

Die Nachfrage der Tagesausflügler konzentriert sich für die Gastronomie auf die Zeit zwischen dem späteren Vormittag und dem Abend. Insofern muß auch das Angebot der Gastronomie für die Tagesausflügler Vollmahlzeiten sowie Zwischenmahlzeiten und Zwischengetränke umfassen. Da die Tagesausflügler in der Regel entweder ausschließlich zum Besuch der Gastronomie gekommen sind oder nach einem Kulturbesuch, nach dem Wandern oder ähnlichen körperlichen Tätigkeiten den Gastronomiebetrieb aufsuchen, wollen sie sich in der Gaststätte erholen und haben Zeit, sich durch die Einrichtung des Gastronomiebetriebes und durch Nebenleistungen ansprechen zu lassen.

3. Passanten, Gelegenheitsgäste

Diese Gruppe der Gelegenheitsgäste sucht in der Regel nicht einen Gastronomiebetrieb auf, weil sie diesen bereits kennt oder weil sie ein bestimmtes Versorgungsbedürfnis befriedigen will, sondern läßt sich erst durch das Angebot verleiten, die gerade entdeckte gastronomische Möglichkeit einmal auszuprobieren. Insofern muß bei dieser Gelegenheitskundengruppe der Anstoß zum Besuch des Gastronomiebetriebes durch die Attraktion dieses Betriebes selbst kommen. Die Passanten müssen so auf den Betrieb aufmerksam werden, daß sie Lust verspüren, hier einmal einzukehren. Daraus ergibt sich, daß auf solche Laufkundschaft konzentrierte Betriebe nur dort existieren können, wo ein hoher Passantenstrom fließt, wie z.B. in den Hauptgeschäftsstraßen der Innenstädte, an Ausflugszielen oder ähnlichen Bevölkerungskonzentrationspunkten. Andererseits muß die Ausstattung dieser Betriebe darauf gerichtet sein, die besondere Aufmerksamkeit der Passanten zu wekken und durch diese äußere Attraktion den Passanten ein Erlebnis in Aussicht zu stellen, welches sie in anderen Betrieben nicht erwartet. Die Gestaltung der äußeren Fassade ist somit für die Passantenbetriebe das wichtigste Werbemittel und für die Zahl der Gelegenheitsgäste entscheidend, die sie damit erreichen.

Im Unterschied zu den Tagesausflüglern, für welche die Gastronomieleistung ein Hauptzweck ihres Tagesausfluges ist, nehmen Passanten und Gelegenheitsgäste das Gastronomieangebot nur zufällig und auch nur als Nebenzweck in Anspruch. Hierin liegt die besondere Schwierigkeit, einen Betrieb auf eine solche flüchtige Gästegruppe einzurichten. Daraus ergibt sich gleichzeitig eine Begrenzung der Preisebene, weil die Passanten und Gelegenheitsgäste den Gastronomiebesuch meist nur als Nebenzweck ansehen und deshalb auch nur als Nebenleistung bezahlen wollen. In den USA wird als besonderer Vorteil dieser Gästegruppe gewertet, daß sie schnell bestellen, schnell bedient werden wollen und schnell verzehren, also eine hohe Fluktuation bringen und deshalb im Verhältnis zur Gäste- bzw. Umsatzzahl eine geringe Betriebsgröße erforderlich ist. Zu diesen Betrieben gehören Eisdielen, Cafés, Bistros und ähnliche Kleinbetriebe, welche die relativ hohen Mieten einer Zentrallage nur wegen der hohen Gästefluktuation tragen können. Aber auch diese Gelegenheitsgäste konzentrieren sich zeitlich auf die Zeiten, in denen der Passantenverkehr stattfindet, also auf die Ladenöffnungszeiten der Innenstädte.

4. Nachbarschaftsgäste

Der Trend zum Kleinhaushalt und zu verminderter Vorratshaltung innerhalb der Haushalte bewirkt gleichzeitig einen Trend, sich gelegentlich oder dauernd in der Nachbarschaft zu versorgen. Diese Nachfrage greifen einige Betriebe als spezielle „Nachbarschaftsgastronomie“ auf und halten Speisen und Getränke für die Bevölkerung des näheren Umfeldes etwa um einen Kilometer herum bereit. Von den auf die Passanten und Gelegenheitsgäste ausgerichteten Betrieben unterscheiden sich die nachbarschaftsgastronomischen Betriebe dadurch, daß sie in der Regel die Wohnbevölkerung ansprechen. Die alten Dorfgaststätten waren Prototypen dieser Nachbarschaftsgastronomie und sind es zum Teil heute noch. Sie erfüllen neben ihrem Gastronomieangebot zugleich auch eine Kommunikationsfunktion. In ihr trifft man sich nicht nur, um dort etwas zu verzehren oder etwas zu trinken, sondern oft mehr noch deswegen, um mal eben über die Nachbarschaft Erkundigungen einzuziehen, um neue Entwicklungen aus der Kommunalpolitik mitzukriegen oder um dort andere Leute zu treffen, mit denen man einfach mal reden kann. Dabei kann es sich einmal um Laufgäste handeln, zum anderen um Stammgäste. Je mehr Konkurrenz sich solche Nachbarschaftsbetriebe machen, desto mehr haben sie mit Laufkundschaft zu tun. Wo aber, wie in den Dörfern, nur eine einzige Nachbarschaftsgastronomie vorhanden ist, sind die Gäste meistens Stammgäste.

9.1.2 Stammgäste

4. Nachbarschaftsgäste

Die auf Stammgäste ausgerichtete Nachbarschaftsgastronomie lebt in der Regel besonders stark von ihrer Kommunikationsfunktion. Freundlichkeit, Mitteilsamkeit und Kommunikationsfähigkeit des Gastwirtes sind entscheidend dafür, ob die Gäste gern und regelmäßig zu ihm kommen oder nicht. Die Nachbarschaftsgäste suchen in der Nachbarschaftsgastronomie vor allem als Stammgäste die regelmäßige Information über den „Dorfklatsch". Da diese Kommunikationsfunktion nur innerhalb bestimmter gesellschaftlicher Gruppen interessiert, müssen auch die auf Stammgäste orientierten Nachbarschaftsbetriebe auf bestimmte soziale Schichten abgestellt sein.

Eine Stammkneipe in einem Arbeiterviertel kann nicht zugleich Künstlerkneipe sein und umgekehrt. Dabei bestimmt sich die soziale Gruppe der Stammgäste vor allem auch nach dem sozialen Standard des Gastwirts selbst. Der Gastwirt muß also die Kundengruppe selbst repräsentieren, welche er in seinem Betrieb als Stammgäste aus seiner Nachbarschaft sammeln möchte. Wechselt deshalb ein nachbarschaftsgastronomischer Betrieb den Gastwirt, kann die Stammkundschaft ihm nur erhalten bleiben, wenn der nachfolgende Gastwirt aus dem gleichen sozialen Milieu kommt wie sein Vorgänger.

Als Treffpunkt der Stammgäste einer Wohnbevölkerung sind die nachbarschaftsgastronomischen Betriebe automatisch auf die Zeiten außerhalb der Arbeitszeit konzentriert. Nur in ihrer Freizeit haben die Nachbarn Zeit, sich in der Gastwirtschaft zu treffen und dort aufzuhalten. Da Nachbarn zwischen Gastronomiebetrieb und ihrer Wohnung kein Fahrzeug benötigen, spielt das Alkoholproblem keine Rolle. Deshalb sind die meisten Nachbarschaftsbetriebe auch stark getränkeorientiert. Erst durch den neuen Trend zum kinderlosen Kleinhaushalt (Dinkies) und durch die Zunahme der Berufstätigkeit beider Partner gewinnen die nachbarschaftsgastronomischen Betriebe auch für diese Gruppe eine zunehmende Bedeutung in der Versorgung mit Speisen. „Man" will nicht mehr zuhause nach Dienstschluß kochen, sondern geht einfach in die Nachbarschaft, um sich dort zu versorgen. In das Stammlokal geht man vor allem deshalb, weil man sich dafür nicht besonders anziehen muß, sondern dort auch zwanglos willkommen ist.

5. Firmengäste

In Deutschland ist es nach wie vor üblich, daß Firmen ihre Geschäftspartner außerhalb ihrer Firma in einem Gastronomiebetrieb zum Essen oder „auf einen Drink" einladen. Die Auswahl dieser Betriebe wird durch die entsprechenden Firmen danach getroffen, ob sie bereits positive Erfahrungen mit dem entsprechenden Betrieb haben. Mit anderen Worten werden Firmen, die regelmäßig Gäste einzuladen haben, in der Regel auch Stammkunden mit ihren Gästen, solange sie zufrieden sind. Das besagt andererseits, daß das Angebot an die Gäste der Firmen so zufriedenstellend sein muß, daß die Firma sich mit der Einladung, mit den Speisen und Getränken nicht blamiert.

Die auf Firmengäste konzentrierten Betriebe liegen deshalb in der Regel im oberen Qualitätsniveau. Da aber die Gäste die Kosten der Einladung nicht selbst bezahlen und die Firmen diese Kosten als Geschäftsausgaben noch zumindest teilweise (80%) steuerlich verrechnen können, bestehen für diese Firmengäste und ihr Angebot auch keine so engen Preisgrenzen wie für die Privatkundschaft.

Für den Anbieter ist im Geschäft mit dem Firmenkunden vor allem wichtig zu wissen, daß es weniger auf die Gäste als auf die Firma ankommt, ob sie mit ihren Firmengästen Stammgast wird und Stammgast bleibt. Mit anderen Worten muß sich das Marketing der auf Firmengäste orientierten Betriebe auf die einladenden Firmen und auf die in ihnen für die Einladung entscheidenden Personen richten. Dies erfordert personales Marketing[7] statt nur sachliches oder Preismarketing. Firmenstammgäste werden über die persönliche Dauerbeziehung zwischen Gastwirt und Entscheidungsträgern der Firmen aufgebaut und gesichert – eine besondere Kundenbeziehung, welche die meisten anderen Gastronomiebetriebe in dieser Form nicht haben.

6. Spezielle Bevölkerungsgruppen

Der wachsende Wettbewerb beim gastronomischen Angebot hat eine zunehmende Zahl von Gastronomiebetrieben den Ausweg in der Konzentration auf bestimmte Bevölkerungsgruppen suchen lassen. Wer es erreicht, durch Ausstattung, Angebot und Service ein Stammgastpublikum innerhalb bestimmter Bevölkerungsgruppen aufzubauen, hat damit eine Vorzugsposition im Wettbewerb und eine Existenzsicherung erreicht. So haben sich z.B. die Diskotheken auf die Teenager einer bestimmten Mentalität konzentriert und diese Gruppen mit großem Erfolg als Stammgäste gewonnen. Andere Gastronomiebetriebe haben sich auf Künstler oder Studenten oder Senioren oder Presseleute oder ähnliche Gruppen konzentriert und gelten innerhalb dieser Zirkel als Treffpunkt für ihre Gruppe, so daß die Gruppenmitglieder diesen Gastronomiebetrieb nicht nur des gastronomischen Angebots wegen aufsuchen, sondern auch oder überwiegend aus Gründen des Gruppenkontakts und der Gruppenkommunikation. Zum Teil können solche Betriebe nur in Gegenden entstehen, in denen sich die spezielle Gruppe sammelt, die als Stammkundschaft gewonnen werden soll, etwa Juristenkneipen gegenüber dem Landgericht, Künstlerkneipen im Künstlerviertel, Studentenkneipen in der Nähe der Hochschulinstitute oder Presseclubs in der Nähe von Verlagen, Rundfunkanstalten oder Presseministerien. Noch enger ist die Standortkombination bei den Gastronomiebetrieben der Sportvereine, der Altenheime, bei Parlamentsgaststätten oder ähnlichen räumlich mit der Zielgruppeneinrichtung verbundenen Gastronomiebetrieben. Für nicht zu der speziellen Zielgruppe gehörende Außenstehende sind diese Gastronomiebetriebe in der Regel uninteressant, weil sie einen so hohen gruppenspezifischen Kommunikationsgrad haben, daß sich Außenstehende in ihnen nicht wohl fühlen. Andererseits betrachtet die spezielle Zielgruppe diese Betriebe oft so stark als „ihre“ Betriebe, daß sie beim Presseclub, bei der Künstlerkneipe oder bei der Vereinsgastronomie sogar eine Mitverantwortung für die Existenz des Gastronomiebetriebes empfindet.

9.2 Externe Zielgruppen

Im Unterschied zu den vorstehend besprochenen Umfeldzielgruppen, die überwiegend standorttreu ihr gastronomisches Angebot suchen, handelt es sich bei den externen Zielgruppen um Reisende, welche von außerhalb ihres Wohn- oder Geschäftsstandortes anreisen und am Zielort ein Übernachtungs-, Versorgungs- oder Dienstleistungsangebot suchen. Externe Gäste sind also anreisende Gäste, die von weiter als nur wie die Ausflugsgäste aus der näheren Umgebung – also in der Regel mehr als 50 Kilometer – anreisen. Wegen dieser weiten Anreise sind die externen Gäste in der Regel gezwungen, auch mindestens eine Übernachtung in Anspruch zu nehmen.

Versucht man nun zwischen den verschiedenen Gruppen der Reisenden unterschiedliche Merkmale für die Gastronomie auszumachen, so muß man die Reisenden vor allem von ihrem Reisezweck her in zwei Gruppen einteilen: Die Geschäftsreisenden einerseits und die privat Verreisenden (Touristen) andererseits.

9.2.1 Geschäftsreisende

Wer geschäftlich verreisen muß, tut dies nicht aus eigenem Antrieb und sucht sich das Ziel nicht selber aus, sondern der Geschäftszweck bestimmt Zeit, Ort, Dauer und Reiseart. Vor allem hierin unterscheiden sich Geschäftsreisende von den in allen diesen Nachfragebedingungen freien privaten Touristen.

Geschäftsreisen werden unternommen, um mit Partnern persönliche geschäftliche Gespräche zu führen, Messen zu besuchen, Geschäfte abzuschließen, Kontakte anzuknüpfen oder Absatzförderungsmaßnahmen vor Ort durchzuführen. Insofern ergibt sich der jeweilige Reisezweck aus dem Unternehmenszweck des Geschäftsreisenden.

Versucht man die Geschäftszwecke und damit auch die Arten der Geschäftsreisenden noch näher zu unterteilen, lassen sich vor allem drei Gruppen unterscheiden:

1. Logiergäste;
2. Messegäste;
3. Tagungsgäste.

Die *Logiergäste* sind Reisende, die als Handelsvertreter oder auf anderweitigen Geschäftsreisen unterwegs sind und abends eine Übernachtung suchen. Häufig melden sie sich nicht vorher an, sondern machen den Ort der Übernachtung von der Dauer der Geschäftsgespräche am vergangenen Tag und dem Beginn der Geschäftsgespräche am nächsten Tag abhängig. Lediglich ein Teil der Handelsvertreter hat feste Zielpunkte und deshalb im Sinne einer Stammkundschaft feste Übernachtungshotels, die vorher bestellt und regelmäßig aufgesucht werden. Die meisten Logiergäste dagegen melden sich relativ kurzfristig an – meist am gleichen Tag erst – oder kommen auch ohne Anmeldung auf gut Glück und fragen nach einer Übernachtungsmöglichkeit.

Das auf solche Stammkunden konzentrierte Beherbergungsgewerbe liegt in der Regel im unteren und mittleren Preisniveau, weil diese Geschäftsreisenden in der Regel nur einen geringeren Spesensatz haben oder die Kosten aus der eigenen Tasche auslegen müssen. Die meisten dieser Hotels für Logiergäste liegen zudem an Hauptverkehrsstraßen, weil diese Art der Reisenden überwiegend mit dem PKW reist.

Nach Befragungen der Stamm-Logiergäste legen diese für ihre Übernachtungsmöglichkeit vor allem Wert auf

1. Sauberkeit;
2. Pünktlichkeit und Zuverlässigkeit;
3. Schnelligkeit: Kurzfristige Reservierungsmöglichkeiten mit schnellem Ein- und Auschecken;

4. Vereinfachte Zahlungsmöglichkeiten;
5. Gute Erreichbarkeit des Hotels, Parkplatz

Bei diesen Stamm-Logiergästen handelt es sich in der Regel um inländische Geschäftsleute mit regelmäßig auftretendem Geschäftszweck am gleichen Ort.

Oberhalb dieses Stamm-Logiergästesektors entwikkelt sich vor allem in der Nähe von Flughäfen und Großstadtbahnhöfen ein wachsendes Übernachtungspotential internationaler Geschäftsreisender. Sie sind meist „anspruchsvolle Kunden", welche aus dem Ausland ein hohes Maß an Komfort und Service gewohnt sind und dies auch hier verlangen. Einige internationale Hotelketten haben sich auf dieses Gästesegment der internationalen Geschäftsreisenden eingestellt. Sie haben den Vorteil, daß diese Logiergäste den Namen und Standard eines bestimmten Hotelkonzerns bereits vom Ausland her kennen und deshalb den gleichen Komfort auch hier unter diesem Namen suchen. Sie sind dabei aus ihren internationalen Erfahrungen her auch bereit, international vergleichbare und deshalb im oberen deutschen Segment liegende Preise zu bezahlen. Inzwischen wird der Anteil ausländischer Geschäftsreisender am gesamten geschäftlichen Reiseaufkommen auf etwa die Hälfte eingeschätzt mit einem Volumen von ca. 3,75 Mio. ausländischen Geschäftsreisenden im Inland, die insgesamt ca. 30 Mio. Übernachtungen in Deutschland nachfragen[8].

Das gesamte Geschäftsreisevolumen der deutschen Gastronomie wird von ca. 4 Mio. Geschäftsreisenden jährlich bestritten, die insgesamt über 100 Mio. Übernachtungen pro Jahr in unserem Hotelgewerbe buchen[9]. Damit wäre das Geschäftsreisevolumen etwa gleich hoch wie das Übernachtungsvolumen des privaten Tourismus in Deutschland.

Die Gruppen von Geschäftsreisenden werden angeführt von den leitenden Angestellten (48%) vor den Beamten (23%), gefolgt von den Freiberuflern (16%) und erst an letzter Stelle den Selbständigen (13%). Die Unternehmergruppen, welche ihre Geschäftsreisen letztlich aus der eigenen Tasche bezahlen müssen, sind also offenbar sehr viel zurückhaltender, Geschäftsreisen zu unternehmen als vor allem die Angestellten, welche sich leichter zu Geschäftsreisen entschließen, da dies ein Dritter (Firma) bezahlt, oder als die Beamten, deren vergleichsweise hohe Reisetätigkeit überrascht und einiger Kommentare wert wäre[10].

Die zweite große Gruppe der Geschäftsreisenden sind *Messegäste.* Ihre Reise- und Übernachtungsnotwendigkeit wird aus der Messeveranstaltung und der dadurch notwendigen Verkaufs- oder Kauftätigkeit auf der Messe bestimmt. Für die Messeaussteller und ihr Personal gilt dabei, daß sie in der Regel durchgehend für die ganze Zeit der Messe vertreten sein und deshalb Übernachtungsmöglichkeiten in Anspruch nehmen müssen. Für die Mehrzahl der Messebesucher dagegen beschränkt sich die Übernachtungsnachfrage auf einen oder zwei Tage. Immerhin hat allein Hannover durch die dort stattfindenden fünf großen Messen jährlich über 10.500 Aussteller am Ort, die mehr als eine viertel Million Übernachtungen benötigen. Für die anderen großen Messestädte Frankfurt, München, Köln usw. gilt dies nicht minder.

Der Messegast ist ganz auf das Messegeschäft konzentriert. Als Übernachtungsgast, der tagsüber auf der Messe beschäftigt ist, legt er im wesentlichen auf eine ruhige und saubere Übernachtungsmöglichkeit wert, die möglichst nahe am Messeplatz gelegen sein soll, damit die lästigen Anfahrten morgens und Abfahrten abends nicht zu viel Zeit in Anspruch nehmen. Da die Nachfrage nach Messeplätzen in aller Regel besonders konzentriert auftritt und das Angebot meist übersteigt, haben sich die Messegäste auch bereits an längere Anfahrtswege gewöhnt. Dennoch ist die Messezeit Erntezeit, für die Hotels und die Gaststätten der Messeumgebung.

Während in den vergangenen Jahrzehnten die Laufkundschaft bei Messen überwog, hat sich immer mehr durchgesetzt, daß die ständig wiederkehrenden Aussteller sich auch ständige Hotelkapazität anmieten, also zu Stammgästen bestimmter Beherbergungsbetriebe wurden. Dies hat die Beziehung der Anbieter und Nachfrager leicht verändert: Nicht mehr der Einzelgast ist Vertragspartner des Hoteliers zur Messezeit, sondern Vertragspartner für die Stammgäste ist deren Messefirma, die pauschal bucht, bezahlt und über die Kapazität selber verfügen will. Bei Großmessen findet deshalb bereits eine zweite Verteilungsebene der Übernachtungsmöglichkeiten statt: nicht mehr die Beherbergungsbetriebe selbst vergeben nur Übernachtungsplätze während der Messezeit; auch die Betriebe bis hin zu den Fluggesellschaften vergeben die von ihnen angemietete Hotelkapazität an ihre Mitarbeiter und ihre Kunden. Je stärker deshalb die Stammbelegung der einheimischen Messegastronomie wird, desto stärker wird auch die Buchungstätigkeit in dieser zweiten Ebene der Firmen untereinander.

Das dritte große Segment der Geschäftsreisenden betrifft *Tagungsgäste.* Eine brauchbare Statistik über das Tagungsvolumen in der deutschen Gastronomie gibt es bisher nicht. Dennoch läßt sich aus Einzelfällen die generelle Tendenz behaupten, daß sowohl die Zahl der Tagungen in Hotels als auch das Volumen der Tagungsleistungen (Unterkunft, Verpflegung, Getränke) kontinuierlich steigt.

Nur wenige Beherbergungsbetriebe haben ihr Geschäft voll auf den Konferenzbetrieb eingestellt. Für die meisten mit Konferenzen und Tagungen befaßten Betriebe ist dieser Geschäftsbereich ein immer wichtiger werdender „Lückenfüller", um das Problem der Kapazitätsauslastung damit zu optimieren. Während z.B. die geschäftsreisenden Logiergäste in der Regel nur werktags eine Übernachtungsmöglichkeit brauchen, weil sie die Geschäftstätigkeit nur werktags durchführen können, würden die hierauf konzentrierten Betriebe am Wochenende leerstehen, wenn sie nicht für diese Zeit eine Zusatznachfrage erschließen könnten. Gleiches gilt für die „Totzeiten" der Saisonbetriebe sowie für die umsatzschwachen Herbst- und Frühjahrsmonate vieler Hotelbetriebe.

Tagungsgäste werden nicht einzeln angemeldet, sondern durch den Tagungsveranstalter. Dies verlangt zwar preisliche Konzessionen von den Beherbergungsbetrieben; hat aber den Vorteil, daß die Tagungen in der Regel langfristig geplant und insofern exakter kalkulierbar sind und daß die Bestellungen und Abrechnungen kostengünstig und einheitlich mit dem Veranstalter durchgeführt werden können. Im Grunde sind deshalb nicht die Tagungsgäste die Vertragspartner der Hoteliers, sondern der Tagungsveranstalter für die Tagungsgäste.

Während bei den Logiergästen und Messegästen die Übernachtungsfunktion im Vordergrund steht, verlangen die Tagungsgäste in der Regel auch eine Rund-um-Versorgung. Dabei spielen die Tagungsräume und Aufenthalts- sowie Erlebnisräume für die Tagungsgäste eine wesentliche Rolle für das Tagungsgeschäft überhaupt.

Während es früher spezielle Tagungshotels in besonders schönen Regionallagen, in Kurorten oder in Zentralstädten gab, hat sich der Tagungsbetrieb inzwischen so ausgedehnt, daß die Mehrheit der Hotels diesen Geschäftszweig als wesentlichen Zusatzzweig heute mitbetreiben kann.

9.2.2 Touristen

Touristen sind Privatreisende ohne geschäftlichen Zweck. Während die private Reisetätigkeit früher immer nur einer kleinen Schicht Wohlhabender möglich war, hat der nach dem zweiten Weltkrieg gestiegene Volkswohlstand vor allem bei uns auch eine Volksbewegung privater Reisetätigkeit entfacht. Begünstigt wurde dieser private Tourismus nicht nur durch das ständig steigende verfügbare Einkommen der privaten Haushalte, sondern auch durch die Tendenz sinkender Arbeitszeit und damit steigender Freizeit für private Reisen.

Rund 13% ihres verfügbaren Einkommens (dies entspricht ca. 170 Mrd. DM) geben die Bundesbürger zur Zeit (1988) für Reisen aus, mehr als für ihr geliebtes Auto (12%) oder für Ersparnisse[11].

Wichtig ist vor allem, daß nicht nur die Haushalte mit höherem verfügbaren Einkommen privat verreisen, sondern auch die mit mittlerem und sogar die mit geringerem verfügbaren Einkommen. Die Bundesstatistik setzt für diese drei Haushaltstypen jährliche Ausgaben für Urlaubs- und Erholungsreisen an mit:

Haushaltstyp 1	1.259,99 DM
Haushaltstyp 2	2.180,06 DM
Haushaltstyp 3	3.986,73 DM[12]

Die Freizeitverwendung durch Reisen ist somit für den durchschnittlichen Haushalt aller Einkommensgruppen und für den Bundesbürger eine der wichtigsten Fragen der Lebensgestaltung und auch einer der wichtigsten Posten seiner Wünsche und Ausgaben.

Von diesen Gesamtausgaben unserer privaten Haushalte für die Touristik und von den Durchschnittsausgaben der einzelnen Haushalte kommt allerdings ein höherer Anteil dem Gastgewerbe im Ausland zugute, denn, anders als vermutet, verteilen sich die Reiseausgaben sehr unterschiedlich zwischen Inlands- und Auslandsreisen[13]. Bei Inlandsreisen entfielen nur 843 DM der gesamten Urlaubsausgaben auf die deutsche Gastronomie, bei Auslandsreisen wurden dagegen zwischen 1.228 DM bis zu 3.620 DM (außereuropäische Reisen) ausgegeben.

Die Zahl der privaten Inlandsurlauber blieb mit 11 Mio. Personen in den letzten Jahren ziemlich konstant gegenüber einem überproportional wachsenden Auslandsurlauberstrom. Wertmäßig macht der Inlandsurlaub etwa 34% des Gesamtvolumens der privaten Urlaubsausgaben aus. Zwei Drittel der Urlaubsausgaben wandern also ins Ausland[14].

Die Touristik teilt das private Urlaubsgeschäft nach Dauer ein in Kurzurlauber und Dauerurlauber. Ein Kurzurlaub dauert bis vier Übernachtungen; darüber hinaus spricht man vom Dauerurlaub. Letzterer wird in der Regel zu den Zeiten der Schulferien als Jahresurlaub von der Bevölkerung gebucht. Kurzurlaube dagegen konzentrieren sich auf die Wochenenden und auf die zusätzlichen Feiertage.

Kurzurlauber unterscheiden sich nach Motiv, Verhalten und Durchführung wesentlich von Dauerurlaubern.

Bei ihnen spielen weniger Erholungsangebote eine Rolle; sie suchen vor allem
- kulturelle Erlebnisse
- historische und landschaftliche Aspekte
- Stadt oder Landerleben
- Vergnügen und Spaß
- Sport (Betätigung und Veranstaltung).

Begünstigt wird die im Inland wachsende Bedeutung des Kurzurlaubs durch einen zunehmenden Trend zum Zweiturlaub. Dieser wird überwiegend noch im Inland verbracht, um die für diesen Urlaub begrenztere Zeit nicht durch zu lange Anfahrtswege zu verlieren.

Ebenso wird der Trend zum Kurzurlaub dadurch begünstigt, daß bereits die Hälfte der Bundesbürger keine Kinder hat und dadurch eine hohe zeitliche und wirtschaftliche Flexibilität für zusätzliche Kurzurlaube gewinnt. Der Kurzreisetourismus wird deshalb künftig für die inländische Gastronomie einer der interessantesten Bereiche sein, welcher hohe Zuwachsraten verspricht und für viele Betriebe eine erwünschte Zusatzauslastung vor allem an den Wochenenden bieten kann, an denen kein Geschäftsreiseverkehr stattfindet und bisher die größten Kapazitätslücken auftraten.

Entsprechend den kulturellen Informations- und Unterhaltungszwecken, die in der Regel hinter einem Kurzurlaub stehen, konzentrieren sich die Ziele der Kurzurlauber auf solche Orte und Gegenden, in denen sich kulturelle Denkmäler, interessante geschichtliche Stätten, Freizeiteinrichtungen, Freizeitmöglichkeiten (Strand) oder Sehenswürdigkeiten (Städte) finden. Nicht jeder Übernachtungsanbieter kann deshalb den Kurzurlauberstrom gewinnen. Nur zum geringeren Teil ist es das Verdienst der Gastronomie selbst, wenn Kurzurlauber zu ihnen kommen. Die Umfeldattraktionen und die öffentliche Fremdenverkehrsförderung spielen als Angebotsfaktoren für die Kurzurlauber und auch für deren Nachfrage nach bestimmten Gegenden und Hotelkapazitäten eine besondere Rolle.

Von den besonderen kulturellen und informativen Zwecken des üblichen Kurzurlaubs her kommen dafür vornehmlich auch solche Bevölkerungskreise in Frage, die kulturelle, informative und geschichtliche Interessen haben. Die Nachfrage nach Kurzurlaub nimmt deshalb zu, je höher die soziale Stellung und je höher der Flexibilitätsgrad der Bevölkerungsgruppe ist. In diesem Sinne spielt deshalb auch die wachsende Zahl der gut versorgten Rentner für Kurzurlaube eine wachsende und bedeutende Rolle.

Im Unterschied zu dem nur als Zusatz immer üblicher werdenden Kurzurlaub im Inland wird der *Dauerurlaub* von der deutschen Bevölkerung vor allem im Ausland genommen. Das hat vor allem klimatische Gründe, hängt aber auch mit den relativ höheren Preisen eines deutschen Langzeiturlaubs gegenüber ausländischen Angeboten zusammen.

Unter den Langzeiturlaubern lassen sich wiederum zwei Arten unterscheiden:
- der Ferien- und Erholungstourismus sowie
- der Kur- und Gesundheitstourismus.

In beiden Fällen steht der Erholungsgedanke für den Dauerurlauber im Vordergrund.

Nicht jeder Gastronomiebetrieb kann jede Art von Langzeiturlaubern für sich gewinnen. Ob Dauerurlauber überhaupt in eine bestimmte Gegend wollen, hängt damit zusammen, ob ein bestimmtes Angebot für eine bestimmte Gruppe von Dauerurlaubern besteht und zu welcher Nachfragegruppe von Dauerurlaubern mit welchen Motiven der mögliche Gast gehört.

Erst wenn diese vom Gastronomen selbst nicht beeinflußbaren Marktfelder sich decken, kann die Gastronomie eine bestimmte Gästegruppe für sich gewinnen.

Geht man davon aus, daß das Erscheinungsbild und der Urlaubsschwerpunkt einer bestimmten Gegend wie z.B. der Lüneburger Heide oder des Harzes oder des Weserberglandes oder Oberbayerns relativ langfristig ausgeprägt sind, kommt es für die in diesen Gegenden ansässigen Gastronomiebetriebe und Fremdenverkehrs-Förderungsinstitutionen vor allem darauf an, zu wissen, welche Motivgruppe von Gästen man mit einem speziellen regionalen Angebot überhaupt ansprechen kann und wie man deren Nachfragemotive zu einer Reiseentscheidung in die eigene Region und zum eigenen Fremdenverkehrsbetrieb aktivieren kann.

Die Touristikforschung unterscheidet vor allem folgende Motivgruppen:

Reisemotive

Frage: „Worauf kam es Ihnen bei Ihrer (Haupt-)Urlaubsreise 1984 eigentlich besonders an?"

• Entspannen, Erholung, Besinnung und Gesundheit:	35 % – rel. 22 %
Abschalten, Ausspannen	65 %
– frische Kraft sammeln	47 %
– viel ausruhen, nichts tun, nicht anstrengen	43 %
– Zeit füreinander haben	35 %
– sich verwöhnen lassen sich etwas gönnen, genießen	22 %
– etwas für die Schönheit tun, braun werden	19 %
– etwas für die Gesundheit tun, Krankheiten vorbeugen	17 %
• Naturerleben, Umweltbewußtsein und Wetter:	33 % – rel. 21 %
– Natur erleben	38 %
– in die Sonne kommen, dem schlechten Wetter entfliehen	32 %
– reinere Luft, sauberes Wasser, aus der verschmutzten Umwelt herauskommen	30 %
• Abwechslung, Erlebnis und Geselligkeit:	33 % – rel. 21 %
– aus dem Alltag herauskommen, Tapetenwechsel	58 %
– gut Essen	36 %
– viel Spaß und Unterhaltung haben, sich vergnügen, amüsieren	34 %
– mit anderen Leuten zusammensein, Geselligkeit haben	30 %
– Urlaubsbekanntschaften machen	24 %
– Verwandte, Bekannte, Freunde wiedertreffen	16 %
• Bewegung und Sport:	21 % – rel. 13 %
– sich Bewegung verschaffen, leichte sportliche und spielerische Aktivitäten	28 %
– aktiv Sport treiben, sich trimmen	14 %
• Eindrucke, Entdeckung und Bildung:	20 % – rel. 12 %
– andere Länder erleben, viel von der Welt sehen, Einheimische kennenlernen	29 %
– ganz neue Eindrucke gewinnen, etwas anderes kennenlernen	27 %
– viel herumfahren, unterwegs sein	27 %
– den Horizont erweitern, etwas für Kultur und Bildung tun	17 %

– Erinnerungen auffrischen	12 %	
– auf Entdeckung gehen, ein Risiko auf sich nehmen, etwas außergewöhnlichem begegnen	10 %	
• Selbständigkeit, selbstbesinnung und Hobbies:	18 %	– rel. 11 %
– tun und lassen können was man will, frei sein	32 %	
– sich eigenen Interessen widmen	19 %	
– sich auf sich selbst besinnen, Zeit zum nachdenken haben	14 %	
– Hobbies, Liebhabereien machen	7 %	
		100 %

Quelle: Studienkreis für Tourismus, Urlaubsreisen 1984, Starnberg 1985, S. 29

Entsprechend den von den Dauerurlaubern selbst genannten Hauptmotiven lassen sich unterschiedliche Urlaubstypen spezifizieren[15]:

Erholungsurlauber
wollen sich entspannen und erholen, suchen Besinnung und Gesundheit.

Dieser Urlaubertyp hat ein besonderes Bedürfnis nach Ruhe und Geborgenheit. Er möchte dem Alltagsstreß entfliehen, einfach abschalten und ausspannen. Er hat nur ein ganz untergeordnetes Kontaktinteresse zu Fremden und sucht seine Unterhaltung vorwiegend in der Gemeinschaft seiner Familie (Zeit füreinander haben). Seine Wünsche konzentrieren sich auf „sich verwöhnen lassen“ und „genießen“. Der durch die täglichen Anforderungen strapazierte Körper und Geist soll gepflegt werden. Auf diese Weise möchte er für den Berufsalltag wieder frische Energie sammeln, seine Gesundheit pflegen und Krankheiten vorbeugen.

Landschaftsurlauber
suchen Naturerleben und sind umweltbewußt.

Der Landschaftsurlauber will seinen Urlaub entspannend gestalten. Er möchte der verschmutzten und verseuchten Umwelt entfliehen und in eine heile, saubere Welt reisen. Freizeitaktivitäten sollten vorwiegend unter freiem Himmel ausführbar sein. Radfahren, Schwimmen möglichst an frei zugänglichen Seen oder Flüssen, Skiwandern usw. sind dabei ebenso denkbar wie die Vorstellung von Ruhen und Sonnen. Zu diesen Aktivitäten sucht er durchaus soziale Kontakte zu Gleichgesinnten. Harmonie in der Geselligkeit und das bewußte Erleben der Natur sind für ihn die erstrebenswertesten Urlaubswünsche.

Erlebnisurlauber
lieben Abwechslung, Erlebnis und Geselligkeit.

Der Erlebnisurlauber läßt sich kennzeichnen durch seinen besonderen Wunsch nach Abwechslung. Er ist besonders unternehmenslustig und auf der ständigen Suche nach neuen Kontakten. „Sehen und Gesehen werden" sind seine Urlaubsmotivationen. Dieser Urlaubstyp sieht im Urlaub eine besondere Möglichkeit zur Selbstverwirklichung. Er möchte „gut essen", „sich vergnügen" und ist deshalb durchaus bereit, sich im Urlaub mehr zu leisten als vielleicht zu Hause. Dieser Reisende ist der typische Gast des Massentourismus. Ständig auf der Suche nach etwas Neuem aber immer mit kalkulierbarem Risiko. Strapazen sind nicht erwünscht. Geselligkeit und durchaus der Wunsch nach Urlaubsbekanntschaften, von denen man zu Hause schwärmen und erzählen kann, sind für ihn Kennzeichen eines gelungenen Urlaubs.

Sporturlauber
brauchen Bewegung und Sport.

Die Ausprägungen dieser Urlaubsform sind vielseitig. Während der eine Reisende sich lediglich Bewegung verschaffen will und vorwiegend leichtere sportliche Aktivitäten wie Spazierengehen sucht, will der andere Urlauber die sportliche, wettkampforientierte Herausforderung und die Prüfung des eigenen körperlichen Leistungsvermögens. Gemeinsam ist jedoch beiden, die Urlaubsaktivität als Erlebnis zu empfinden und in der Körperertüchtigung aktive Zerstreuung zu suchen. Der Wunsch und die Möglichkeit dieser sportlichen Betätigung in möglichst optimaler Form nachkommen zu können entscheidet letztendlich zwangsläufig über die Wahl des Urlaubsortes. Die Gastronomie wird von dieser Gästegruppe nach den dort angebotenen Sportmöglichkeiten ausgesucht.

Bildungsurlauber
wünschen Eindrücke, Entdeckung und Bildung.

Dieser Urlaubertyp verreist vorwiegend, um Sehenswürdigkeiten zu sammeln und Orte aufzusuchen, die der „Baedeker“ vermerkt hat. Er ist interessiert daran, fremde Gefühle und Stimmungen aufzufangen und stets neue Eindrücke zu gewinnen. Er ist durchaus interessiert an der Natur und ist stets bemüht, Land und Leute kennenzulernen. Aus diesem Grund ist er auch bereit, „viel herumzufahren“ und „ständig unterwegs“ zu sein. Dieses „Auf-Entdeckung-Gehen“ und vielleicht dem Außergewöhnlichen zu begegnen übt für den Bildungsurlauber einen ganz besonderen Reiz aus. Er ist darüber hinaus stets bemüht, sich weiterzubilden, Bücher zu lesen oder vor allem zu diskutieren, stets mit dem Ziel, den eigenen Horizont zu erweitern und gegenüber anderen einen Prestigegewinn zu erreichen.

Freiraumurlauber
suchen Selbständigkeit, Selbstbesinnung und Hobbies.

Frei von Motiven, anderen z.B. Daheimgebliebenen etwas vorauszusein oder vormachen zu wollen, möchte der Freiraumurlauber seine Ferien nur für sich selbst gestalten. Er will lediglich „tun und lassen können was er will“. Die Distanz zum Alltag, die Freiheit von Zwängen und die Möglichkeit, spontanen Wünschen nachkommen zu können, sind seine primären Motive, mit denen er eine Reise antritt. Dieser Urlauber ist ständig bemüht, sich gegen die Norm zu verhalten und die wahre Ursprünglichkeit wiederzufinden. Die Suche nach Freiheit und Ungestörtsein prägen seine Urlaubsaktivitäten. Lagern, Bergsteigen, Fischen usw. sind für ihn denkbare Erholungsmöglichkeiten. Dieser Urlaubstyp verzichtet wahrscheinlich besonders ungern auf die Urlaubsreise, denn er braucht diese Zeit zum Nachdenken und zur Selbstbesinnung. Dementsprechend ist ihm der Massentourismus fremd. Pauschalreisen mit umfassendem touristischem Angebot werden eher negativ beurteilt. Während er eher der Urlaubstyp ist, der alleine ohne Familie Urlaub macht, ist es auf der anderen Seite durchaus denkbar, daß dieser Reisende Kontakte zur einheimischen Bevölkerung sucht.

Um die speziellen Motivgruppen der Dauerurlauber in eine bestimmte Gegend und in einen bestimmten Betrieb zu ziehen, sollte die Gastronomie sowohl aus Kosten- wie auch aus Marktgründen nicht allein operieren. Hier liegt die Aufgabe der regionalen Fremdenverkehrsverbände und der öffentlichen Fremdenverkehrsförderung, die eigene Identität einer bestimmten Region für eine bestimmte Motivgruppe der Dauerurlauber so anziehend zu gestalten, daß die Grundentscheidung von Personen dieser Motivgruppe zugunsten dieser Region ausfällt. Erst wenn diese Grundentscheidung getroffen ist, können die einzelnen Gastronomiebetriebe durch Eigenwerbung den bereits für die Gegend interessierten Gast für sich gewinnen.

Mit dem Image der Gegend, mit dem kooperativ oder kollektiv für die Grundsatzentscheidung der Urlauber zugunsten dieser Gegend geworben worden ist, muß aber auch das Image des Gastronomiebetriebes harmonieren, welcher die bestimmte Urlaubergruppe gewinnen will. So sollte etwa in der Lüneburger Heide eine Familie mit Kindern, die viel wandern will, Auslauf für die Kinder braucht, Ruhe haben möchte, auch im Hotel oder der Pension diese Wünsche verwirklicht sehen. Das kann im Fall etwa der bayrischen Seen eine ganz andere Motivgruppe von Dauerurlaubern sein, welche gepflegte Wege, Strand, Cafés und besonderen gastronomischen Komfort wünschen und deshalb auch in den von ihnen gewählten Betrieben verlangen.

Die frühere Tradition, den Langzeiturlaub ausschließlich im Sommer zu nehmen, hat sich in den letzten Jahrzehnten gewandelt. Nicht nur der Zweiturlaub, sondern zunehmend sogar der Haupturlaub wird auf die Winterzeit verlegt, vor allem wenn Gesichtspunkte der sportlichen Betätigung und Erholung dabei im Vordergrund stehen (Skiurlaub). Soweit sich für eine bestimmte Gegend wie z.B. die Nordseeinseln, immer noch der Haupturlaub auf eine bestimmte Saison, wie z.B. den Sommer, konzentriert, entstehen daraus besondere Probleme der Kapazitätsauslastung und der Betriebskosten[16] sowie demzufolge der Preisgestaltung, die vom Einzelbetrieb nicht isoliert durchbrochen werden können.

Der zweite große Bereich der Dauerurlauber sind die Kur- und Gesundheitstouristen. Sogar in Niedersachsen etwa finden mehr als die Hälfte aller Übernachtungen in den Kur- und Badeorten statt. Die Kurgäste wollen den Urlaub mit einer gesundheitlichen Erholung verbinden oder kommen überhaupt nur aus diesem Grund zu einer Langzeitkur in die Kurorte.

Der große Aufschwung des Kur- und Gesundheitstourismus seit den fünfziger Jahren ist weniger der Einzelentscheidung der Urlauber bzw. Kurgäste zu danken, die etwa auf eigene Kosten eine solche Kur in einem Kurort durchführen, als vielmehr dem Sozialtourismus der von den Sozialkassen freigiebig gewährten Sozialkuren. Die meisten der 260 anerkannten Kurorte und Heilbäder in der Bundesrepublik leben inzwischen überwiegend von Sozialkurgästen, die mit ärztlicher Hilfe auf Kosten der Sozialkassen einen „Kururlaub" zusätzlich zu ihrem Urlaub erreichen.

Unter den Sozialkurgästen dominieren die Bevölkerungsgruppen, die über die Kuren am besten informiert und auch abkömmlich sind: Die Angestellten und Beamten. Entsprechend muß die Gastronomie ihr Angebot in den Kurorten und Heilbädern vor allem auf diese Bevölkerungsgruppe konzentrieren.

Lediglich in einigen speziellen Kurorten mit einem hohen Anteil von Selbstzahlern können sich Gastronomiebetriebe für Selbständige und Führungskräfte mit Spitzenqualitäten zu hohen Preisen halten.

Der steile Anstieg der Sozialtourisitik bedeutet für die Kurorte und deren Gastronomiebetriebe aber auch eine wachsende Gefahr, die sich in der Diskussion um die Gesundheitsreform und die explodierenden Kosten des Gesundheitswesens zeigte. Wenn nämlich die Masse der Kurlauber von den öffentlichen Kassen bezahlt wird und diese Kassen in zunehmende Finanznot kommen, werden Kuren in Zukunft restriktiver vergeben und dürfte die Zahl der Sozialkurlauber stagnieren oder sogar wieder zurückgehen. Die Gastronomie der Kurorte muß sich jedenfalls schon jetzt mit dieser auf sie zukommenden Rezessionsgefahr auseinandersetzen[17].

10. Rechtliche Rahmenbedingungen der Gastronomie

Nach unserem Grundsatz der Gewerbefreiheit kann zwar jeder unbescholtene Einwohner bei uns Gastronom werden. Eröffnet er aber erst einen Betrieb, so hat er eine Fülle von Gesetzen und Vorschriften zu beachten, und es ergießt ein Heer von Beamten und Funktionären ihre Fürsorge auf ihn. Mit anderen Worten: Jeder Gastronom und jeder Gastronomiebetrieb wird von der öffentlichen Verwaltung bis in die Einzelheiten hinein ständig kontrolliert, beraten, gefördert, behindert und von einem Netz von Behörden und Verwaltungsstellen so umgarnt, daß heute kaum noch ein selbst hochgebildeter Gastronom alle diese Pflichten und Vorschriften kennen kann, die er eigentlich zu beachten hätte.

Allein zahlenmäßig ist der Umfang der Gesetze, Verordnungen und Verwaltungsanweisungen imponierend, welche sich auf die Gastronomie konzentrieren:

Bundesrechtliche Bestimmungen:

Ordnungsvorschriften

- Lebensmittelrecht
  33 Verordnungen und Gesetze,
  u.a. Hackfleischverordnung, DiätVO, KäseVO, AromaVO, Apfelgrößenrichtlinie der EG u.a.
- Gaststätten- und Gewerberecht
  36 Verordnungen,
  u.a. Sperrzeitregelung, Vereinsbesteuerung, Wertsachenhaftung.

Umweltvorschriften

- Gesundheitsrecht

5 Verordnungen,
u.a. Abfallgesetz, Bundesseuchengesetz, Bundesimmissionsschutzgesetz.

Arbeits- und Sozialrechtliche Vorschriften
- Berufsausbildung
  10 Verordnungen und Gesetze.
- Arbeits- und Sozialrecht
  34 Verordnungen und Gesetze,
  u.a. Arbeitszeitrecht, Arbeitszeitordnung, Gesetz zur Regelung der Lohnfortzahlung.

Preis- und Wettbewerbsrecht
- 10 Verordnungen und Gesetze,
  u.a. Gesetz über Preisnachlässe, Zugabeverordnung, Regelung der Speise- und Getränkekarte.

Steuerliche Regelungen
- 8 Verordnungen und Gesetze
  u.a. Getränkesteuer.

Die Gastronomie ist ein typischer Wirtschaftsbereich, welcher seit jeher Gesetzgeber und Bürokratie angezogen hat, möglichst alles und jedes zu regeln – nur nicht das Wichtigste, nämlich den Sachkundenachweis.
- Allein an Ordnungsvorschriften des Gaststätten- und Gewerberechts gibt es 36 Gesetze und Verordnungen bis hin zur Sperrzeitregelung, welche Gastwirte und Hoteliers kennen müßten, jedenfalls zu beachten haben.
- Dazu treffen 33 Gesetze und Verordnungen des Lebensmittelrechts direkt für die Gastronomie zu, von der Hackfleisch-Verordnung über die Käseverordnung, die Aroma-Verordnung und ähnliche überflüssige Regelungen.
- Auch im Arbeits- und Sozialrecht sind 34 Gesetze und Verordnungen für die Gastronomie zuständig, vom Arbeitszeitrecht über die Arbeitszeitverordnung bis hin zur Regelung der Lohnzahlungen an Feiertagen.

- 10 weitere Gesetze und Verordnungen treffen für die Berufsausbildung der Gastronomie zu.
- Weitere 10 Gesetze und Verordnungen des Preis- und Wettbewerbsrechts regeln Preisnachlässe, Zugaben bis hin zur Art der Speise- und Getränkekarte.
- 5 Gesetze und Verordnungen vom Abfallgesetz über das Bundesseuchengesetz u.a. regeln die Gesundheitsvorschriften der Gastronomie.
- Auch das Immissionsschutzgesetz trifft für die Gastronomie zu (Sperrzeitregelung).
- Schließlich treffen neben den etwa 800 allgemeinen Steuervorschriften direkt 8 Gesetze und Verordnungen auf die Gastronomie zu, darunter z.B. solche über die Getränkesteuern.

Fragt man die Gastwirte und Hoteliers selbst, ob sie überhaupt wissen, was die Bürokratie alles an Zwangsfürsorge für sie geregelt hat, so erntet man meist großes Staunen. Sie sind dabei aber in bester Gesellschaft aller Bürger, denn es gibt keinen Bürger der Bundesrepublik und keinen Minister, der die für ihn zutreffenden Vorschriften überhaupt alle kennt. Dabei ist nicht nur das Volumen der für die Gastronomie zutreffenden Gesamtvorschriften unerträglich, sondern vor allem die Fluktuation der Vorschriften insbesondere durch die jährliche Flut neuer Vorschriften und Vorschriftenänderungen. Ermittlungen im Mittelstandsinstitut Niedersachsen haben ergeben, daß allein die Kenntnisnahme der neuen Vorschriften – wenn man sie alle lesen würde – und ihrer notwendigsten Erläuterungen pro Jahr etwa 300 Stunden in Anspruch nehmen würde[1]. Entgegen dieser bürokratischen Regelungswut mutet es eigenartig an, daß über die Voraussetzungen, Gastronom zu werden, etwa zur Sachkunde, eine tragfähige Regelung fehlt. Nicht nur aus diesem Mißverhältnis wird deutlich, daß die auf die Gastronomie herabgeprasselte Regelungsfürsorge nicht dem Schutz der Gastronomie dienen soll, sondern der Kontrolle dieser Unternehmer und ihrer Betriebe durch die Bürokratie.

10.1 Bürokratieüberwälzung

Neben den mehr als 100 Vorschriften, welcher jeder Gastwirt und Hotelier für sich und in seinem Betrieb zu beachten hätte, gibt es eine zweite Kategorie von Vorschriften, welche Pflichten festlegen, die jeder Selbständige für den Staat zu leisten hat – die sogenannte „Kuli-Dienste für den Staat" oder die sogenannte „Bürokratieüberwälzung". Die Steuerpflicht beispielsweise ist ein allgemeines Gesetz. Daß aber der Staat nur Selbständigen zumutet, Bürokratieleistungen zu erbringen, die sie gar nicht wollen, und die gar nicht in ihrem Interesse liegen, bedeutet eine bürokratische Sonderbelastung, einen Freizeit- und Freiheitsraub des Staates an Selbständigen, weil er nur Selbständige zu diesen mittelalterlichen „Hand- und Spanndiensten" in Anspruch nimmt.

Insgesamt haben mittelständische Unternehmer im Durchschnitt 1.056 Stunden solcher Kulidienste für den Staat jährlich zu leisten, das sind mehr als 50.000,– DM Kosten, wenn sie ihre eigene Arbeitskraft in Rechnung stellen würden. Arbeiten für die öffentliche Bürokratie sind die übliche Feierabend- und Wochenendbeschäftigung der Selbständigen, die bis zu 187 regelmäßige Pflichtarbeiten pünktlich und unter Bußgelddrohungen für 42 verschiedene Behörden abzugeben haben, darunter Bürokratiearbeiten und Statistiken, deren Sinn nicht einmal mehr die Wissenschaft erklären kann[2]. Etwa die Hälfte aller Bürokratieüberwälzungsarbeiten sind an die Beschäftigung von Mitarbeitern geknüpft, belasten also den Produktionsfaktor Arbeit. Im Durchschnitt sind dafür 510 Stunden und 32 Minuten pro Jahr und pro Betrieb aufzuwenden. Beispiele sind die Berechnungen der Arbeitnehmer-Sparzulagen, die Berechnung der Lohnfortzahlung, Kontrollaufgaben zur Einhaltung von der Arbeitszeitordnung, Berechnungen und Abführungen an die Sozialkassen usw.

Ein zweiter für die Gastronomie wichtiger Bereich sind die steuerbedingten Bürokratiearbeiten, welche allein in den Vorbereitungsarbeiten für den Steuerberater liegen und den Betrieb mit mehr als 5.500,– DM belasten – unabhängig von den Kosten des Steuerberaters, die ebenfalls pro Betrieb mehr als 5.000,– DM ausmachen[3].

Die Bürokratieüberwälzung des Staates auf die private Wirtschaft trifft die Unternehmer relativ um so mehr, je kleiner sie sind. Die meisten Bürokratiepflichten sind vom Staat unter der Vorstellung eingeführt worden, daß die Großunternehmen dies leicht erledigen könnten. Daß aber den mittleren und kleinen Unternehmen die gleichen Pflichten abverlangt werden, hat dazu geführt, daß pro Mitarbeiter die Kostenlast im Großunternehmen unter 100,– DM liegt, in den mittleren Unternehmen um 500,– DM, in Kleinunternehmen aber über 6.800,– DM[4]. Mit anderen Worten leidet unter den Kulidiensten für den Staat der Mittelstand mehr als die Großwirtschaft und leiden die Kleinbetriebe ganz besonders. Da die meisten Gastronomiebetriebe Kleinbetriebe sind, werden sie also überproportional von der Bürokratieüberwälzung geschädigt.

Das Mittelstandsinstitut Niedersachsen hat nachgewiesen, daß die Häfte dieser Arbeiten verkürzt, konzentriert oder abgeschafft werden könnte, ohne daß dem Staat irgendein Nachteil entsteht. Daß ein wirklicher Abbau dieser Bürokratieüberwälzung aber nicht vorankommt, hängt mit den Unternehmern selbst und ihren Verbänden zusammen, die dieses Thema eigenartigerweise nicht ernsthaft genug aufgreifen und ihre Sonderdiskriminierung gegenüber den anderen Gruppen politisch nicht genug bekämpfen.

10.2 Problemvorschriften

Innerhalb des Gesamtwustes rechtlicher Vorschriften stechen einige hervor, mit denen die Gastronomie besonders wenig anfangen kann bzw. unter denen die Gastronomie besonders leidet.

1. Lebensmittelrecht

Ein Teil der Vorschriften des Lebensmittelrechts ist übertrieben oder zumindest so gefaßt, daß der Zweck der Vorschriften mit den Bedingungen der Gastronomie nicht übereinstimmt. Typischer Fall ist die Hackfleisch-Verordnung, eine moderne bürokratische Meisterleistung an Unsinn: „Erzeugnisse nach § 1 dürfen in gefrorenem Zustand nur in den Verkehr gebracht werden, wenn sie unmittelbar nach ihrer Herstellung mit einer mittleren Geschwindigkeit von mindestens einem Zentimeter in der Stunde auf eine Kerntemperatur von minderstens minus 18°C tiefgefroren und vor oder unmittelbar nach dem Tiefgefrieren in hygienisch einwandfreie Packungen abgefüllt worden sind. Die Packungen müssen, gegebenenfalls unter Evakuierung, allseits fest verschlossen sein. Das Material der Packung muß ausreichend widerstandsfähig gegen mechanische Einwirkungen und weitgehend wasserdampf- und luftundurchlässig sein und eine Kälteverträglichkeit bis zu minus 40°C aufweisen!"

Solche Beispiele ließen sich aus dem Lebensmittelrecht noch viele andere anführen. Kein Wunder, wenn die staatlichen Berufskontrolleure bei ausreichender Intensität ihrer Nachforschungen mindestens einen Tatbestand aufspüren können, bei dem das Verhalten der Gastronomen zwar vernünftig sein mag, aber nicht allen Einzelbestimmungen der Gesetze entspricht. Die Gastronomie steht deshalb wegen des Ausmaßes und der Eindringlichkeit der für sie geltenden Vorschriften ständig in der Gefahr von Bußgeldern.

2. Mehrwertsteuer

Die deutsche Gastronomie unterliegt dem vollen Mehrwertsteuersatz von 14 %, dem aber für den Wareneinkauf der Lebensmittel nur ein Vorsteuersatz von 7 % gegenübersteht, so daß die Gastronomie per Saldo überproportional mehrwertsteuerpflichtig ist.

Dieses Problem benachteiligt die deutsche Gastronomie im internationalen Tourismuswettbewerb, weil ein Teil des europäischen Auslandes und der übrigen Länder in der Welt entweder gar keine Mehrwersteuer auf gastronomische Leistungen erhebt oder nur einen verminderten Steuersatz[5]. Dadurch kommt es bei ausländischen Reisegruppen und Reisenden immer wieder zu Irritationen, weil sie nicht verstehen, daß die Dienstleistung der Gastronomie in Deutschland höher umsatzbesteuert wird als in ihren Ländern. Im Wettbewerb der europäischen Regionen liegt hierin für die deutsche Gastronomie ein Standortnachteil. Dies gilt insbesondere für die Gruppentouristik, welche international im heftigsten Preiskampf steht.

3. Bagatellsteuern, insb. Getränkesteuer

Aus der Zeit der Brüning'schen Notverordnungen (1931/1932) haben noch einige Sondersteuern des Gastgewerbes überlebt, z.B. die Vergnügungssteuer, die Schankerlaubnissteuer und vor allem die Getränkesteuer, die es zwar nicht überall bei uns gibt, die aber zunehmend von den Kommunen dort erhoben wird, wo die öffentliche Mißwirtschaft besonders hohe kommunale Verschuldung verursacht hat und deshalb die Kommunalpolitik nach allen Zusatzquellen ausschaut, um noch irgendwelche Gelder in die öffentlichen Kassen zu treiben. Besonders umstritten ist die Getränkesteuer, weil sie nicht nur als „Steuer gegen die Gastronomie" gelten muß, sondern weil ihre Erhebung auch zu Ungerechtigkeiten führt. Z.B. schreibt die Hessische Mustersteuerverordnung zur Gemeinde-Getränkesteuer[6] vor, daß „zunächst die Schaumweinsteuer zu berechnen ist, dann die Mehrwertsteuer von der Schaumweinsteuer zuzuschlagen sei, dann die Getränkesteuer von der Schaumweinsteuer und Mehrwertsteuer aufzuschlagen und schließlich noch Mehrwertsteuer von der Getränkesteuer zu berechnen" sei. Es wird also in diesem Fall die Steuer von der Steuer und von der Steuer erhoben.

Die Gastronomie wendet sich aber gegen diese Sondersteuer nicht nur generell, sondern vor allem wegen der Wettbewerbsverzerrungen, die dadurch eintreten. In Niedersachsen erheben nur sieben sozialistisch regierte Kommunen von mehr als 3.900 Gemeinden die Getränkesteuer. Damit werden die Getränke in diesen Gemeinden teurer als in den Nachbargemeinden, und – so behauptet die Gastronomie – es ergeben sich Abwanderungstendenzen der Gäste aus der getränkesteuerbelasteten Gemeinde in Nachbargemeinden.

Ebenso schädigt die Getränkesteuer die Position der Gastronomie gegenüber dem Getränkehandel, weil letzterer mit der Getränkesteuer nicht belastet ist und dadurch die Preisdifferenz zwischen beiden Getränkeanbietern durch die Steuer künstlich vergrößert und die Wettbewerbsfähigkeit der Gastronomie entsprechend vermindert wird.

Die Abwanderung des Getränkekonsums aus der Gastronomie in den Getränkehandel mag zu einem wesentlichen Teil mit dieser Steuerpflicht nur der Gastronomie zusammenhängen.

In den meisten bürgerlich beherrschten Bundesländern ist die Getränkesteuer inzwischen abgeschafft. Hauptgründe dafür waren:

- Vereinfachung des Steuersystems,
- Verbesserung der Steuergerechtigkeit,
- Steueraufkommen unerheblich (in Hessen z.B. nur 0,29% der kommunalen Gesamthaushalte),
- Unwirtschaftlichkeit der Steuer (Erhebungskosten bis 12% des Steueraufkommens),
- Arbeitsplatzfeindlichkeit; in Hamburg wurden nach Einführung der Getränkesteuer 1.100 Arbeitsplätze in der Gastronomie vernichtet,
- Konsumverlagerung auf die nicht getränkesteuerpflichtigen Vertriebskanäle (Handel, Schwarzgastronomie, Vereinsgastronomie).

4. Vereinsbesteuerung

Die gemeinnützigen Vereine sind zunehmend dazu übergegangen, ihre Vereinsfeste und die Bewirtung auf ihrem Vereinsgelände bzw. in ihren vereinseigenen Gebäuden in eigener Regie durchzuführen. Sie haben sich dabei auf die Gemeinnützigkeit berufen und auf das Steuerprivileg des sogenannten „Zweckbetriebes"[7]. Die geselligen Veranstaltungen der Vereine wurden zum Zweckbetrieb erklärt und damit von der Gemeinnützigkeit des Vereins mitumfaßt. Nachdem der Bundesfinanzhof in mehreren Entscheidungen diesen aufkommenden Mißbrauch des Gemeinnützigkeitsrechts anprangerte und solche Zweckbetriebe als wirtschaftliche Tätigkeiten ansah[8], war der Gesetzgeber aufgerufen, sich mit dieser Mißbrauchsentwicklung zu befassen. Statt jedoch die Vereinsgastronomie den allgemeinen Steuer- und vor allem den Gesundheitsvorschriften der normalen Gastronomie zu unterwerfen, hat er den Rahmen der Gemeinnützigkeit auch bei den Zweckbetrieben auf 60.000,– DM angehoben. Die Besteuerungsgrenze ist damit höhergesetzt, als 45.000 ordentliche Gastronomiebetriebe in der Bundesrepublik erreichen. Die Gastronomie fürchtet deshalb, daß wegen dieser hohen Freigrenze die Vereinsgastronomie unter dem Schutz der Gemeinnützigkeit weiter anwächst und sie gerade im ländlichen Bereich dadurch aus dem Geschäft bringt. Richtig ist daran zumindest, daß nicht einzusehen ist, weshalb der Ausschank von Getränken in der Kneipe steuerpflichtig und mit über 100 Gesetzen der Gesundheits- und Ordnungspolizei überwachungspflichtig sind, während die Vereinsgastronomie den meisten dieser Zwänge und der Steuerpflicht nicht unterliegt. Der vom Gesetzgeber gefundene Weg ist deshalb wohl kein dauerhafter Kompromiß, zumal die Vereinsgastronomie nicht nur für die Vereinsmitglieder zugänglich ist, sondern auch für jeden Dritten[9].

5. *Einwanderungsgastronomie*

Wer als Asylant oder Einwanderer in Deutschland keine Aufenthaltsgenehmigung kriegt, weil er keine Arbeitsgenehmigung hat, kann dies dadurch umgehen, daß er sich durch ein vierstündiges Gespräch in der IHK bereits die „notwendige" Kenntnis der Grundsätze deutscher Gastronomie aneignet und damit berechtigt ist, gem. § 12 Gaststättengesetz ohne weitere Voraussetzung die Erlaubnis zum Betrieb eines Gaststättengewerbes zu bekommen. Jeder Ausländer kann also in Deutschland ohne irgendwelchen Nachweis einer Sachkunde durch eine vierstündige Unterhaltung in der IHK Gastronom werden. Ist er dann formal Gastronom, hat er damit automatisch das Recht, seine Familienangehörigen und seine Verwandschaft nachzuziehen, diese als Arbeitskräfte bei sich einzustellen und auf diese Weise den Schwierigkeiten des Asylverfahrens und ähnliche Einwanderungshemmnisse zu umgehen. In einem erheblichen Maße wird dieser Umweg durch Gründung einer Scheingastronomie oder einer auf den Einwanderungszweck ausgerichteten Gastronomie von Ausländern bereits begangen.

Dieses im Grunde aus dem Grundsatz der Gewerbefreiheit stammende Erleichterungsverfahren zur Gründung der Gastronomie ist aber nicht nur ein Einwanderungsschlupfloch geworden, sondern schadet auch dem Ansehen der Gastronomie erheblich, weil die Behörden dadurch dokumentieren, daß es zur Führung eines Gastronomiebetriebes außer dem vierstündigen IHK-Gespräch keinerlei Sachkunde bedarf. Damit wird die Gastronomie in einer Weise gegenüber allen anderen Gewerbezweigen abgewertet, was dazu geführt hat, daß Mitarbeiter eines so abgewerteten Berufsstandes sich ebenfalls in Deutschland ihrer Tätigkeit schämen und deshalb der Beruf des Kellners in Deutschland einen viel geringeren gesellschaftlichen Stellenwert hat als im größten Teil des Auslandes.

Mit dem Mangel an Sachkunde hängt es auch zusammen, daß die Gastronomie die höchste Fluktuationsrate aller Gewerbezweige hat. Die Gastronomie fordert deshalb seit Jahren den Gesetzgeber auf, die gleichen Sachkundevoraussetzungen an die Gastronomie wie an alle anderen vergleichbaren Berufe zu stellen und damit zumindest kaufmännische Ausbildung und Fähigkeiten für die Führung eines Betriebes auch zur Führung eines Gastronomiebetriebes zu verlangen. Diese Forderung der Gastronomie wird nun noch dringender, um die Scheingründungen von Gastronomiebetrieben durch Ausländer zu verhindern, die damit in Wirklichkeit nur Aufenthaltsberechtigungen und Zuzugsberechtigungen erwerben wollen.

Im Zusammenhang mit der Harmonisierung des Euromarktes sollte der Gesetzgeber auch darüber nachdenken, ob nicht für unsere einheimischen Gastronomen ebenfalls gleiche Sachkundekenntnisse gefordert werden sollten wie in einigen anderen europäischen Mitgliedsländern, z.B. Frankreich. Die Einrichtung des Gastwirts und Hoteliers als Lehrberuf würde nicht nur den Standard der Gastronomie heben, sondern auch eine Fülle der bisherigen Mißbräuche beseitigen.

6. *Schwarzgastronomie*

Als Schwarzgastronomie gilt der Verkauf von Getränken und Speisen zum Verzehr an Ort und Stelle ohne entsprechende Konzession. Eine solche Konzession ist auch für einen Teil der Schwarzgastronomie nicht notwendig[10]:
Es gibt eine erlaubnisfreie Bewirtung von Freunden und Bekannten selbst gegen Honorar, wenn keine „Gewinnabsicht“ mit dieser gastronomischen Tätigkeit verbunden ist. Das wird z.B. angenommen bei dem Verkauf von Spirituosen beim Sportfest mit entsprechendem Gewinnzuschlag, der dann zur Kostendeckung der Veranstaltung oder für die Förderung des Vereins verwandt wird. Diese Veranstaltungen gelten als erlaubnisfrei, obwohl sie eigentlich Gastronomietätigkeiten darstellen.

Illegal dagegen ist die gastronomische Tätigkeit, wenn sie mit Gewinnabsicht und in öffentlicher Form ohne Konzession bei bestimmten Gelegenheiten wie z.B. bei Feuerwehrbällen, Straßenfesten und ähnlichen Gelegenheiten betrieben wird. Dies gilt als echte Form der Schwarzgastronomie. An sich brauchen nämlich die Betreiber des Getränke- oder Speiseverkaufs dazu eine Gastronomieerlaubnis der Ordnungsbehörde. Diese könnte selbst unter erleichterten Voraussetzungen unabhängig von bestimmten Räumen erteilt werden. Wird sie jedoch nicht nachgesucht und erteilt, betreiben diejenigen, welche dennoch bei bestimmten Gelegenheiten Gastronomiebetrieb unterhalten, Schwarzgastronomie.

Eine dritte Form der Schwarzgastronomie ist eigentlich behördlich begünstigte „Schwarzgastronomie". Wer etwa den Gastronomiebetrieb auf dem Dorffest, beim Schützenfest oder Straßenfest durchführen will, kann sich eine erleichterte „Gestattung" vom Ordnungsamt nach § 12 GastG besorgen. Im allgemeinen wird eine solche Gestattung auch mindestens einmal im Jahr erteilt. Geht das Fest über eine längere Zeit, hat es sich herausgebildet, daß mehrere Personen hintereinander diese Gestattung beantragen. Grundlage für den Antrag auf Gestattung und für die Genehmigung ist der „besondere Anlaß". Der Gesetzgeber wollte die Zustimmung zur Gastronomie für Volksfeste, Schützenfeste, Weinfeste usw. absichtlich in das Ermessen der Behörde stellen und hat deshalb auch nicht festgelegt, wann diese Genehmigung etwa zu untersagen sei.

Für die Berufsgastronomie sind diese Feste problematisch, weil immer mehr solcher „Gelegenheitsgastronomen" mit behördlicher Genehmigung ohne all die Auflagen der Berufsgastronomie in solche Sommerfeste drängen. Die Gelegenheitsgastronomen arbeiten in ihrem Marketing ebenso professionell wie die Berufsgastronomen, haben nicht deren Fixkosten für Betriebe und Einrichtungen und dauerhaftes Personal, arbeiten mit Aushilfskräften und können eine Fülle von Beschränkungen der Berufsgastronomie umgehen (wie z.B. die Gemeinnützigkeitsverordnung, das Bundesseuchengesetz, die

Hygieneverordnung, das Lebensmittelrecht, Jugendschutzgesetz, Feiertagsgesetz, Überstundenregelung, Gema-Gebühren, Immissionsrecht u.a.). Aus diesen Gründen ist die Gastronomie in der Regel kostenmäßig wegen ihrer höheren Auflagen mit der Gelegenheitsgastronomie nicht konkurrenzfähig und verliert an diese behördlich genehmigte Schwarzgastronomie nicht nur Marktanteile, sondern vor allem die rentabelsten gastronomischen Veranstaltungen ihrer Region (Schützenfeste, Kirmes, Straßenfeste usw.).

Die Berufsgastronomie fordert deshalb seit langem den Gesetzgeber auf, hier für Chancengleichheit zu sorgen, d.h. nicht nur ihr besondere Auflagen zu machen, von denen sie die Schwarzgastronomie befreit, bzw. auf die sie bei der Schwarzgastronomie nicht achtet. Darüber hinaus führt die ordentliche Berufsgastronomie gegen die legalisierte Form der Schwarzgastronomie das Fehlen der Sachkunde der Gelegenheitsgastronomen an. Würden an die Sachkunde der Gastronomie grundsätzlich höhere Anforderungen gestellt, wären auch die meisten der Gelegenheitsgastronomen bzw. Schwarzgastronomen nicht mehr in der Lage, Erlaubnisse für ihre gelegenheitsgastronomischen Tätigkeiten zu erlangen. Der Schlüssel zur Bekämpfung dieser Art von Schwarzgastronomie liegt also wiederum in § 12 des Gaststättengesetzes, im bisher noch nicht verlangten Sachkundenachweis für alle Gastronomen.

Würden nämlich auch an die Gelegenheitsgastronomen gleiche Sachkundeanforderungen gestellt wie an die Berufsgastronomen, hätten nur noch ordentliche Gastronomen die Möglichkeit, solch gastronomischen Veranstaltungen für ihr Angebot zu nutzen, und damit würde der ordentlichen Gastronomie eine gleichwertige Chance gegeben, in gleicher Weise diesen interessanten Markt der Gelegenheitsfeste zu nutzen.

7. Arbeitszeitbegrenzung

In der Gastronomie als einer der ausgeprägtesten Dienstleistungsbranchen hängt das Geschäft vor allem davon ab, wie intensiv, aber auch wie dauerhaft der Gast bedient werden kann. Die Gastronomie ist im Grunde eine Aufgabe der Bedienung der Gäste rund um die Uhr und während aller Tage der Woche. Dagegen läßt eine Arbeitszeitordnung nur eine 5-Tage-Woche und nur eine Stundenbegrenzung für Mitarbeiter zu. Mit anderen Worten bleibt das, was die Mitarbeiter durch den gesetzlichen Schutz nicht leisten dürfen, dem Unternehmer selbst und seiner Familie zurück.

Die Arbeitszeitordnung ist ein typisches Beispiel dafür, wie die Deutschen alles grundsätzlich statt pragmatisch und alles stur statt elastisch handhaben: Ein Dienstleistungsbetrieb wie eine Gaststätte oder ein Hotel sind mit einem industriellen Massenbetrieb nicht vergleichbar. Letzterer kann die Bänder rund um die Uhr kontinuierlich laufen lassen, ein Dienstleistungsbetrieb dagegen kann nur arbeiten, wenn die Gäste kommen. Er hat nichts zu tun, wenn keine Gäste kommen. Deshalb paßt auch die von der Industrie verlangte und von der Politik im Interesse der Industrie allgemein verbindlich gemachte Wochenarbeitszeit überhaupt nicht für diesen Dienstleistungssektor. Die derzeitige Wochenarbeitszeitregelung ist nicht nur eine unerträgliche Kostenlast, sondern auch ein organisatorisches Hauptproblem der Betriebe. Es schädigt die Betriebe, wenn mehr Nachfrage da ist, als die Wochenarbeitszeit zuläßt, schädigt die Unternehmen aber ebenso, wenn weniger Arbeit vorhanden ist, als die Wochenarbeitszeit vorschreibt. Gerade hierin liegt ein Vorteil der Ausländergastronomie, daß sie solche deutsche Bürokratie nicht mitmacht und dadurch flexibler und leistungsfähiger ist als ihre deutsche Konkurrenz.

Das System der Wochenarbeitszeit wird von den Gewerkschaften vor allem wegen der Überstundenproblematik neu überdacht. Aber auch die Unternehmer sind über Überstunden nicht froh, weil diese Mehrkosten,

Zusatzverwaltung und Organisationsprobleme verursachen. Ebenso sind aber auch die meisten Mitarbeiter wenig an Überstunden interessiert, weil sie oft damit in höhere Steuerprogressionsstufen geraten und ihnen so ein höherer Teil des Mehrverdienstes wieder weggesteuert wird. Viele Betriebe müssen deshalb Mehrarbeit über den Wochenstandard hinaus durch Sondervorteile oder unkonventionell vergüten, um überhaupt diese Arbeit geleistet zu bekommen.

Besonders drastisch zeigt sich der Unsinn starrer Wochenarbeitszeiten für die Saisongastronomie: Geht man von einer normalen Jahresarbeitszeit von 1.700 Stunden aus, so könnte dieses Arbeitsvolumen allein in der Sommersaison etwa auf den Nordseeinseln von jeder Arbeitskraft geleistet werden. Tatsächlich müssen aber die Arbeitskräfte über die Wochenarbeitszeit hinaus für Mehrarbeit bezahlt werden, können überhaupt nur beschränkte Mehrarbeit leisten und melden sich dann nach der Saison arbeitslos, obwohl sie doch ihr Gesamtarbeitsvolumen pro Jahr in der Saison geleistet haben könnten. Die Begrenzung auf Wochenarbeitszeit ist deshalb nicht nur für die Saisonbetriebe schädlich, sondern auch für deren Mitarbeiter, weil sie diese halbjährlich zu Arbeitslosen macht, obwohl sie komprimiert ihre Gesamtjahresarbeitszeit in der Saison leisten könnten.

Aber auch für die übrigen Gastronomiebetriebe gibt es kaum kontinuierliche Auslastung, sondern massiert sich die Gästenachfrage auf bestimmte Tageszeiten oder Wochenzeiten, in denen dann mehr zu tun ist als normal und das Personal mehr verfügbar sein müßte als normal. In den Familienbetrieben wird dies in der Regel durch die Familie selbst abgedeckt. Soweit dies nicht möglich ist, wird den Betrieben wegen einer antiquierten und für den Dienstleistungssektor nicht passenden Arbeitszeit Leistungsmöglichkeit genommen.

Der Verfasser rät den Verbänden der Dienstleistungssektoren deshalb schon seit Jahren, sich nicht auf die Industrienorm der Wochenarbeitszeit einzulassen, sondern mit ihren Mitarbeitern nur *Jahresarbeitszeit* zu vereinbaren[11].

Bei einer solchen Arbeitszeitregelung könnte die gesamte Jahresarbeitszeit innerhalb der Saison geleistet werden und wäre der Mitarbeiter außerhalb der Saison nicht arbeitslos, sondern „Arbeitsplatzinhaber in Urlaub", was auch zu entsprechenden Einsparungen bei der Arbeitslosenunterstützung führen würde. Die Jahresarbeitszeit würde auch das Problem der Teilzeitarbeit erleichtern. Wer eben statt der 1.700 Stunden nur 500 oder 1.000 Stunden im Jahr arbeiten möchte, kann sich mit den Unternehmen hierauf einigen, bekommt dann aber auch nur den entsprechenden Anteil des normalen Arbeitsentgelts.

Nicht nur für die Unternehmen würde diese Regelung eine höhere Flexibilität bringen, weil sie die Arbeit dann abfordern könnten, wie sie von den Gästen gebraucht wird; auch für die Mitarbeiter liegt ein Vorteil darin, daß sie sich durch mehr zusammenhängende Arbeit auch mehr zusammenhängenden Urlaub erarbeiten können. Hierin würde ein echter Arbeitsplatzvorteil der Gastronomie gegenüber anderen Branchen entstehen, der für die Mitarbeiterwerbung große Vorteile brächte.

Das Mittelstandsintitut Niedersachsen hat ein solches System in einigen Betrieben erprobt und dabei Gesamtkostenersparnisse zwischen 2,5 und 7% ermittelt.

Die Amerikaner haben praktisch ein ähnliches Flexibilitätssystem. Nur machen sie es nicht mit der Jahresarbeitszeit, sondern mit Werkverträgen, aufgrund derer die Mitarbeiter selbst daran interessiert sind, dann zu leisten, wenn Umsatzmöglichkeiten vorhanden sind[12].

Es ist deshalb zu hoffen, daß die Gastronomie insgesamt und über ihre Verbände endlich den Schwung aufbringt, die für sie schädliche Wochenarbeitszeit aufzugeben und tarifvertraglich nur noch Jahresarbeitszeit abzuschließen.

11. Kostenrechnung in der Gastronomie

Von dem Drittel der Gaststättenbetriebe, die jährlich aufhören, behauptet die Mehrheit, „wegen zu hoher Kosten" aufhören zu müssen, die Kosten aber nicht gewußt zu haben. Offenbar ist bei vielen Gastronomen die Kostenrechnung noch ein Buch mit sieben Siegeln.

Fragt man sich dagegen, weshalb einige große Konzerne mit ihrer größeren Bürokratie im gleichen Gastronomiemarkt erfolgreicher sind, obwohl doch mittelständische Gastronomen theoretisch rentabler arbeiten müßten, weil sie weniger Bürokratie, größere Flexibiltiät und mehr Kundennähe haben, so liegt dies häufig daran, daß die Konzerne besser rechnen können und besser wissen, wo sie stehen und eher auf Kostensteigerungen reagieren.

Die Kenntnis der Kostensituation des eigenen Gastronomiebetriebes, Grundkenntnisse der Kostenrechnung und ständige Kostenbeobachtung sind deshalb unverzichtbare Voraussetzungen für das Überleben und für den Erfolg jedes Gastronomiebetriebes. Gerade aus diesen Gründen fordern ja die Hotel- und Gaststättenverbände auch mit Recht, daß höhere Anforderungen an die Sachkunde der neuen Gastronomen gestellt werden sollten, insbesondere an die betriebswirtschaftlichen Kenntnisse der gastronomischen Existengründer, damit sie zumindest eine für sie taugliche Kostenrechnung beherrschen. Wer dies nämlich nicht kann, wird als Gastronom nicht langfristig überleben können.

Die Kostenrechnung hat für die Gastronomie wie für alle Betriebe drei Hauptaufgaben:

1. Kalkulation
2. Rationalisierung
3. Basis der Betriebsplanung.

11.1 Kalkulation

Kalkulation ist die Festsetzung der Waren- und Dienstleistungspreise eines Betriebes auf Grund der im Betrieb entstehenden Kosten und mit dem Ziel, zwischen den Preisen, die der Betrieb für seine Waren und Dienstleistungen bekommt, und den Kosten, die ihm dadurch entstehen, einen Gewinn zu machen.

Um also rentabel – d.h. mit Gewinn – arbeiten zu können, muß man zunächst wissen, welche Kosten die angebotenen Produkte und Leistungen im Betrieb überhaupt verursachen. Gibt man sie nämlich zu billig ab, können unter Umständen die Kosten nicht mehr langfristig gedeckt werden. Gibt man die Waren zu teuer ab, d.h. sind die Preise aus der Sicht des Gastes zu hoch, kann es sein, daß man durch die Wettbewerber unterboten und aus dem Markt gedrängt wird. Je mehr nun die Preise in ihrer Höhe vom Markt diktiert werden, desto stärker kommt es darauf an, die Kosten niedrig zu halten, damit überhaupt zu den am Markt erzielbaren Preisen noch ein ausreichender Gewinn erwirtschaftet werden kann. Wo also Konkurrenz herrscht – und das ist in der Gastronomie ganz besonders der Fall –, entscheiden letztlich die Kosten der Leistung, ob zu den Marktpreisen vom einzelnen Betrieb ein Gewinn erzielt werden kann. Können aus Wettbewerbsgründen alle nur etwa gleiche Preise nehmen, macht der Betrieb mit den geringsten Kosten den höchsten Gewinn. Es kommt also darauf an, ständig die eigenen Kosten zu kalkulieren und zu kontrollieren, um sicher zu sein, daß man Gewinn erzielt und im Markt bestehen kann.

Geht man von den beiden betrieblichen Hauptaufgaben aus, für welche die Kostenrechnung wichtig ist, nämlich die Verrechnungsfunktion für die Leistungen und die Lenkungsfunktion für den Betrieb, so lassen sich beide Zwecke mit unterschiedlichen Kostenrechnungssystemen erfüllen. Üblich ist allerdings, daß die Verrechnungsfunktion mit der Vollkostenrechnung, die Betriebslenkungsfunktion dagegen mit der Deckungsbeitragsrechnung (Teilkostenrechnung) errechnet wird. Jede Kostenrechnung ist richtig und kann beide Funktionen erfüllen, wenn sie beherrscht und richtig durchgeführt wird.

Die meisten Gastronomiebetriebe rechnen nur mit einer Vollkostenrechnung bzw. Istkostenrechnung, indem sie die anfallenden Kosten auf die Produkte oder Leistungen aufteilen und mit Zuschlägen für die Fixkosten mehr oder weniger genau die vollen Kosten der jeweiligen Leistung errechnen, etwa des Zimmers, welches pro Nacht vermietet werden kann, oder der Mahlzeit oder des Getränks, das angeboten wird.

Sie errechnen dabei ihre Selbstkosten in der Regel aus Durchschnittswerten, z.B. für den Wareneinsatz 40% zuzüglich der Personalkosten von üblicherweise ebenfalls 40% und der allgemeinen Betriebskosten von weiterhin 20 %, also:
Wareneinsatzkosten + 60% = 100% Selbstkosten. Darauf kalkulieren sie einen Risiko-, Steuer- und Gewinnzuschlag von 30 bis 50%, so daß als Grobkalkulation viele Gastronomen für die Warenpreise errechnen:
Wareneinsatz (40%) x 3 (40% Personalkosten + 40% sonstige Kosten und Zuschläge)
= Verkaufspreis[1]

Mit dieser Grobkalkulation sind natürlich nicht die Unterschiede erfaßt, die einzelne Produkte in ihrem Einkauf haben oder die unterschiedlichen Bearbeitungszeiten, die für einzelne Produkte oder Leistungen unterschiedlich anfallen. Insofern eignet sich eine solche Grobkalkulation noch nicht zur genauen Durchleuchtung des Betriebes, sondern nur als Faustregel.

Eine genauere Kostenkalkulation muß auch die Unterschiede der Leistungen und der Leistungskosten ermitteln.

Dies leistet die Teilkosten- oder Deckungsbeitragskalkulation. Sie geht davon aus, daß die festen Betriebskosten, die regelmäßig jeden Monat anfallen, ziemlich unveränderlich sind, daß also diese Grundzuschläge durch unterschiedliche Leistungsmengen, Leistungsarten und Leistungskosten verdient werden müssen. Die Teilkostenrechnung will deshalb die variablen Kosten ermitteln, welche durch das Produkt anfallen, das der Gast nachfragt, und sie soll aufzeigen, welche Zusatzkosten durch das Produkt anfallen und welche Differenz zwischen den variablen Kosten und dem Abgabepreis der Produkte bleibt. Diese Differenz muß zur Abdeckung der allgemeinen betrieblichen Fixkosten beitragen. Die Deckungsbeitragsrechnung beschäftigt sich also vor allem mit den veränderlichen, vom Produkt selbst verursachten Kosten, um durch deren Kontrolle und Senkung möglichst viel „Deckungsbeitrag" zur Deckung der festen betrieblichen Kosten zu gewinnen.

Zu den **Fixkosten** eines Gastronomiebetriebes,
- die in der Vollkostenrechnung pauschal zugeschlagen,
- die aber in der Teilkostenrechnung erst im zweiten Schritt betrachtet werden, gehören z.B. folgende üblichen Betriebskosten:
- Miete, Pacht;
- Personalkosten der Angestellten;
- Zinsen, feste Steuern, Amortisationen;
- Betriebs- und Verwaltungskosten;
- Abschreibungen.

Zu den **veränderlichen (variablen) Kosten**, welche von der Auslastung, vom Produkt, von der Dienstleistung selbst und von der Leistungsart abhängen und welche erst durch die Leistung selbst entstehen, gehören:
- Wareneinstandskosten;
- zusätzliche Energiekosten;
- Personalkosten für Zusatzkräfte;
- Kosten für Reinigung der Wäsche (Tischdecken, Bettwäsche).

Diese variablen Kosten entstehen nicht, wenn der Betrieb nicht leistet. Fixkosten entstehen dagegen auch dann, wenn der Betrieb nicht leistet oder wenn Betriebsferien stattfinden oder wenn er anderweitig geschlossen ist.

Für die Kalkulation der Kosten kommt es immer auf folgende drei Fragen an:
- Welche Kosten fallen an? – Kostenart.
- Wo fallen die Kosten an? – Kostenstelle.

– Bei welchen Leistungen fallen Kosten an? – Kostenträger.

Gegenüber anderen Dienstleistungsbereichen zeichnet sich die Gastronomie dadurch aus, daß sie nicht nur die Kosten der Dienstleistung selbst tragen muß, sondern in der Regel auch noch erhebliche Kosten für das Anlagevermögen, durch welches die Dienstleistung überhaupt erst möglich ist. Das ist bei den Gaststätten das Ladenlokal, das gemietet werden muß oder als Eigentum zur Verfügung gestellt wird. Noch erheblicher wirkt sich dieser Kostenblock der Anlagekosten bei Hotels aus, die ja die Hotelzimmer einrichten, zur Verfügung halten und pflegen müssen, um überhaupt damit Übernachtungsdienstleistung anbieten zu können. Man kann deshalb in der Gastronomie zwischen den Kosten der Dienstleistung und den Kosten für die Bereitstellung der Dienstleistung andererseits entscheiden. Die Beratungsstellen der Gastronomiebetriebe haben dafür die Unterscheidung in anlagebedingte Kosten einerseits und Betriebskosten andererseits entwickelt[2].

Zu den anlagebedingten Kosten gehören in der Gastronomie:

- bei Eigentum: Kalkulatorische Pacht
  sonst: Mieten, Pacht oder Leasing
- Abschreibungen
- Zinsen für Fremdkapital
- Instandhaltung.

Kalkulatorische Pacht

Auch bei Eigenbetrieben muß die kalkulatorische Miete oder Pacht angesetzt werden, die sich der Gastronom als Eigentümer seines Objekts aus seinem Betrieb selbst zurechnen müßte. Würde er nämlich dieses Eigentumsobjekt verpachten, würde er von einem anderen Unternehmer entsprechende Miete oder Pacht bekommen. Bei Hotels sind die Anlagekosten naturgemäß höher als bei Gaststätten. Bei ersteren schwanken sie zwischen 10 und 22%. Wegen des geringeren Nebenleistungsumsatzes liegt dieser Anteil bei Hotel Garnis durchschnittlich höher als der Anlageteil der übrigen Hotels.

Der Kostenanteil des Anlagevermögens bzw. der Pacht und Miete daraus hängt natürlich auch vom Standort des Betriebes ab. In Citylagen sind die Anlagekosten höher als in Randlagen oder auf dem Lande. Für Gaststätten liegt der Anteil der anlagebedingten Kosten (Restaurationsräume) bei etwa 7 bis 8% des Umsatzes.

Abschreibungen

Bei Gaststätten schwanken die Abschreibungen zwischen 2 und 5%, bei Hotelbetrieben zwischen 3,5 und 8%.

Zinsen, Amortisation u.a.

Diese Kostenart ist sehr abhängig vom Ausstattungsgrad des Betriebes und vom Eigenkapitalanteil im Betrieb. Die Schwankungsbreite liegt bei Gaststättenbetrieben zwischen 2 oder 5%, bei Hotelbetrieben zwischen 1,5 und 6%.

Die einfacher ausgestatteten Versorgungsbetriebe haben durchweg geringere Zins- und Amortisationskosten als die erlebnisorientierten Gastronomiebetriebe.

Instandhaltungskosten

Für die Instandhaltung müssen die Hotelbetriebe zwischen 3 und 5% ihres Umsatzes ansetzen, die Gaststättenbetriebe nur 2 bis 3%.

Die zweite große Kostenart der Gastronomie sind die **Betriebskosten**, welche durch den Betrieb der Gaststätte oder des Hotels entstehen. Betriebsvergleiche haben für die einzelnen Kostenarten der Betriebskosten folgende Schwankungsbreiten ergeben:

Warenkosten bei Gaststätten (ohne MwSt) um 40% des Umsatzes;
bei Bars und Diskotheken mindestens 20%;
bei Kantinen bis zu 70%.

Anlagebedingte Kosten in Prozent des Umsatzes

	Beherbergung		Gaststätten	
	Eigen	Pacht	Eigen	Pacht
Betriebsergebnis I	34,6	37,3	35,5	33,7
Mieten/Pacht	0,5	10,4	0,3	7,5
Instandhaltung	2,4	3,0	2,1	1,2
AfA	7,7	3,4	6,2	3,9
Zinsen	5,9	1,4	4,3	1,9
Anlagebedingte Kosten	16,5	18,2	12,9	14,4
Betriebsergebnis II	18,1	19,1	22,6	19,3

Quelle: bbg Düsseldorf, Betriebsvergleich 1986

Wareneinsatzkosten

Betriebsvergleiche ergaben, daß bei steigendem Umsatz der Anteil der Wareneinsatzkosten tendenziell zurückgeht. Für Hotels und Garnis liegen die Wareneinsatzkosten deutlich geringer, nämlich bereits bei 8%. Sie schwanken allerdings auch bis zu 40%.

Personalkosten

Sie liegen in den Gaststättenbetrieben zwischen 20% und 40% des Umsatzes. Nach Betriebsvergleichen nehmen die Personalkosten bei steigendem Umsatz zu.

Diese Statistik enthält aber wohl den Fehler, daß die Betriebe den Unternehmerlohn und die Mitarbeit der Familienangehörigen des Unternehmers meist nicht berechnen. Größere Betriebe können normalerweise nur dann Personalkosten einsparen, wenn sie dafür entsprechende Sachinvestitionen einsetzen.

Energiekosten

Sie schwanken in den Betrieben zwischen 5 und 13 %. Im oberen Bereich die Hotels, im unteren Bereich die Gaststätten. Da Energiekosten Vorhaltekosten sind, nimmt ihr Anteil am Umsatz mit steigendem Umsatz ab.

Steuern, Gebühren

Die Höhe der anfallenden Steuern und Gebühren differiert je nachdem, ob es sich um einen Eigentums- oder Pachtbetriebe handelt. Für Pachtbetriebe schwankt der Anteil zwischen 2 und 6%, bei Eigentumsbetrieben liegt er um 1 bis 2 % höher (Grundsteuer zusätzlich).

Insgesamt weisen die betriebsbedingten Kosten nach den Betriebsvergleichen eine Schwankung zwischen 65 und 85% des Gesamtumsatzes eines Betriebes aus. Je höher dieser Anteil ist, desto unwirtschaftlicher arbeitet der Unternehmer.

Eine Übersicht über die durchschnittlichen Anteile der Betriebskosten zeigt aufgrund von Betriebsvergleichen gegenüberstehendes Bild (Betriebsergebnis I.).

Aus dieser Übersicht ergibt sich zunächst, daß erwartungsgemäß die Personalkosten im Hotelbetrieb relativ höher sind als im Gaststättenbetrieb, die Warenkosten dagegen im Gaststättenbetrieb höher sind als im Hotelbetrieb.

Das Betriebsergebnis II als Differenz zwischen den betriebsbedingten Kosten und dem Umsatz wird als entscheidende Rentabilitätszahl von den Managementgesellschaften zugrunde gelegt.

Betriebskosten in Prozent des Umsatzes

	Beherbergung		Gaststätten	
	Eigen	Pacht	Eigen	Pacht
Betriebsumsatz	100,0	100,0	100,0	100,0
Warenkosten	31,1	27,5	39,0	37,0
Personalkosten	24,9	27,4	17,6	23,0
Energiekosten	6,5	5,9	5,4	4,3
Steuern etc.	2,9	1,9	2,5	2,0
Betriebs-bedingte Kosten	65,4	62,7	64,5	66,3
Betriebs-ergebnis I	34,6	37,3	35,5	33,7

Rechnet man das aus den betriebsbedingten Kosten sich ergebende Betriebsergebnis I (oben) mit dem sich aus den anlagebedingten Kosten ergebende Betriebsergebnis II zusammen, ergibt sich daraus der Gesamtumsatz minus Gesamtkosten beider Arten, also der Ertrag pro Betrieb.

11.2 Rationalisierung

Die entscheidendste unternehmerische Daueraufgabe jedes Unternehmers liegt darin, die Differenz zwischen Umsatz und Kosten in seinem Betrieb zu erhöhen, also entweder auf der Basis der vorhandenen Kosten einen höheren Umsatz zu erzielen oder – wenn Umsatz und Preise nicht zu erhöhen sind – die Kosten im Verhältnis zu diesem Umsatz zu senken (Rationalisierung). Dabei sind die meisten Betriebe wegen der Konkurrenz um sie herum am wenigsten frei, ihre Preise zu erhöhen. Wenn also die Preise nicht erhöht werden können, würde das Betriebsergebnis auf der Umsatzseite nur dadurch gesteigert werden können, daß mehr Gäste mit mehr Leistungen im Betrieb bewirtet werden, also im Verhältnis zu den Kosten das Umsatzvolumen mengenmäßig gesteigert wird. Dies ist in den meisten Betrieben möglich. Hier kommt es darauf an, Strategien zu entwikkeln, um zusätzliche Gäste zu gewinnen, den Gästen mehr als bisher verkaufen zu können und insbesondere in Zeiten schlechter Auslastung Gäste selbst zu verminderten Preisen in den Betrieb zu bekommen, um wenigstens eine bessere Auslastung der Anlagekosten zu erreichen. Hierbei kommt es auf die Phantasie und Innovationsfreude des Gastronomieunternehmers selbst an. Vorschläge dazu findet er unten in Kap. 16 und 17.

Der Rationalisierungsschwerpunkt liegt aber in der Senkung der Kosten. Kann der Umsatz weder durch Preis- noch durch Mengensteigerung wesentlich gesteigert werden, läßt sich ein höherer Gewinn nur durch Senkung der Kosten erzielen. Deshalb muß jeder Gastronom ständig neu überlegen, wo oder wie er welche Kosten einsparen kann.

Wegen der hohen Bedeutung der Personalkosten findet zur Zeit ein Trend in der Gastronomie statt, durch Investitionen – also höhere Anlagekosten – Personalkosten einzusparen. Insofern haben wir einen internen Rationalisierungstrend in der Gastronomie von den betriebsbedingten Kosten (Arbeitskosten) zu den anlagebedingten Kosten (Sachinvestitionen). Mit dieser Tendenz zum Ersatz von Arbeit durch Kapital hängt es zusammen, daß das Gesamtbild der Gastronomie trotz steigender Löhne einen Rückgang der anteiligen Arbeitskosten aufweist, dafür aber einen Anstieg der Kapital- und Energiekosten.

Einige Schwerpunkte von Rationalisierungsmöglichkeiten in der Gastronomie sind:

Rationalisierung des Warenbestandes

Die meisten Gastronomen lassen sich durch Mengenrabatte verleiten, zu große Mengen zu kaufen. Würden sie an die Zinskosten und die geringe Umschlagshäufigkeit ihres Lagers denken, wäre oft der Einkauf geringerer Mengen preisgünstiger als die Inanspruchnahme von Mengenrabatten.

Andererseits gibt es noch zu viele Gastronomen, welche allein einkaufen, statt einen Großeinkauf zu tätigen oder einer Einkaufskooperation angeschlossen zu sein. Da heute Einkaufspreisdifferenzen zwischen selbständigen Unternehmen und Konzernbetrieben wegen der Erpressungsmacht der Konzerne bis zu 17% ausmachen, kauft jeder Gastronom billiger ein, wenn er einer Einkaufskooperation angehört, statt alleine zu operieren[3]. Der Deutsche Hotel- und Gaststättenverband hat eigens aus diesem Gesichtspunkt heraus eine Einkaufskooperation für die Gastronomie geschaffen, um für jedes einzelne Einkaufsmitglied günstigere Mengenrabatte zu erreichen[4].

In vielen Gastronomiebetrieben, vor allem in Hotels, ist auch der Schwund von Waren sowie der Verlust von allgemein gebräuchlichen Gegenständen ein erhebliches Problem. Deshalb bedeutet es auch eine Rationalisierung, wenn man organisatorisch sicherstellt, daß die Verantwortlichkeiten für die eingekauften Waren und Gegenstände klar aufgeteilt werden und der jeweils Verantwortliche am Schwund mitbeteiligt wird, damit der Verlust dort verhindert wird, wo er am besten verhindert werden kann.

Ein Schwachpunkt vieler Betriebe ist die Küche, ihr Verbrauch und der in ihr auftretende Warenverderb. Einige Betriebe haben hier den Weg beschritten, den Küchenchef an Verlusten, aber auch an den Gewinnen der Küche zu beteiligen, um den Einkauf der Küche zu optimieren, den Verlust zu minimieren und den Warenverderb zu verhindern. Hier wird jeder Unternehmer seine eigenen Vorschläge verwirklichen können. Wichtig ist nur, daß er diese Rationalisierungsaufgabe anpackt.

Rationalisierung der Produktion

Wegen der von den Gästen nicht gewünschten Wartezeiten und des damit entstehenden Produktionsdrucks bei hohem Gästezuspruch lassen sich um so mehr Speisen frisch ausliefern, je stärker der Vorproduktionsanteil an diesen Speisen ist. Der Rationalisierungstrend geht deshalb in der Speisegastronomie dahin, Grundspeisen in den auftragsschwachen Zeiten vorzuproduzieren und einen möglichst geringen Endproduktionsrest zu haben, um die vorproduzierten und eingefrorenen Gerichte so schnell wie möglich endzubereitet auf den Tisch bringen zu können. Dies verlangt zwar Investitionen in Gefriereinrichtungen, spart aber Personalkosten (Auslastung) und erhöht vor allem die Kapazität des Betriebes im entscheidenden Zeitpunkt der Gästebestellung.

Rationalisierung von Dienstleistungen

Solange es noch nicht gelingt, den Personalbestand im Zuge der Jahresarbeitszeit an die Auftragslage anzupassen, muß versucht werden, die Betriebsleistung an die starren Arbeitszeiten anzupassen. Mit anderen Worten, es muß versucht werden in den Zeiten, wo das Personal nicht ausgelastet wäre, dieses durch Vorbereitungsarbeiten, die ohnehin getan werden müssen, stärker auszulasten. Andererseits haben viele Hotels und Gaststätten vor allem im Ausland Arbeitsersparnis dadurch erzielt, daß sie von arbeitsintensiven Dienstleistungen auf arbeitsarme umstellten, z.B. statt des Tischservices auf Frühstücksbuffet und Selbstbedienungsbuffets auch abends oder tagsüber. Wenn dies in der richtigen Weise geschieht, so daß der Gast es nicht als geringere Dienstleistung, sondern vielmehr als höheres Auswahlerlebnis empfindet, kann hierin sogar ein Attraktivitätsvorteil des Betriebes liegen[5].

Die Einrichtungskosten spielen vor allem für die Hotels eine besondere Rolle. Deshalb schlagen für sie alle Rationalisierungserfolge bei der Einrichtung besonders zu Buche. Eine Reihe von Hotels sind dazu übergegangen, Standardausstattungen zu beschaffen, die es ihnen gestatten, zerbrochene Gegenstände aus dem Bestand jederzeit wieder ergänzen zu können. Andere haben Möbelprogramme eingesetzt, welche tagsüber als Wohnmöbel benutzt werden können, so daß der Gast den Zusatznutzen eines Tageszimmers und eines Schlafzimmers zugleich gewinnt. Besonderen Rationalisierungswert haben auch die Naßräume der Hotels. Hier liegen architektonische Erfahrungen vor, diese so arbeitssparend wie möglich einzurichten, damit die tägliche Reinigungszeit sich so stark wie möglich reduziert. Gerade in diesen Einsparungen liegt ein Kostenvorteil der modernen Hotels gegenüber den alten.

Wer sich intensiver mit der Rationalisierung in seinem Betrieb befassen will, sollte die Hilfe seines Verbandes und der auf seine Branche spezialisierten Beratungsgesellschaften in Anspruch nehmen, zumal diese Beratungen noch öffentlich subventioniert sind und demnach wenig kosten. Generell gilt: Je rationalisierungsbewußter ein Unternehmer ist, desto höher ist sein Erfolg!

11.3. Betriebsplanung

Die Planung eines Gastronomiebetriebes wie jedes anderen Unternehmens ist eine der Aufgaben, die der Unternehmer selbst in der Hand behalten muß und der die meisten Unternehmer mehr Zeit und Mühe widmen müßten, als sie es bisher tun. Dabei unterscheidet die Betriebswirtschaft die externe Planung eines Betriebes gegenüber dem Markt im Sinne der Entwicklung von

Marketingstrategien, wie z.B. der Umsatz erhöht werden kann, mehr Gäste herangezogen werden können oder der Betrieb durch Zusatzangebote interessanter gemacht werden kann. Diese Marktplanung wird im einzelnen unten und im Strategiekapitel behandelt[6]. Daneben gibt es aber auch eine interne Planung des Betriebes, welche sich mit der Optimierung der Betriebsfunktionen, mit der Planung der künftigen Organisation und des künftigen Einsatzes der Betriebsmittel sowie mit der Sicherstellung langfristiger Erträge befaßt.

Einige Schwerpunkte der **internen Betriebsplanung** sind:

Ermittlung und Beobachtung der Gewinnschwelle

Jeder Betrieb hat eine bestimmte Mindestauslastung, bis zu der er nur seine fixen und variablen Kosten verdient, aber noch keinen Gewinn macht. Diese Nutzenschwelle – auch „Kostendeckungspunkt" oder „Breakeven-point" genannt – ist in jedem Betrieb nach seinen Gegebenheiten unterschiedlich. Es gibt aber doch gewisse Spannbreiten, die z.B. für Hotels je nach Eigenkapitalsituation zwischen 60 und 70% liegen. Das bedeutet, daß ein Hotel, welches diesen Kostendeckungspunkt im Laufe des Jahres nicht erreicht, Verluste ausweisen wird. Je stärker dagegen die Nutzenschwelle überschritten wird, desto höher wird der Gewinn sein, den der Gastronom mit seinem Betrieb im Jahr erwirtschaftet. Wer langfristig die Nutzenschwelle nicht erreicht, kann nicht überleben. Deshalb ist eine ständige Beobachtung der Betriebsauslastung und der sich etwa mit Kostensteigerungen verändernden Nutzenschwelle für das Überleben jedes Betriebes notwendig.

Das gilt auch für die Planung der Nutzenschwelle in der Zukunft. Kann die Auslastung vom Markt her nicht wesentlich gesteigert werden, muß durch Kostensenkung versucht werden, die Nutzenschwelle im Betrieb so stark durch Rationalisierungen abzusenken, daß mit der möglichen Auslastung die Nutzenschwelle überschritten bleibt. Im dynamischen Markt mit dynamischen Kosten ist also die Betriebsplanung nach dem Kostendeckungspunkt eine der wichtigsten Aufgaben der Unternehmensplanung.

Investitionsplanung

Dienstleistungsbetriebe, die attraktiv bleiben wollen, müssen sich nicht nur wandelnden Zeiterfordernissen anpassen und dafür entsprechende Investitionen einsetzen, sondern müssen vor allem auch für die Gäste anziehend bleiben. Sie müssen dazu Attraktivitätsinvestitionen vornehmen. Um aber attraktiver als die Konkurrenz zu sein, kann man nicht das machen, was die Konkurrenz tut, sondern muß etwas planen, was die Konkurrenz noch nicht überlegt hat. Ein Gastronomiebetrieb muß also hinsichtlich seiner Einrichtung und damit der gewünschten Wirkungen auf die Gäste langfristig geplant werden.

Dies setzt voraus, daß ein Gastronom die Investitionen, die er für sein Marketing braucht, aus dem Betriebserlös bezahlen kann. Da das Hotelgewerbe einer der anlageintensivsten Dienstleistungsbereiche ist, kommt der Planung der Investitionen in ihm eine besondere Bedeutung zu. Neben Managementfehlern sind Investitionsfehler eine der häufigsten Ursachen für das Scheitern mittelständischer Unternehmer[7]. Wer also Investitionen nicht plant, ist kein Unternehmer, sondern ein Spieler, der zuviel und oft falsch riskiert.

Nicht nur Neuinvestitionen müssen geplant werden, sondern auch Ersatzinvestitionen, also Renovierungen. Beides erfordert Kapitaleinsatz. Für jede Investition muß der Kapitalbedarf und die Nutzungsdauer errechnet und die Rentabilität dieser Investition ermittelt werden.

Mit einer Investitionsrechnung läßt sich die Wirtschaftlichkeit einer Investition zahlenmäßig belegen. Damit gewinnt der Unternehmer die Sicherheit, daß die

Investition bezahlbar ist und in ihrer Wirkung die Rentabilität des Betriebes stärkt. Im übrigen hat der Unternehmer erst mit einer Investitionsrechnung eine Unterlage in der Hand, mit der er sich bei seiner Bank notfalls Kredit für diese Investition besorgen kann. Die Investitionsplanung umfaßt folgende Schritte[8].

Von den acht möglichen Investitionsrechnungsverfahren sind bei den mittelständischen Unternehmern im Grunde nur drei einfache üblich: die Kostenvergleichsrechnung, die Rentabilitätsrechnung oder die Amortisationsrechnung. Beispiele zu jeder dieser drei Investitionsrechnungsverfahren sind im Anhang (Seite 349/350) aufgeführt. Damit kann jeder Gastwirt und Hotelier sich diejenige aussuchen, mit welcher er am besten zurecht kommt. Wichtig ist nur, daß er damit Sicherheit gewinnt, daß eine Investition sich lohnt.

Zusatzgeschäfte

Eine Reihe anderer Branchen hat bewiesen, daß der Betriebsertrag wesentlich auch mit Zusatzgeschäften gesteigert werden kann. Man darf deshalb nicht nur stur branchenbezogen denken, sondern muß darüber hinaus auch nach Möglichkeiten ausschauen, außerhalb des eigenen Gastronomieangebots Zusatzgeschäfte und Zusatzangebote aufzunehmen, um damit die Betriebskosten zu decken bzw. die Gewinnmarge zu erhöhen. Wenn es dabei noch zusätzlich gelingt, die Attraktivität des eigenen Betriebes zu erhöhen, liegt hierin ein Doppelvorteil. Die interne Planung eines Betriebes sollte deshalb auch untersuchen, mit welchen Zusatzangeboten günstigere Kostendeckung oder Zusatzeinnahmen erzielt werden könnten. Dazu bietet sich zur Zeit z.B. das Automatengewerbe an, welches eine Fülle von Angeboten für nahezu jeden gastronomischen Betriebstyp vorhält. Wenn es dem Gastronom gelingt, solche Automaten harmonisch in seinem Betrieb einzufügen, kann er damit ein Zusatzangebot und Zusatzeinnahmen erzielen, die seinen übrigen Betrieb nicht stören. Die Automobilindustrie erzielt einen erheblichen Anteil ihres Gewinnes mit dem Ersatzteilgeschäft, also einem Zusatzgeschäft. Auch die Bankenerträge werden immer weniger durch das normale Kontengeschäft und immer mehr durch Zusatzgeschäfte von der Vermögensverwaltung bis zum Unternehmensverkauf erzielt. Ähnlich könnte die Gastronomie die Wartezeiten ihrer Gäste und deren Unterhaltungswunsch durch Zusatzangebote befriedigen, welche ihr entsprechende Zusatzeinnahmen bieten. Die Gastronomie sollte sogar einen wesentlichen Teil ihrer Marketingbemühungen künftig verstärkt auf diese Zusatzverdienstmöglichkeiten richten.

Finanzdisposition

Die Finanzplanung soll helfen, Risiken rechtzeitig zu erkennen, auszuschalten, abzudecken und so verhindern, daß der Unternehmer durch unvorhergesehene künftige Engpässe zu übereilten Entscheidungen gezwungen wird. Die Finanzdisposition soll mit anderen Worten die finanzielle Entwicklung des Unternehmens frei von Zufällen und Überraschungen systematisch vorbereiten. Der Unternehmer kann durch Planung seiner Finanzen in Ruhe seine Finanzmittel dem Finanzbedarf anpassen, die Finanzströme optimieren und für Abweichungen rechtzeitig vorsorgen. Dadurch werden nicht nur Kosten gespart, sondern es wird auch das tödliche Risiko der Zahlungsunfähigkeit vermieden. Wer Schwierigkeiten lange genug voraussieht, kann die günstigsten Lösungswege für sie vorbereiten.

Die beiden wichtigsten Planungen der Finanzdisposition sind

- die Liquiditätsplanung;
- die Kapitalbedarfsplanung.

Die Liquiditätsplanung ist eine Einnahme- und Ausgabeplanung. Sie soll die ständige Zahlungsbereitschaft des Unternehmens sicherstellen und muß deshalb die geplanten Einnahmen und Ausgaben so gegeneinander optimieren, daß das Unternehmen stets zahlungsfähig ist, aber auch keine zu hohen Liquiditätsbestände nutzlos vorhält.

Ein Schema einer solchen Liquiditätsplanung ist im Anhang B (S. 341) aufgeführt[9]. Treten Finanzüberschüsse auf, kann man sie rechtzeitig einer Bank als Sichtguthaben, Termineinlage oder für den Kauf festverzinslicher Wertpapiere (Kurzläufer) weitergeben. Tritt dagegen eine Liquiditätslücke auf, die man nicht selbst abdecken kann, kann man rechtzeitig dafür eine Fremdfinanzierung vorbereiten und so dafür sorgen, daß die Liquiditätslücke mit der kürzesten Deckungsmöglichkeit zum günstigsten Preis (Zinssatz) in der günstigsten Finanzierungsart abgedeckt wird[10].

Die Kapitalbedarfsplanung soll feststellen, ob und wann das Unternehmen in den nächsten Jahren zusätzliches Geld benötigt. Dies gilt insbesondere für das hohe Anlagevermögen der Gastronomie. Eine Kapitalbedarfsrechnung muß für jedes künftige Jahr den Nettokapitalbedarf ermitteln, der in den nächsten Jahren zusätzlich finanziert werden muß. Damit soll sich der Unternehmer für die nächsten Planjahre ein Bild darüber verschaffen, was er nicht aus eigener Kraft finanzieren kann oder wann und in welcher Höhe er Kapital für Investitionen oder Unternehmensvergrößerungen verfügbar hat.

12. Wie sehen die Gastronomen ihre Betriebe und ihre Zukunft selbst?

Die deutsche Gastronomie hat bisher zu stark in der öffentlichen Schublade und Kategorie „Fremdenverkehr" gelebt. Im Rahmen der öffentlichen Fürsorge waren deshalb zu oft Verwaltungs-Funktionäre unter sich und berieten, was wohl für die Gastronomie gut sei. Bei allen diesen Bemühungen haben nämlich nicht die einzelnen Gastronomen und ihre Betriebe im Zentrum des Interesses gestanden, sondern die Regionalpolitik, die allgemeine Wirtschaftspolitik, die Verkehrspolitik oder das Eigeninteresse der Fremdenverkehrsverbände. Diese übergeordnete Sicht geht auch aus den meisten bisher verfügbaren Untersuchungen hervor.

Die gewonnene Kenntnis über das, was die öffentliche Verwaltung und die Verwaltungsfunktionäre für die Gastronomie für gut und richtig befanden, konnte aber verschieden sein von dem, was die Gastronomen selbst für sich als gut befänden, was sie umsetzen konnten und was vor allem auch ihre Gäste von ihnen erwarteten und erwarten.

Insofern ging der größte Teil der Fremdenverkehrspolitik an den Interessen und Problemen der einzelnen Gastronomiebetriebe vorbei.

Diesem Defizit hat das untersuchende Mittelstandsinstitut Niedersachsen[1] abzuhelfen versucht, indem es eine Befragung der Gastwirte selbst und ihrer Gäste zum Ausgangspunkt dafür nehmen wollte, zu überlegen, wie den Betrieben am besten geholfen werden könnte. Statt des verwaltungswirtschaftlichen Ansatzes wurde also bewußt ein privatwirtschaftlicher und einzelbetrieblicher Ansatz verwendet. Soweit feststellbar ist eine solche betriebsbezogene, empirische Untersuchung in der Gastronomie neu. Zumindest waren keine

Unterlagen verfügbar, die eine solche eigene und neue Untersuchung hätten entbehrlich machen können[2].

12.1 Zweck und Durchführung der Untersuchung

Ziele der Untersuchung

Um zu sehen, wie die Gastronomen selbst ihre Betriebe und ihre Zukunft sehen, mußten sie darüber befragt werden. Leider liegen bisher keine öffentlich zugänglichen, gleichwertigen und genügend aussagefähigen Fremduntersuchungen vor. Deshalb haben die Verfasser im Mittelstandsinstitut Niedersachsen eine eigene Befragung durchführen müssen.

Die Fragebogen (Anlage S. 341ff.) wurden so konzipiert, daß man aus ihren Antworten nicht nur eine genauere Sicht über die Lage der Gastronomiebetriebe gewinnen konnte, sondern auch über die zukunftsbezogenen Unternehmensziele und über die Erwartungen, welche die Gastronomen selbst für ihre Zukunft hatten. Gerade diese Zukunftsorientierung ist für die Gastronomie immer wichtiger geworden, je größer ihr Investitionsvolumen und je länger dessen Abschreibungsdauer geworden ist. Da nämlich andererseits der Lebenszyklus dieser Investitionen immer kürzer wird, weil unsere Zeit immer schnellebiger wird, werden solche Risiken von Fehlinvestitionen in der Gastronomie immer höher. Die alarmierende Fluktuationsrate unserer Gastronomiebetriebe zeigt diese Risiken und ihre Folgen. Es war deshalb nötig festzustellen, aus welchen Gründen die Gastronomie investiert, was sie damit erwartet und für welche Zielgruppen sie diese Investitionen plant.

Diese Fragestellungen an die Gastronomen selbst konnten aber ihren Zweck nur erreichen, wenn sie durch Gegenfragen bei den Gästegruppen abgestützt wurden.

Nur wenn die Erwartungen der Gastronomie in der gleichen Richtung wie die Gästewünsche liegen, sind die Investitionen und die Anstrengungen der Gastronomen gesichert. Würden sich aber zwischen den Betriebsarten, Betriebsführungen, Investitionen und Erwartungen der Gastronomen einerseits und den Wünschen und Erwartungen der Gäste andererseits Differenzen zeigen, wären hier Risiken aufgezeigt, welche für einen Teil der Gastronomie existenzgefährdend werden könnten. Die Befragung der Gastronomen einerseits und ihrer Gäste andererseits sollte also das Ziel verfolgen, das Risikopotential für die Gastronomie abzuprüfen und einzugrenzen.

Ein weiterer Zweck dieser Untersuchung lag in dem sich verschärfenden Wettbewerbskampf zwischen der Masse unserer mittelständischen Gastronomiebetriebe und der immer stärker vordringenden Konzerngastronomie. Das Mittelstandsinstitut Niedersachsen ist satzungsgemäß und in seiner Arbeit den mittelständischen Unternehmern und ihren Betrieben verpflichtet. Es hat herausgearbeitet, daß zwischen den mittelständischen Eigentümer-Unternehmern einerseits und den Konzernen und ihren Managern andererseits grundlegende Verständnis- und Verhaltensunterschiede bestehen[3]. Es hat dabei aber auch herausgefunden, daß die mittelständischen Eigentümer-Unternehmer als Einzelkämpfer oft hilflos vor neuen Entwicklungen und neuen Konkurrenzsituationen stehen, weil sie selbst darüber nicht ausreichende Klarheit gewinnen konnten. Dies galt seit mehr als einem Jahrzehnt für den Einzelhandel. Hier haben mehr als 200.000 selbständige Einzelhändler nicht deshalb verloren, weil sie weniger tüchtig gewesen wären als ihre Konzernkonkurrenz, sondern weil die durch unser unzureichendes Kartellrecht möglichen Konzernvorteile den selbständigen Einzelhändlern keine fairen Chancen mehr ließen[4]. Wir wollten deshalb durch die vorliegende empirische Untersuchung Klarheit darüber gewinnen, ob den selbständigen mittelständischen Gastronomen nun ein ähnlicher Konkurrenzkampf gegen die Konzerne ins Haus steht wie den Einzelhändlern mit möglicherweise ähnlichen Folgen. Aus diesem mittelstandspolitischen Grunde mußten wir von den selbständigen Gastronomen Antworten über ihre Situation, ihre Stärken und Schwächen und ihre eigene Ansicht über ihre Konkurrenzlage haben. Um diese Antworten der mittelständischen Gastronomie aber richtig einordnen und werten zu können, mußten wir auch hierzu die Gäste befragen, ob sie mit dem Angebot der mittelständischen Gastronomie noch einig gehen oder längst zu Wünschen neigen, die ihnen Konzernbetriebe besser oder billiger erfüllen. Gerade aus diesem letzteren Ziel haben wir nicht nur die Gäste generell befragt, sondern speziell auch noch einmal die Jugend, die ja die Gäste von morgen sind und deren Nachfrage gerade für die mittelständische Gastronomie ein Stück Zukunft darstellt.

Die Gastronomieverbände betonen immer wieder, daß die Ausbildung ihrer Mitglieder verbessert werden müsse. Dies gilt sicher nicht für ihre Konzernmitglieder. Konzerne denken nämlich weniger intuitiv oder taktisch als vielmehr theoretisch-planerisch und strategisch. Die mittelständischen Unternehmer bleiben zudem durch den Streß der täglichen Arbeit zu oft in der Sicht des eigenen Betriebes hängen. Gerade ihre Ansichten müssen deshalb mit abgefragten Wünschen ihrer Gäste und mit den feststellbaren neuen Marktentwicklungen konfrontiert werden, damit sie sich und ihren Betrieb daraufhin überprüfen und rechtzeitig Marketingkorrekturen für ihre Betriebe treffen können. Gerade aus diesem Grund wurden der empirischen Untersuchung in diesem Buch auch mögliche Strategievorschläge angehängt, damit die Gastronomen, welche aus unserer Untersuchung Handlungsnotwendigkeiten für sich erkannt haben, auch Handlungsanregungen im Sinne einer Hilfe zur Selbsthilfe finden.

Die Befragungen wurden fast zur Hälfte in Niedersachsen durchgeführt. Das hängt weniger mit dem Sitz des Mittelstandsinstituts in Niedersachsen zusammen – das bundesweit arbeitet – als vielmehr mit dem Interesse des niedersächsischen Wirtschaftsministers an einer

Hilfe zur Selbsthilfe für seine Gastronomiebetriebe sowie dem tatkräftigen Einsatz des Niedersächsischen Hotel- und Gaststättenverbandes, der die vorgenannten Ziele der Untersuchung auch für sich als Ziele ansieht und als Helfer seiner Betriebe hier einen dringenden Handlungsbedarf erkannt hat.

Repräsentanz der Untersuchung

Insgesamt wurden bei den Gastronomen etwa 2.500 Fragebogen verteilt, von denen 1.527 (= 60%) vorwiegend aus Niedersachsen und Nordrhein-Westfalen beantwortet wurden.

Unter den Antworten waren zu 91% mittelständische Betriebe, zu 9% Konzernbetriebe. Geht man davon aus, daß innerhalb der Gesamtbranche die gastronomischen Konzernbetriebe rein zahlenmäßig weniger als 1 % ausmachen und die mittelständischen Individualbetriebe zu mehr als 99 % dominieren[5], so ist auch das Antwortenpotential in dieser Hinsicht repräsentativ.

Die Antworten stammten zu 75,6 % von Gaststättenbetrieben und zu 24,4 % von Hotelbetrieben. Nach der amtlichen Statistik beträgt das Verhältnis 80 % zu 20 %. Die Abweichung zwischen dem statistischen Untersuchungspotential und dem statistischen Gesamtbestand ist so gering, daß auch unter diesem Gesichtspunkt die Untersuchung als repräsentativ angesehen werden kann[6].

Innerhalb des Gaststättengewerbes verteilten sich die verschiedenen Betriebsarten nach den ausgewerteten Antworten wie folgt:

Ausflugslokale	18,66%
Cafés	18,41%
Getränkegaststätten	16,67%
Speiserestaurants	16,47%
Saisonrestaurants	7,21%
Erlebnisgastronomie	5,47%
nicht bestimmbar	19,05%.

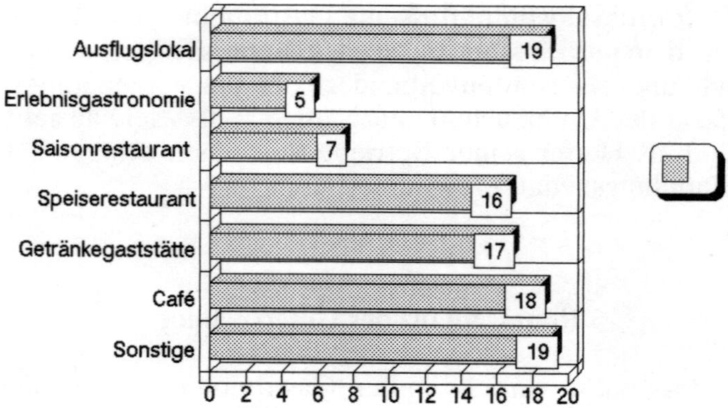

Anteil der Betriebsarten in %-Werten bei Gaststätten

Unter den antwortenden Hotels wurden nur vier Betriebsarten abgefragt, diese jedoch zugleich nach ihrem Standard. Selbst wenn man unterstellt, daß jeder eher einen etwas höheren Standard für sich selbst abgibt, scheint das Antwortenbild dennoch ziemlich wirklichkeitsgetreu zu sein[7]:

Befragte Hotels (Anteile in %):

Ausstattungskriterien	Standard: normal	gehoben	First-Class
Stadthotel	20,20	31,30	2,61
Hotelbetrieb in Fremdenverkehrsorten	22,61	17,40	0,8
Kurhotel	0,80	–	–
Hotel Garni	0,80	3,48	–

Gewisse Abweichungen zwischen der amtlichen Statistik und der Untersuchungsstatistik gibt es hinsichtlich der Standards. Dies hängt aber mit der Erreichbarkeit vor allem der kleinen Hotels durch ein privates Befragungsinstitut zusammen. Wir konnten nicht nachprüfen, ob die uns gegebenen Antworten zum Standard des Hotels subjektiv oder objektiv gegeben waren. Sie liegen aber im Rahmen der Erfahrungen, welche uns in Gesprächen mit Betriebsberatungsgesellschaften für die Gastronomie gegeben wurden.

Die Untersuchung wurde methodisch nach den vom Allensbacher Institut entwickelten und seit 15 Jahren im Mittelstandsinstitut Niedersachsen angewandten Methoden der Fragebogenentwicklung und der faktischen Feldbefragung durchgeführt. Bei der Adressenermittlung haben drei Landesverbände des Deutschen Hotel- und Gaststättenverbandes wesentlich mitgeholfen. Etwa 20% der Antworten wurden in Direktbefragung gewonnen.

Die Antworten der Gastronomen stammen aus dem zweiten Halbjahr 1988 und dem ersten Halbjahr 1989. Die Auswertung wurde im Sommer 1989 mit Hilfe eines speziell für die empirischen Auswertungen des Mittelstandsinstitutes entwickelte EDV-Programm ausgeführt. Die Plausibilitätskontrolle der Ergebnisse wurde in gemeinsamen Gesprächen mit dem Niedersächsischen Hotel- und Gaststättenverband sowie mit der Betriebsberatungsgesellschaft Düsseldorf abgestimmt. Alle übrigen Arbeiten wurden in der Abteilung „Dienstleistungswirtschaft" des Mittelstandsinstituts Niedersachsen durchgeführt.

12.2 Stärken- und Schwächenanalyse im Gaststättengewerbe

Wenn jedes Jahr etwa ein Drittel der Gastronomiebetriebe vom Markt weichen muß, andererseits der Gastronomiemarkt offenbar für Existenzgründer immer noch einer der attraktivsten Märkte ist – wie die jährlichen Fluktuationszahlen zeigen – müssen sich in diesem Sektor sowohl besonders große Risiken wie auch Chancen verbergen. Deshalb war es wichtig, von den betroffenen Gastronomen selbst zu erfahren, wo sie die speziellen

Chancen ihrer Betriebe oder der Gastronomie allgemein sehen und wo sie für sich selbst oder für die Gastronomie insgesamt besondere Risiken gesehen haben. Aus dem Vergleich der jeweiligen Stärken und Schwächen erst formt sich das Situationsbild dieses dynamischen Wirtschaftszweiges und ergeben sich Ansatzpunkte für eine betriebsgerechte öffentliche Unterstützung in diesem Sektor.

Die mittelständischen Gastronomieunternehmer sehen selbst per Saldo mehr Stärken als Schwächen in ihrer Branche und ihren Betrieben. Sie sind also überwiegend optimistisch, denn in den meisten Antworten überwogen die positiven Aussagen über die derzeitige Situation des eigenen Betriebes und über die Zukunftserwartungen. Fast ein Drittel glaubte überhaupt keine wesentlichen Schwierigkeiten zu haben, hat jedenfalls keine genannt. Das könnte der hohen jährlichen Ausfallquote widersprechen, zeigt aber dennoch eine gegenüber anderen Branchen ungewöhnlich positive Grundstimmung innerhalb der deutschen Gastronomie.

Es ist allerdings möglich, daß diese positive Grundstimmung auch mit dem Befragungszeitraum zusammenhängt. In den 12 Monaten unserer Befragung befanden wir uns im Boom mit einer außerordentlich guten Gewinnsituation fast aller Branchen. Dies muß sich auch auf die Umsätze und die Erträge der Gastronomie niedergeschlagen haben und könnte zumindest das Ausmaß dieser extrem günstigen Grundstimmung in der deutschen Gastronomie verursacht haben.

Eine zweite Erklärung für die grundsätzlich positive Grundstimmung in den Antworten unserer Gastronomen könnte sich aus der Tatsache ergeben, daß generell nur etwa 78 % der Gastronomiebetriebe dem Dehoga-Verband oder einem Regionalverband angehören. In unserer Antwortstatistik lag dieser Prozentsatz jedoch über 90%. Wer freiwillig einem Fachverband angehört, will den Austausch mit Kollegen und Fachleuten, will sich abstimmen, dazulernen und neue Entwicklungen rechtzeitig mitbekommen. Die Grenzbetriebe gehören im allgemeinen weniger dazu. Insofern könnte auch die überproportionale Verbandszugehörigkeit die deutlich positive Grundstimmung dieser antwortenden Gastronomen erklären.

Dennoch bleibt ein grundsätzlicher Widerspruch zwischen der von uns gefundenen überdurchschnittlich positiven Grundstimmung unserer Gastronomen selbst und der Tatsache, daß jährlich etwa ein Drittel ihrer Betriebe fluktuiert.

Selbst behauptete Stärken der Gastwirte

Unter den Stärken ihrer Betriebe, welche die Gastwirte selbst angaben, liegt die Qualität der Speisen und Getränke an der Spitze. Am wenigsten wurde die Luxusgastronomie (nur von 2%) als besondere Stärke der Betriebe angegeben. Nach den Anteilen der Antworten ergibt sich unter den Stärken folgende Reihenfolge:

Qualität der Speisen	88,27%
Persönliche Betreuung	81,48%
Gemütlichkeit	75,93%
Günstige Preise	35,19%
Regionale Spezialitäten	33,02%
Standort	32,72%
Ausländische Spezialitäten	4,32%
Luxusgastronomie	2,16%.

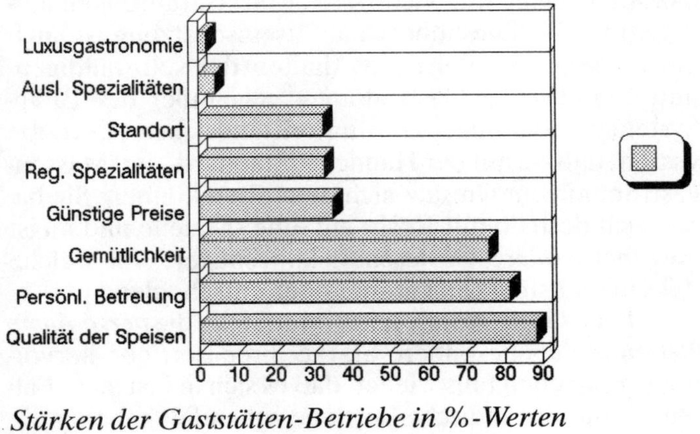

Stärken der Gaststätten-Betriebe in %-Werten

Die drei Merkmale Qualität, persönliche Betreuung und Gemütlichkeit stehen weit im Vordergrund vor den drei folgenden Stärken der Preise, des Standorts und der Spezialitäten.

Bezieht man die Antworten der Hoteliers ein – also die Gesamtstatistik der Untersuchung – so ergibt sich kein wesentlich anderes Bild. Die Abweichungen liegen jeweils nur unter 3% pro Merkmal.

Aus der Statistik ließ sich auch entnehmen, welche Betriebsarten ihre besondere Stärke in der Qualität der Speisen oder Getränke sahen:

- Die Speisegaststätten behaupteten zu 95,38%, daß sie besondere Qualitätsvorteile hätten.
- An zweiter Stelle nannten die Ausflugslokale zu 94,66% ihre Qualität.
- An dritter Stelle folgten die Cafés mit einem Qualitätsbewußtsein von 93,24%.

Bei diesen hohen – vielleicht zu hohen – Angaben muß man berücksichtigen, daß es sich um Selbsteinschätzungen handelt und sich leicht jeder für den Besten hält. Selbst wenn die Antworten aber nicht ganz der Realität entsprechen sollten, ist doch bemerkenswert, daß das *Qualitätsmerkmal* als Wunschvorstellung der Gastronomie so überragend *an erster Stelle* steht. Dies stellt zumindest dem Bestreben der deutschen Gastronomie ein hervorragendes Zeugnis aus und zeigt, daß sie damit auch eine der wichtigsten Marktforderungen aufgegriffen hat. Die hohe Qualitätseinschätzung ist auch ein typisches Konkurrenzverhalten der selbständigen, mittelständischen Gastronomen gegenüber der Billig-Systemgastronomie. Die mittelständischen Betriebe wissen, daß sie mit der Handels-, Standard- und Massengastronomie im Umsatz nicht mithalten können. Sie haben sich deshalb mit Recht auf eine spezielle und meist anspruchsvollere Gästeschaft konzentriert, für welche das Qualitätsmerkmal immer noch entscheidend ist.

Daß die Gastronomie an zweiter Stelle die *persönliche Betreuung* als besondere Stärke ihrer Betriebe hervorhebt, zeigt eben falls wieder, daß es sich in fast allen Fällen um mittelständische Betriebe gehandelt haben muß.

Nur in mittelständischen Betrieben kann der Chef persönlich betreuen[8]. Gerade in diesem Punkt der persönlichen Betreuung liegt einer der wichtigsten Wettbewerbsvorteile der mittelständischen Unternehmerbetriebe gegenüber den von Angestellten geführten Konzernbetrieben. Hier liegt tatsächlich ihre Stärke. Die persönliche Betreuung kann sich auch bei höherem Preis gegenüber billigerer Anonymität behaupten. Dieses von den Gastronomen angegebene Sachmerkmal entspricht im übrigen den theoretischen Erkenntnissen der Mittelstandsökonomie. Der Eigentümer-Unternehmer ist die Seele eines mittelständischen Betriebes, die Stärke oder Schwäche des Betriebes hängt im wesentlichen von seiner Person ab. Diese mittelständischen Personalunternehmen haben gerade im Dienstleistungssektor wegen solcher personenbezogenen Leistung entscheidende Marktvorteile[9].

Das Merkmal *„Gemütlichkeit“* wurde insgesamt an dritter Stelle, zu einem besonders hohen Prozentsatz (86,57%) aber von den Getränkegaststätten angegeben. Die deutsche Gastronomie hat begriffen, daß Gäste um so lieber einkehren, je gemütlicher ein Raum und eine Umgebung gestaltet sind. Es leuchtet deshalb auch ein, daß vor allem für die Getränkegastronomie die Anziehungskraft und die Verweildauer der Gäste – und damit der Umsatz – davon abhängt, ob sich die Gäste in diesem Lokal wohlfühlen, bleiben und wiederkommen.

Es entspricht der Erfahrung auch anderer Branchen, daß Erfolg im Wettbewerb nicht allein von den günstigen Preisen abhängt. Wegen der schon genannten höheren Kosten der mittelständischen Individualgastronomie kann sie mit den Preisen der Systemgastronomie nicht mithalten. Insofern wurden von den mittelständischen Unternehmern auch die *Preisvorteile* ihres Betriebes nur an vierter Stelle genannt, am meisten noch von der Getränkegastronomie (43,28%). Schon der Einzelhandel hat festgestellt, daß er mit Preiskonkurrenz allein gegenüber den Konzernbetrieben keine Chancen hat. Die mittelständischen Gastronomen haben dies offenbar ebenfalls erkannt.

Interessant erscheint, daß an fünfter Stelle der angegebenen Stärken die *„regionalen Spezialitäten“* von Speiserestaurants stehen. Untersucht man diese Antworten, so stehen unter diesen Betrieben die Saisonbetriebe mit 54,46% weit über dem Durchschnitt der Antworten an der Spitze. Hierbei mögen bestimmte regionale Gerichte, aber auch Getränke (Weinlese) und das Bestreben der Urlaubsgebiete nach Spezialität auch in Speisen und Getränken von Einfluß sein.

An sechster Stelle der Stärken wurde der *Standort* genannt. Hierbei handelte es sich im wesentlichen um Cafés, Ausflugslokale und Saisonbetriebe, für welche sich diese Antwort aus ihrer Sondersituation erklärt.

Den geringsten Einfluß scheint der Standort für die Erlebnisgastronomie zu haben. Offenbar sind geschickt und richtig angebotene Erlebniswerte in der Lage, die Gäste auch von weiterher anzuziehen und Standortnachteile auszugleichen.

Überrascht hat die geringe Wertung von *ausländischen Spezialitäten* unter den Stärkeangaben der befragten Gastronomen (4,32%). Selbst die Ausflugslokale nannten dieses Stärkekriterium nur zu 2,67%. Bei diesem Merkmal „ausländische Spezialitäten“ liegt der stärkste Widerspruch zwischen dem Angebot der deutschen Gastronomie und der Nachfrageintensität der deutschen Gäste. Für die deutschen Gastronomen sind die ausländischen Spezialitäten nur zu 4,32% wichtig, für die deutschen Gäste aber sind ausländische Spezialitäten zu 48 % erwünscht, für die jugendlichen Gäste sogar zu 61,11%. Verschlafen unsere deutschen Gastwirte hier einen Wandel der Gästenachfrage?

Am häufigsten genannte Schwierigkeiten der Gastwirte

Um den einzelnen Gastwirten und ihren Betrieben helfen zu können, muß man ihre Schwierigkeiten von ihnen selbst hören. Dabei lassen sich Schwierigkeiten unterscheiden in

- interne, betriebliche bzw. betriebswirtschaftliche Schwierigkeiten oder
- externe, von außen entstandene Schwierigkeiten.

Vergleicht man die Rangfolge der vorher von den Fachleuten vermuteten, im Testlauf bestätigten und deshalb in der Untersuchung abgefragten Schwierigkeiten, so brachte gerade dieser Antwortensektor die größten Überraschungen:

- Ein Drittel der antwortenden Gastronomen nannte überhaupt keine Schwierigkeiten. Ob sie auch keine haben? Oder ob sie diese nicht erkennen oder nicht nennen wollten?
- Nach den Erkenntnissen der Mittelstandsökonomie haben die mittelständischen Betriebe in der Regel ebenso viele interne betriebliche Schwierigkeiten wie externe. Zu den besonderen internen Schwierigkeiten der mittelständischen Familienunternehmen gehören z.B. das Nachfolgeproblem, die Arbeitsbelastung des Unternehmers selbst und seiner Familie, Finanzierungsprobleme, Kostenrechnung und Planung und ähnliche Schwachstellen. Aus den Antworten ergeben sich aber als interne Schwierigkeiten neben den Personalproblemen (49,69%) nur zu 15,31% Finanzierungsprobleme und nur zu 7,14% Familien- bzw. Nachfolgeprobleme.

  Die Hauptprobleme der deutschen Gastronomie liegen also nach deren eigener Meinung nicht intern in den Betrieben, sondern extern, wenn man auch die Personalprobleme einmal überwiegend den Arbeitsmarktbedingungen zuschreibt.
- Am meisten (60%) fühlen sich die deutschen Gastronomen durch die Schwarzgastronomie bedroht. Diese Dominanz ist selbst für Eingeweihte überraschend, weil diese Problematik weder in den Veröffentlichungen noch in der Öffentlichkeit ausreichend ins Bewußtsein gedrungen ist. Überraschend ist auch, daß sich die mittelständischen Gastwirte sechsmal stärker von der Schwarzgastronomie als von ihrer Billig-Konkurrenz der Konzerngastronomie (9,18%) bedroht fühlen.

In der Reihenfolge der Hauptschwierigkeiten haben die Gastwirte selbst genannt:

Schwarzgastronomie	60,20%
Personalprobleme	49,69%
Vorschriften/Bürokratie	35,71%
Finanzierungsprobleme	15,31%
Konzerngastronomie	9,18%
Nachfolgesituation	7,14%
Marktänderungen	5,10%.

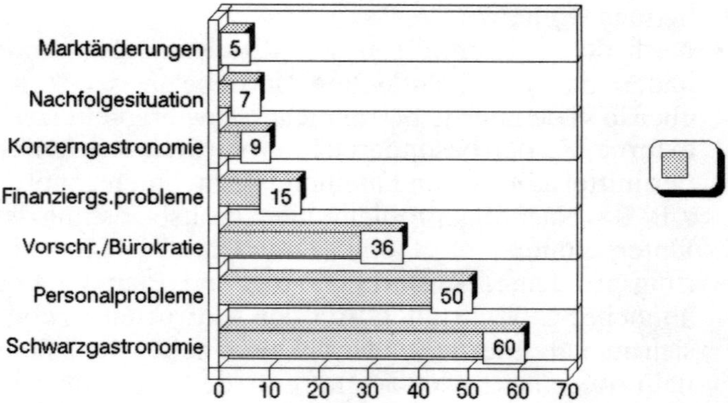

Hauptschwierigkeiten der Betriebe in %-Werten

Schließt man in den Vergleich die Hotelbetriebe mit ein, geht man also von den Gesamtzahlen aus, liegen diese mit ganz geringen Toleranzen im gleichen Rahmen.

Die Schwarzgastronomie ist vor allem im ländlichen Raum eine immer größere Gefahr für die gewerblichen Betriebe, weil in leerstehenden Schulen und in Bürgerhäusern oder ähnlichen Einrichtungen, die durch die „Denkmalslust" eitler Bürgermeister überall in den Dörfern geschaffen wurden, nun schwarzgastronomisch die Dorf-, Stadt- oder Bezirksveranstaltungen stattfinden, welche bisher in der Dorfgaststätte durchgeführt wurden. Am stärksten fühlen sich die Ausflugslokale durch die Schwarzgastronomie bedrängt (69,33%). Am wenigsten schwarze Konkurrenz gibt es für die Erlebnisgastronomie (nur 36,36%). Die neuerliche gesetzliche Erleichterung für gemeinnützige Einrichtungen, im beschränkten Rahmen[10] auch gewerbliche Leistungen steuerunschädlich durchführen zu können, wird die Schwarzgastronomie von Vereinen, Kirchen, Parteien und ähnlichen Institutionen mehr fördern als hemmen. Die deutsche Gastronomie wird also auch künftig mit dieser unlauteren Konkurrenz leben müssen.

An zweiter Stelle der Hauptschwierigkeiten stehen die *Personalprobleme*. Vor allem die Saisongastronomie leidet hierunter am stärksten (65,52%). Zum Teil sind die Personalprobleme der Gastronomie wie überall im Dienstleistungssektor durch eine verfehlte Sozialpolitik begründet, welche nur Wochenarbeitszeit statt Jahresarbeitszeit kennt[11] und die Arbeit in den Gastronomiebetrieben für einen großen Teil der Arbeitslosen sogar für „unzumutbar"[12] erklärt. Zum andern Teil aber liegt das Arbeitskräfteproblem der Gastronomie auch in den Arbeitskosten. Dienstleistung hat nur selten die Produktivität des industriellen Einsatzes von Arbeit, kann also auch nur geringer entlohnt werden. Dadurch verliert die Gastronomie ständig Arbeitskräfte an andere Sektoren, welche eine höhere Produktivität mit dem Faktor Arbeit erzielen und deshalb die Mitarbeiter höher bezahlen können. Die Stütze der deutschen Gastronomie sind deshalb die Teilzeitkräfte, die in pflichtversicherungsfreier Nebentätigkeit in den Gastronomiebetrieben aushelfen. Je anspruchsvoller aber die Gäste sind oder werden, und je qualifizierter deshalb das Personal der Gastronomiebetriebe sein muß, desto schwieriger wird die Bezahlung von Voll- und Fachkräften. Dies gilt vor allem für die Saisonbetriebe, die nur halbjährlich arbeiten und ihre Fachkräfte in der Saison doppelt, nach der Saison aber nicht mehr brauchen und entlassen müssen.

Daß die *Bürokratieüberwälzung* – die staatlichen Kuli-Dienste für die privaten Unternehmen – eines der Hauptprobleme der Gastronomie wie der ganzen mittelständischen Wirtschaft ist, wurde bereits Ende der siebziger Jahre nachgewiesen[13]. Die Verwaltung lädt immer mehr eigene Tätigkeiten auf die private Wirtschaft ab. Und wo neue Bürokratien entstehen – z.B. Umweltschutz – kommen wieder neue Bürokratiepflichten auf die Betriebe zu. Die mittelständischen Unternehmer leiden darunter relativ am meisten, weil sie diese unproduktive Arbeit selbst machen müssen und diese Arbeit einen immer größeren Anteil ihrer Gesamtarbeit in Anspruch nimmt (1.053 Stunden im Jahr)[14]. Am meisten werden die Speisegaststätten und Ausflugslokale von besonderer „Fürsorge“ der Bürokratie verfolgt[15].

An vierter Stelle nannten die Gastronomen *Finanzierungsprobleme*. Dies war auch zu erwarten, denn die mittelständischen Unternehmer haben grundsätzlich Finanzierungsnachteile gegenüber Konzernbetrieben, weil sie für Eigenkapital keinen Zugang zum Kapitalmarkt haben, für Fremdkapital schwer Kreditgeber finden, als Pächter auch kaum Sicherheiten bieten können und weil sie bei einer Besteuerung bis zu 70% kaum das für Wachstum notwendige Eigenkapital bilden können und bei jedem Erbfall Substanz (Erbschaftssteuer) abführen müssen. Erwartungsgemäß treffen die Finanzierungsprobleme am stärksten auf die besonders investitionsintensive und innovationsbedürftige Erlebnisgastronomie zu (ca. 30%).

Daß sich die mittelständische Gastronomie nur zu 9,18% durch die *Konzerngastronomie* bedroht fühlt, hat die Mittelstandsforschung überrascht. Ob die Gastronomen das Beispiel des Einzelhandels nicht kennen? Ober ob sie die Entwicklung noch nicht abschätzen können? Theoretisch müßte der Konkurrenzdruck aus der Konzerngastronomie von den mittelständischen Betrieben eigentlich höher gewertet werden als die Schwarzgastronomie.

Daß die *Trend- und Marktänderungen* von den Gastronomen nur zu 5,1% als Problem gesehen werden, kann sich einmal daraus erklären, daß die mittelständischen Unternehmen erfahrungsgemäß besonders flexibel sind und von allen Betriebsformen am besten und kurzfristigsten auf solche Veränderung reagieren können; es kann aber auch sein, daß die Bedeutung der Trend- und

Marktveränderungen von vielen Gastronomen nicht ausreichend als Gefahr für den Betrieb gesehen wird.

12.3 Erwartungen der Gastwirte

Die Konzernunternehmen sind es gewohnt, die Gegenwart durch wissenschaftlich untermauerte Marktbeobachtung für ihre Entscheidungen aufzuklären und die Zukunft durch wissenschaftliche Untersuchungen zu prognostizieren. Beide Instrumente stehen aus Wissens- wie aus Kostengründen den meisten mittelständischen Gastronomen nicht zur Verfügung. Da die meisten von ihnen aus der Praxis in die Selbständigkeit gekommen sind, versuchen sie auch die Zukunft mehr konkret und praktisch zu erfassen. Aus den ihnen verfügbaren Informationen oder aus Gesprächen mit vielen Personen bilden sie sich erfahrungsgestützte *„Erwartungen"* über die Zukunft. Die mittelständischen Unternehmer haben gleichsam für alle betriebsverwertbaren und betriebsnotwendigen Umfeldbedingungen und Umfeldentwicklungen eine besondere und viel aufnahmebereitere Antenne als die Normalbürger. Sie sind deshalb bei jedem Gespräch auch an verwertbaren Zukunftsäußerungen interessiert. Aus der Gesamteinschätzung dieser externen Bedingungen und Entwicklungen, die sie aufgenommen haben, bilden sie sich dann subjektiv ihre Zukunftserwartungen.

Vom Ergebnis her sind diese subjektiven „Erwartungen" der mittelständischen Unternehmer zum Teil zutreffender als manche wissenschaftliche Zukunftsprognose. Vor allem sind sie aktueller. Am Erwartungsverhalten der mittelständischen Unternehmer ließen sich sogar die Ergebnisse bevorstehender Wahlen besser abschätzen als aus den demoskopischen Befragungen der sog. „Durchschnittsbürger"[16].

In diesem Sinne machen sich die mittelständischen Gastronomen auch ein subjektives Bild von den künftigen Chancen und Gefahren des Marktes und ihres Betriebes im Markt. Diese Erwartungen wurden in unserer Untersuchung abgefragt und sollten ein Bild darüber ergeben, wie die Gastronomen selbst ihre Zukunft beurteilen. Dabei stellte sich – wie schon gesagt[17]– überraschenderweise heraus, daß die deutsche Gastronomie deutlich mehr positive als negative Zukunftserwartungen hegt. Die deutsche Gastronomie ist trotz aller Schwierigkeiten und der höchsten Fluktuationsrate aller Branchen per Saldo ein optimistischer Wirtschaftszweig.

Erwartete Zukunftschancen

Vergleicht man die Rangfolge, nach denen die Gastwirte die von ihnen genannten Zukunftschancen eingeordnet haben, so ergibt sich folgendes Bild:

höherwertiges Spezialitätenangebot	38,8%
mehr Investitionen	24,5%
stärkere Einbindungen von Clubs, Organisationen u.a.	24,5%
mehr Kooperation mit Kollegen und anderen Branchen	16,3%
personalsparendes Speiseangebot	16,3%
nur Getränkeangebot	16,3%
Aufnahme zusätzlicher Angebote	12,2%
Übergang auf andere Betriebsformen	3%

Grafisch entspricht dies gegenüberstehendem Bild.

Daß ein *höherwertiges Spezialitätenangebot* zu 38,8% als zukünftige Entwicklungschance für die Gastronomiebetriebe an erster Stelle steht, überrascht nicht. Bei den Speiserestaurants lag dieser Prozentsatz sogar bei 51,1%. Die Gastronomen wissen, daß ihre Chance als mittelständischer Betrieb im Konkurrenzkampf mit den Konzernen in der Spezialisierung liegt. Mit höherwertigen und zusätzlichen Spezialitäten gewinnen sie höhere Attraktivität und eine größere sowie zahlungskräftige Gästezielgruppe. Zusätzliche Gäste kommen für Spezialitäten auch aus einem sehr viel größeren Einzugskreis.

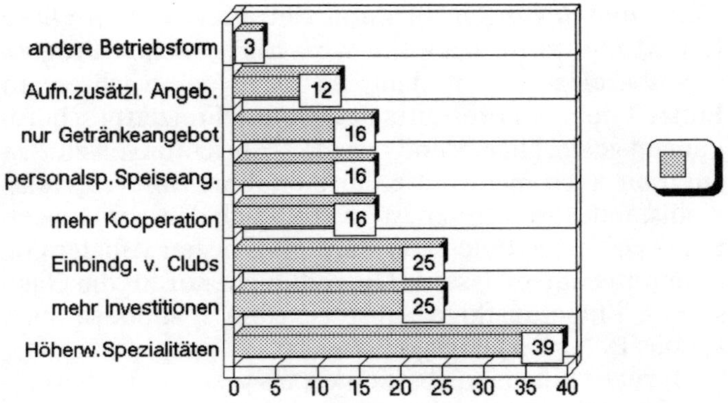

Von Gastwirten genannte Zukunftschancen in %-Werten

Zu einem Spezialitätenrestaurant fährt man sogar über eine längere Distanz (50 km und mehr), zu einem einfachen Restaurant nicht. Sicher können nicht alle Gastronomiebetriebe Spezialitätenbetriebe werden. Für diejenigen, welche diesen Standard erreichen und diesen Ruf erwerben, wird jedoch die Marktposition stärker und sicherer. Insofern dürften die Zukunftserwartungen der Gastronomen in diesem Punkt richtig liegen.

Daß die Gastwirte auch von *mehr Investitionen* eine Zukunftschance und Zukunftssicherung erwarten (zu 24,5%), ist eine optimistische Vorwärtsstrategie, die dadurch gestützt wird, daß die Ansprüche der Gäste an Komfort, Bequemlichkeit und Erscheinungsbild der Gaststätte schon aus Konkurrenzgründen immer höher werden und die Betriebe deshalb zu entsprechenden Investitionen zwingen. Dies gilt aber nicht für alle Gastwirtschaften in gleicher Weise. Besonders investitionsabhängig fühlt sich die Saisongastronomie (zu 48,3%).

Da Investitionen eine Langfristbindung bedeuten und meist erst noch verdient werden müssen, liegt in dieser Zukunftserwartung zugleich ein erhebliches Zukunftsrisiko[18].

An dritter Stelle der Zukunftschancen sahen die Gastwirte eine stärkere *Einbindung von Organisationen,*

Clubs und Tagungen für ihren Betrieb (24,5%). Diese Erwartung dürfte auch mit wissenschaftlichen Prognosen übereinstimmen, denn im Zuge der wachsenden Freizeit nehmen Freizeittagungen und Freizeitbeschäftigungen gewerblicher und privater Einrichtungen zu. Da zur Zeit auch nicht mit einer Abnahme unseres Volkswohlstandes zu rechnen ist, dürften sich diese organisierten Freizeitangebote noch stärker als bisher von der Gastronomie nutzen lassen. Dies gilt nicht nur für die Gaststätten (Tagesausflüge, Busreisen u.a.), sondern auch für das Beherbergungsgewerbe.

Darüber hinaus wächst stärker als je zuvor das berufliche Schulungswesen. Das Wissen veraltet in immer kürzerer Zeit, muß also immer schneller und immer mehr nach- bzw. zugearbeitet werden. Firmen, gewerbliche, private und öffentliche Einrichtungen betätigen sich zur Zeit in der Nachausbildung stärker als je zuvor. Dieser Trend wird voraussichtlich eher noch steigen. Die Gastronomie hat hier berechtigte positive Zukunftserwartungen.

Seit mehr als 10 Jahren predigt das Mittelstandsinstitut Niedersachsen den mittelständischen Unternehmern, mehr untereinander und mit anderen mittelständischen Unternehmen zu kooperieren. Diese Ratschläge scheinen zumindest bei den Gastronomen angekommen zu sein (16,3%). Durch *Kooperation* können die mittelständischen Unternehmer einen Teil der Vorteile des Konzernverbundes auch untereinander aufholen. Sie können ihre Gäste zu verbundenen Kollegenbetrieben weiterempfehlen und von dort die gleiche Hilfe erwarten. Viele Gastronomen haben in vorbildlicher Weise Sportvereine, Tennisclubs, Reitanlagen oder ähnliche Einrichtungen an sich gezogen und kooperieren im beiderseitigen Nutzen mit ihnen. In solcher Gemeinsamkeit liegt sicher eine starke Zukunftssicherung für die mittelständische Gastronomie. Kooperation sollte sogar als eine der größten Zukunftschancen der mittelständischen Gastronomie angesehen werden, welche ihnen manche Kooperationsvorteile der Konzernkonkurrenz in ähnlicher Weise verschaffen kann.

Überraschend haben die Gastronomen an fünfter Stelle ihrer Zukunftschancen die Rationalisierung ihres Verzehrangebots genannt, nämlich ein *personalsparenderes Speiseangebot* oder sogar nur *Getränkeangebot* (16,3%). Hintergrund dieser Zukunftserwartung sind die bereits genannten hohen Personalkosten für die Speisezubereitung und die damit verbundene Bedienung. Richtig ist an dieser Tendenz, daß den Gastronomen offenbar die Notwendigkeit von Personalkosteneinsparungen besonders bewußt ist. Ob aber der Weg über eine Konzentration oder Reduktion des Personalangebots richtig ist, dürfte generell problematisch sein. Es wird von Betriebsform zu Betriebsform sehr unterschiedliche Auswirkungen haben, kann also auch für die einzelne Betriebsform zum Zukunftsproblem werden.

Zu 12,2% wird die Zukunftschance der Gastronomie in der Aufnahme *zusätzlicher Angebote* gesehen. Dieser Anteil ist erstaunlich niedrig, wenn man bedenkt, welchen wirtschaftlichen Wert es für andere Branchen darstellt, daß die Gäste in einer Gastwirtschaft bereit sind, auf die Zubereitung ihrer Mahlzeit oder ihrer Getränke zu warten und man ihnen diese Wartezeit durch eine Fülle zusätzlicher, interessanter Angebote verkürzen könnte, zugleich aber damit auch noch Zusatzeinnahmen für den eigenen Betrieb erzielen kann, die man allein durch die Hauptleistung nicht erzielen könnte. Die meisten Tankstellen könnten ohne ihre Zusatzangebote nicht mehr leben. Künftig werden auch die Gastwirte einen immer höheren Anteil ihres Einkommens aus solchen Zusatzangeboten von Spielautomaten über Teleshopping bis hin zum Touristikangebot erzielen. Was der regionale Einzelhandel an Werbung früher in den Kinos durchführte, läßt sich viel intensiver und billiger in den Gaststätten durchführen. In allen diesen Möglichkeiten liegt noch ein großes, bisher nur wenig erkanntes Marketing und Umsatzfeld für die Gastronomie.

Für die Mittelstandsforschung ist es überraschend, daß von den mittelständischen Gastwirten als besondere Zukunftschance keine persönlichen Eigenschaften und Vorzüge genannt worden sind. Als größte Zukunftschance in einem mittelständischen Betrieb gilt nach der Mittelstandsökonomie nämlich die Stärke seiner Unternehmerperson[19]. Dies gilt insbesondere für das stark auf Personalkontakte und persönliche Ausstrahlung ausgerichtete Geschäft eines Gaststättenbetriebes. Ein erstklassiger Gastwirt mit persönlicher Ausstrahlung, Können und Geschick ist immer das größte Erfolgsgeheimnis eines Gastronomiebetriebes. Ein erstklassiger Gastronom wird sich langfristig auch in einem schlechten Betrieb leichter durchsetzen als ein schlechter in einem erstklassigen Betrieb. Daß die mittelständischen Gastronomen selbst diese ihre persönliche Zukunftsstärke bei den Antworten nicht nannten, kann mit Bescheidenheit zusammenhängen, aber auch mit Unkenntnis. Letzteres wäre in der heutigen Konkurrenzsituation gegenüber den Konzernen fahrlässig.

Erwartete Zukunftsprobleme

Von den zehn abgefragten Hauptproblemen wurden nur sechs von den Gastwirten nennenswert angekreuzt. Wie gering aber die deutsche Gastronomie insgesamt Zukunftsrisiken ansieht, geht aus den relativ niedrigen Prozentzahlen hervor, zu denen einzelne nach unserer Ansicht dominierende Probleme von ihnen selbst gesehen wurden. In der Reihenfolge waren dies:

Personalkosten	33,7%
Gäste werden sparsamer	30,6%
Bürokratieüberwälzung	27,6%
Gesetzliche und tarifliche Arbeitshemmnisse	22,5%
Ausländergastronomie	18,4%
steigende Wareneinsatzkosten	18,3%
Konzerngastronomie	12,2%
Rentabilitätsprobleme	8,2%
persönliche Gründe	1,0%

Stellt man diese Anteile grafisch nebeneinander, ergibt sich folgendes Bild:

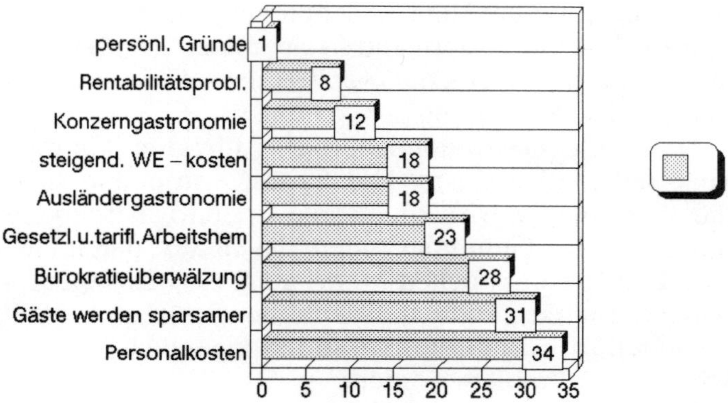

Erwartete Zukunftsprobleme in %-Werten

Daß die *Personalkosten* als Zukunftsproblem mit 33,7% an der Spitze stehen, war zu erwarten und wird von den Verbänden und der Mittelstandsökonomie ebenso gesehen. Ein Dienstleistungsbetrieb läßt sich eben nicht ohne Personaleinsatz führen. Je teurer der Faktor Arbeit wird und je schwerer Arbeitswillige für die Gastronomie zu bekommen sind, desto schwerer wird es für die Gastwirte, ihren Betrieb aufrechtzuerhalten. Am besten sind noch die reinen Familienbetriebe dran, z.B. in der Ausländergastronomie.

Als Zukunftsrisiko muß aber auch die derzeitige Reservearmee der *Nebentätigkeitsmitarbeiter* betrachtet werden, weil gewisse Sozialpolitiker im Interesse ihrer Sozialversicherungen diese versicherungsfreien Nebentätigkeiten seit langem bekämpfen und irgendwann politische Mehrheiten bekommen könnten.

An zweiter Stelle der Zukunftsrisiken haben die Gastwirte Furcht, ihre *Gäste* könnten in Zukunft *sparsamer* werden, d.h. nicht mehr so ausgabefreudig sein wie zur Zeit. Diese Furcht ist eigentlich wissenschaftlich nicht ganz nachvollziehbar, weil – wenn unser Weltwährungssystem in Ordnung bleibt – ein Absinken des Wohlstandes zur Zeit nicht zu erwarten ist, sondern eher mit einer mäßigen weiteren Zuwachsrate von ca. 2% gerechnet wird. Selbst unsere Rentner leben heute so gut wie nie zuvor und geben so gern und so viel in der Gastronomie aus wie nie zuvor. Auch dieser Trend wird zumindest in überschaubarer Zeit bleiben.

Nicht alle Gastronomiebereiche fürchten künftige Sparsamkeit der Gäste. Die Saisongastronomie sieht dieses Problem nur zu 10,3%, die Erlebnisgastronomie nur zu 13,6%. Geht man zudem davon aus, daß im gemeinsamen europäischen Markt auch zusätzliche europäische Kaufkraft auf die deutsche Gastronomie zukommt, dürfte die Gästesparsamkeit eigentlich kein entscheidendes Problem werden.

Daß in der wachsenden Zahl von *Vorschriften und Bürokratie* auch eine Zukunftsgefahr von den Gastronomen gesehen wird (27,6%) zeigte sich bereits bei den aktuellen Schwierigkeiten. Auch für die Gegenwart wurde dieser Punkt mit 35,7% schon als Hauptproblem genannt. Das Mittelstandsinstitut Niedersachsen ist dieser Frage immer wieder nachgegangen[20]. Die Ergebnisse wurden auch bereits oben[21] angesprochen.

Mit den Personalkosten hängen auch die von den Gastronomen an vierter Stelle gesehenen Probleme der gesetzlichen und tariflichen Hemmnisse des Arbeitseinsatzes zusammen. In diesem Punkt dürften sie Recht haben, denn sowohl das Arbeitsrecht als auch das Tarifrecht sind einseitig auf die Industrie und auf industrielle Verhältnisse zugeschnitten. Sie berücksichtigen die Sondersituation der Dienstleistungsbetriebe nur unzulänglich, z.B. in der für die Industrie richtigen Wochenarbeitszeit gegenüber der für den Dienstleistungssektor wichtigeren Jahresarbeitszeit[22]. Das gilt aber auch für manche Arbeitsschutzbestimmungen, welche oft schon mehr Schutz vor als bei der Arbeit sind. Daß bei entsprechenden politischen Mehrheiten künftig wieder neue Schübe von arbeitspolitischen Gesetzes- und Tarifhemmnissen auftreten werden, ist leider zu befürchten und zwingt die Gastronomie um so mehr, alle Möglichkeiten zur Rationalisierung der Arbeitersparnis zu überlegen.

An fünfter Stelle sehen die Gastwirte eine Zukunftsgefahr in der wachsenden *Ausländergastronomie*. Die

Ausländergastronomie hat vor allem Personalkostenvorteile dadurch, daß Großfamilien billig und flexibel in ihren Betrieben eingesetzt werden können, während die deutschen Gastronomen mit Kleinfamilien in ihren Betrieben dafür teures Fremdpersonal einsetzen müssen. Zum andern aber geht der Wunsch der Gäste nach ausländischen und speziellen Gerichten (48% bzw. 49%) sehr viel weiter als das Angebot der deutschen Gastronomie reicht. In diese Lücke stoßen erfolgreich die Ausländergaststätten mit einem entsprechenden ausländischen Angebot. Angesichts der Kundenwünsche ist also damit zu rechnen, daß die Ausländergastronomie einen sehr viel größeren Marktanteil in Zukunft erobern wird als bisher. Insofern ist die Furcht der deutschen Gastronomie vor dieser Entwicklung berechtigt.

Man kann aber auf diese Gefahr entweder passiv oder aktiv reagieren. Eine aktive Reaktion der deutschen Gastronomie läge darin, selbst auch ausländische Spezialitäten anzubieten[23]. Die von den deutschen Gastwirten empfundene Gefahr ist eigentlich in diesem Sinne mehr Unkenntnis der Marktentwicklung und mangelnde Reaktion darauf.

Daß die Gastronomen Furcht davor haben, die *Wareneinsatzkosten* könnten bei ihnen überproportional steigen, hängt mit dem genannten Trend zur Qualitätssteigerung zusammen. Je hochwertiger die Speisen angeboten werden sollen, desto weniger können sie vorgefertigt oder vor produziert werden[24]. Bei einem Anteil des Wareneinsatzes von etwa 40% der Gesamtkosten spielt deshalb jede hier auftretende Kostensteigerung eine für den Betrieb entscheidende Rolle.

Zu 12,2% fühlen sich die mittelständischen Gastwirte durch die *Konzerngastronomie* bedroht und in ihrer Zukunftsentwicklung behindert. Diese Einschätzung wird von der Mittelstandsökonomie geteilt. Die Einkaufs- und Organisationsvorteile der Konzerne sind durch ihre Marktmacht so stark geworden, daß eine faire Chancengleichheit für die mittelständische Konkurrenz nicht mehr besteht. Das dagegen von den Mittelstandspolitikern geforderte Diskriminierungsverbot wird gesetzlich wohl auch gegen die Macht der Konzerne nicht durchsetzbar sein, so daß die Konzerngastronomie wohl auch künftig ein Hauptproblem der mittelständischen Gastronomie bleiben wird.

Faßt man abschließend die Meinung der deutschen Gastwirte zusammen, so sehen sie alle Risiken zusammen genommen nur etwa halb so stark (um 30%) wie ihre Chancen (über 70%). Die deutsche Gastronomie glaubt also mit den Schwierigkeiten fertig werden zu können und mehr Chancen als Risiken zu haben. Selbst wenn man berücksichtigt, daß die Fragen einer empirischen Untersuchung vor allem von dem aktivsten Teil einer Branche beantwortet werden, dürften die grundsätzlich positiven Erwartungen der deutschen Gastronomie auch unter wissenschaftlichen Gesichtspunkten gerechtfertigt sein. Die deutsche Gastronomie wird insgesamt wachsen. Wer als Gastronom seinen Betrieb richtig einstellt und führt, dürfte ebenfalls positive Zukunftserwartungen haben.

12.4 Stärken- und Schwächenanalyse im Hotelgewerbe

Die Befragung der Hotels wurde dreistufig vorgenommen: Einmal wurden im Rahmen der Gesamt-Gastronomiebefragung nicht nur die Gaststätten, sondern auch die Unternehmen mit Gaststätten- und Beherbergungsbetrieb abgefragt. Die Hälfte dieser Betriebe hatte nicht nur eine Gaststätte, sondern ebenfalls Beherbergung. Zuzüglich wurde dann eine spezielle Befragung für Hotels durchgeführt, die 20% der Gesamtstatistik erbrachte. Diese Zusatzbefragung und die besondere Untersuchung der Hotels wurde auf Bitten des Dehoga durchgeführt, weil gerade für Hotels am wenigsten statistisches und wissenschaftliches Material vorliegt, also hier der größte Informationsbedarf besteht.

Die beiden unterschiedlichen Befragungen erlauben, einzelne Fragen im Vergleich zu sehen und außerdem Unterschiede zwischen solchen Betrieben festzustellen, die reine Hotels sind oder die eine Gaststätte mit Beherbergungsmöglichkeit unterhalten.

Die Hotel- und Beherbergungsbetriebe werden entweder von Eigentümer-Unternehmern oder von Pächtern oder von fremden Managern betrieben. Von den Antwortenden waren 86,9% mittelständische Eigentümer-Unternehmer, 8,7% auf eigenes Risiko arbeitende mittelständische Pächter und 3,5% Manager.

Im Durchschnitt hatte jeder Betrieb 40 Betten. Die Eigentümer-Betriebe wiesen aber nur einen geringeren Durchschnitt auf, nämlich 38 Betten pro Betrieb. Etwas höher lagen die Pachtbetriebe mit durchschnittlich 42 Betten. Die von Managern geführten Hotels lagen durchschnittlich doppelt so hoch (81 Betten) wie die mittelständischen Unternehmen.

Der Verfasser hat neuerlich nachgewiesen, daß sich mittelständische Unternehmer anders verhalten und anders entscheiden als Manager. Manager sind nämlich Angestellte, die für fremde Rechnung im fremden Namen handeln, kontrolliert werden und deshalb ausschließlich nach ökonomischen Gesichtspunkten zu handeln[25] haben. Die mittelständischen Eigentümer-Unternehmer dagegen handeln aus eigener Kompetenz, werden von niemandem kontrolliert, sind also in ihren Entscheidungen frei und können – da sie in der Regel Familienbetriebe führen – auch persönliche und familiäre Gesichtspunkte bei ihren Entscheidungen viel stärker durchsetzen. Mittelständische Unternehmer entscheiden deshalb viel persönlicher, familiärer und subjektiver als Manager[26]. Diese Unterschiede im Entscheidungsverhalten zeigten sich auch bei den unterschiedlichen Antworten von Managern und mittelständischen Unternehmern des Hotelgewerbes:

– Als besondere Stärke haben 82% der mittelständischen Unternehmer die persönliche Betreuung ihrer Gäste angegeben. Keiner sah hierin eine Schwäche. Die Manager sahen dagegen nur zu 50% in ihren Betrieben eine Stärke in der persönlichen Betreuung der Gäste. 25% der Manager dagegen gaben zu, daß hierin eine besondere Schwäche ihrer Betriebsform läge.

- Im Image ihres Betriebes sahen nur 53% der mittelständischen Unternehmer eine besondere Stärke; 75% der Manager hatten das Marktimage ihres Betriebes bewußt zur Stärke aufgebaut. Keiner von ihnen sah hierin eine Marktschwäche.
- Sämtliche Manager sahen im Leistungsstandard eine besondere Stärke ihres Betriebes, ebenso in der Personalführung; die mittelständischen Unternehmer sahen hierin nur zur Hälfte eine Stärke, zu mehr als 10% aber eine Schwäche ihres Betriebes.

Manager sind strategisch geschult und führen deshalb ihre Betriebe in der Regel strategisch. Die Unternehmer dagegen haben aus der Praxis gelernt und führen ihre Betriebe persönlich und intuitiv. Offensichtlich sind für die großen Hotels strategische Managementfähigkeiten wichtiger, für die kleineren und mittleren Hotels aber die personalen Vorteile ihrer Unternehmer. Beide Betriebstypen zeigen nämlich annähernd gleiche Gewinnschwellen: Die Betriebe behaupteten mit folgender Kapazitätsauslastung in die Gewinnzone zu kommen:

	20–40 %	40–60 %	60–80 %
Mittelständ. Unternehmer	22 %	54 %	11 %
Manager	25 %	50 %	25 %

Die meisten deutschen Hotels haben ihre Gäste nur kurzfristig. Die durchschnittliche Verweildauer in allen abgefragten Beherbergungsbetrieben betrug:

1 Tag	16,5%
2 Tage	44,3%
3 Tage	32,2%
4 Tage	15,7%
5 Tage	7,8%
bis 7 Tage	5,2%

bis 14 Tage	12,2%
über 14 Tage	0,8%.

Verglichen mit den Urlaubsländern des Auslandes hat also das deutsche Beherbergungsgewerbe nur in den Saisonbetrieben Dauergäste, in der Masse der Beherbergungsbetriebe dagegen nur kurzfristige Durchreisegäste.

Vergleicht man die Belegungsdauer mit den Zielgruppen, welche die Hotels als Gäste angaben, so stehen die Geschäftsreisenden mit 85,2% an der Spitze. Die Familien waren zu 47% Gäste der Beherbergungsbetriebe – vor allem der Saisonbetriebe. Überraschend ist, daß zu 11,3% die Senioren den Schwerpunkt der Hotelgäste ausmachten. Jugendliche sind dagegen mit 1% als selbständige Hotelgäste vermerkt.

Selbst behauptete Stärken der Hotels

Es ist für viele Unternehmer nicht leicht, unvorbereitet ankreuzen zu müssen, wo die besonderen Stärken ihres Betriebes liegen. Die befragten Hoteliers waren deswegen auch teilweise in ihren Antworten unsicher und haben mitunter zwei Merkmale angekreuzt, wenn sie sich nicht sicher waren, worunter ihr Merkmal fallen könnte. Dies gilt z.B. für den Ausstattungsstandard:

- 54% der Antworten sahen ihren Betrieb als „normaler Standard".
- 52% der Antworten sahen einen „gehobenen Standard".
- Nur 4% bezeichneten sich als „first class".

Vor allem das Merkmal „normal" oder „gehoben" wurde oft doppelt angestrichen, wenn den Hoteliers selbst nicht ganz klar war, ob sie ihren Betrieb als „normalen Standard" oder „gehobenen Standard" eingruppieren sollten.

Vergleicht man die Prozentzahlen der angegebenen Stärken mit den Prozentzahlen der angegebenen Schwächen, so fällt auf, daß die Hoteliers selbst ihre Stärken prozentual dreimal so hoch bewerteten wie ihre Schwächen. Die meisten Hoteliers sehen also – kurz gesagt – in ihren Betrieben dreimal soviel Stärken wie Schwächen.

Dies ist an sich normal, weil die Unternehmer ja mit ihren Betrieben erfolgreich sind. Andererseits stützt es auch die in der Mittelstandsforschung immer wieder festgestellte Erscheinung, daß mittelständische Unternehmer ihren Betrieb nicht nur des Gewinnes wegen führen, sondern geradezu in ihren Betrieb verliebt sind. Die vorliegenden Antworten scheinen auch hierauf hinzudeuten.

Unter den von den Hoteliers genannten Stärken ihrer Betriebe ergibt sich folgende Reihenfolge:

Persönliche Betreuung der Gäste	79,1%
Standard des Hotels	55,6%
Image des Betriebes	52,2%
Qualifiziertes Fachpersonal	44,3%
Organisation	26,8%
Flexibilität	25,2%
Möglichkeiten der Freizeitgestaltung	18,3%
Kostenentwicklung	13,4%
Bettenüberkapazität	8,6%

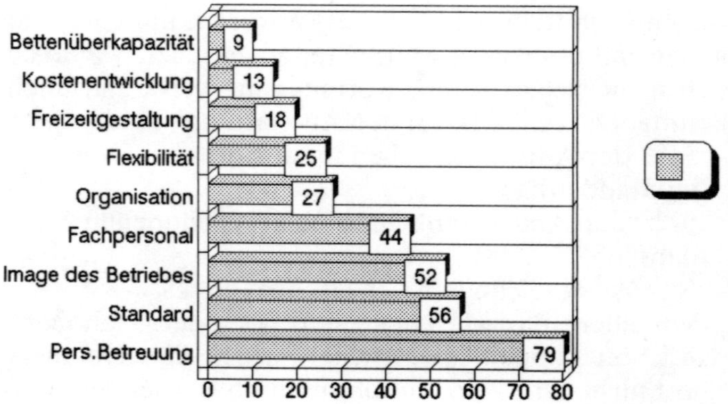

Stärken der Hotels in %-Werten

Daß die *persönliche Betreuung* der Gäste einer der Hauptvorteile vor allem der mittelständischen Hotels ist, erklärt sich eben aus dem Wesen der mittelständischen Betriebe und wurde bereits auch für das mittelständische Gastgewerbe als besondere Stärke hervorgehoben[27]. Wo dieser Punkt der persönlichen Betreuung vom Hotelgewerbe als Schwäche des eigenen Betriebes angegeben worden war, handelte es sich ausschließlich um Konzernbetriebe, die mit Fremdmanagement und wechselndem Personal arbeiten.

Die persönliche Betreuung der Hotelgäste erscheint für die Saison-, Ferien- und Ausflugshotels selbstverständlich, weil durch die größere Verweildauer der Feriengäste automatisch eine engere Beziehung zwischen dem Hotelinhaber bzw. seiner Familie und den Gästen entsteht. Daß aber die persönliche Betreuung auch von den auf Geschäftsreisende und Tagungsgäste konzentrierten mittelständischen Hotels als besondere Stärke angegeben worden ist, deren Gästeaufenthaltsdauer nur bei 2 (44,4%) oder 3 (32,2%) Tagen liegt, zeigt den starken persönlichen Einfluß, den die mittelständischen Unternehmerfamilien selbst auf den Betrieb und die Gästebetreuung haben. Ohne diesen starken Einsatz und diese starke Betreuung der Gäste hätten viele der mittelständischen Hotels keinen so großen Markterfolg. Hierin liegt ihr größter Marketingvorteil gegenüber den Konzernbetrieben!

An zweiter Stelle der Hotelstärken wurde der *Standard des Hotels* genannt. Da nur 4% der Hotels sich selbst als „first class“ bezeichneten, kann die Stärke „Standard“ nicht nur so verstanden werden, als sei der Standard immer besonders hoch. Vielmehr haben die antwortenden Hoteliers mit Recht erkannt, daß der Standard ihres Hotels auf die Zielgruppe der Gäste abgestellt sein muß und in dieser Zielgruppe eben ein besonders guter Standard (im Sinne eines ausgewogenen Preis-Leistungs-Verhältnisses) geboten werden muß.

An dritter Stelle der genannten Stärken steht das *Image der Betriebe*. Offensichtlich haben sich die meisten Hotels bewußt ein bestimmtes Image aufgebaut, mit welchem sie im Markt bei den Gästen eine bestimmte Vorstellung über ihren Betrieb verbunden haben. Diese richtige Marketingkonzeption scheint nach

Ansicht der Hoteliers selbst in der Hälfte aller Betriebe verbreitet und erfolgreich gewesen zu sein. Gestützt wird diese Ansicht dadurch, daß ja Gäste nicht nur irgendeine Übernachtungsmöglichkeit suchen, sondern ein Hotel, welches ihren Wünschen und Vorstellungen entspricht[28]. Je stärker nun ein Hotel in einer Region zu einem bestimmten Begriff geworden ist, desto leichter kann es dadurch die für seine Zielgruppe in Frage kommenden Hotelgäste anziehen. Das Image ist insofern nicht nur für die Konzerngastronomie ein dominierendes Marketinginstrument, sondern offenbar inzwischen auch für die Mehrheit der mittelständischen Betriebe.

An vierter Stelle wurde das *qualifizierte Fachpersonal* als Stärke genannt (44,3%). Dies galt insbesondere bei solchen Hotelbetrieben, welche einen Restaurationsbetrieb nebenbei führen und deshalb das Zusatzangebot der Speisen auch als Werbung für die Übernachtungsfunktion einsetzen. Je besser das Fachpersonal einer Hotelküche ist, desto attraktiver wird das Hotel für Gäste, die auf gutes Essen besonderen Wert legen! Im übrigen muß die Antwort nach dem qualifizierten Fachpersonal mit Vorsicht behandelt werden, weil gerade die mittelständischen Unternehmer dazu neigen, aus persönlicher Sympathie auch die fachliche Qualifikation ihrer Mitarbeiter zu überschätzen. Interessanterweise haben die Manager von Konzernbetrieben die Qualifikation ihres Personals zu 100% als besondere Stärke ihres Hotels genannt. Selbst wenn man dabei berücksichtigt, daß die Hotelkonzerne für ihr Personal eine Hierarchie und Aufstiegskarriere mit entsprechender Ausbildung entwikkelt haben, dürfte die Ansicht der Manager über die Qualifikation ihres Personals doch zu optimistisch sein. Wer jedenfalls in Konzernhotels häufig übernachtet, kann nicht nachvollziehen, weshalb die Manager als Schwäche ihres Personals 0% angegeben haben.

Zu 26,8% wurde die *Organisation* des Hotels als besondere Stärke hervorgehoben. Erheblich höher lag der Prozentsatz der Organisationsstärke in den Pachtbetrieben. Überraschenderweise haben die Manager der Konzernbetriebe die Organisation nur zu 10% als besondere

Stärke hervorgehoben, obwohl doch die durchweg sehr viel größeren Konzernbetriebe als am besten organisiert gelten und die Hotelorganisation international führend voran entwickeln. Vielleicht haben die Manager erstklassige Organisation bereits als selbstverständlich angesehen, denn sie haben in keinem Fall hierin eine Schwäche ihres Betriebes gesehen.

25,2% der Betriebe sahen ihre *Flexibilität* bei Marktveränderungen als besondere Stärke an. Die Manager haben diese Stärke zu 50%, die Pächter nur zu 20% gesehen. Als Flexibilität darf man in diesem Sinne nicht nur das Eingehen auf Sonderwünsche der Hotelgäste ansehen, sondern die gesamte Umstellungsbeweglichkeit und Anpassungsfähigkeit des Hoteliers an zusätzliche oder neue Anforderungen oder Marktveränderungen.

In den Möglichkeiten der *Freizeitgestaltung* sahen 18,3% der Hoteliers die größte Stärke ihres Betriebes. Dies waren vor allem die Ferien- und Tagungshotels. Ihnen standen allerdings mehr (19%) Antworten gegenüber, die gerade hierin eine besondere Schwäche ihres Betriebes sahen. Die Möglichkeiten der Freizeitgestaltung werden offenbar bei einem Teil der Betriebe noch unzulänglich berücksichtigt und bei zu wenigen Betrieben als bewußte Stärke entwickelt. Die Konzernbetriebe scheinen die Freizeitgestaltung noch kaum zu ihren Unternehmenszielen gemacht zu haben. Manager sahen nämlich für ihre Betriebe in keinem Fall eine besondere Stärke, dagegen zur Hälfte (50%) eine besondere Schwäche. Hier dürfte nicht nur für das gesamte Hotelgewerbe, sondern insbesondere für die Konzernhotellerie noch ein erheblicher Nachholbedarf liegen[29].

Die am häufigsten angegebenen Schwächen im Hotelgewerbe

Oben wurde schon gesagt, daß nur etwa ein Drittel der Stärken als eigene Schwächen angegeben wurden. Es ist verständlich, daß Unternehmer, die täglich über Verbesserungsmöglichkeiten in ihrem Betrieb nachdenken, eigene Schwächen weniger empfinden. Zum Teil mag allerdings auch eine gewisse Betriebsblindheit dazu kommen, eigene Schwächen nicht zu sehen. Immerhin lassen sich aus den Antworten der Hoteliers einige wichtige Schwächemerkmale entnehmen, welche eine Gesamtbedeutung für die Branche haben. Nach den Antworten ergab sich folgende Reihenfolge für die Betriebsschwächen:

Kostenentwicklung	29,6%
Bettenüberkapazität	19,3%
Möglichkeiten der Freizeitgestaltung	19,1%
Qualifiziertes Personal	11,3%
Standard des Hotels	9,5%
Flexibilität	8,7%
Image des Betriebes	4.5%
Organisation	4,3%
Persönliche Betreuung der Gäste	0,8%

Sieht man von dem letzten Punkt ab, der nur von den Konzernbetrieben genannt worden ist und nicht repräsentativ zu sein scheint, ergibt sich grafisch für die übrigen Schwächepunkte folgendes Verhältnis:

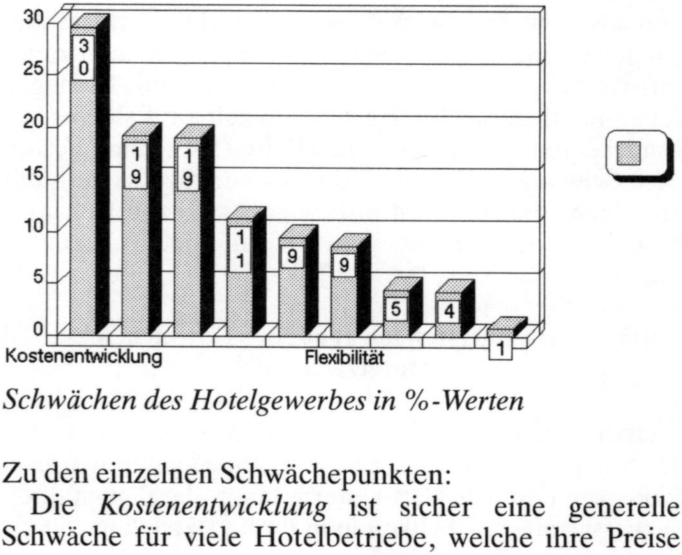

Schwächen des Hotelgewerbes in %-Werten

Zu den einzelnen Schwächepunkten:

Die *Kostenentwicklung* ist sicher eine generelle Schwäche für viele Hotelbetriebe, welche ihre Preise nicht so anheben können, wie die Kosten für Investitionen, Personal oder Wareneinsatz es erforderten. Dies ist aber kein besonderes Schwächemerkmal nur dieser Branche, sondern gilt generell. Um so wichtiger ist es für die Hotels, ständig die Kosten zu überwachen und Rationalisierungsmöglichkeiten – wie oben in Kap. 11.2 dargestellt – zu überprüfen.

Daß an zweiter Stelle eine *Bettenüberkapazität* genannt worden ist, erscheint überraschend. Die Bettenkapazität läßt sich ja abbauen oder durch entsprechende Marketingmaßnahmen besser auslasten. In diesem Schwächebekenntnis liegt offenbar auch ein Bekenntnis für mangelnde unternehmerische Fähigkeit oder Anstrengung des Hoteliers selbst. Wer seine Hotelkapazität nicht an die Umsatzmöglichkeiten oder die Umsätze nicht an die Kapazität des Hotels anpassen kann, wird als Hotelier auch nicht erfolgreich sein können. Insofern entspricht der Antwortenanteil dieser Schwäche fast exakt der jährlichen Fluktuationsrate im Hotelgewerbe. Geht man davon aus, daß die Gewinnschwelle für die Hälfte der Hotelbetriebe bereits in einem Auslastungsrahmen von 40 bis 60% ihrer Bettenkapazität liegt, ist um so schwerer verständlich, weshalb Überkapazitäten hierin als besondere Schwäche des Betriebes genannt werden. Für einen großen Teil der Landgasthöfe jedenfalls liegen die Betriebsprobleme eher in zu geringen Bettenkapazitäten als in Überkapazitäten.

Auf die als 3. Schwäche genannten, mangelnden *Möglichkeiten der Freizeitgestaltung* wird in Kap. 15 (S. 269ff.) speziell eingegangen. In der an vierter Stelle angegebenen Schwäche der Hotels, dem Fehlen *qualifizierten Fachpersonals* (11,3%) kommt generell das Personalproblem des Gastronomiegewerbes zum Ausdruck. Die bereits oben geschilderte Schere zwischen den Personalkosten und der Rentabilität des Personaleinsatzes (Arbeitsproduktivität)[30] wird ein Dauerproblem des gesamten Dienstleistungssektors und auch des Hotelgewerbes bleiben. Schon das Problem, jeden Morgen Reinigungskräfte für die Hotelzimmer zu bekommen, ist für viele Stadthotels nur noch durch die Arbeitswilligkeit von Ausländern lösbar. Würde man dafür Facharbeiterlöhne zahlen müssen, würde die Zimmerreinigung oft mehr kosten als der Übernachtungspreis.

Erklärlich wird auch die an fünfter Stelle stehende Antwort, daß die Hoteliers in einer *mangelnden Flexibilität* bei Marktveränderungen eine besondere Schwäche ihres Betriebes sehen (8,7%). Hierin liegt eine natürliche Schwäche der Hotelbetriebe, die mit sehr hohem Fixkapital ein gegenüber anderen Branchen (z.B. der Industrie) nur geringes Umsatzpotential erzielen. Stimmt der Fixkostenblock des Hotelgebäudes wegen unterlassener Investitionen oder wegen regionaler Veränderungen oder wegen Umfeldveränderungen[31] nicht mehr, ist es den Hotelbesitzern weder kurz- noch mittelfristig möglich, ihre Immobilie den Marktveränderungen so anzupassen, daß daraus noch ein Geschäft zu machen ist. Dies gilt für Stadthotels noch mehr als für die Landgasthäuser. Man muß in solchen Fällen als Unternehmer auch einmal eine Rückzugstrategie (Verkauf oder Nutzungsänderung) wagen. Die übrigen genannten Schwächen lagen in ihrer Häufigkeit so gering, daß ihnen keine wesentliche Bedeutung beigemessen werden kann, sondern sie wohl mehr als Merkposten dafür anzusehen sind, wo durch geeignete Strategien die Hoteliers selbst ihre Situation noch verbessern könnten[32].

12.5 Zukunftserwartungen im Hotelgewerbe

Es wurde oben schon darauf hingewiesen, daß die deutsche Gastronomie ihre Zukunft zweimal so positiv wie negativ sieht. Dies gilt auch für das Hotelgewerbe. Betrachtet man die Fluktuationsraten zwischen Gaststätten und Hotelgewerbe, so liegt letzteres um 50% in der Fluktuation geringer als ersteres. In der Konstanz sind also die Hotels stärker als die Gaststätten.

Wertet man dagegen die Zukunftserwartungen der Hoteliers gegenüber denen der Gastwirte aus, so ist das Gaststättengewerbe im Durchschnitt der Antworten optimistischer als das Hotelgewerbe.

Nennenswerte Entwicklungschancen für ihre Hotels nannten deren Unternehmer nur in fünf Punkten:

Familienbetrieb	77,4%
Erlebnishotel	15,6%
Aufnahme weiterer Dienstleistungen	8%
Tagungshotel	3,5%
Anschluß an Kette/Konzern	3,5%

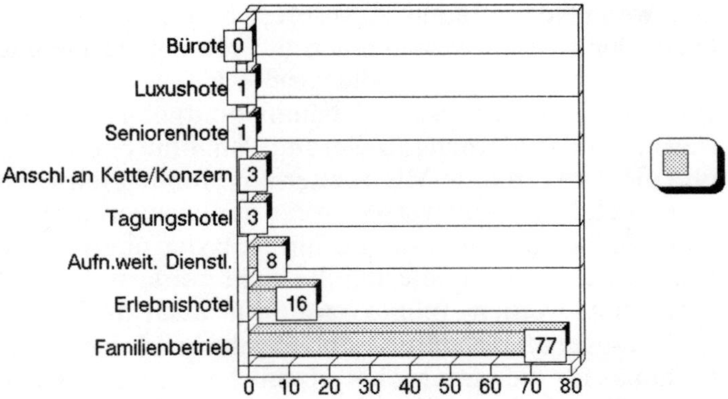

Zukunftserwartungen der Hoteliers in %-Werten

Die übrigen abgefragten Punkte wie z.B. die Chancen als Seniorenheim/Seniorenhotel oder die Entwicklung zum Luxushotel wurden nicht einmal zu 1% genannt, die Chancen des Bürotels wurden zu 0% gesehen.

Aus den Antworten der kombinierten Gaststätten- und Hotelbetriebe läßt sich jedoch noch ein starker Trend für Zukunftschancen durch Kooperation mit Kollegen (27%) oder durch Kooperation mit anderen Branchen (20,8%) ausmachen. Die von den reinen Hotels nur zu 8% genannten Kooperationen werden also von den Hotels mit Gaststätte als doppelt oder dreimal so günstig gewertet.

Mit Ausnahme der guten Chancen des Familienbetriebes dürften die Zukunftsaussichten von den Hotels zu vorsichtig beurteilt worden sein:

Daß die *Chancen des Familienbetriebes* zu 77,4% im Vordergrund stehen, zeigt wieder einmal, wie sehr das deutsche Hotelgewerbe noch ein mittelständisches Gewerbe von Familienunternehmen ist. Tatsächlich bietet die Unternehmerfamilie die sicherste Stütze für das Personalproblem im Hotel. Auf die Familie kann sich der Unternehmer verlassen, mit ihr kann er rechnen, und die Familienmitglieder der mittelständischen Unternehmerfamilien sind in aller Regel auch bereit, einzuspringen, wenn Not an Mann ist. Insofern bietet ein Hotelbetrieb, der sich im wesentlichen auf die eigene Familie stützen kann, langfristig die größte Chance. Das gilt auch für die Kosten, weil die Familienmitglieder den Ertrag des Unternehmens als Gesamteinnahme betrachten und nicht wie fremde Mitarbeiter um Stunden feilschen oder um Löhne. Andererseits weist der Fachverband immer wieder mit Recht darauf hin, daß der übermäßige Einsatz der Unternehmerfamilie nicht nur kostenmäßig berechnet werden müßte, sondern auch nicht zur „Selbstausbeutung" führen darf. Es kann im Einzelfall rentabler für die Unternehmerfamilie sein, fremd zu arbeiten als im eigenen Betrieb, wenn der Leistungseinsatz und der Umsatz nicht mehr übereinstimmen.

Sieht man die von den Gaststätten/Hotels genannten *Kooperationschancen* (20,8% bzw. 27%) an zweiter Stelle der Möglichkeiten, so haben hier bereits eine Reihe von Hotelbetrieben begonnen, durch eigene Gruppenbildung – „Kiekin" z.B. – [33]. ein Erfolgsrezept der Hotelketten und Hotelkonzerne nachzuentwickeln. Kooperation untereinander wird in der Zukunft noch wichtiger werden, wenn der Anteil der Freizeitgäste gegenüber den Geschäftsreisenden steigt, weil Freizeitgäste sich mehr beraten lassen und unsicherer sind als Geschäftsreisende, wohin sie gehen sollen.

Die größten Zukunftschancen liegen aber für das Hotelgewerbe ebenso wie für das Gaststättengewerbe in mehr Kooperation mit fremden Branchen, durch welche das Beherbergungsgewerbe Zusatzangebote, Zusatzumsätze und Zusatzgewinne erwirtschaften kann. Immerhin hat ein großer Teil der Übernachtungsgäste im

Hotel Zeit, auch andere Anregungen noch aufzugreifen. Die Hotels haben also durch ihren Gästezulauf eine Vermarktungschance, um die andere Branchen sie beneiden und die von anderen Branchen genutzt werden könnte. Bisher haben bereits die großen Konzernhotels eine Reihe solcher Kooperationen mit Juwelierunternehmen, Friseurbetrieben, Zeitungsläden u.a. erfolgreich vorgemacht. Ähnliche Kooperationen sind auch für kleinere mittelständische Hotels bis hin zum Landgasthaus denkbar und werden unter den Strategien zur Rentabilitätsverbesserung dieser Hotels unten vorgeschlagen (S. 269ff).

Aus den Antworten der reinen Hotelbetriebe ergab sich nur zu 8%, daß diese in *weiteren Dienstleistungen* zusätzliche Zukunftschancen sahen. Zu 80% dieser Antworten sahen die Hotels die Chance solcher zusätzlichen Dienstleistungen nur dann, wenn diese von Subunternehmern eigenständig im Hotel oder in Verbindung mit dem Hotel angeboten wurden. Dies ist sicher richtig. Jeder Unternehmer sollte bei dem bleiben, was er am besten kann und sollte andere das machen lassen, was diese besser können. Unternehmer sind meistens tüchtiger als Mitarbeiter – sonst wären letztere ja Unternehmer. Wer also Zusatzleistungen im eigenen Hotel durch Subunternehmer durchführen lassen kann, wird in der Regel damit einen größeren Erfolg erzielen als wenn er dies selbst durch Angestellte macht[34]. Insofern gilt hinsichtlich der Zusatzleistungen für die Hotels grundsätzlich gleiches wie für das Gaststättengewerbe[35].

An vierter Stelle der Zukunftschancen wurde von den Hoteliers der *Tagungsbetrieb* genannt (3,5%). Damit sprechen sie einen schon länger andauernden und wohl auch für die Zukunft sich noch verstärkenden Tagungstrend an, der nicht nur von der Hotellerie genutzt werden kann, sondern sogar als Strategie intensiver als bisher mitgefördert werden müßte.

Der an fünfter Stelle ins Auge gefaßte *Anschluß an eine Betreiberkette* kann auch für mittelständische Unternehmer eine wichtige Zukunftsstrategie sein, wenn dadurch Kostensenkungen erzielbar sind, die anderweitig nicht erreicht werden können. Dies gilt z.B. im Einkauf von Waren und Investitionsgütern, aber auch bis hin zu dem noch kaum geübten Austausch von Arbeitskräften etwa zwischen den Betrieben der Sommersaison an der Küste und der Wintersaison im Gebirge. Ohne Anschluß an eine Kette hätten viele selbständige Einzelhändler heute vor allem im Lebensmitteleinzelhandel nicht mehr überleben können. Für die selbständigen Hotelbetriebe wird diese Entwicklung um so wichtiger, je stärker die Konzerngastronomie mit entsprechenden Konzentrationsvorteilen in diesen Markt vordringt.

Eine spezielle Befragung der Hotels über ihre Zukunftsrisiken wurde nicht durchgeführt, weil im Testlauf von den bloßen Hotelbetrieben hierzu keine ausreichende Reaktion kam und weil aus der Gesamtuntersuchung eine ausreichende statistische Basis von Beherbergungsbetrieben bereits ihre speziellen Zukunftsschwierigkeiten genannt hatten. Bei ihnen ergab sich folgende Reihenfolge:

Personalschwierigkeiten	51,6%
Bürokratieüberwälzung/Vorschriften	35,9%
Finanzierungsprobleme	19,3%
Konzernkonkurrenz	17,2%
Nachfolgeprobleme	14,6%
Trend- und Marktänderungen	14,2%

Daraus ergibt sich gegenüberliegendes Bild.

Die schon für die Gegenwart von den Hotelbetrieben hervorgehobenen ***Personalprobleme*** dürften auch für die Zukunft bleiben oder sich sogar verstärken. Insofern gilt wiederum Gleiches wie für das Gaststättengewerbe. Der Trend in den Hotels wird deshalb noch stärker als bisher dahingehen, durch Selbstbedienung und ähnliche personalsparende Maßnahmen den Personaleinsatz zu reduzieren.

Daß auch die Hotels unter der Flut öffentlicher Vorschriften und unter ***Bürokratieüberwälzung*** leiden (35,9%), entspricht einer berechtigten Klage der gesamten Wirtschaft und insbesondere des Mittelstandes[36]. Daß die Hoteliers diesen Punkt auch als Zukunftsproblem empfinden, zeigt, wie wenig sie die Schwüre der Politi-

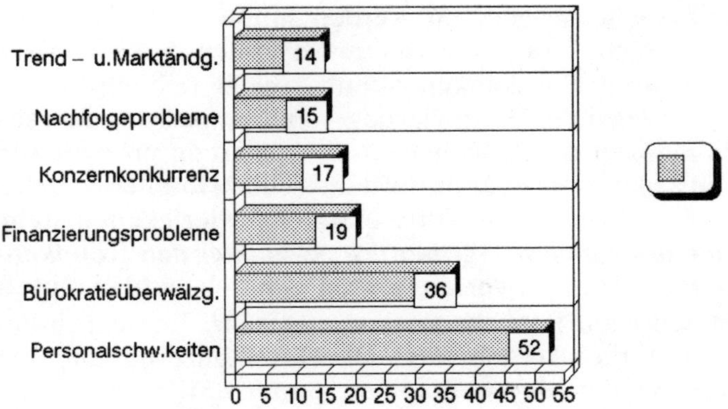

Zukunftsschwierigkeiten der Hotels in %-Werten

ker glauben, daß sich diese Bürokratie vermindern würde. Die Problematik liegt vor allem darin, daß die Betriebe relativ um so stärker unter der Bürokratieüberwälzung leiden, je kleiner sie sind, weil die meisten kleineren Betriebe die gleichen Vorschriften zu erfüllen, Kontrollen zu erdulden oder Statistiken anzufertigen haben wie die großen[37]. Der einzelne Hotelier kann sich dagegen auch nicht wehren. Hier ist die Standesvertretung der Mittelstandspolitik und sind die Parteien gefordert, um diese Zukunftssorge unserer Betriebe zu beseitigen.

An dritter Stelle der Zukunftsprobleme steht erst das ***Finanzierungsproblem***. Da ein Hotelbetrieb einen gegenüber allen anderen Branchen überproportionalen Finanzierungsbedarf hat, hätte man diesen Punkt noch deutlicher als Problem erwartet. Da aber die Antworten zu mehr als 90% aus Eigentumsbetrieben kamen, wird offenbar die Finanzierung des eigenen Hotels nicht als Finanzierungsproblem verstanden, sondern nur die Finanzierung von Zusatzinvestitionen. Würde sich das Investitionsproblem erleichtern, könnten also ca. 20% der Betriebe besser in die Zukunft schauen. Dies bedeutet, daß die öffentliche Mittelstandsförderung – die bisher nicht für Dienstleistungsbetriebe gilt – auch auf die Hotelbranche ausgedehnt werden müßte. Das bedeutet aber auch, daß das Verhältnis zwischen den Hoteliers und ihren Hausbanken offenbar nicht reibungslos ist. Die steigenden Renovierungs- und Anpassungsinvestitionen stellen tatsächlich ein Finanzierungsproblem für die Zukunft unserer mittelständischen Hotellerie dar.

An vierter Stelle der Zukunftsschwierigkeiten steht der ***zunehmende Wettbewerb gegenüber den Hotelkonzernen.*** Die Antworten werden sämtlich aus den mittelständischen Betrieben gekommen sein. Tatsächlich bedeutet die Ausdehnung der Hotelkonzerne und ihr wachsender Marktanteil eine immer stärkere Behinderung für die selbständigen mittelständischen Hoteliers. Die Konkurrenz vollzieht sich zur Zeit in den Groß- und Mittelstädten. Insofern hätte bei höherem Anteil der Betriebe aus diesen Städten in der Untersuchung auch der Anteil dieser genannten Schwierigkeiten höher ausfallen können. Die Konzentrationsproblematik des Machtkampfes der Konzerne gegen die unabhängigen mittelständischen Betriebe setzt sich wie im Einzelhandel nun wohl auch im Hotelgewerbe fort. So sehr zusätzliche Konkurrenten zu begrüßen sind, besteht zwischen den kapitalkräftigen, zu Vorzugskonditionen einkaufenden Hotelkonzernen einerseits und den kapitalschwachen und nur zu schlechteren Konditionen einkaufenden mittelständischen Betrieben keine Chancengleichheit im Wettbewerb mehr. Dies durch ein Diskriminierungsverbot in der Kartellgesetzänderung zu berücksichtigen, war die Forderung der Mittelstandsforschung[38], läßt sich aber gegen die politische Macht der Konzerne wohl schon nicht mehr durchsetzen. Insofern ist die Sorge der selbständigen mittelständischen Hoteliers vor dieser übermächtigen Konkurrenz gerechtfertigt.

An fünfter Stelle der Zukunftssorgen steht die ***Nachfolge*** (14,1%). Diese Zukunftssorge ist nicht hoteltypisch, sondern gilt für alle Eigentümer-Unternehmer, ist also ein generelles Mittelstandsproblem, weil die Betriebe in der Regel Familienbetriebe sind und ihre Unternehmer nach Erbhofbauernmentalität den Betrieb innerhalb der Familie gerne weitergeben möchten, aber innerhalb der Familie immer weniger Kinder und darunter auch noch immer weniger Unternehmertypen haben[39]. Im übrigen bekommen die Kinder einer Hoteliersfamilie von morgens bis abends mit, wie sich ihre Eltern für den Betrieb aufreiben müssen. Viele wollen deshalb ein gleiches aufregendes Leben nicht führen, sondern lieber irgendwo einen ruhigen Angestellten- oder Beamtenjob genießen. Die für unsere Volkswirtschaft festgestellte „Unternehmerlücke"[40] setzt sich deshalb auch in den Hotelbetrieben fort, weil nicht genug Unternehmertypen in den Unternehmerfamilien mehr nachwachsen, um ihre Betriebe zu übernehmen. Dieses Problem ist jedoch ein familiäres Problem, kein Problem das Dritte lösen können. Die Lösung muß individuell vom Unternehmer durch entsprechende Betriebsübertragungsstrategien gesucht werden[41].

An letzter Stelle der Zukunftsängste stehen die ***Trend- und Marktänderungen***. Die Hoteliers haben mit Recht davor Sorge, weil sie mit ihrem hohen Fixkostenengagement nur wenig flexibel sind. Andererseits ist eine Marktwirtschaft naturgemäß dynamisch. Erbhofpositionen gibt es im Markt nicht. Änderungen sind immer unbequem – aber sie sind beherrschbar, wenn man sie rechtzeitig kommen sieht und sich mit den richtigen Strategien[42] darauf einstellt.

13. Was wünschen sich die Gäste von unserer Gastronomie?

Es genügt in einer auf die Konsumentenwünsche ausgerichteten Marktwirtschaft nicht, daß sich die Anbieter bestimmte Vorstellungen von der Zukunft machen oder die Zukunft gestalten wollen; Anbieter können nur überleben, wenn eine ausreichende Marktnachfrage vorhanden ist. Es kommt also auf die Nachfrager entscheidend an, welches Angebot zum Zuge kommt, welche Gastronomie-Betriebe aufgesucht werden und welche dadurch Erfolg haben. Um aber zu wissen, was die Gäste von der Gastronomie erwarten, muß man sie befragen. Allerdings haben solche Gästebefragungen den großen Nachteil, daß sie nur kurze Zeit aktuell bleiben. Ältere Untersuchungen können also für die derzeitige Nachfragestruktur nicht viel bringen, insbesondere aber sind sie für Zukunftsprognosen unbrauchbar. Wer also auf heutigem Stand die Nachfrage der Gäste und einzelner Gästegruppen – vor allem der Jugend – wissen will, muß sich auf eine aktuelle Umfrage stützen. Soweit ersichtlich, gibt es eine aktuelle Umfrage nur für den Seniorenmarkt, nicht aber für das Gesamtspektrum der Gastronomiegäste. Wir mußten deshalb, um den Gastwirten tragfähige und wissenschaftlich verantwortbare Gästemeinungen präsentieren zu können, eine eigene Befragung durchführen.

13.1 Durchführung und Umfang der Befragungen

Die Befragung wurde um den Jahreswechsel 1988/89 durchgeführt. Von über 2.000 Befragungen waren 1.275

(alle Altersgruppen umfassend) Fragebögen verwertbar. Wegen der Bedeutung der Jugend als künftige Gastronomiegäste wurde für diese Altersgruppe noch eine Zusatzbefragung mit eigens dafür entwickeltem Fragebogen (Anlage A) durchgeführt, welche 252 verwertbare Antwortbogen ergab. Für den Seniorenmarkt der Gastronomie lag dagegen eine öffentliche Befragung von 1988 vor[1], deren Ergebnisse mit Testfragen des Mittelstandsinstituts Niedersachsen einer Plausibilitätskontrolle unterzogen worden sind. Die Ergebnisse harmonierten, so daß eine erneute spezielle Seniorenbefragung zu den gleichen Themen nicht notwendig erschien.

Die Befragungen wurden überwiegend im nordwestdeutschen Raum durchgeführt, nur zu etwa 20 % in Süddeutschland. Dennoch glauben wir, daß beide Räume nicht soviel Verhaltensunterschiede aufweisen, daß die Repräsentanz der Untersuchung dadurch gestört wäre.

Das vorhandene statistische Material erlaubt, Unterschiede festzustellen zwischen dem Verhalten der Gesamtgästeschaft einerseits und dem Senioren- und Jugendsegment des Gastronomiemarktes, sowie zwischen den beiden letzteren untereinander andererseits. Wir wollten aus den verschiedenartigen Befragungen nicht nur die Gesamtnachfrage und deren Prognose ermitteln, sondern auch die der beiden wichtigsten unterschiedlichsten Teilmärkte. Hierzu hat die Befragung interessante Antworten gebracht. Die einzelnen Fragen nach den Personen der Gäste selbst ergaben folgende Zusammensetzung:

Altersgruppen

unter 25 Jahre	=	25,5 %
25 – 40 Jahre	=	28,7 %
40 – 60 Jahre	=	33,8 %
über 60 Jahre	=	11,3 %

Diese Altersstruktur der Befragten entspricht relativ nahe dem Gesamtaufbau der Bevölkerung, kann also für den Fragezweck als repräsentativ verwandt werden.

Unter den Befragten waren 45,1 % weiblich und 51,6 % männlich. Dies entspricht nicht ganz der Bevölkerungsstatistik. Zwischen Männern und Frauen waren aber signifikante Antwortunterschiede nicht feststellbar. Vielmehr hat sich im Zuge der Befragung herausgestellt, daß die Wünsche der Gäste mehr nach Alter als nach Geschlecht differieren. Die nicht repräsentative Geschlechtszugehörigkeit spielt deshalb für den Wert der Antworten keine Rolle.

Von den Befragten gehörten 25,5 % der Unternehmerschaft an (Selbständige). Fast die Hälfte (47 %) der Befragten waren abhängig Beschäftigte. 14,9 % der Antwortenden waren im Haushalt tätig, meist Ehefrauen.

Die Selbständigen machen zwar nach der Bundesstatistik 5% aus, aber da die Selbständigen auch etwa zu 25% Gäste von Gastronomie-Betrieben sind[2], ist der Selbständigenanteil in unserer Befragung für die Gastronomiebranche durchaus als repräsentativ anzusehen. Der Durchschnitt der im Haushalt lebenden Personen der Antwortenden lag bei 2,8 Personen und liegt damit höher als der Bundesdurchschnitt (2,31). Wichtig war für uns, daraus die Zahl der Alleinreisenden und derjenigen mit Familien Reisenden abzufragen. Die Gruppe ersterer lag bei 35,6 %; dagegen reisen 54,5 % der Antwortenden überwiegend mit der Familie. Wir haben also in unserer Statistik mehr Ferienurlauber als Geschäftsreisende. Dies entspricht dem Bild, welches die Hotellerie für die Langzeiturlaube auch selbst entwickelt hat, nicht jedoch der dominierenden Stellung der Alleinreisenden (Geschäftsreisende) für Kurzübernachtungen[3]. Entsprechend gehören in unserer Untersuchung 33,8 % der Gäste zu den geschäftlich übernachtenden Hotelgästen, 52,7 % dagegen zu den privaten Hotelgästen. Die Gastronomie suchten 14,2 % der Gäste vorwiegend geschäftlich auf, 65,1 % der Gäste dagegen vorwiegend privat.

13.2 Gästemotive

Die Antworten nach den Motiven, warum die Gäste einen Gastronomie-Betrieb besuchen, harmonierten mit den bereits oben dargestellten theoretischen Motiven der Gastronomiegäste. Die abgefragten Motive ergaben folgende Reihenfolge:

- um zu essen = 86,9 %;
- um Getränke zu verzehren = 54,9 %;
- Kontakte mit Freunden/neuen Menschen = 52,7 %;
- zu Besprechungen = 26,2 %;
- um unterhalten zu werden = 19,3 %;
- mit dem Sportclub = 10,2 %.

Die Antworten ergaben folgendes geographische Motivbild:

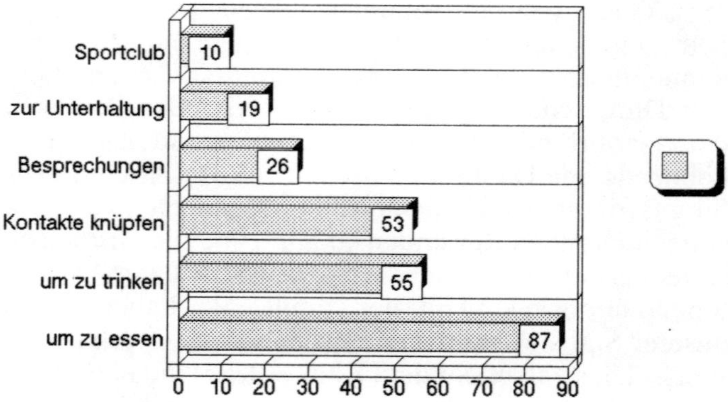

Gästemotive in %-Werten

Daß der ***Essenswunsch*** so stark im Vordergrund der Gästemotive steht (86,9 %), ergibt sich nicht nur aus der Gesamtbefragung, sondern auch aus der Spezialbefragung der Jugendlichen (69 %). Bei den Senioren war dieses Motiv zu 74,2 % ebenfalls hervorstechend. In den Altersgruppen von 25 – 40 Jahren und von 40 – 60 Jahren lag der Wunsch, einen Gastronomiebetrieb aufzusuchen sogar über 90 %. Für die Gastronomie bedeutet die Spitzenstellung dieses Motivs einen gewissen Zwang, sich in ihrem Marketing diesem Motiv zu unterwerfen, mit anderen Worten: Wer als Gaststätte glaubt, ohne Essensversorgung überleben zu können, kann dies nur in Marktnischen, nicht aber im breiten Marktspektrum.

Die Gäste erwarten von einer Gaststätte in erster Linie eine Essensversorgung. Aus diesem überragenden Grunde suchen sie Gaststätten auf. Unter diesem Gesichtspunkt werden sie auch unter den Gaststätten hauptsächlich auswählen. Der Essensversorgung, der Essensart, der Essensqualität und der Preislage des Essens kommt also für das Marketing und für den Erfolg einer Gaststätte ganz besondere Bedeutung zu.

Neben dem Essenswunsch steht an zweiter Stelle das Gästemotiv (54,9 %), in einer Gaststätte *Getränke zu verzehren*. Dieses Motiv ist auch in dieser Stärke bekannt. Interessant sind nur die Abweichungen der verschiedenen Altersgruppen:
- Jugendliche bis 25 Jahre haben zu 65,7 % vor allem Getränkewünsche an die Gastronomie;
- in der Altersgruppe von 25 – 40 Jahren fällt dieser Prozentsatz auf 59,5 %;
- die 40- bis 60jährigen wollen zu 52,7 % vor allem Getränke in der Gastronomie;
- die Senioren dagegen suchen nur noch zu 25,8 % Getränkeverzehr in der Gastronomie.

Je jünger die Gäste, desto vordringlicher der Getränkewunsch, je älter die Gäste, desto weniger suchen sie in der Gastronomie den Getränkeverzehr.

Der ***Kontaktwunsch*** war insgesamt zu 52,7 % entscheidendes Motiv für Gäste, einen Gastronomie-Betrieb zu suchen. Dies gilt vor allem für die alleinstehenden, kinderlosen, mobilen Gästegruppen. Frauen haben übrigens diesen Kontaktwunsch viel stärker an die Gastronomie als Männer, nämlich zu 58,9 %, gegenüber 45,7 %.

Von der Altersstruktur her ist das Kontaktmotiv um so stärker, je jünger die Gäste sind, nimmt also mit zunehmendem Alter als Motiv ab:
- Jugendliche bis 21 Jahren = 94,4 %;
- Jugendliche bis 25 Jahren = 67,1 %;
- Gruppe von 25 – 40 Jahren = 64 %;
- Altersgruppe 40 – 60 Jahren = 39,8 %;
- Senioren über 60 Jahren = 25,8 %.

Für die Gastronomie bedeutet dies, daß sie Kontaktplattform vor allem für die jüngeren Gästegruppen sein muß. Mehr Kontaktattraktion bedeutet auch mehr Anziehungskraft auf jüngere Gäste. Wer den Kontaktwunsch der Gäste nicht erfüllen kann, wird vor allem die jüngeren Gäste nicht gewinnen können.

Die drei vorgenannten Motive Essen – Trinken – und Kontakthaben sind die überragenden Motive, die unsere Befragung ermittelt hat. Hinter diesen drei Topmotiven treten alle anderen für die Gastronomie zurück. Rechnet man nämlich auch das an vierter Stelle genannte Motiv ***„unterhalten zu werden"*** (19,3 %) noch dem Kontaktwunsch zu, so bleiben für die beiden restlichen Motive der meist geschäftlichen ***Besprechungen*** (26,2 %) und des ***Treffens*** mit den Sportkameraden (10,2 %) nur untergeordnete Anteile. Interessant dürfte bei letzteren Motiven sein, daß die Altersgruppe der 40- bis 60jährigen das Motiv „Besprechungen" überproportional mit 45,2 % angab und daß außerdem gerade diese Altersgruppe niedrigere Kontaktwünsche an die Gastronomie stellt als die jüngeren Altersgruppen.

Mit den drei genannten Hauptmotiven der Gastronomiegäste harmoniert auch die Zeitdauer, die sie für ihren Gaststättenbesuch als Durchschnitt angaben: Insgesamt verbringen die Gäste wöchentlich 3,7 Stunden in einer Gaststätte. Etwas geringer ist die Zeit bei den Senioren (2,7 Stunden). Für die anderen Gästegruppen waren wesentliche Differenzen nicht ersichtlich. Wenn also nach dieser Untersuchung die erwachsenen Deutschen im Schnitt etwa 3,5 Stunden wöchentlich in einer Gastwirtschaft verbringen, ergibt sich daraus gleichzeitig, daß die Gastronomie eine viel stärkere gesellschaftliche Bedeutung als die meisten anderen wirtschaftlichen Branchen hat. Jetzt wird auch verständlich, weshalb die Politiker behaupten, ihre Mehrheiten entschieden sich „im Kampf um die Biertische". Dies gilt aber nicht nur für politische Meinungen, sondern auch für gesellschaftliche Zeitströmungen. Die deutsche Gastronomie hat hier ein gesellschaftliches Faustpfand in der Hand, welches ihr eine ganz besondere gesellschaftliche Verantwortung auferlegt. Diese zentrale Rolle der deutschen

Gastronomie ist es wert, durch Einzelforschungen noch mehr aufgeklärt zu werden. Möglicherweise bestimmt die Gastronomie unser gesellschaftliches Leben mehr als die sich mit ihrer gesellschaftlichen Macht immer brüstenden Medienmacher und Medienmonopole.

Die hohe durchschnittliche Verweildauer unserer deutschen Bevölkerung in der Gastronomie ist nach Geschlecht allerdings unterschiedlich. Frauen verbringen durchschnittlich nur 2,8 Stunden wöchentlich in Gastronomiebetrieben, Männer dagegen 4,2 Stunden. Die Verkürzung der Arbeitszeit hat also dazu geführt, die Verweildauer vor allem der Männer in der Kneipe zu erhöhen. Während der Durchschnittsbürger 180 Stunden jährlich in Gastronomiebetrieben sitzt, verbringen die Männer durchschnittlich 220 Stunden dort, das sind 15 % ihrer Berufsarbeitszeit[4].

13.3 Struktur der Gästenachfrage für das Gaststättengewerbe

Wer seinen Gastronomiebetrieb zum Erfolg führen will, muß das anbieten, was die Kunden wollen. Dies gilt nicht nur in der Gastronomie so, sondern überall in Handel, Dienstleistung und der ganzen privaten Wirtschaft. Deshalb ist die Kenntnis von den Wünschen der Kunden – Marktforschung – eine der wichtigsten Voraussetzungen für die Gründung und den Betrieb eines Unternehmens. Nur wer die Wünsche der Kunden rechtzeitig und vollständig kennt, kann sich entsprechend darauf einstellen.

Das Problem aller marktwirtschaftlichen Anbieter liegt aber darin, daß die Kundenwünsche nicht gleich bleiben, sondern sich im Laufe der Zeit – leider immer schneller – verändern. Erforschung der Kundenwünsche ist also eine Daueraufgabe nicht nur für die Anbieter, welche davon leben wollen, sondern auch für alle Verbände und Institutionen, welche den Unternehmern helfen wollen. Je aktueller der Erkenntnisstand über die Nachfragestrukturen ist, desto besser können die Verbände und Institutionen den Unternehmern raten und desto besser können die Unternehmer sich und ihren Betrieb auf die neuen Nachfragetendenzen einstellen.

Je nach den unterschiedlichen Zielgruppen hat jede Gaststätte ihr eigenes Marktfeld, ihre eigenen Nachfrageschwerpunkte und damit auch ihre eigenen Angebotsschwerpunkte. Es gibt aber darüber hinaus Gesamttendenzen, welche die Gesamtnachfrage der Gäste betreffen und deshalb auch für alle Gastronomiebetriebe wichtig sind. Um diese Gesamttendenzen ging es bei der von uns durchgeführten Befragung der Gäste. Dabei wurden die Fragen einmal nach den aktuellen Wünschen der Gäste (aktuelle Nachfragestruktur) gestellt, zum anderen aber auch nach den in die Zukunft gerichteten Tendenzen der Nachfrage (Nachfragetendenzen) im Sinne einer Prognose, wie sich die Nachfrage wohl in den nächsten 10 oder 20 Jahren verändern wird. Aus letzterem Grunde wurde besonderer Wert auf die Antworten der Jugendlichen als „Gäste der Zukunft" gelegt.

Aktuelle Nachfragestruktur

Zunächst interessiert den Gastwirt die Frage, wieviel Potential der Gesamtnachfrage im Grunde standorttreu ist, d.h. ein ***Stammlokal*** bevorzugt. Hierauf antworteten 31 % aller Gäste mit Ja. Kein Stammlokal hatten 67,6 % der Gäste, also mehr als 2/3. Die deutschen Gastronomiegäste sind also nur zum kleineren Teil ständige Gäste einer bestimmten Gaststätte. Der größte Teil der Deutschen kehrt unregelmäßig mal hier mal dort ein und fühlt sich nicht an eine bestimmte Gaststätte gebunden. Dies ist sicher ein für die meisten Gastwirte unbefriedigendes Befragungsergebnis, weil die Gastwirte selbst einen viel höheren Stammgästeanteil behaupten und ihre Geschäftspolitik vielfach auch stärker auf die Stammkunden ausrichten.

Es ist auch sicher richtig, alles zu tun, um die Stammkunden zu halten. Noch wichtiger ist es aber zu wissen, daß mehr als 2/3 aller erreichbaren Kunden nicht Stammkunden sind, sondern Laufkunden, die man immer wieder neu gewinnen muß.

Männer sind übrigens sicherere Stammkunden als Frauen. Sie haben zu 36 % ein Stammlokal, Frauen dagegen lehnten zu fast 3/4 (73,4%) ein Stammlokal ab, wollen also viel stärker wechseln und immer wieder mal eine neue Gaststätte ausprobieren. Vielleicht hängt es auch damit zusammen, daß Frauen sich spontaner zum Besuch einer Gaststätte entscheiden, also leichter durch äußere Gestaltung, durch Attraktion oder durch besondere Angebote einer Gaststätte angezogen werden können.

Der in der Befragung als stärkstes Motiv hervorgetretene Wunsch, eine Gaststätte ***zum Essen*** zu besuchen, wurde daraufhin untersucht, auf welche Art von Gaststätten sich diese stärkste Nachfrage richtet bzw. verteilt. Dabei ergab sich folgende Reihenfolge:

Spezialitätenrestaurants	48,7 %
Ausländische Restaurants	47,3 %
Typisch deutsche Gaststätten	39,6 %
Imbißbuden/Betriebskantinen	5,5 %
Selbstbedienungsrestaurants	5,1 %

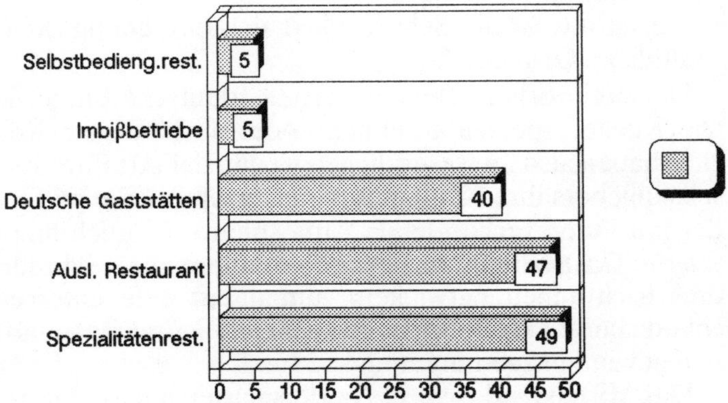

Beliebteste Speisebetriebe in %-Werten

Selbstbedienungsrestaurants, Imbißbuden und Betriebskantinen haben also bisher noch eine unbedeutende allgemeine Nachfrage. Die Nachfrage nach diesen Billiggaststätten besteht überproportional nur bei der Jugend. Kinder bis zu 15 Jahren bevorzugen zu 39 % diese Billiggaststätten, die Jugendlichen bis 25 Jahren zu 16 %. Wer also als Gastronom eine Billiggaststätte aufbauen will, muß sich konsequent auf die jugendliche Gästegruppe ausrichten. Versäumt er dies, könnte er von der Allgemeinnachfrage nicht existieren. Daß Spezialitätenrestaurants an der Spitze der Wunschliste der deutschen Gaststättengäste liegen, gilt generell nur für die Gruppe der Erwerbstätigen von 25 – 60 Jahren, und vor allem für die Männer (50,7 %). Die Senioren über 60 Jahre bevorzugen an erster Stelle die gutbürgerlichen deutschen Gaststätten. Die Jugendlichen bis zu 25 Jahren nannten zu 68,6 % an erster Stelle die ausländischen Gaststätten. Letztere wurden auch von Frauen um 10 % häufiger gewünscht als von Männern.

Interessant war die Begründung, welche die Gäste für ihren Lokalwunsch angaben:

- zu 85 % bevorzugten sie einen bestimmten Restauranttyp wegen des Essens;
- zu 61 % bevorzugten sie einen bestimmten Lokaltyp wegen der Atmosphäre;
- nur zu 17,5 % spielten die Preise des Restauranttyps eine Rolle;
- nur zu 6,6 % die Schnelligkeit der Bedienung oder ähnliche Gründe.

Die drei vorherrschenden Typen (deutsche bürgerliche Küche, Spezialitätenküche oder ausländische Küche) haben also im wesentlichen wegen der Art ihres Essensangebots ihren Zulauf, erst an zweiter Stelle wegen der mit ihnen verbundenen Atmosphäre. Folglich müssen die Gastwirte ihren Betrieb vor allem in eine dieser drei Richtungen entwickeln, um damit eine entsprechend starke Gästenachfrage ansprechen und Gäste für sich gewinnen zu können.

Das Mittelstandsinstitut Niedersachsen hat die Gäste nicht nur danach befragt, wonach sie eine Gaststätte für sich aussuchen; es hat die Gäste auch befragt, nach welchen Gesichtspunkten sie über das *Wiederkommen* in einen Gastronomiebetrieb entscheiden. Diese letztere Fragestellung wurde deswegen aufgenommen, um gleichsam als Korrekturfrage sicherzustellen, ob die Erstentscheidung für ein Lokal und die Wiederholungsentscheidung eine gleiche Nachfragestruktur zeigt oder ob hierbei Veränderungen auftreten. Nicht mit abgefragt wurde das Essen und seine Qualität, weil hierfür eine ausreichend breite Nachfragestruktur unstreitig ist. Niemand geht in ein Lokal, wo ihm das Essen nicht zusagt, nicht schmeckt oder wo er schlechte Erfahrungen gemacht hat. Es ging vielmehr um die Rahmenbedingungen[5] und deren Attraktivität bzw. Anziehungskraft auf die Gäste. Dabei stellte sich heraus, daß zwei Rahmenbedingungen die größte Werbewirkung für das Wiederkommen der Gäste ausüben:

- der Service zu 77,4%
- die Atmosphäre/das Publikum zu 75,3%

Erst mit erheblichem Abstand kam die *Ausstattung* der Gaststätte mit 41% an dritter Stelle. Die ursprünglich von uns sehr viel höher vermutete *Lage oder Verkehrsanbindung* des Lokals spielte bei den Kunden überhaupt nur mit 12,7% eine Rolle. Letzteres würde darauf hindeuten, daß für die meisten Gastronomiebetriebe der Standort keine entscheidende Erfolgsgröße ist, daß vielmehr die Ausstattung und vor allem die Atmosphäre sowie der Service für das Durchsetzen im Markt viel wichtiger sind.

Wenn also mehr als zwei Drittel aller Gastronomiegäste Laufkunden sind und somit das Geschäft der meisten Gastronomiebetriebe davon abhängt, ob diese Laufgäste wiederkommen oder nicht, werden die von den Gästen selbst genannten Gründe, aus denen heraus sie ein Restaurant wieder besuchen würden oder nicht, zum entscheidenden Erfolgskriterium der meisten Gastronomiebetriebe. Mit anderen Worten: Wer guten, seinem Lokaltyp entsprechenden Service bietet und eine auf seinen Betriebstyp gut abgestimmte Atmosphäre, der trifft die wichtigsten Nachfragewünsche seiner Gäste und hat dann die besten Erfolgschancen. Wer dagegen Personalprobleme hat, also keinen ausreichenden Service bieten kann und wessen Betriebseinrichtung oder Betriebsführung keine für seine Zielgruppe richtige Atmosphäre bieten kann, dem bleiben die Laufgäste weg und damit auch der Umsatz.

Nachfragetendenzen

Gäste sind immer launisch und anspruchsvoll. Es ist deshalb wichtig, ihre Launen und ihre Ansprüche zu kennen, damit die Gastronomie ihr Angebot darauf einstellen kann. Wir haben deshalb die Gäste gefragt, wo die von ihnen besuchten Gaststätten einsparen könnten und wo die Gäste Verbesserungen wünschen.

Unter den Verbesserungswünschen lag der ***Service*** mit 50,2% an der Spitze. Frauen verlangten nur zu 44% besseren Service, Männer dagegen sogar zu 57%. Offenbar ist die Hälfte der deutschen Gäste mit dem Service in den von ihnen besuchten Gaststätten nicht zufrieden. Eine für die Zukunftschancen der deutschen Gastronomie alarmierende Kritik, wenn man an den hohen Stellenwert denkt (77,4%), den die Gäste dem Service für die Entscheidung über einen Wiederholungsbesuch der gleichen Gaststätte zumessen! Trotz aller Personalprobleme muß also die deutsche Gastronomie vor allem versuchen, diesen Mangel zu beseitigen. Nur wenn sie mehr zufriedene Gäste hat, wird sie auch häufigere Besuche dieser Gäste erwarten können.

Die an zweiter Stelle genannte Kritik der ***Küchenqualität*** (44,7%) bestätigt wiederum die zentrale Bedeutung des Essens für die Gästenachfrage und für den Erfolg einer Gaststätte. Mit steigendem Wohlstand und mit steigender internationaler Erfahrung (Urlaubsreisen) werden die Gäste immer anspruchsvoller. Im übrigen ist ein Gaststättenbesuch immer noch etwas Besonderes; folglich erwarten die Gäste auch bei ihrem wichtigsten Gaststättenzweck, dem Essen, etwas Besonderes. Trotz aller Personalprobleme und Kosten muß auch dieser Kritikpunkt von der deutschen Gastronomie ernst genommen werden. Immerhin bedeuten fast die Hälfte mit dem Essen nicht oder nicht ganz zufriedener Gäste einen drohenden Marktanteils- und Umsatzverlust. Wer in einer Gaststätte mit dem Essen nicht zufrieden war, versucht andere Gaststätten. Und wer öfter enttäuscht worden ist, zieht sich in private Geselligkeitsformen zurück und geht der Gastronomie als Gast verloren.

An Einsparungsmöglichkeiten sahen die Gäste selbst nur zu 9,5% Sparmöglichkeiten bei der ***Ausstattung des Betriebes***. Einen doppelt so hohen Einsparungsspielraum bei den Ausstattungen sehen die Senioren über 60 Jahre mit 19,4%. Hierbei dürfte es sich vor allem um Rentner einfacher Kreise handeln, die durch ihre relativ hohen Renten in die Lage versetzt worden sind, mehr auswärts zu essen und denen es mehr um das Essen selbst als um die Ausstattung geht.

Besonders interessante Ergebnisse brachte die Frage, ob die Gäste ***bei steigendem Einkommen ihre Nachfrage verändern*** würden.

Bei steigendem Einkommen würden 58,9% der heutigen Gäste ihre ***Nachfrage nicht ändern***. Die Senioren würden bei steigenden Renten sogar zu 87% weder häufiger einen Gastronomiebetrieb aufsuchen noch in teurere Gastronomiebetriebe gehen. Ihre Nachfrage ist also relativ starr, entweder weil sie sich ohnehin mit Rente gut versorgt fühlen oder weil sie ihre Gewohnheiten bei steigenden Renten nicht ändern würden. Bei Jugendlichen zeigte sich dagegen ein ganz anderes Bild: Nur 33% der Jugendlichen bis zu 25 Jahren gaben an, sich bei steigendem Einkommen im Hinblick auf die Gastronomie ebenso verhalten zu wollen wie bisher.

Unter der Annahme steigenden Einkommens würden von allen Gästen 30,5% ***häufiger*** einen Gastronomiebetrieb aufsuchen, die Senioren nur zu 9,7%, die 25- bis 40jährigen jedoch zu 39,2%, die Jugendlichen aber sogar zu 51,4%. Das größte von der Gastronomie noch zu erwartende Gästepotential liegt also unter der Voraussetzung weiter steigenden Wohlstandes bei der Jugend. Sobald die Jugend mehr Geld hat, will sie häufiger Gast werden. Die Jugend scheint stärker gastronomieorientiert als die Älteren oder die Alten.

Auf die Frage, ob sie bei steigendem Einkommen in ***teurere Gastronomiebetriebe*** überwechseln würden, antworteten nur 19% der Gäste positiv. Auch dieser Wunsch besteht am stärksten bei der Jugend bis zu 25 Jahren (31,4%), bei den Älteren deutlich weniger und bei den Senioren kaum (3,2%). Die hochwertigeren Gastronomiebetriebe haben also kaum Chancen, zusätzliche Senioren als Gäste zu gewinnen.

Daß die Jugendlichen die ***Billiggastronomie*** aufsuchen, liegt wohl hauptsächlich daran, daß sie für die Standardbetriebe noch nicht über genügend Einkommen verfügen. Sobald ihr Einkommen steigt, würden sie die Billiggastronomie verlassen und Gäste der Standardbetriebe werden. Man kann diesen Auskünften aber auch entnehmen, daß offenbar die Jugend nur aus Preisgründen zur Billiggastronomie geht. Für diese letztere Bedeutung sprechen auch die in unserem Jugendfragebogen ermittelten Taschengeldhöhen: Die Jugendlichen haben (1989) im Durchschnitt monatlich 64 DM Taschengeld. Davon geben für die Gastronomie monatlich aus:

bis 15 Jahre	=	10 DM
bis 18 Jahre	=	18,17 DM
bis 21 Jahre	=	50,00 DM
bis 25 Jahre	=	112,13 DM.

Der dominierende Wunsch nach ***mehr Service*** wurde in unserer Untersuchung je nach Einzeldienstleistungen abgefragt. Daraus ergab sich folgende Wunschreihenfolge:

Attraktionen für Kinder	26,9%
kulturelles Angebot	26,9%
Geschenke für Zuhause	10,5%
Babyaufbewahrung	10,1%
Telefon für Geschäftsgespräche am Tisch	9,1%
Spiele	8,7%
Bildungsdienst	5,8%
Bildschirmtext (BTX)	4,7%
Kochkurse	4,7%
Börseninformation	4,4%

Die weiteren abgefragten zusätzlichen Dienstleistungen hatten praktisch keine wesentliche Bedeutung.

Die deutsche Gastronomie gilt bei den Gästen nicht als kinderfreundlich. Darin mag der Grund liegen, weshalb Familien mit Kindern in die Billiggastronomie abwandern. Dies mag aber auch der Grund sein, weshalb die Gäste selbst Babyaufbewahrung und *Attraktionen für Kinder* in den Gaststätten wünschen. Wenn die deutsche Gastronomie die Familien mit Kindern mehr als Gäste bei sich haben möchte, wird sie sich auf diese Wünsche einstellen, also mehr dafür tun müssen, daß sich auch die Kinder in der Gaststätte wohlfühlen. Vergleicht man z.B. die Attraktionen, welche die amerikanische Gastronomie – insbesondere die amerikanischen Hotels – für die Kinder bieten, mit der Kinderneutralität der deutschen Gastronomie, liegt hier sicher ein Nachholbedarf.

Der zweite große Wunschkomplex für zusätzliche Dienstleistungen im Gastronomiebetrieb ist das ***kulturelle Angebot*** einschließlich eines Bildungsdienstes. Immerhin wünscht fast ein Drittel der Gäste ein solches zusätzliches Angebot. Interessant erscheint vor allem, daß besonders die Jugendlichen bis 25 Jahren sogar zu 50% ein solches Bildungsangebot in der Gaststätte wünschen. Die Gäste von morgen legen auf dieses Angebot einen immer größeren Wert. Wer also diese jungen Gäste halten und mehr von ihnen haben möchte, muß in dieser Dienstleistung mehr bringen. Bei den Senioren beträgt dieser Zusatzwunsch nur 16,2%.

Bei dem Wunsch der Gäste, zusätzlich auch in der Gaststätte ***Geschenke für Zuhause*** erwerben zu können, bietet sich ein interessantes Zusatzgeschäft für die Gastronomie an. Mit 10% Nachfragequote dürfte sich ein solches Zusatzgeschäft durchweg lohnen, wird also mehr Phantasie von der deutschen Gastronomie auf diese Zusatzleistung gelegt werden müssen.

Spiele, Bildschirmtext und Börseninformation als zusätzlich gewünschte Dienstleistungen zeigen, daß sich die Gäste offenbar in den Gaststätten langweilen oder zumindest diese Zeit aktiv nutzen möchten. Auch diese

Antworten bestätigen den Trend, daß die deutsche Gastronomie künftig mehr für die Unterhaltung und das Erlebnis ihrer Gäste tun muß und daß insbesondere Spiele, Spielautomaten und ähnliche Einrichtungen für die Gäste künftig mehr als heute angeboten werden sollten[6].

13.4 Struktur der Gästenachfrage für das Hotelgewerbe

Die Nachfrage nach den deutschen Hotels ist nur zu einem ganz geringen Anteil fest durch Dauergeschäftsbeziehungen wie etwa die Dauerbelegung durch die Angehörigen einer bestimmten Fluggesellschaft usw. Der Anteil liegt insgesamt unter 5% Dauergeschäftsbeziehung. Die Belegung des Hotels und seine Kapazitätsausnutzung hängt also von ständig neuen Einzelnachfragen ab, die sich auf das spezielle Hotel richten müssen. Dies zwingt den Hotelier zu höchsten Marktanstrengungen, um die freie Nachfrage auf sein Hotel zu lenken. Aus diesen Gründen ist es für ihn besonders wichtig, die Nachfragestruktur der freien Hotelgäste zu kennen.

Aktuelle Nachfragestruktur

Die Nachfrage nach den einzelnen Hoteltypen ist unterschiedlich nach Stadthotels und Landhotels bzw. Ferienhotels. Deshalb wurden auch die Fragen nach dem bevorzugten Hoteltyp unterschiedlich nach Stadt- und Feriengebieten gestellt und ausgewertet. Dabei spielt auch eine Rolle, daß die Stadthotels überwiegend von Geschäftsreisenden besucht werden, die Ferien- und Landhotels dagegen überwiegend von Gästen, die diese Übernachtung nicht auf Geschäftskosten, sondern aus ihrem Privateinkommen bezahlen müssen. Dies mag mit dafür verantwortlich sein, daß zwischen Stadt und

Land so deutlich unterschiedliche Hoteltypen im Interessenvordergrund stehen.

Die Hoteltypen wurden unterschiedlich abgefragt, einmal von allen Gästen gemeinsam, dann für die Senioren extra und zusätzlich für die Jugendlichen extra. Aus dem Vergleich zwischen der Gesamtheit und den beiden Sondergruppen ergeben sich interessante Differenzen:

Bevorzugte Hoteltypen in der Stadt

	gesamt	Senioren	Jugend
Hotel	45%	30%	35,7%
Hotel garni	25%	30%	30%
Pensionen	14,2%	30%	24,3%

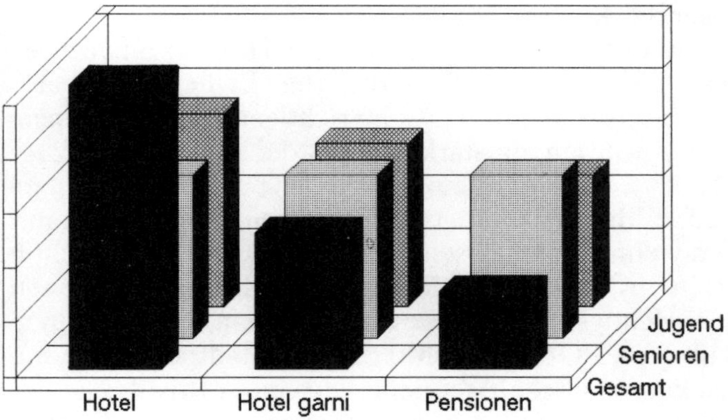

Bevorzugte Hoteltypen in der Stadt in %-Werten

Es war zu erwarten, daß wegen der Geschäftsreisenden das Komforthotel der Stadt als bevorzugter Hoteltyp an erster Stelle steht. Wer geschäftlich verreist, möchte abends Bequemlichkeit haben, zumal er dies nicht privat bezahlen muß, sondern ihm dies entweder die Firma oder der Geschäftspartner stellt. Dies gilt nicht nur für die Geschäftsreisenden aus der Wirtschaft, sondern auch für die reisenden Beamten. Überraschend war, daß auch die Jugend zu 35,7% Komforthotels wünscht. Das sagt nicht, daß sie auch diese Hotels bereits besuchen könnte. Wir hatten nur nach ihrem Wunsch gefragt. Das bedeutet jedenfalls auch, daß sich die Aussteiger- und Gammelmentalität eines großen Teiles der Jugendlichen auf ihre Hotelwünsche nicht auswirkt. Selbst Gammelvögel wünschen beste Hotels. Die Komforthotels haben insofern auch in der Jugend ein sehr starkes Gästepotential, mit dem sie für die Zukunft rechnen können.

Daß man mit fremdem Geld (Geschäftsreisende, Beamte) höhere Ansprüche hat als mit eigenem Geld, zeigt der Unterschied der Gesamtstatistik zu den Senioren. Die Seniorenwünsche verteilten sich gleichmäßig auf Komforthotels, Hotels garni und Pensionen. Wer also im Alter selbst ein Hotel bezahlen muß, wählt deutlich weniger das Komforthotel (−50%).

Auf der Wunschtabelle steht das Hotel garni an zweiter Stelle nach dem Komforthotel. Es liegt offenbar – wie unsere Statistik zeigt – im richtigen Trend. Stadtpensionen wurden am stärksten von der Jugend bevorzugt (24,3%). Dies hängt einmal mit den beschränkten finanziellen Mitteln der Jugend zusammen, danach auch mit den vielfach noch bescheideneren Ansprüchen. Richtig erscheint hieraus, daß die Jugend für die Stadtpensionen der wichtigste Nachfragemarkt zu sein scheint. Innerhalb dieser Gesamtnachfrage nach Stadtpensionen waren kaum Geschäftsreisende, also meist Privatgäste der unteren bis mittleren Einkommensgruppen. Überraschend wenig werden Stadtpensionen von den Senioren nachgefragt (nur 6,5%). Ein Grund dafür könnte sein, daß Senioren überwiegend mit Reisegruppen verreisen und deshalb nicht in Pensionen, sondern in Hotels übernachten. Zum andern wünschen die Senioren vor allem Bequemlichkeit (zu 84%) und könnten aus diesem Grunde eher Hotels als Pensionen bevorzugen. Dies steht aber im Widerspruch zu der fast fünffach so hohen Nachfrage der Senioren nach Ferienpensionen (30%), so daß sich diese Frage ohne eine Sonderuntersuchung nicht schlüssig beantworten läßt.

Ganz anders werden die Hoteltypen für Feriengebiete und für Urlaubszwecke gewünscht:

	gesamt	Senioren	Jugend
Pensionen	45%	30%	60%
Komforthotel	27,6%	20%	13%
Hotel garni	17,5%	30%	20%

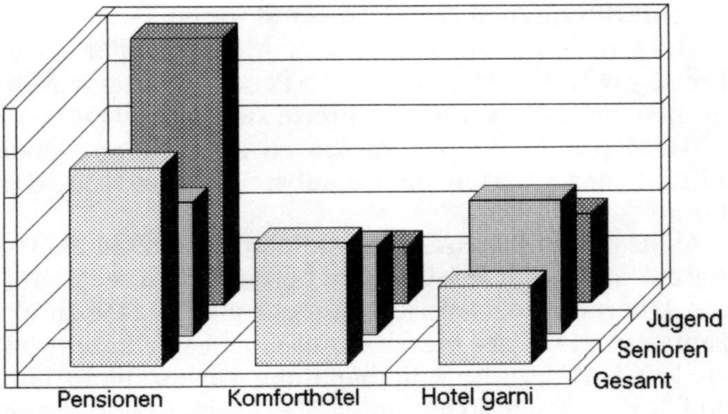

Bevorzugte Hoteltypen in Feriengebieten in %-Werten

Unter den für Feriengebiete und Urlaub gewünschten Hoteltypen stehen Pensionen für fast die Hälfte aller Gäste im Vordergrund, bei den Jugendlichen sogar für 60%. Das dürfte einmal mit der längeren Dauer des Hotelaufenthaltes von Feriengästen und den dadurch entstehenden Kostenunterschieden zusammenhängen, zum andern aber auch mit der Gewöhnung der Feriengäste an Pensionen statt an Hotels. Da der Urlaub zudem immer privat finanziert wird, liegt hierin eine natürliche Sparneigung gegenüber etwa Geschäftsreisen.

Daß für die Gesamtheit der Gäste auch für Feriengebiete das Komforthotel mit 27,6% Nachfragevolumen an zweiter Stelle steht, überrascht, wenn man dagegen die Seniorennachfrage (20%) oder die Jugendnachfrage (13%) für die Ferien-Komforthotels betrachtet.

Rückfragen bei Gästen, welche das Komforthotel für ihren Urlaub angekreuzt hatten, ergaben jedoch, daß darunter nicht Spitzenhotels verstanden wurden, sondern ein gut ausgestattetes Normalhotel mit etwa 100 DM Übernachtungskosten. Mit dem Begriff Komforthotel in unserer Statistik darf also nicht „Luxushotel" verstanden werden.

Vorstehende Erklärung ergibt sich vor allem aus den Antworten über die ***Preise***, welche die Gäste für eine Übernachtung zu akzeptieren bereit waren.

Bei Urlaubsreisen verlangte die Mehrheit aller Gäste Preise bis 50 DM pro Nacht pro Person. Nur eine Minderheit von 44% war bereit, Preise zwischen 50 DM und 120 DM pro Nacht pro Person zu akzeptieren. Über 120 DM akzeptierten für Urlaubsreisen nur 4,2% der Gäste.

Ganz anders liegen die Preistoleranzen bei Geschäftsreisen: 14,2% der Gäste waren bereit, bei Geschäftsreisen Übernachtungspreise von mehr als 120 DM zu akzeptieren. 44% der Geschäftsreisenden war bereit, bis zu 120 DM für die Übernachtung zu bezahlen. Nur 10,9% der Geschäftsreisenden übernachteten für Preise bis 50 DM. Die Gruppe, welche pro Übernachtung am meisten zu zahlen bereit war, waren die Geschäftsreisenden zwischen 40 und 60 Jahren mit offenbar hohen Bequemlichkeitsansprüchen. Daß aber genau diese Gruppe die hohen Preise nur auf Geschäftsreisen zu akzeptieren bereit war (zu 44,1%), zeigt ein Vergleich der gleichen Altersgruppe bei den von ihnen akzeptierten Preisen für Urlaubsreisen. Hier liegen sie mit 55% in der Preisklasse bis 50 DM, wenn sie privat bezahlen müssen.

Daß die Hotelgäste um so weniger auszugeben bereit sind, je mehr sie privat bezahlen müssen und umgekehrt um so großzügiger nachfragen, je mehr dies auf Geschäftskosten geht, läßt sich auch aus einer Aufschlüsselung der Geschäftsreisenden nach Berufsgruppen entnehmen.

Die Geschäftsreisenden sind also für die Hotels die umsatzmäßig interessanteste Gästegruppe. Dies trifft auch die Erfahrung der Hoteliers selbst, die zu 85,2% genau diese Gästegruppe als ihre hauptsächliche Zielgruppe ansehen[7].

Die Dominanz der Geschäftsreisen für das Hotelge-

Geschäftsreisende			
Geschäftsreisegruppe		Inlandsreisen	Auslandsreisen
Leitende Angestellte	(48%)	53,9 %	64,6 %
Selbständige	(13%)	14,6 %	17,1 %
Freiberufler	(16%)	13,3 %	9,5 %
Beamte	(23%)	18,2 %	8,8 %
Summe	(100%)	100,0 %	100,0 %

Reiseziele verschiedener Gruppen von Geschäftsreisenden

Quelle: Freyer, Dr. Walter, a.a.O., S. 89

werbe ergibt sich auch aus der Frage, wie Hotelübernachtungen gebucht werden. Geschäftsreisen werden vor allem telefonisch oder – wegen der kurzfristigen Notwendigkeiten – direkt vor Ort gebucht. Privat- und Urlaubsreisen dagegen werden länger vorbereitet und überwiegend über Reisebüros gebucht. Innerhalb der Buchungswege gibt es folgende Reihenfolge:

per Telefon	52%
direkt vor Ort	32,4%
über das Reisebüro	30,6%
über die Firma	10,2%
Fremdenverkehrsämter	7,6%

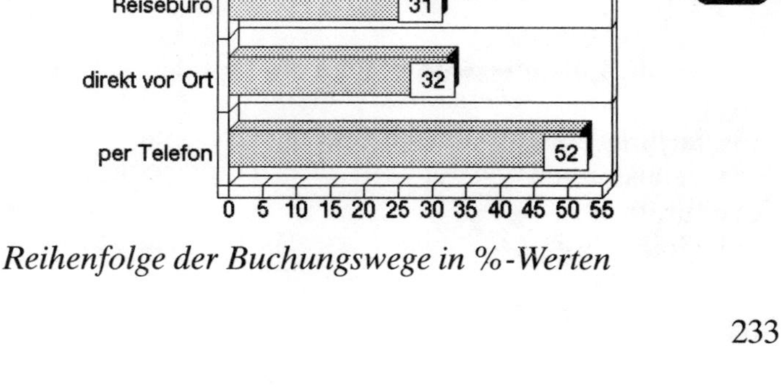

Reihenfolge der Buchungswege in %-Werten

Das Telefon ist also der wichtigste Kontaktstrang der Hotels. Daß an zweiter Stelle die Entscheidung für ein Hotel direkt vor Ort fällt, zwingt zu entsprechender optischer Gestaltung der Hotelfassade und des Hoteleingangs, um dieses hohe Nachfragepotential der Kurzentschlossenen dadurch zu gewinnen.

Nachfragetendenzen der Hotelgäste

Es ist statistisch schwierig, durch Befragungen längerfristige künftige Nachfragetendenzen für Konsumnachfrage festzustellen. Im vorliegenden Falle wurde die Nachfragetendenz aus den genannten Nachfragewünschen abzuleiten versucht, weil für diese Wünsche eine gewisse Dauer angenommen wird, so daß sich daraus Nachfragetendenzen zumindest für einen mittelfristigen Zeitraum der nächsten 4 bis 5 Jahre feststellen lassen müssen. Wir haben aber nicht nur die Wünsche positiv abgefragt, sondern zur Kontrolle auch negativ danach gefragt, was die Hotelgäste als künftig nicht so wichtig ansehen. Diese Kontrollfragen haben jedoch keine deutlichen Ergebnisse gebracht. Die Hotelgäste machen sich offenbar keine Gedanken darüber, was für sie nicht wichtig ist, sondern nur darüber, was für sie wichtig ist. Sie bilden also für die Zukunft nur Wünsche, nicht Ausschlußüberlegungen. Diese Kenntnis harmoniert mit der herrschenden Marketingtheorie. Sie wurde insofern durch unsere Untersuchung bestätigt.

Unter den Wünschen der Hotelgäste an die Hotelleistungen lassen sich eindeutige Schwerpunkte ausmachen

Leistungswünsche an die Hotels

Ausstattung	86,9%
Serviceleistungen	77,8%
Restauration	76%
Freizeitangebote	38,2%

Fitneß- und Sporteinrichtungen	36,4%
Kommunikationsmittel	25,1%
Massagen und Kuren	14,9%
Kosmetik	7,6%
Animation	7,6%
Friseur	6,9%

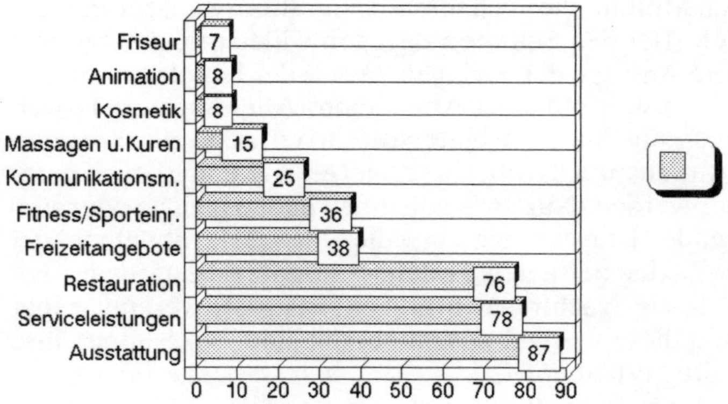

Leistungswünsche an die Hotels in %-Werten

Daß die ***Ausstattung*** des Hotels und des Hotelzimmers für die Erwartungen der Hotelgäste so wichtig ist, stellt an die Hotelinvestitionen der mittelfristigen Zukunft erhebliche Anforderungen. Unsere Gäste werden immer anspruchsvoller. Wer diesem Gästetrend Rechnung tragen will und muß, hat entsprechend zu investieren. Die Nachfrage nach hoher Ausstattung war übrigens bei den weiblichen Gästen höher als bei den männlichen. Die steigende Zahl weiblicher Hotelgäste trägt also zu den Ausstattungswünschen noch zusätzlich bei.

Bei den als Nachfragetrend an zweiter Stelle stehenden ***Serviceanforderungen*** liegt die Nachfrage der Männer deutlich über den Anforderungen der Frauen. Bei dem insgesamt hohen Trendvolumen der Serviceleistungen liegt hierin ein wegen der Personalprobleme besonders schwieriges, aber offensichtlich für den Erfolg besonders wichtiges Zukunftskriterium für unsere deutsche Hotellerie.

Bei dem an dritter Stelle stehenden Wunsch der Hotelgäste an die ***Restauration*** des Hotels liegt der Schwerpunkt der Nachfrage bei der Altersgruppe zwischen 40 und 60 Jahren (83,9%). Sowohl die Jugendlichen als auch die Senioren stellen an die Restauration geringere Anforderungen.

Bei den Jugendlichen liegt dies wohl an ihren begrenzten Mitteln, die auch ihre Restaurationswünsche begrenzen. Bei den Senioren dagegen widerspricht eigentlich ihre Aussage des geringen Wertes der Hotelrestauration den bisher üblichen Annahmen. Allerdings ergibt sich auch aus anderen Untersuchungen[8], daß die Senioren zwar anspruchsvoller werden (+ 76%), aber auch geiziger werden. Nur 44% von ihnen haben gleiche oder steigende Konsumneigung, die Mehrheit abnehmende. 96% der befragten Hoteliers konnten bestätigen, daß sich die Nachfrage ihrer Seniorengäste verändert hat und diese weniger ausgabebereit sind, als es ihnen ihre Mittel erlauben.

Freizeitangebote wurden in doppeltem Maße gegenüber der Gesamtzahl von den Jugendlichen (65,7%) gefordert. Die künftigen Hotelgäste wollen also nicht nur übernachten, sondern immer mehr Freizeitgestaltung im Hotel vorfinden. Die gleiche Tendenz findet sich bei der Nachfrage an moderne ***Kommunikationsmittel***. Auch hier haben die Jugendlichen die größten Anforderungen an die Hotels. Die Senioren interessieren sich hierfür nur zu 9,7%.

Auf der gleichen Tendenzwelle liegt die vor allem von den jüngeren Gästen und den Jugendlichen geäußerte Nachfrage nach ***Fitness- und Sporteinrichtungen*** (57%). Auch in diesem Bereich werden also die Hoteliers mehr als bisher tun müssen, wenn sie die jüngere Generation als Hotelgäste gewinnen wollen.

Die vorstehenden Antworten über die künftigen Erwartungen der Gäste an die Hotellerie waren Gesamtantworten für Stadt- und Land- sowie Ferienhotellerie. An die Ferienhotellerie werden jedoch zusätzliche Erwartungen gestellt, die sich nach unserer Befragung in folgender Reihenfolge darstellten:

Freundliche Bedienung	78,9%
mal was anderes essen	37,8%
das Publikum stimmt	28,7%
kann in Freizeitkleidung ins Lokal	22,6%
es ist was los	17,5%
will mir im Urlaub was gönnen	9,5%
Kinder sind beschäftigt	9,5%
ordentliche gewohnte Mahlzeit	3,6%

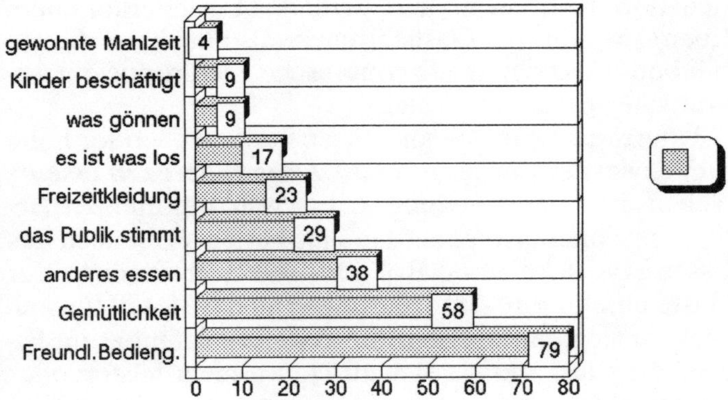

Erwartungen der Feriengäste in %-Werten

Unter den Wünschen an die Feriengastronomie steht eindeutig der ***Bedienungswunsch*** an erster Stelle. Er zeigt, wie wichtig den Gästen gerade dieser Punkt ist. Er trägt zu ihrer Ferienstimmung wesentlich bei. Selbst das beste Hotel oder die beste Pension können keinen Erfolg haben, wenn dieser Punkt der Bedienung nicht stimmt.

Daß die ***Gemütlichkeit*** einen so hohen – zweiten – Rang unter den Wünschen der Feriengäste hat, harmoniert mit der allgemeinen Untersuchung, für welche die Ausstattung des Hotels sogar an erster Stelle stand. Auch die Feriengäste werden also immer anspruchsvoller und stellen an die Ausstattung – die Gemütlichkeit – immer höhere Anforderungen. Ihre innere Zufriedenheit in den Ferien hängt naturgemäß wesentlich davon ab, ob ihre Unterbringung stimmt.

Mit der Gemütlichkeit muß in Zusammenhang die an vierter Stelle stehende Frage gesehen werden, daß die Gäste ihre Hotelentscheidung wesentlich auch von der Frage abhängig machen, ob ***„das Publikum stimmt"***. Dies gilt naturgemäß für die Feriengastronomie noch stärker als für die Stadtgastronomie, bei welcher der Gast kaum Kontakte mit anderen Gästen hat. Kommt er aber in ein Ferienhotel, in welchem ein nicht zu seiner Schichtung gehörendes Publikum vorherrscht, fühlt er sich dort nicht wohl und wird nicht wiederkommen. Ebenso wie in den Gaststätten ist also auch für die Ferienhotels die richtige, harmonische Zielgruppe ein wesentliches Erfolgsmerkmal.

Überrascht hat der an dritter Stelle stehende, hohe Stellenwert des Wunsches, ***„mal was anderes zu essen"***. Neben der Unterbringung, dem Publikum und der Bedienung spielt also gerade in den Ferien wohl auch das Essen eine sehr große Rolle für die Zufriedenheit der Gäste und für ihre Anforderungen an das Hotel, für welches sie sich entscheiden. Sie erwarten offenbar im Ferienhotel das, was sie sich zu Hause nicht leisten oder was sie nicht beherrschen; sie erwarten Abwechslung im Essen und dadurch ein zusätzliches Urlaubserlebnis bei den Mahlzeiten. Diese Tendenz ist vor allem bei Jugendlichen ausgeprägt und wird sich also in Zukunft für die Feriengastronomie noch verstärken.

Zur Gemütlichkeit gehört für die Gäste künftig immer selbstverständlicher, daß sie in ihrer ***Freizeitkleidung*** das Ferienhotel und Lokal betreten können. Die amerikanische Lockerheit setzt sich vor allem bei unserer Jugend in diesem Sinne immer stärker durch. Neben der Jugend war aber auch dieser Wunsch bei den Gästen von 40 bis 60 Jahren stark ausgeprägt. Sie wollen wohl offenbar die Ferien in bewußter Ungezwungenheit gegenüber ihrem sonst so akkuraten Berufsleben verbringen.

An sechster Stelle der Wünsche an die Feriengastronomie nannten die Gäste, ***„es muß was los sein"***. Für diesen Wunsch gibt es eine klare Alterstendenz: Senioren nannten diesen Wunsch nur zu 3,2%. Die Gäste des mittleren Alters von 25 bis 40 Jahre nannten diesen Wunsch zu 20%. Die bis zu 25jährigen Jugendlichen hatten diesen Wunsch aber doppelt so stark wie der Gesamtdurchschnitt (17,5%), nämlich zu 34,3%. Je jünger die Gäste sind, desto mehr suchen sie also ein Erlebnisangebot in der Feriengastronomie. Dies dürfte nach der allgemeinen Marktforschung nicht nur ein Wunsch sein, der mit zunehmendem Alter wieder nachläßt; vielmehr deuten sich hier Lebens- und Bewußtseinsänderungen an, so daß die Feriengastronomie damit rechnen sollte, daß die heute Jugendlichen ihren Erlebnishunger auch als mittelalterliche Gäste behalten werden. Die Ferien-Erlebnisangebote werden also eine zunehmende Rolle für die Gästenachfrage, für die Auslastung des Ferienhotels und für den Erfolg der Feriengastronomie werden.

Von den drei übrigen Punkten spielt eigentlich nur der Wunsch nach ***Kinderaufbewahrung*** eine hervorstechende Rolle. Zwar betrifft dies im wesentlichen nur eine bestimmte Elterngruppe mit Kindern bis zu 10 oder 12 Jahren; gerade diese Elterngruppe hatte aber diesen Punkt fast ausschließlich angestrichen, so daß dieses Gästesegment ohne ein solches Angebot von Ferienhotels nicht zu bekommen und nicht zu halten sein wird.

13.5 Was erwartet die Jugend vom Gastgewerbe?

Das Thema Jugend und Gastronomie ist bisher vernachlässigt worden. Dabei ist die Jugend der künftige Gast von morgen.

Selbst wenn man davon ausgeht, daß sich die Einstellung der Jugend im Laufe ihrer Entwicklung immer noch wieder ändert, sind doch bei den Jugendlichen zwischen 15 und 25 Jahren bestimmte Grundstrukturen bereits festgelegt, die erwarten lassen, daß sie sich nach diesen Grundauffassungen auch späterhin verhalten werden.

Insofern war es wichtig, diese für die Zukunft der Gastronomie so entscheidende Zielgruppe speziell einmal nach ihren Wünschen abzufragen.

Aufbau der Fragestellung

Die Fragen an die Jugendlichen wurden im Frühjahr 1989 gestellt und beantwortet. Den sieben Sachfragen wurden vier Differenzierungsfragen vorangestellt, um daraus festzustellen, wie repräsentativ die befragten Jugendlichen im Hinblick auf die Gesamtzahl sind.

Für die Altersgruppen ergaben sich dabei folgende Anteile:

unter 15 Jahren	=	14,3%
15 bis 18 Jahre	=	23,8%
18 bis 21 Jahre	=	14,3%
21 bis 25 Jahre	=	37,3%
über 25 Jahre	=	10,3%

Die Altersgruppen wurden so eng gefaßt, weil gerade in diesem Alter die Entwicklung stark voranschreitet und unterschiedliche Antworten erwarten ließ. Die insgesamt 252 Jugendlichen haben aber in allen aufgeteilten Altersgruppen repräsentative Anteile, so daß sich auch Unterschiede zwischen den verschiedenen Altersstufen hinsichtlich ihrer Stellung zum Gastronomiegewerbe ausmachen ließen.

Unter den befragten Jugendlichen dominierte die männliche Jugend mit 52,4%. Dies entspricht zwar nicht der Bevölkerungsstatistik, wohl aber der Durchschnittsstatistik der Gaststättenbesuche, so daß auch diese Aufteilung insofern repräsentativ ist.

Um das Verhalten der Jugendlichen gegenüber der Gastronomie beurteilen zu können, muß man wissen, wieviel Geld ihnen monatlich überhaupt zur Verfügung steht. Darauf antworteten die Jugendlichen:

bis 50 DM	=	26,2%
bis 100 DM	=	21,4%
bis 200 DM	=	8,7%
bis 500 DM	=	38,9%

Aus den Fragebogen ging im einzelnen hervor, daß die bis zu 18 Jahre alten Jugendlichen zumeist nur bis zu 100 DM monatlich verfügbar haben. Die meisten von ihnen sogar nur bis 50 DM (die Schüler).

Bei den über 18jährigen Jugendlichen haben naturgemäß die bereits im Berufsleben Stehenden eigenes Erwerbseinkommen zur Verfügung. Da auch die Studenten entweder eine häusliche Zahlung oder öffentliche Ausbildungsförderung[9] bekommen, haben sie naturgemäß ebenfalls eigene verfügbare Mittel bis 500 DM oder darüber hinaus. Insofern ist der hohe Prozentsatz der verfügbaren Mittel von 200 bis 500 DM aus der Altersgruppe der von 18- bis 25jährigen verständlich.

Für die Gastronomie sind nicht nur die verfügbaren Geldmittel der Jugendlichen interessant, sondern vor allem der Betrag, den die Jugendlichen für Gastronomieausgaben üblicherweise einsetzen oder planen.

Für den Durchschnitt aller befragten Jugendlichen ergibt sich ein durchschnittlicher Ausgabenbetrag für Gastronomieausgaben von 70,83 DM monatlich.

Um diesen Gesamtdurchschnitt herum schwanken jedoch die durchschnittlichen Ausgaben der einzelnen Altersgruppen erheblich:

unter 15 Jahren	10 DM
15 bis 18 Jahre	18,70 DM
18 bis 21 Jahre	50,00 DM
21 bis 25 Jahre	112,13 DM
über 25 Jahre	96,15 DM

Die für die Gastronomie interessanteste Altersgruppe der Jugendlichen ist die von 21 bis 25 Jahren mit den höchsten Durchschnittsausgaben von 112,13 DM. Dies mag damit zusammenhängen, daß sich gerade diese Altersgruppe in Gastronomiebetrieben trifft, sich dort kennenlernt und deshalb automatisch auch mehr ausgibt als die anderen Gruppen.

Die Gruppe der Älteren als 25 Jahre gibt weniger aus, weil sich diese jungen Menschen meist schon in festen persönlichen Bindungen oder in Familienstrukturen befinden und deshalb die Gastronomie weniger aufsuchen.

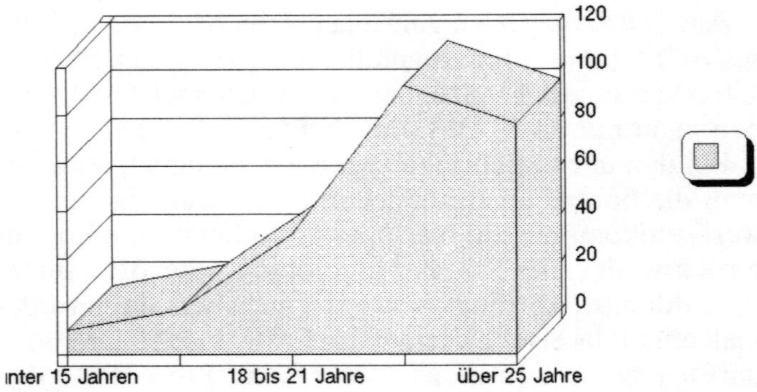

Durchschnittliche Ausgaben der verschiedenen Jugendaltersgruppen in DM

Überraschend ist eigentlich, daß die Gruppe der 18- bis 21jährigen nicht einmal halb so viel in der Gastronomie monatlich ausgibt wie die Älteren (nämlich 50 DM). Diese Gruppe ist sehr gastronomieintensiv und verlangt viel Gastronomieangebot. Sie ist aber entweder nicht bereit, dafür zu zahlen oder kann aus Einkommensgründen noch nicht so viel zahlen wie die Älteren.

Dies gilt verstärkt für die noch jüngeren Jahrgänge, deren durchschnittliche Ausgaben sich auf wenige Mark (oft nur eine Cola) pro Gastronomiebesuch reduzieren. Betriebe, welche sich auf diese Altersgruppen konzentrieren, können also nicht von ihrem bloßen Produktangebot existieren, sondern nur durch Neben- und Erlebnisangebote (Discos, Spielautomaten u.a.).

Interessant erscheint weiterhin, daß die männliche Jugend mit durchschnittlich 89,32 DM mehr als doppelt so viel ausgibt wie die weibliche Jugend (40,70 DM). Dies mag einmal mit dem durchschnittlich häufigeren Gaststättenbesuch der männlichen Jugend gegenüber der weiblichen zusammenhängen, zum andern aber auch mit dem unterschiedlichen Ausgabeverhalten. Die männliche Jugend gibt eben mehr für die Gastronomie aus, die weibliche Jugend einen höheren Anteil ihres Taschengeldes für Kosmetik u.a. Möglicherweise kann hierbei auch noch die Tradition eine Rolle spielen, daß junge Männer häufiger ihre Freundinnen zum Gastronomiebesuch einladen. Umgekehrt ist dies weniger üblich.

Bei der Frage nach der ***durchschnittlichen Dauer*** eines Gaststättenbesuches antworteten 57% der Jugendlichen, daß sie pro Besuch etwas mehr als eine Stunde in der Gaststätte verblieben. Zwischen einer halben Stunde und einer Stunde dauerte der Gaststättenbesuch bei 27,8%. Nur 15,1% der Jugendlichen besuchte eine Gaststätte im Durchschnitt weniger als eine halbe Stunde.

Betrachtet man diese Durchschnittsverweildauern im Verhältnis der verschiedenen Altersgruppen, so nimmt die durchschnittliche Besuchsdauer mit entsprechendem Alter zu. Die jüngsten Altersgruppen zeigten die geringste Verweildauer (zu 27,8% nur eine halbe Stunde, zu 50% bis zu einer Stunde). Die über 21jährigen blieben länger; bei 55% von ihnen dauerte ein Gastronomiebesuch in der Regel mehr als eine Stunde, bei 29,3% eine halbe bis eine Stunde.

Die Gruppe der 21- bis 25jährigen ist zu 83% mehr als eine Stunde pro Besuch in einer Gaststätte. Diese längste Verweildauer deutet darauf hin, daß sie die Hauptgruppe der Jugendlichen sind, die sich in Gastronomiebetrieben vergnügen und kennenlernen wollen.

Um die Gewohnheiten der Jugend kennenzulernen, wurde auch eine Frage nach der Tageszeit gestellt, zu welcher die Jugendlichen Gastronomiebetriebe am häufigsten besuchen. Dabei ergab sich folgende Reihenfolge:

abends	85,7%
vormittags während der Pausen	25,4%
mittags nach der Schule	15,9%
nachmittags	11,1%

Die Jugend ist also überwiegend abends Gast eines Gastronomiebetriebes. Die übrigen Tageszeiten spielen nur für kurzfristige Besuche während der Pausen, nach der Schule oder bei ähnlichen Gelegenheiten eine untergeordnete Rolle. Betriebe, welche sich auf jugendliche Gäste einrichten, müssen also ihr Angebot auf die Abendzeit konzentrieren.

Gründe für die Gastronomienachfrage der Jugend

Betrachtet man zunächst die Nachfrage der Jugend entsprechend den unterschiedlichen Typen der Gastronomiebetriebe, so ergibt sich folgende Reihenfolge:

ausländische Restaurants	61%
Cafés, Cafeteria	50%
Bierkneipen	47%
Diskotheken	25%
typisch deutsche Lokale	18,2%
Imbißbuden, Schnellrestaurants	14,3%

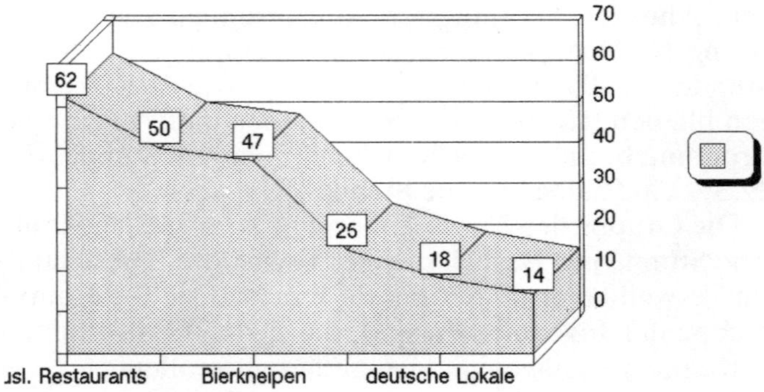

Gastronomienachfrage der Jugend in %-Werten

Die Dominanz der ***ausländischen Restaurants*** hängt nicht nur mit ihrer besonders freundlichen Bedienung, sondern auch mit dem sehr preiswerten und umfangreichen Essen zusammen (Pizzerias u.a.), welches gerade die jüngere Jugend sucht. Geht man davon aus, daß sich dieses Verhalten künftig auch bei Älterwerden dieser Jugend nicht grundsätzlich ändern wird, steht die deutsche Gastronomie vor der Frage, ob sie diese stärkste Nachfrage weiter unbeachtet lassen oder aufgreifen sollte[10].

Die an zweiter Stelle bevorzugten ***Cafés*** und ***Cafeterien*** (50%) sind neue Treffpunkte für die Jugendlichen – vor allem die jüngeren Jahrgänge – geworden.

Daß ***Bierkneipen*** an dritter Stelle der bevorzugten Gastronomietypen der Jugend stehen, gilt weniger für die jüngeren Jahrgänge, dafür aber überproportional für die über 18jährigen und insbesondere für die über 25jährigen.

Für ***Diskotheken*** begeistert sich offenbar nur ein Viertel der Jugend. Unter ihnen vor allen Dingen die Altersgruppen der 15- bis 18jährigen und der 18- bis 21jährigen. Werden die Jugendlichen dann erwachsen, bevorzugen sie eine Bierkneipe statt einer Diskothek, zum Essen dagegen ein ausländisches Lokal (Pizzeria).

Die ***typisch deutschen Gastronomiebetriebe*** liegen vor allem auf dem Lande und werden vor allem von der Landjugend aufgesucht (18,2%).

Die eigentliche Frage nach dem Grund des Gastronomiebesuchs zeigte ebenfalls erhebliche Wunschdifferenzen:

um Freunde zu treffen	78,6%
um zu essen	69%
meist nur für Getränke	47,6%
um unterhalten zu werden	33,3%
um neue Leute kennenzulernen	32,5%
und den Sportklub	19%

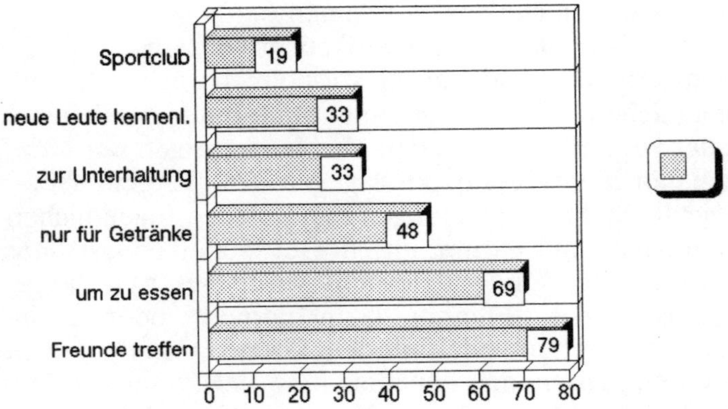

Motive der Gastronomienachfrage der jugendlichen Altersgruppen in %-Werten

Die deutsche Gastronomie ist ***Kontaktzentrum*** für unsere Jugend. Dies gilt um so mehr, je älter die Jugend wird. Während die jüngeren Jahrgänge meist schon mit Freunden eine Gaststätte besuchen, spielt entsprechend der persönlichen Entwicklung[11] für die älteren Jahrgänge der Wunsch, dort nicht nur Freunde zu treffen eine zunehmende Rolle, sondern auch der Wunsch, dort Partner des anderen Geschlechts zu treffen und kennenzulernen. Auch in diesem Sinne ist die deutsche Gastronomie die bedeutendste Partnerschafts-Kontaktbasis unserer Gesellschaft. Die älteren Jahrgänge nannten diesen Grund zum Gastronomiebesuch sogar zu 93,6%.

Der Grund, einen Gastronomiebetrieb für ***ein Essen*** zu besuchen, wird üblicherweise für die Jugend auf Zwischenmahlzeiten bezogen[12]. Unsere Untersuchung ergab jedoch, daß die Zwischenmahlzeit nur zu 32,5%, dafür aber zu 42,1% die Hauptmahlzeit als Besuchsgrund für die Gastronomie genannt wurde. Die Erklärung mag damit zusammenhängen, daß der abendliche Besuch in der Pizzeria oder zum Verzehr von Pommes frites sowohl als Zwischenmahlzeit wie auch als Hauptmahlzeit verstanden werden kann. Daß vor allem die ältere Jugend ihre Hauptmahlzeit nicht mehr zu Hause, sondern im Gastronomiebetrieb sucht, hängt mit dem steigenden Anteil von Single-Haushalten und kinderlosen Gemeinschaften (den Dinkies) zusammen.

Der ***Verzehr von Getränken*** ist der dritte große Schwerpunktgrund für Gastronomiebesuche der Jugendlichen. Dieser Grund nimmt im Laufe der Jugendalter zu. Er betrug bei den 15- bis 18jährigen nur 40%, bei den 21- bis 25jährigen dagegen 78%. Es geht aber – wie die Mehrfachnennungen zeigten – den Jugendlichen meist nicht nur darum, für ein Getränk eine Gaststätte aufzusuchen, sondern meistens wurde dieser Grund gemeinsam mit „Freunde kennenlernen“ oder „neue Leute zu treffen“ oder mit dem Grund „unterhalten zu werden“ zusammen genannt. Man darf wohl den Getränkeverzehr weniger als Hauptgrund verstehen, vielmehr würden viele Jugendliche auf Getränke verzichten, wenn sie ihren anderen Hauptgrund auch ohne diese Ausgabe in der Gaststätte oder im Restaurant verwirklichen könnten.

Die Mehrausgaben, welche ältere Jugendliche gegenüber den jüngeren Jahrgängen in der Gastronomie ausgeben, kommen weniger dem Getränkekonsum als vor allem dem Essenskonsum zugute. Insofern bleibt statistisch der Getränkekonsum mit zunehmendem Alter zurück. Für die Gastronomie bedeutet dies, daß die Jugend Mehrausgaben nicht in mehr Getränkeausgaben anzulegen scheint, sondern in anderen zusätzlichen Ausgaben in der Gastronomie wie z.B. für Essensverzehr, Nebenleistungen und Erlebnisangebote.

An vierter Stelle der Besuchsgründe für einen Gastronomiebetrieb nannten die Jugendlichen, ***„unterhalten zu werden“***. Dieser Unterhaltungswunsch wurde bei den 15- bis 18jährigen nur zu 16% genannt, bei den 21- bis 25jährigen aber zu 45%. Mit anderen Worten nimmt der Wunsch, in der Gaststätte unterhalten zu werden, mit steigendem Alter der Jugendlichen zu. Der Unterhaltungswunsch der Jugend unterstreicht insofern den bereits bei den Gründen für einen Hotelbesuch hervorgehobenen Wünschen nach Animation. Die Gastronomie muß also für diese interessanteste und zahlungskräftigste Gruppe der Jugendlichen mehr Unterhaltungs- und Erlebnisangebote schaffen, wenn sie diese Gruppe mehr und fester an sich binden will.

An fünfter Stelle wurde von den Jugendlichen als Besuchsgrund genannt, daß sie in einem Gastronomiebetrieb ***„neue Leute kennenlernen“*** wollten. Dies bestätigt nur die bereits oben angeführte allgemeine Tendenz des Kontaktwunsches aller Altersgruppen in Gastronomiebetrieben. Neben den Sportvereinen und den Schulen sind demnach die Gastronomiebetriebe die gesellschaftlichen Kristallisationspunkte für die Jugendlichen. Sie sind damit nicht nur unverzichtbar, sondern haben damit auch eine große gesellschaftliche Bedeutung. Solche Sozialfunktion der Gastronomie wird von den Sozialpolitikern wohl noch nicht gesehen, jedenfalls der deutschen Gastronomie bisher nicht honoriert.

Wünsche der Jugend an die Gastronomie

An erster Stelle wünscht sich die Jugend von Gastronomiebetrieben Gemütlichkeit. Danach folgen die anderen Gründe erst mit erheblichem Abstand:

Was wünscht sich die Jugend von der Gastronomie?

Gemütlichkeit	78,6%
Freunde zu treffen	54,8%
besonders schmackhaftes Essen	48,4%
Unterhaltungsangebot	19,9%
nette Bedienung	19,8%
preiswertes Angebot	12%
Erinnerung an den Urlaub	1,6%

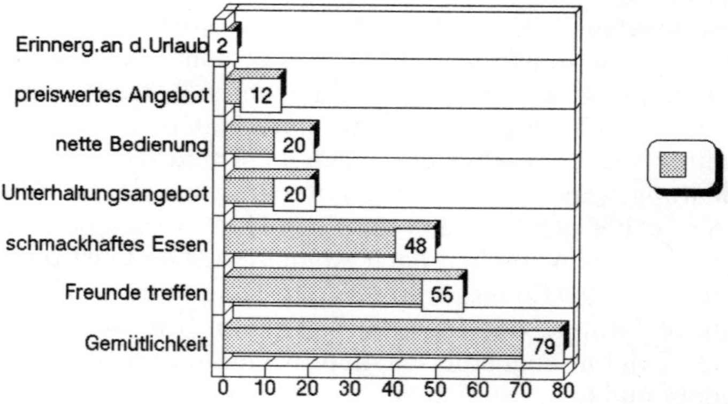

Wünsche der jugendlichen Nachfrager an die Gastronomie in %-Werten

Daß den Jugendlichen so viel an einer ***gemütlichen Atmosphäre*** des Gastronomiebetriebes liegt, sie aber zugleich die ausländischen Restaurants, die Cafeterias und die Bierlokale bevorzugen, deutet darauf hin, daß sie diese Gastronomietypen zumindest in der Stadt als gemütlich ansehen. Auf dem Land dominieren hier die typisch deutschen Gastronomiebetriebe. Vielleicht mag auch ein Stück Elternhausersatz eine Rolle spielen, weshalb die Jugend freundliche Atmosphäre, Geborgenheit, Gemütlichkeit und Freundschaft in der Gastronomie so stark sucht. Auflösung der Familienbindungen könnte sich hier in einer entsprechenden Aufwertung dieser gesellschaftlichen Bedürfnisse widerspiegeln.

In diesem Zusammenhang ist auch der zweitstärkste Wunsch zu sehen, daß die Jugend in der Gastronomie vor allem ***Freunde treffen*** will (55%). Ein Gastronomiebetrieb, der Gäste hat, wird dadurch um so attraktiver für neue Gäste. Wo keine Gäste sind, kommen also auch keine hinzu. Dies bedeutet für den Unternehmer, daß er nicht nur selbst entsprechende Ausstrahlung in seinem Betrieb ausüben muß, sondern daß er auch dafür zu sorgen hat, daß er eine Kerngruppe für seinen Betrieb gewinnt, die wiederum andere, neue Gäste anziehen kann.

Bei dem dritten Wunsch nach ***besonders schmackhaftem Essen*** spielte die Andersartigkeit dieses Essens eine erhebliche Rolle für die Jugendlichen. Sie wollen im Gastronomiebetrieb anders essen als zuhause. Diese Attraktion bieten ihnen vor allem die ausländischen Gastronomiebetriebe, und darin mag deren von den Jugendlichen genannte Attraktion (61%) liegen. Wenn also für die Hälfte der Jugendlichen dieser Grund über den Gastronomiebesuch entscheidet, muß sich die Gastronomie hierauf stärker als bisher einrichten und eben etwas Besonderes für die Jugendlichen anzubieten versuchen.

Der an vierter Stelle genannte Wunsch nach ***mehr Unterhaltungsangebot*** entspricht statistisch dem Gästewunsch der Gesamtbefragung und harmoniert auch mit den von den Jugendlichen selbst genannten Gründen, einen Gastronomiebetrieb zu besuchen (33,3%). Der Unterhaltungswert der Gastronomie wird künftig für die Jugendlichen immer entscheidender werden und damit auch immer stärker über den Erfolg eines Gastronomiebetriebes entscheiden.

Fast 20% der Jugendlichen wünschen im Gastronomiebetrieb eine ***nette Bedienung***. Dieser Gesichtspunkt ist erstaunlich niedrig und hängt wohl offenbar da mit zusammen, daß die jüngere Jugend weniger die Bedienung als die Freunde und Bekannten und den Kontakt untereinander sucht. Die über 25jährigen nannten diesen Wunsch doppelt so stark (54%). Je weniger man andere

Freunde in der Gaststätte sucht, desto stärker nimmt man das Umfeld der Gaststätte selbst auf und desto wichtiger wird die Art der Bedienung für die Gäste. Freundliche Bedienung ist also für ältere Gäste eine der wichtigsten Anforderungen an einen Gastronomiebetrieb – und also eine der billigsten und erfolgreichsten Werbemaßnahmen.

Überraschend hat der *Preisgesichtspunkt* unter den Wünschen der Jugend an die Gastronomie einen niedrigen (12%) Stellenwert. Vor allem die jüngsten befragten Jahrgänge haben dem Preisgesichtspunkt am wenigsten Bedeutung beigemessen. Obwohl die Jugend erst im Laufe des Älterwerdens und der Erfahrung preisbewußter wird? Üblicherweise hängt aber dieses Ergebnis auch mit dem geringen Ausgabevolumen der jungen Jahrgänge und den höheren Ausgabemöglichkeiten der älteren Jugend zusammen. Wesentlich erscheint daraus jedenfalls eine Erkenntnis: Wenn die von der Jugend wichtiger genommenen Gründe der Gemütlichkeit, der Unterhaltung, des Freundeskreises und des Kennenlernens in einem Gastronomiebetrieb stimmen, spielt der Preis dagegen eine zweitrangige Rolle.

Auf die Frage, was die Jugend im Gastronomiebetrieb zu trinken wünscht, ergab sich folgende Reihenfolge:

Bier	55,6%
Kaffee, Espresso, Tee	35,7%
Cola	34,1%
Wasser	19,8%
Limonade	18,3%
Wein	14,3%
Mixgetränke	7,8%
andere Spirituosen	7,1%

Bier ist immer noch das häufigste und beliebteste Gastronomiegetränk. Von der Biersorte hängt offenbar auch der Erfolg der Getränkebetriebe wesentlich mit ab. Der Wunsch nach Bier und nach gutem Bier nimmt mit steigendem Alter entsprechend zu. Das bedeutet aber gleichzeitig auch, daß nicht nur die älteren, sondern auch die zahlungskräftigeren Jahrgänge Bier immer stärker bevorzugen und sich daraus ein entsprechendes Marketingfeld für den Bierabsatz der Gastronomie und der Bierbrauereien ergibt.

Die Jugend unter 18 Jahren trinkt vor allem *Cola* (83%) und *Limonade* (50%), die Altersgruppe von 18 bis 21 Jahren überwiegend Kaffee (78%). Erst danach wird Bier zum Haupt- und Standardgetränk für die bis 25jährigen zu 82% und für die über 25jährigen sogar zu 92%. Wein, Mixgetränke und andere Spirituosen werden nur wenig und nebenbei von der Jugend verzehrt.

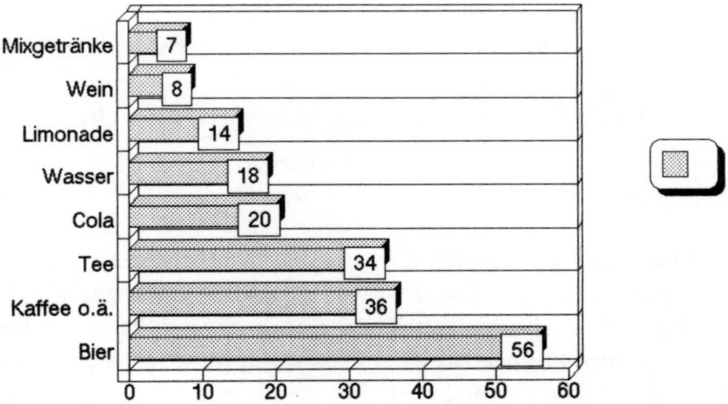

Getränkenachfrage der Jugend im Gastronomiebetrieb in %-Werten

Die weiterhin den Jugendlichen gestellte Frage nach ihren Ernährungsgewohnheiten und Ernährungswünschen brachte nur ein wesentliches Ergebnis, nämlich den Wunsch der Jugendlichen (zu 48%), nur einmal täglich warm zu essen. Da gleichzeitig die Gastronomiebesuche der Jugendlichen überwiegend abends liegen (85,7%), werden die meisten Jugendlichen nur dann abends noch ein warmes Essen bestellen, wenn sie mittags keine warme Mahlzeit gehabt haben oder nur Kantinenessen.

Man kann aber die Gewohnheit der Jugendlichen, nur einmal warm zu essen, auch umgekehrt auswerten: Wenn die Jugendlichen nur einmal warm essen wollen und bereits mittags warm gegessen haben, würden sie abends im Gastronomiebetrieb offensichtlich lieber kalt essen. Möglicherweise müßte also das Angebot an kalten Buffetspeisen noch ausgeweitet werden. Wenn man nämlich bei Festen die „Schlacht ums kalte Buffet“ zu Mitternacht beobachtet, scheint selbst für prinzipiell gesättigte Leute ein Angebot von kalten Speisen immer wieder verlockend zu sein. Dies gilt für die Jugend um so mehr, als sie noch keine gesundheitlichen Probleme hat, und die Frage des Körpergewichts für sie auch noch kein wesentlicher Gesichtspunkt ist (23,8%).

13.6 Was erwarten die Senioren vom Gastgewerbe?

Die Senioren werden für viele Wirtschaftsbranchen ein immer interessanterer Markt, weil die deutsche Bevölkerung im Durchschnitt bereits mit 58 Jahren ihr Erwerbsleben beendet und „in Rente geht“[13]. Zur Zeit haben wir 14% Rentner in der deutschen Bevölkerung. Um das Jahr 2030 werden wir dagegen einen mehr als doppelt so hohen Rentneranteil (37%) in unserer Bevölkerung haben. Dann kommen auf 10 Rentner nur noch 6 Jugendliche[14/15].

Wir haben heute 12,7 Mio. Rentner ab 60 Jahre[16]. Um das Jahr 2000 wird sich die Zahl der Rentner auf ca. 15 Mio. erhöhen. Geht man von einem durchschnittlichen monatlichen Einkommen der Rentner im Jahre 2000 von DM 3.000 aus, ergibt sich daraus eine monatliche Kaufkraft der Rentner von 45 Mrd. DM.

In den USA haben die über 50jährigen 80% aller Spareinlagen und 77% des nationalen Anlagevermögens. Würde man von den gleichen Prozentzahlen auch für die Bundesrepublik ausgehen, ergäbe sich zu dem oben genannten monatlichen Renteneinkommen unserer Rentner noch ein verfügbares Rentnervermögen von mehr als 300 Mrd. DM. Die Rentner sind also nicht nur von ihrem monatlichen Einkommen her ein starker Nachfragemarkt, sondern sie sind darüber hinaus als Vermögensinhaber die reichste Bevölkerungsgruppe unseres Volkes. Wer diesen reichen Rentnern ein entsprechendes Angebot bietet und sie zu Kunden gewinnen kann, wird darin eines der sichersten und rentabelsten Marktsegmente gewinnen.

Für das Gastgewerbe stellt sich also die Frage, ob die wachsende Zahl der finanzkräftigen Rentner als Nachfrager auch für die Gastronomie in Frage kommt und/oder wie die Gastronomie dieses interessante Gästesegment an sich ziehen könnte.

Die von uns durchgeführte Allgemeinuntersuchung hat für die Bevölkerungsgruppe der über 60jährigen ergeben, daß diese auch bei steigendem Einkommen

- nicht häufiger als bisher in Gastronomiebetrieben einkehren würden,
- auch nicht in teurere Gastronomiebetriebe über wechseln würden,
- und trotz höherer Finanzmittel auch nicht mehr in Gastronomiebetrieben ausgeben würden[18].

Offenbar haben sich bei den Rentnern bereits feste Gewohnheiten entwickelt, von denen sie nicht leicht abgehen.

Ebenso wie für die übrigen Gästegruppen läßt sich wohl aber auch für die Senioren nur schwer ein generelles Bild geben. Innerhalb der Senioren gibt es nämlich sehr unterschiedliche Gruppen:

- Ein Teil der Rentner wird nach Ende des Erwerbslebens auch in der Lebensführung passiv, zieht sich in seinen eigenen, häuslichen Bereich zurück und ist nur schwer für das Gastgewerbe mobilisierbar.
- Ein anderer Teil der Rentner will dagegen die gewonnene Freizeit für die Wünsche nutzen, die bisher auf Grund der Arbeitsgebundenheit nicht oder nur beschränkt möglich waren. Dies sind die genießenden Senioren, die etwas von ihrem Geld haben und es ausgeben wollen, um es nicht für ihre Erben zu sparen. Die Amerikaner nennen sie die Yollies (young old leisured living people) oder Woopies (well off older people). Diese Gruppe scheint tendenziell immer stär-

ker zu werden und ist das vorrangige Gästepotential der Gastronomie.

– Bei den schon alten und behinderten Senioren nimmt der Wunsch nach gastronomischem Service im Sinne einer Bequemlichkeit und Pflege zu. Hierauf haben sich aber die Altenheime und ähnliche Einrichtungen konzentriert, so daß die Gastronomie bei diesem Seniorenteil nur wenig Angebotschancen hat[19].

Die Freizeitforschung hat bei den Rentnern zu über 90% den Wunsch nach Reisen ausgemacht[20]. Dieser Reisewunsch ist entscheidend durch die Tourismusbranche gefördert und verstärkt worden. Sie hat sich seit Jahren mit großem Erfolg durch Spezialangebote und entsprechende Reisebequemlichkeiten an die speziellen Wünsche der reiselustigen Rentner angepaßt und bereits ca. 35% der Frührentner als regelmäßige Kunden gewonnen. Diese Marketingvorleistung der Touristikbranche kommt auch der Gastronomie zugute. Je mehr es der Touristikbranche gelingt, die rüstigen, reisefreudigen und finanzkräftigen Rentner zum Reisen zu bringen, desto häufigere und selbstverständlichere Gäste werden diese Rentner auch in den Gastronomiebetrieben, von Hotels und Gaststätten werden.

Nach unserer Untersuchung kommen die Rentner vor allem für die typisch deutschen Gaststätten und Restaurants in Frage. 52% der Rentner gaben an, daß sie bevorzugt diesen Gastronomietyp aufsuchen würden. Außerdem gehen 42% der rüstigen Rentner gerne in Spezialitätenrestaurants, nur 19% von ihnen aber in ausländische Restaurants[21].

Nach den Motiven für bestimmte Betriebstypen der Gastronomie befragt, antworteten

74,2% wegen des Essens
45,2% wegen der Atmosphäre
25,8% wegen der Preise
nur 3,2% wegen der schnellen Bedienung.

Die Entscheidung bei Senioren für ein Lokal fällt also in erster Linie wegen des Essens, zum Teil kombiniert mit der Atmosphäre des Lokals. Da die alten Leute Zeit haben, spielt für sie die schnelle Bedienung keine Rolle.

Dies gibt der Gastronomie gegenüber den Senioren-Gästen entsprechende Freiheiten der Service-Organisation. Aus dem gleichen Grunde gehen die Senioren auch nur zu 3% in Selbstbedienungsrestaurants oder in Imbißbetriebe. Der dort zählende Zeitgewinn spielt für sie keine Rolle. Dagegen haben die Senioren das Preisargument mehr genannt als alle anderen Altersgruppen. Ob hier wohl der oft zitierte „Altersgeiz" bei unseren gut versorgten Rentnern eine Rolle spielt?

In einer Umfrage bei Hoteliers gaben diese zu 96% an, daß sich die Bedürfnisse ihrer älteren Gäste gewandelt hätten. Dabei standen folgende Veränderungen im Vordergrund:

anspruchsvoller geworden	76%
geistig aktiver	64%
mehr Geld zur Verfügung	64%
unternehmungslustiger	64%
körperlich aktiver	52%
konsumfreudiger	44%
kulturell interessierter	40%
sportlich aktiver	32%[22]

Obwohl aber die meisten der befragten Hoteliers für Senioren besondere Hotelleistungen anboten, ist der Anteil der Senioren unter ihren Gästen in den letzten 2 Jahren bei zwei Drittel der Hotels nicht gestiegen. Der Seniorenanteil an den Gästeübernachtungen blieb vielmehr mit ca. 35,3% in sich konstant[23].

Wer Senioren als Stammgäste gewinnt, hat damit ein Gästepotential, welches im Durchschnitt (7,8 Tage) länger bleibt als die übrigen Bevölkerungsgruppen (2,3 Tage[24]). Die meisten Stammgäste sind Ehepaare (76%). Einzelreisende Rentner (Witwer oder Witwen) werden zu 68% Hotelgäste entweder durch einen Kuraufenthalt oder als Teilnehmer von Gruppenreisen.

Bedenkt man, daß immer mehr Rentner ein immer höheres verfügbares Einkommen und Vermögen haben und außerdem auch die für Reisen, Abwechslung und Gastronomie notwendige Freizeit, so haben entweder die Rentner die Gastronomie noch nicht genügend entdeckt oder umgekehrt die Gastronomie den Markt der

Rentner bisher zuwenig beachtet. Gerade diese Alters- und Freizeitgruppe müßte theoretisch das dankbarste und intensivste Gästepotential der Gastronomiebetriebe sein. Dies gilt auch, wenn man dazu internationale Vergleiche heranzieht[25]. Die deutsche Gastronomie muß sich deshalb etwas einfallen lassen, um dieses interessante Marktsegment für sich besser zu nutzen[26].

14. Wie harmonieren Anbieter- und Nachfragervorstellungen im Gastronomiemarkt?

Für die künftige Marktstrategie der Gastronomie ist es wichtig zu wissen, ob ihre eigenen Ansichten über die zukünftige Marktentwicklung mit den Ansichten ihrer Gäste übereinstimmen oder ob es hier Differenzen gibt.

Jeder Unternehmer gerät nämlich leicht in die Gefahr, in seinen eigenen Betrieb verliebt, von seinen eigenen Vorstellungen zu stark überzeugt zu sein und für die Schwächen im Betrieb blind zu werden, so daß er möglicherweise seinen Betrieb mit aller Kraft in eine Richtung entwickelt, die nicht dem Nachfragewunsch seiner Gäste entspricht. Da man aber als Unternehmer und als Gastronom nur dann erfolgreich sein kann, wenn man die Wünsche seiner Gäste genau kennt und den eigenen Betrieb genau auf diese Wünsche (die Marktnachfrage) einstellt, ist die Kenntnis der Gästewünsche und der Abweichungen zwischen Gästewünschen und Unternehmervorstellungen für jede künftige Marktstrategie wichtig.

Die vorliegenden beiden Befragungen der Gastronomen einerseits und der Gäste andererseits erlauben es, beide Vorstellungen gegeneinanderzustellen und daraus entweder die Deckungsgleichheit beider Vorstellungen festzustellen – dies wäre die optimale Situation für die Gastronomie – oder die Abweichungen der Gästewünsche von den Unternehmerwünschen aufzuzeigen. Überall wo Differenzen auftreten, mögen zwar die Gastronomen aus ihrer Sicht Recht haben, sie werden aber bei den Gästen keinen Erfolg haben und vergeuden in falscher Richtung Geld und Energie. Kurz gesagt: Je größer eine Abweichung zwischen Gästevorstellungen und Unternehmervorstellungen ist, desto dringender wird es für jeden Gastronomen, seinen Betrieb wieder nach den Vorstellungen der Gäste umzusteuern. Nicht der schönste Betrieb bringt Gewinn, sondern der Betrieb, der den Gästen am besten gefällt.

Die Untersuchung sollte aber zwischen der Gästenachfrage einerseits und dem Gastronomieangebot andererseits nicht nur Unterschiede für die Gegenwart ermitteln, sondern auch die Zukunftserwartungen der Gastronomie einerseits und die zukünftigen Wünsche der Gäste andererseits gegenüberstellen. Zu diesem Zweck waren die Marketingfragen an beide Gruppen vergleichbar formuliert. Insofern läßt sich aus der Untersuchung sowohl eine Abweichungsanalyse für das Gegenwartsmarketing ermitteln wie auch eine Abweichungsanalyse für die Zukunft.

14.1 Abweichungsanalyse für Gaststättenbetriebe

Für die Gastronomie ist es vorrangig wichtig, Unterschiede zwischen dem, was sie selbst als ihren Angebotsschwerpunkt ansieht, und den gegenwärtigen Nachfrageschwerpunkten der Gäste zu erkennen. Damit wird der Gegenwartsmarkt fixiert und es werden Differenzen zwischen Nachfrage und Angebot in der Gegenwart aufgezeigt.

Darüber hinaus ist aber auch schon in der Gegenwart wichtig, ob Unterschiede zwischen der Geschäftspolitik der Anbietenden – der Gastronomie – und den Nachfragetendenzen der Gäste auftreten. Denn für das Zukunftsgeschäft wird investiert. Ob sich eine solche Investition lohnt, hängt von der zukünftigen Nachfrage ab.

Gegenwartsanalyse

Beim Vergleich der von den Gästen genannten Nachfrageschwerpunkte mit den von den Gastronomen genannten Angebotsschwerpunkten stellten sich in den meisten Fällen Unterschiede heraus, die darauf hinzudeuten scheinen, daß die Gastronomie die Wünsche ihrer Gästeschaft nicht ganz erfüllen kann.

Die Abweichungsanalyse zeigte sich *grafisch* mit folgenden Stärken:

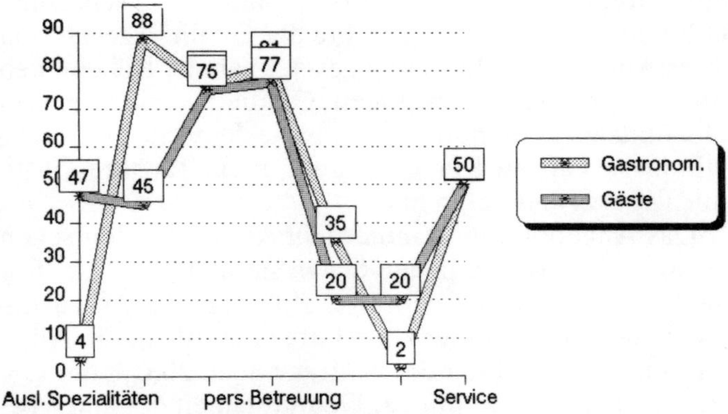

Abweichungen zwischen Gästewünschen und Gastronomieangebot in %-Werten

– Am stärksten läßt die Gastronomie Wünsche ihrer Gäste offen bei dem Fragepunkt ***„ausländische Spezialitäten“***. Während nur 4,3% der deutschen Gastronomie diesem Gästewunsch entsprechen und ihn für eine besondere Stärke ihres Betriebes halten, wünschen sich 47,3% der Gäste solche ausländischen Spezialitätenangebote und kehren deshalb – weil sie dieses Angebot in der deutschen Gastronomie nicht finden – in der Ausländergastronomie ein. In diesem Punkt haben die Gastwirte ihr Publikum am wenigsten einzuschätzen vermocht.

– Die ***Qualität des Essens*** wird von der deutschen Gastronomie an erster Stelle genannt (88,3%), aber von den Gästen auch zu 86,9% erwartet.

Dennoch zeigt eine spezielle Rückfrage bei den Gästen, daß diese mit der Qualität der ihnen gebotenen Speisen der deutschen Gastronomie zu 44,7% nicht zufrieden sind. Die Anstrengungen der deutschen Gastronomie um die Qualität ihres Angebots ist deshalb zwar grundsätzlich richtig, wohl aber noch nicht ausreichend, um den Qualitätsstandard der Gästenachfrage zu erreichen. Oder ob sich die deutschen Gastronomen selbst mit ihrem Qualitätsbewußtsein falsch einschätzen? Oder ob sie die Schwergewichte der Qualitätsgestaltung ihres Angebots nicht richtig gesetzt haben? Bei einer so hohen Abweichung zwischen Qualitätsnachfrage und Qualitätsangebot muß jedenfalls die deutsche Gastronomie insgesamt an Küchenleistung mehr für ihre Gäste tun als sie bisher getan hat.

Das Angebot von ***„Gemütlichkeit“*** in der deutschen Gastronomie wird von den Gastronomen selbst zu 76% als Betriebsmerkmal gepflegt. Zu ebenfalls 75% wünschen die Gäste in einer Gaststätte Gemütlichkeit. Allerdings nannten bei der Spezialfrage auch 26,6% der Gäste Unzufriedenheit mit der Gemütlichkeit der ihnen bekannten Lokale und wünschten gerade in diesem Punkt Verbesserungen. Der hohe Stellenwert der Gemütlichkeit in der Nachfragestruktur der Gäste ist also trotz aller Bemühungen der Gastronomie zu einem Viertel noch nicht befriedigt. Bei der Wichtigkeit dieses Punktes für das Wiederkommen der Gäste muß deshalb die Gastronomie hierauf noch mehr Anstrengungen verwenden.

An vierter Stelle der Angebotsstärken der Gastronomie nannte diese selbst die ***„persönliche Betreuung der Gäste“*** (81%). Dies gilt zumindest für die mittelständischen Personalunternehmen, in welchen der Gastronom selbst die „Seele des Hauses“ ist, sich um die Gäste kümmert und dadurch eine persönliche Betreuung sichert. Die Gäste selbst haben ebenfalls zu 77% ausgesagt, daß die Güte des Service und der persönlichen Betreuung über ihr Wiederkehren in die Gaststätte entscheide. Für die Gäste spielt dieser Gesichtspunkt offenbar eine nahezu ebenso entscheidende Rolle.

Allerdings scheint das Personal in der Gastronomie in der Betreuung erhebliche Wünsche offenzulassen: 50,2% der Gäste wünschten sich Verbesserungen im Service der Gaststätten; die Hälfte der Gäste ist also mit der Bedienung in den Gaststätten nicht ganz zufrieden. Dies gilt übrigens weniger in Ausländerlokalen als in den deutschen Gaststätten. Letztere haben hier den größeren Nachholbedarf.

Eine erhebliche Abweichung zwischen den Wirte- und den Gästevorstellungen gibt es auch bei den *Preisen*. Die Wirte glaubten zu 35%, daß besonders günstige Preise die Stärke ihres Betriebes seien. Von den Gästen gaben aber nur 20% an, eine bestimmte Gaststätte wegen ihrer günstigen Preise zu besuchen. Bei diesem niedrigen Anteil scheint offenbar der Preis nur in zweiter Linie über das Wiederkehren der Gäste für einen bestimmten Betrieb zu entscheiden. Je sozial einfacher die Zielgruppe eines Gastronomiebetriebes ist, desto stärker spielt der Preis für diese Zielgruppe eine Rolle. Die exklusiveren Betriebe dagegen haben überwiegend Gäste, bei denen der Preis eine geringere Rolle spielt als die oben bereits genannten Gesichtspunkte.

Den Wunsch nach ***Luxusgastronomie*** hatten nur 20% der Gäste. 60% der befragten Gäste würden dagegen selbst bei steigendem Einkommen nicht zur Luxusgastronomie überwechseln. Das Nachfragesegment nach Luxusgastronomie liegt also etwa bei einem Fünftel des Gesamtgästepotentials. Von den Gastwirten dagegen gaben nur 2,2% an, als Luxusgastronomie besondere Angebote zu pflegen. In diesem Marktsegment scheint deshalb noch für weitaus mehr Betriebe Raum. Dies gilt um so mehr, wenn prognosegemäß die Einkommen in der Bundesrepublik weiter steigen.

Eine der größten Schwierigkeiten der Gastronomie ist das ***Personalproblem***. Die Hälfte aller Gastronomen nannten dies als Kernproblem ihres Betriebes. Entsprechend wünschen sich auch 50% der Gäste mehr und besseren Service. Insofern decken sich die Erkenntnisse der Gastronomie um diese Schwäche ihres Betriebes mit den Empfindungen der Gäste, daß ihre Wünsche in diesen Betrieben nicht voll erfüllt worden seien. Die Übereinstimmung beider Zahlen ist also für die Gastronomie nicht vorteilhaft, sondern ein Alarmsignal, daß das, was die Gäste vermissen, zwar auch von den Gastronomen erkannt wurde, aber offenbar nicht abgestellt werden kann.

Erwartungsanalyse

Vergleicht man die Angebotspläne der Gastwirte mit den Nachfrageerwartungen der Gäste an die Gaststättenbetriebe, so ergibt sich folgende Abweichungsanalyse:

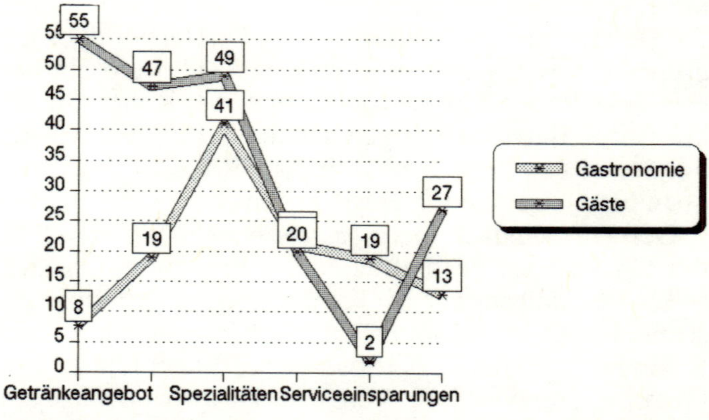

Erwartete Abweichungen zwischen Gastronomieangebot und -nachfrage in %-Werten

Die größte Differenz zeigt sich beim ***Getränkeangebot***. Während sich die Gäste zu 55% in Gastwirtschaften begeben, um dort etwas zu trinken, wollen die befragten Gastwirte selbst ihr Getränkeangebot in Zukunft nur zu 7,7% verstärken. Die Gastwirte nehmen entweder den

Getränkeverzehr neben dem Essen als eine selbstverständliche Gästenachfrage bereits an oder sie glauben, daß der derzeitige Getränkeabsatz künftig nicht mehr wesentlich gesteigert werden kann. Bedenkt man jedoch, daß sich Bierkneipen, Weinlokale und ähnliche auf Getränke spezialisierte Gaststättenbetriebe trotz der Alkoholprobleme beim Autofahren zunehmend entwickeln, so dürfte der Getränkeabsatz auch in den anderen Gaststätten noch steigerungsfähiger sein, als die Gastwirte selbst dies bisher erwarten. Allerdings könnte dies vor allem unter der Voraussetzung zutreffen, daß die Gastronomie neue Angebotsformen und neue Angebotskombinationen für ihren Getränkeabsatz findet[1].

Die derzeitige Differenz zwischen Angebot und Nachfrage der Gastronomie hinsichtlich der ***auslandsgastronomischen Angebote*** gilt nicht nur für die Gegenwart, sondern auch für die Zukunft. Zwar wollen etwa 19% der deutschen Gastwirte auch das Angebot an ausländischen Gerichten und Getränken in ihren Betrieb neu aufnehmen oder verstärken; gegenüber dem mehr als doppelt so hohen Gästewunsch scheint diese Zukunftsstrategie jedoch kaum ausreichend, um die Nachfrage zu decken. Hier bieten sich der deutschen Gastronomie noch enorme Entwicklungsmöglichkeiten.

Gästewünsche und Planungen der Wirte treffen sich nahezu vollständig (27% zu 26%) bei dem Wunsch nach besserer ***Ausstattung*** durch Investitionen. In diesem Punkt hat die deutsche Gastronomie die Nachfragetendenz exakt erkannt. Wenn man bedenkt, daß 41% der Gäste ihr Wiederkommen von der Ausstattung der Gastwirtschaft abhängig machen, zeigt dies den hohen Stellenwert der Investitionen und der Ausstattung für den Geschäftserfolg einer Gastwirtschaft.

Ebenfalls dicht beieinander liegen die Zukunftswünsche der Gäste und die Planungen der Wirte zugunsten höherwertiger ***Spezialitäten***. Die Gastwirte wollen ihre Gerichte künftig zu 41% höherwertiger gestalten; die Gäste erwarten dies zu 49%. Auch hier geht also die deutsche Gastronomie ziemlich genau in die richtige Richtung.

21% der Gastwirte vermuten, daß ihre Gäste künftig ***sparsamer*** ausgeben werden. Bei den Gästen selbst spielt dies für 20% eine Rolle, aber die Hälfte (50%) ist bereit, bei künftig steigendem Einkommen auch mehr in der Gastronomie auszugeben. Die deutschen Gastwirte sind also in diesem Punkt zu pessimistisch, wenn man unterstellt, daß unsere Einkommen weiter steigen werden.

18,8% der Gastwirte wollen künftig beim ***Service einsparen***, um ihre Kosten zu reduzieren. Bei den Gästen akzeptierten aber nur 2% eine Verminderung des Service; die Hälfte der Gäste (50,2%) wollte dagegen eine Verbesserung des Service. Hier entsteht also für die Gastwirte die betriebswirtschaftliche Aufgabe, Servicekosten einzusparen, ohne den Service selbst zu vermindern[2] (z.B. Spielautomaten).

Mehr als ein Viertel der Gäste (27%) wünscht künftig ***zusätzliche Angebote*** und Attraktionen in der Gastwirtschaft. Die Wirte selbst planen aber nur zu 13% solche Zusatzangebote. Sie scheinen hier einen sich verstärkenden Gästetrend noch nicht ausreichend zu berücksichtigen. Gerade in den Zusatzangeboten liegen nicht nur Attraktionen, um Gäste anzuziehen, sondern auch zusätzliche Gewinnchancen[3] (z.B. Spielautomaten).

14.2 Abweichungsanalyse für Hotelbetriebe

Wegen der langfristigen Hotelinvestitionen ist es für die Hotelbetriebe fast noch wichtiger als für die Gaststättenbetriebe, neben den Wünschen der Gäste heute auch deren Nachfragetendenzen für die Zukunft kennenzulernen. Hierbei ergibt sich allerdings das Problem, daß Immobilieninvestitionen wegen ihrer langen Abschreibungsdauer[4] langfristig gesichert sein sollten (die Planungen der Hotelbetriebe deshalb auch entsprechend langfristig angelegt sein müssen), eine Konsumentennachfrage aber aktuell nur kurzfristig, in der Tendenz allenfalls mittelfristig ermittelt werden kann. Bei einem Langfristzeitraum von mehr als 5 Jahren bleibt also immer mehr Spekulation und unternehmerisches Risiko. Je sicherer allerdings die Gegenwartsnachfrage erkannt und je systematischer die Nachfragetendenz ermittelt worden ist, desto ruhiger kann – unter der Voraussetzung gleichbleibender Umfeldbedingungen – auch die langfristige Zukunft vorbereitet und geplant werden.

Gegenwartsanalyse

Die Differenzen zwischen Nachfrage und Angebot bei den Befragungen zum Übernachtungsgewerbe ergeben folgendes Bild:

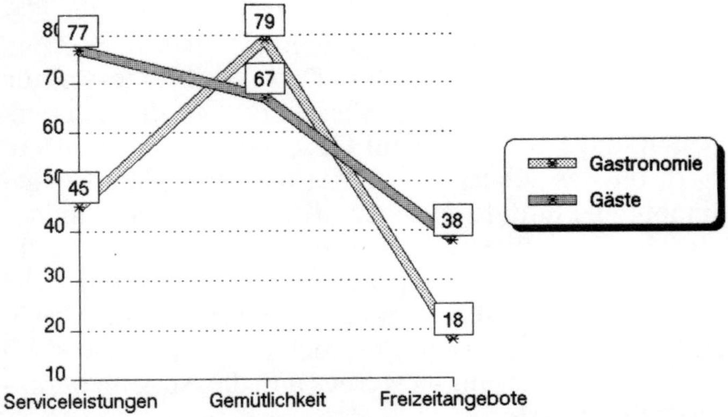

Angebots- und Nachfrageabweichungen im Beherbergungsgewerbe in %-Werten

Die größte Abweichung zeigen Hotelangebot und Übernachtungsnachfrage beim ***Service***. Die Gäste unterscheiden zu 77% nach der Qualität des Service, ob sie ein Hotel oder eine Pension wieder besuchen. Zu 78% verlangen sie als wichtigstes Hotelkriterium eine freundliche Bedienung. Die Hoteliers haben zu 79% erkannt, daß Service und freundliche Bedienung ihre Angebotsstärke sein müsse; sie glaubten aber nur zu 45%, daß sie dazu ausreichend qualifiziertes Fachpersonal hätten. Insofern besteht hier zwischen tatsächlichem Angebot und der Nachfragestruktur noch eine Lücke, die zu mancher Enttäuschung manches Hoteliers über nachlassenden Gästebesuch führen dürfte.

Mehr als zwei Drittel der Gäste (67%) verlangen von einem Hotel oder einer Pension vor allem ***Gemütlichkeit***. Eine solche Gemütlichkeit glauben die mittelständischen Hotelinhaber in ihrem Betrieb zu 79% vor allem durch ihre persönliche Betreuung anzubieten; die Konzernbetriebe glauben dies zu 52% bieten zu können. Gäste, die vor allem Gemütlichkeit suchen, sind also die ideale Zielgruppe für das mittelständische Hotelgewerbe.

Bei den Fragen nach der ***Preisbereitschaft*** zeigte sich, daß die Privatgäste in der Regel nur bis zu 50 DM für eine Übernachtung zu zahlen bereit waren, die Geschäftsreisenden aber eine durchschnittlich doppelt so hohe Preisbereitschaft zeigten. Diese Nachfragestruktur wurde von der Konzernhotellerie erkannt, die sich konsequent auf Städte- und auf Geschäftsreisende konzentriert, um das höherpreisige Marktsegment damit zu gewinnen. Die mittelständischen Kleinstadt- und Landhotels oder Pensionen wollen zwar ebenfalls zur Hälfte ihren Standard anheben, wissen aber, daß sie nur mit mehr Geschäftsreisenden aus dem unteren Preissegment rechnen können. Insofern decken sich das Angebotsverhalten des Beherbergungsgewerbes und die Ausgabebereitschaft ihrer Gäste.

Nur 18% der Hotels sehen ihre Angebotsstärke in zusätzlichen ***Freizeitangeboten*** (Schwimmbad, Sauna, Tennisplatz usw.). Dagegen sahen 19% der Hoteliers hierin eine Angebotsschwäche. Sie scheinen recht zu haben, denn 38% der Gäste (vor allem Feriengäste) verlangen neben der reinen Übernachtungsfunktion ein zusätzliches Freizeit- und Unterhaltungsangebot im Hotel, z.B.

Fitness und Sport	36,4%
es soll was los sein	17,5%
Animation	7,6%

Die deutsche Hotellerie hat sich offensichtlich doch zu ausschließlich auf die Übernachtungsfunktion konzentriert und den seit einigen Jahren schon zu beobachtenden Trend zur Erlebnisnachfrage nicht ausreichend berücksichtigt. Betriebe, die diese Nachfrage bisher berücksichtigt hatten, konnten damit nach eigenem Angeben bis zu 20% ihrer Gewinne erwirtschaften.

Erwartungsanalyse

Die Differenzen in den Zukunftserwartungen der Gäste und dem geplanten Zukunftsangebot der Hoteliers ergeben folgendes Bild:

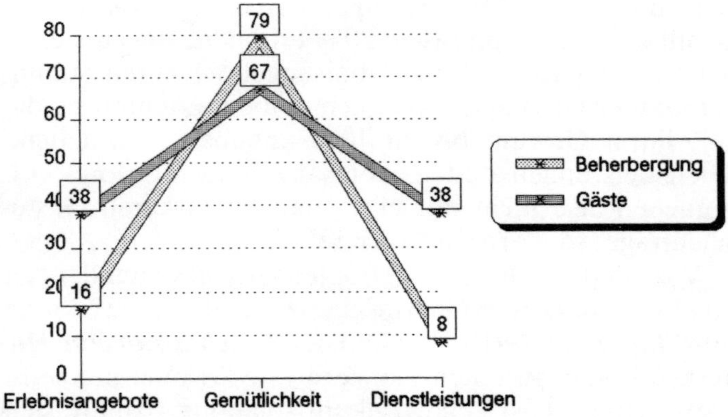

Zukunftsabweichungen zwischen Beherbergungsnachfrage und -angebot in %-Werten

16% der Hotels wollen sich künftig durch verstärkte ***Erlebnisangebote*** zum „Erlebnishotel" entwickeln. Die Gäste wollten jedoch für die Zukunft zu 38% mehr Erlebnisangebote. Die Zukunftsplanung der Hotels läuft deshalb in diesem Punkt hinter den Zukunftserwartungen der Gäste hinterher. Nicht nur in der Gegenwart besteht hier eine erhebliche Differenz, sondern auch für die Zukunft. Die in dieser Richtung planenden Hotels und Pensionen dürften jedenfalls die richtige Nachfragetendenz anpeilen.

Daß 79% der Hotelbetriebe vor allem in der ***Gemütlichkeit der Ausstattung und der Betreuung*** ihre Zukunftschance sehen, mag damit zusammenhängen, daß die Mehrheit der befragten Hoteliers Eigentümer-Unternehmer waren (87%). Ihre Planung trifft aber auch den Wunsch der Übernachtungsgäste, die zu 67% mehr Gemütlichkeit und Betreuung künftig auch im Hotel erwarten.

Künftig ***weitere Dienstleistungen*** planen nur 8% der Hotels. Der entsprechende Gästewunsch liegt aber doppelt bis dreimal so hoch. In diesem Punkt bleibt also das Angebot der Hotels voraussichtlich hinter der künftigen Nachfrage noch zurück. Soweit die Hotels bisher zusätzliche hoteleigene Dienste angeboten haben, konnten sie damit ihren Gewinn bis zu 20% erhöhen; soweit sie zusätzliche Dienste oder Erlebnisangebote durch Subunternehmer im Hause ermöglicht haben, konnten sie damit ihren Gewinn bis zu 10% anheben. Zusätzliche Dienstleistungen und Erlebnisangebote im Hotel entsprechen also nicht nur einer immer stärkeren Gästenachfrage, sondern sind auch rentabel.

Von den übrigen abgefragten Angebotstendenzen spielten zu unserer Überraschung nur die Entwicklung zum ***Tagungshotel*** (3,5%) und der ***Anschluß an eine Hotelkette*** oder an einen Konzern (3,5%) eine nennenswerte Rolle. Fast keine Zukunftsplanung richtete sich auf Bürotels, Seniorenhotels, Luxushotels oder zusätzliche Ferienhotels, obwohl theoretisch wegen der steigenden Rentnerzahl gute Entwicklungschancen im Bereich des Seniorenhotels oder zum Bürotel bestehen müßten. Hierzu lag aber in der Befragung keine nennenswerte Gästetendenz vor. Deshalb lassen sich auch hierüber keine Differenzen feststellen.

15. Allgemeine Marketingmöglichkeiten für die Gastronomie

Ein Gastronomiebetrieb ist nicht Selbstzweck, sondern er soll Geld verdienen. Den Gewinn kann man nun auf zweierlei Weise erhöhen:

1. Indem man bei gleichem Umsatz *Kosten einspart* und somit eine höhere Differenz zwischen Umsatz und Kosten = Gewinn erzielt;
2. oder indem man durch neue Kundengruppen oder ein neues Angebot oder Zusatzangebote den *Umsatz erhöht* und auf diese Weise über den Mehrumsatz auch zu mehr Gewinn kommt.

Die Frage der *Kostensenkung* ist ein Dauerthema jedes Gastronomen. Oben (Kap. 11) wurden Möglichkeiten der Kostensenkung aufgezeigt. Kostensenkungsstrategien müssen immer im Vordergrund stehen, wenn oder soweit man den Umsatz nicht erhöhen kann. Kosteneinsparung heißt Rationalisierung. Die Maßnahmeüberlegungen richten sich nach innen in den Betrieb. Hierbei kommt es auf das Geschick des Unternehmers an, die gleiche Leistung zu billigeren Kosten herzustellen und anzubieten.

Umsatzerhöhung läßt sich dagegen nicht nur durch innerbetriebliche Maßnahmen durchführen, sondern erfordert größere Nachfrage von Gästen. Mehr Umsatz kann nur von außen kommen. Dies verlangt nicht nur betriebsinterne Überlegungen und Maßnahmen, sondern vor allem den Versuch, den Kontakt zu neuen Gästen und die Nachfragen der bisherigen Gäste positiv zu beeinflussen. In diesem Sinne gibt es auch zwei wichtige Marketingrichtungen:

2.1 Verbesserungsüberlegungen und Maßnahmen, um den *bisherigen Gästestamm fester an sich zu binden* und zu höherer Nachfrage zu gewinnen und

2.2 alle Überlegungen und Maßnahmen, welche sich auf das *Gewinnen neuer oder anderer Gästegruppen* richten.

Die meisten theoretischen Marketingmodelle werden für neue Unternehmen aufgestellt und sollen prüfen oder nachweisen, mit welchem Angebot und welchen Marketingstrategien ein neues Unternehmen im Markt Erfolg haben könnte. Dies ist aber nicht die Aufgabe dieses Buches, welches sich vor allem an die schon bestehenden Gastronomiebetriebe und ihre Unternehmer richtet. Für sie steht deshalb die Marketingfrage im Vordergrund, durch welche Maßnahmen von Strategien sie Umsatzprobleme ihrer Betriebe lösen, ihre Umsätze erhöhen und über diesen expansiven Weg ihren Gewinn verbessern könnten. Im Gegensatz zu den frei in die Luft hinein geplanten Neukonzepten müssen die bestehenden Betriebe von ihren bereits feststehenden Bedingungen ausgehen. Sie können also nur teilweise frei operieren, in den meisten Bedingungen liegen sie fest. Dennoch gibt es auch für die bestehenden Betriebe viel mehr Marketingmöglichkeiten zur Umsatzverbesserung, als den meisten Gastronomen selbst bewußt ist. Deshalb sollen ihnen in diesem Buch Anregungen für expansive Marketingmöglichkeiten gegeben werden.

15.1 Welchen Nutzen kann Marketing bringen?

Ein alter Irrtum der Unternehmer besteht darin, daß sie glauben, ihre Leistung setze sich von selbst durch. Nicht die Leistung allein macht den Erfolg eines Betriebes aus, sondern daß man die Leistung in der richtigen Weise verkaufen kann, die richtigen Kunden dafür findet und einen guten Preis dafür erzielt. Das Marketing um die Leistung ist für viele Betriebe sogar erfolgsentscheidender als die Leistung selbst. Viele erstklassige

Betriebe gehen nämlich im Markt zugrunde, weil sie für ihre erstklassige Leistung nicht den richtigen Markt finden oder ihre Leistung nicht richtig verkaufen können. Auch für die Gastronomie ist deshalb nicht nur die Leistung allein ein Schlüssel zum Erfolg, sondern viel mehr, wie der Gastronom es versteht, seine Gäste anzuziehen, für die Leistung zu begeistern und wie er die verschiedenen Leistungen den Gästen anzubieten in der Lage ist. Erst ein gutes Marketing bringt also gute Leistung auch zum Erfolg.

Wenn ein Drittel der Gastronomiebetriebe jährlich aufgeben muß, zeigt dies die Härte des Wettbewerbs in diesem Marktsegment. Um so mehr müssen die Betriebe marktorientiert arbeiten, also Marketing betreiben, um sich in diesem Markt durchsetzen zu können. Dieses generelle Gebot gilt für alle Gastronomen, unabhängig davon, auf welche Zielgruppe sie sich konzentriert haben oder welche Betriebsart sie betreiben.

Marketing soll also betrieben werden, um Nutzen zu bringen. Erst wenn mit Hilfe von Marketingmaßnahmen mehr Gäste geholt und/oder gehalten sind, kann mehr gastronomische Leistung erbracht werden. Marketing ist insofern überhaupt eine Erfolgsvoraussetzung für die Leistung.

15.1.1 Auslastungsausgleich durch Marketing

Einer der Hauptnutzen, den Marketing für einen Gastronomiebetrieb bringen kann, ist eine bessere Auslastung des Betriebes. Vor allem die mit besonders hohen Fixkosten arbeitenden Hotelbetriebe brauchen dies. Gelingt es, in den bisher nicht ausgelasteten Leistungszeiten mehr Gäste zu gewinnen und mehr Leistungen abzusetzen, so wird damit die vorhandene Betriebskapazität ausgeglichen und besser genutzt. Die Bereitstellungskosten einer Gaststätte sind nahezu gleich, ob die Gaststätte voll ist oder halb leer. Halbleere Betriebsräume bedeuten jedoch unausgenutzte und deshalb zu hohe und teure Investitionen. Wird also die Betriebskapazität durch Marketingmaßnahmen gleichmäßiger und besser ausgenutzt, werden die Kosten des vorhandenen Anlagevermögens besser verteilt und steigt der Ertrag. In diesem Zusammenhang ist auch über die Öffnungszeiten nachzudenken[1].

15.1.2 Zeitgewinn durch Marketing

Immer wieder lassen wir uns in der Hektik des Tagesablaufs einen improvisierten Betriebsablauf mit zu viel Fehlzeiten und deshalb zuviel unbezahlten Kosten aufzwingen. Berechnen Sie selbst, wieviele Fehlzeiten Sie gestern in Ihrem Betrieb hatten und wieviel geldwerte Zeit Sie damit vertan haben!

Marketing bedeutet Systematik statt Improvisation, Übersicht statt Wurstelei, mehr Ideen und rechtzeitiges Nachdenken statt zu viel gedankenloser Tagesarbeit! Mit einer auf Ihren Betrieb angepaßten Marketingkonzeption können Sie viele der sonst üblichen Fehlzeiten vermeiden und einen reibungsloseren Betriebsablauf ohne Hektik erreichen. Was man vorher bedacht hat, braucht man nicht in Hetze zu bedenken oder zu korrigieren. Das ist nicht nur für Ihre eigene Gesundheit notwendig, sondern auch für die Freude der Mitarbeiter und für das Betriebsklima in Ihrem Unternehmen.

Zu jedem bestehenden Unternehmen müssen immer wieder neue Verbesserungsmöglichkeiten überlegt werden. Deshalb muß jeder Unternehmer ein Marketingkonzept haben, das auf die Betriebsmöglichkeiten abgestellt ist und auf das auch die Mitarbeiter ausgerichtet werden können. Je klarer der Gastronom selbst Ziel, Weg und Mittel plant, desto stärker werden sich auch seine Mitarbeiter darauf einstellen. Eine Betriebsführung mit Hilfe eines Marketingkonzepts hilft deshalb ebenso bei sich selbst wie bei den Mitarbeitern Zeit, Ärger und Geld ersparen.

15.1.3 Konkurrenzvorteil durch Marketing

Die hohe Fluktuation im Gastronomiebereich zeigt einen Verdrängungswettbewerb. In diesem Wettbewerb kann sich derjenige am besten behaupten, welcher mit dem besten Marketingkonzept die beste Attraktion mit seinem Betrieb für die Gäste erreicht, wer also in der Lage ist, die Gäste von anderen Betrieben zu sich abzuziehen und seine Gäste gegen die Werbewirkung der Konkurrenz zu halten. Diese Gästewirkung kann nicht ein einziges Mal erreicht, sondern muß ständig neu erkämpft werden, weil sich Zeitströmungen, die Mode und die Gäste ständig wandeln. Im übrigen braucht es in der Regel längere Vorlaufzeiten, um bestimmte Marktwirkungen, ein Betriebsimage oder Kontakte zu neuen Gästegruppen aufzubauen. Selbst für die Stammgäste müssen immer wieder neue Attraktionen und Angebote überlegt werden, damit sie nicht solche Attraktionen in anderen Betrieben suchen und der eigenen Gaststätte verlorengehen. Da aber alle Gastronomen sich ständig etwas Neues einfallen lassen, wird derjenige Betrieb, welcher dies am wenigsten tut, schnell unattraktiv. Die Tüchtigkeit der Konkurrenten zwingt also um so mehr zu ständigen Marketingüberlegungen und Marketingmaßnahmen, um nicht nur mit den anderen Schritt zu halten, sondern diese womöglich zu übertreffen. Gelingt dies, hat der Gastronom Wettbewerbsvorteile, entsprechenden Gästezulauf, entsprechenden Umsatz und dadurch Erfolg.

15.1.4 Zukunftssicherung durch Marketing

Über den Erfolg eines Betriebes entscheidet nicht das Gegenwartsgeschäft, sondern die Zukunft. Entsprechend muß man sich als Unternehmer für die Zukunft noch mehr Gedanken machen als für die Gegenwart. Wer mit seinem Betrieb nicht in die Zukunft plant, lebt auf schwankendem Boden und kann ständig stürzen.

Marketing ist in diesem Sinne ein Führungsinstrument für die Zukunft. Es hilft dem Gastronomen, Klarheit darüber zu gewinnen,

- wie sich die Konjunktur in den nächsten Jahren entwickeln wird,
- wie die örtliche Entwicklung der Bevölkerung, der Altersgruppen, der Kaufkraft und der Konsumtrends verlaufen wird,
- wie sich der Bedarf und die Nachfrage des Gästepotentials im Umfeld in den nächsten Jahren entwikkeln werden,
- wie die eigene Liquidität und die Liquidität von Staat und Wirtschaft sich auswirken werden,
- ob gesetzliche Änderungen für die Marktsituation drohen oder
- ob sich Risiken für den notwendigen Wareneinkauf zeigen.

Der zunehmende Wettbewerbsdruck wird alle Gastronomen zwingen, auch die Zukunft ihres Betriebes durch Planung und Marketing zu sichern. Wer dies zuerst beginnt, sichert damit nicht nur seine Existenz, sondern kann auch in Ruhe in die Zukunft blicken und rechtzeitig notwendige Korrekturmaßnahmen vorbereiten.

15.2 Wie finde ich das passende Marketingkonzept für meinen Betrieb?

Die Marketingaufgabe eines Unternehmers läßt sich eigentlich in drei Fragen zusammenfassen:

1. Wo stehe ich mit meinem Betrieb?
2. Was kann ich mit meinem Betrieb erreichen?
3. Was muß ich dazu tun?

In der ersten Frage geht es darum, die ***Situation des Unternehmens*** selbst und seines derzeitigen Marktes zu analysieren. Dazu muß man einmal sich selbst Rechenschaft geben über die Stärken und Schwächen seines eigenen Unternehmens. Zum andern muß man sich ein möglichst objektives Bild über den derzeitigen Markt zu machen versuchen (Marktforschung), in dem das Unternehmen jetzt tätig ist einschließlich der Erfolgsfaktoren des Unternehmens im derzeitigen Markt.

Die zweite Frage zielt in die Zukunft. Sie soll einmal die ***Marktentwicklungen*** klären, zum andern aber auch Antworten suchen, welchen Weg das Unternehmen in die Zukunft gehen kann und soll.

Erst wenn diese beiden Vorfragen gelöst sind, wenn also die Analyse und die Markt- bzw. Unternehmensentwicklung klar sind, geht es darum, konkrete ***Maßnahmen*** zu überlegen, mit denen man das gewünschte Unternehmensziel künftig erreichen kann (Strategien und Maßnahmen).

Die Ergebnisse aller drei Fragen zusammen bilden das ***Marketingkonzept*** für den Gastronomiebetrieb. Dieses Marketingkonzept kann man nicht fertig aus Büchern bekommen, sondern jeder Unternehmer muß es für sich selbst machen. Insofern können die nachfolgenden Anregungen nur eine Hilfe zur Selbsthilfe sein, nicht aber die eigentliche Marketingaufgabe abnehmen. Nach der vorliegenden Methode haben aber tausende mittelständischer Unternehmer ihr Marketingkonzept bereits erfolgreich erstellt. Es eignet sich prinzipiell für jeden Betrieb und jeden mittelständischen Unternehmer. Es kann darum als Leitfaden dienen.

15.2.1 Wie bekommt man die notwendigen Marktinformationen?

Man kann sich natürlich eine Unternehmens-, Standort- und Marktanalyse von einem Marketinginstitut erstellen lassen. Dies ist aber für die meisten Gastronomen zu teuer. Evtl. bekommen sie Hilfe von ihrem Verband (Beratungsstelle). In der Regel müssen sie jedoch ihre Marketinginformationen selbst beschaffen. Dazu gibt es aber genug verfügbare Unterlagen:

- Über die *rechtlichen Rahmenbedingungen* liegen die entsprechenden Gesetze vor (vgl. oben Kap. 10).
- Die allgemeine *Bevölkerungs- und Wirtschaftsentwicklung* läßt sich aus den amtlichen und institutionellen Statistiken leicht entnehmen (vgl. Kap.8 oben).
- Besonders wichtig sind die Bevölkerungs-, Einkommens- und *Wirtschaftsdaten des regionalen Umfeldes*. Diese lassen sich entweder von der Industrie- und Handelskammer oder von der jeweiligen Stadtverwaltung oder vom Verband besorgen. Da nämlich die wirtschaftliche Situation in den verschiedenen Regionen und Städten unterschiedlich ist, würden Globalzahlen oft zum falschen Situationsbild führen. Man braucht also die speziellen Zahlen der heimischen Marktregion.
- Informationslücken müssen durch entsprechende Nachfrage bei Kammern, Verbänden oder geeigneten Stellen abgedeckt werden, um das Risiko falscher oder unvollständiger *Marktinformation* zu vermeiden.
- Eine wichtige Informationshilfe bieten *Betriebsvergleiche* und Gespräche mit Kollegen über deren Situation im gleichen Markt. Wenn z.B. alle anderen über ein wachsendes Geschäft berichten, man selbst aber abnehmenden Umsatz hat, weiß man, daß dies keine Marktsituation ist, sondern eine Betriebssituation. Einige Hotel- und Gaststättenverbände geben deshalb auch regionale Betriebsvergleiche heraus.

Aus den gesammelten Informationen wird sich jeder Unternehmer sein eigenes Bild über die Umfeldsituation seines Betriebes und über seine eigene Betriebssituation machen. Hilfreich ist dabei, eine solche Informationssammlung schriftlich anzulegen. Man kann im nächsten Jahr die neuen Informationen dann mit den alten vergleichen, hat aber auch für das derzeitige Jahr eine Gedankenstütze für den Fall, daß sich die Situation ändert.

15.2.2 Wo liegen meine Marktfelder?

Klarheit über den eigenen Markt zu gewinnen, ist der erste Analyseschritt. Zunächst muß man einmal wissen, in welchem Teilmarkt des gesamtgastronomischen Marktes man überhaupt mit seinem Betrieb operiert:

- Im Versorgungsmarkt – als Teil des Ernährungsmarktes?
- In der Erlebnisgastronomie als Teil des Freizeitmarktes?
- Im Urlaubsmarkt (für Hotels) ebenfalls als Teil des Freizeitmarktes?
- Im Geschäftstourismusmarkt?

Neben den für den Betrieb relevanten, regionalen Marktzahlen, etwa über

- Zahl und Kaufkraft der erwerbstätigen Bevölkerung;
- Stärke und Konsumkraft besonderer Gästegruppen wie z.B. Senioren oder Jugendliche;
- Konkurrenzanalyse (welchen Anteil haben die Gastronomiebetriebe des Umkreises am Markt);
- allgemeine oder spezielle Konsumtrends der Gegend,

wären etwa folgende Zusatzerkenntnisse für den speziellen Gastronomiemarkt nützlich:

- Der Durchschnittshaushalt wird kleiner, seine Mitglieder gebildeter. Die Kleinhaushalte geben 30 bis 35% ihrer Ernährungsausgaben außer Haus aus. Insgesamt liegt der Ausgabenanteil aller Haushalte bei rund 25%[2].
- Was früher als Leckerei betrachtet wurde, ist heute für breite Bevölkerungsschichten Standard. Mit steigendem Einkommen steigen die Ansprüche und damit auch die Nachfrage.
- Der Einzelhandel ist als Konkurrent der Gastronomie immer stärker geworden. Die Handelsgastronomie verkauft ebenfalls Verzehrangebote außer Haus.
- Die Unternehmerqualifikation in Betriebswirtschaft, Marketing und Personalführung wird besser, daher der Wettbewerb in der Gastronomie noch schärfer.

- Das Vordringen der Konzerngastronomie berührt immer mehr mittelständische Eigentumsbetriebe vor allem im Hotelbereich.
- Die Reisewelle steigt ständig. Zur Zeit leisten sich etwa 57% der Bundesbürger jährlich mindestens eine Urlaubsreise von 5 Tagen[3].
- Zwei Drittel der Bundesbürger reisen zu ihren Ferien ins Ausland, ein Drittel bleibt im Inland.
- Bayern ist mit 31% der Inlandsurlauber beliebtestes Urlaubsland, gefolgt von Schleswig-Holstein mit 21%. Nach Niedersachsen verreisen 14% der Inlandsurlauber[4].

Die Marktfelder des eigenen Betriebes sind nicht immer streng abgrenzbar, sondern oft eine Kombination z.B. aus Urlaubsmarkt, Erlebnismarkt, Geschäftstourismus oder Verzehrnachfrage. Wichtig ist es jedoch, die Anteile festzustellen, zu denen der Betrieb von den einzelnen Marktfeldern lebt und wie sich diese Marktfelder am speziellen Ort darstellen. Die meisten Gastronomen glauben dies zwar zu wissen, es ist ihnen aber häufig noch nicht exakt genug klar. Deshalb hilft es für die eigene Marktanalyse meistens sehr, sich diese Analyse selbst einmal aufzuschreiben.

15.2.3 Eigenanalyse des Betriebes

Der Betrieb lebt vom Markt; er hat aber besondere Eigenheiten, die zum Teil gewollt, zum Teil aber unabänderlich sind.

Die unabänderlichen Eigenarten des Betriebes begünstigen oder begrenzen seine Marktmöglichkeiten. Er muß sie deshalb genau kennen. Hierzu gehören:
- Die Verkehrsführung und Verkehrsentwicklung im Umfeld des Betriebes,
- die Konkurrenzsituation im näheren Umfeld,
- die Zentral- oder Randlage des Betriebes,
- die Lebens- und Konsumgewohnheiten der erreichbaren Gästegruppe,
- die Attraktivität der Region als Urlaubsgebiet.

Neben diesen vom Betrieb nicht oder nur wenig beeinflußbaren Einflußfaktoren auf den Betrieb gibt es andere, die zwar ebenfalls betriebsbedingt sind, sich aber zumindest langfristig vom Gastronomen ändern lassen. Hierzu gehören z.B.

- Image der Firma,
- persönliches Ansehen des Inhabers,
- Gästetreue in bestimmten Zielgruppen,
- Konkurrenzgrad und Konkurrentenverhalten.

Am wichtigsten sind die vom Unternehmer selbst beeinflußten *Betriebsstärken oder Betriebsschwächen*, also die von den Gästen erwarteten Eigentümlichkeiten des Betriebes und des Unternehmers selbst. Soweit hierin Stärken des Betriebes liegen, muß überlegt werden, ob sie ausbaubar sind. Soweit jedoch Schwächen in diesen Eigentümlichkeiten des Betriebes oder des Unternehmers auftauchen, könnte hierin eine Erklärung für mangelnde Betriebserfolge liegen und müßten Korrekturmaßnahmen überlegt werden.

Ein Teil der betrieblichen oder persönlichen Eigentümlichkeiten eines Gastronomiebetriebes sind sehr sensible zwischenmenschliche Beziehungen, die vom Unternehmer selbst – zumal wenn es sich um Schwächen handelt – nicht gern erkannt und zugegeben werden. In diesem Punkt werden in den Eigenanalysen die häufigsten Fehler gemacht, weil die Gastronomen hierbei nicht kritisch genug gegen sich selbst vorgehen.

Leichter fällt es dagegen den Gastronomen, ihre Gäste zu analysieren,

- ob sie sich ausschließlich aus einer Gästezielgruppe zusammensetzen,
- oder ob das Gästepotential aus verschiedenen Gästezielgruppen stammt,
- welche Anteile die verschiedenen Gästezielgruppen im Jahr an Umsatz bringen,
- welches Anspruchsverhalten die Hauptgästegruppen an den Betrieb und an die Person des Unternehmers stellen,
- wie kritisch einzelne Gästegruppen auf Fehler oder Abweichungen reagieren,

- ob ein Hotel stärker oder schwächer von Kur- oder Ferienurlaubern besucht wird,
- ob das betriebsspezifische Gästepotential unabänderliche oder verzichtbare Verzehrwünsche hat,
- welchen Anteil die Individual- und die Pauschalreisen an der Gesamtbelegung haben,
- welche Abhängigkeit der Betrieb hinsichtlich seiner Gäste von Vereinen, Reiseunternehmen oder anderen Institutionen hat.

Ist auf diese Weise das *Gästepotential* für den eigenen Betrieb ausreichend klar, gilt es auch das *Angebot* des eigenen Betriebes exakt zu bestimmen, um Abweichungen zwischen Angebot und Nachfrage daraus zu erkennen. Zur Eigenanalyse des Angebots gehört z.B.:

- die Qualität, Größe und Ausstattung der eigenen Hotelzimmer gegenüber denen der regionalen Konkurrenz,
- der Angebotsschwerpunkt und die Angebotsstärke im Speiseangebot des eigenen Betriebes gegenüber der Konkurrenz,
- die Abhängigkeit der Umsatzträger des Betriebes von zusätzlichen Erlebnisangeboten,
- die Bedeutungsanteile zwischen dem eigentlichen Gastronomieangebot und der Betriebsaussattung bzw. dem Erscheinungsbild des Betriebes für den Gesamtumsatz,
- Umfang, Art und Defizite an Erweiterungs- oder Zusatzangeboten[5]
- der Stellenwert, Kosten und Funktion der einzelnen Betriebsschwerpunkte in ihrer Bedeutung für den Gesamtumsatz,
- selbstkritische Analyse der Stärken und Schwächen der eigenen Unternehmerperson in ihrer Wirkung auf die Gäste, deren Nachfrageverhalten und damit auf den Betriebsumsatz.
- Wie heben sich der Gastronom selbst und sein Betrieb von den Konkurrenten ab?

Die Unternehmensdiagnose soll helfen festzustellen, ob der Betrieb so strukturiert ist,

- daß er möglichst wenig Schwächen und möglichst viele Stärken aufweist und
- daß mit ihm die vom Gastronomen persönlich angestrebten Unternehmensziele erreicht werden können.

15.2.4 Konkurrenzanalyse

Es genügt nicht, sich nur über die Stärken und Schwächen des eigenen Unternehmens klar zu sein; man muß auch die Stärken und Schwächen der Konkurrenten im regionalen Markt kennen, weil sie für das eigene Unternehmen eine Wettbewerbsgefahr darstellen, aber auch mögliche Kooperationspartner sein oder werden können.

Eine Prüfliste über die Konkurrenten müßte etwa enthalten:
- Wie finanzstark sind die einzelnen Konkurrenten?
- Welche Angebotsschwerpunkte haben die Konkurrenten?
- Worin ist der eigene Betrieb den Konkurrenten überlegen, worin unterlegen?
- Worin liegt der Erfolg der anderen Konkurrenten?
- Wie schnell sind die Konkurrenten gewachsen?
- Wie hoch sind die Investitionen der einzelnen Konkurrenten?
- Welche Eigenarten haben ihre Gastronomen persönlich, wie alt sind sie, Ausbildung, Erfahrung?
- Welches Marktansehen genießen die einzelnen Konkurrenten?
- Auf welche Gästezielgruppen haben sich die einzelnen Konkurrenten konzentriert?
- Welche Verkaufsmethoden und Preispolitik verfolgen die Konkurrenten?

Mit Hilfe dieser Informationen muß man sich darüber klarwerden, welche Wettbewerbsgefahr in welcher Zielgruppe oder in welchen Angebotsschwerpunkten von den einzelnen Konkurrenten ausgehen kann oder worin der eigene Betrieb den Konkurrenten überlegen ist und ihnen Gästegruppen abwerben könnte.

Ein starkes Konkurrenzumfeld bedeutet geringere *Entwicklungsmöglichkeiten* für den eigenen Betrieb als ein schwaches. Die Konkurrenz entscheidet also nicht nur über meinen derzeitigen Umsatz mit, sondern auch über meine künftige Betriebsentwicklung.

15.2.5 Marketingziele für das eigene Unternehmen

Erst wenn man den eigenen Betrieb mit Stärken und Schwächen kennt, die Konkurrenzsituation übersieht und den Markt des Gästepotentials genügend durchleuchtet hat, kann man auf Grund dieser Basisanalyse realistische Ziele setzen, auf die hin man das Unternehmen entwickeln möchte.

Dabei genügt es nicht, sich einfach ein theoretisches Ziel zu setzen (wie z.B.: Man will jedes Jahr 100.000 DM Gewinn machen oder den Umsatz um x% jährlich steigern); vielmehr müssen die Unternehmensziele sowohl quantitativ als auch qualitativ konkreter gefaßt werden z.B.:

- ***Ziele des eigenen Betriebes:***
  etwa Kostenverringerung um 5% insgesamt oder in bestimmten Bereichen des Betriebes, oder Senkung des Warenlagers um einen bestimmten Anteil oder Erhöhung der Belegungszahl der vorhandenen Sitzplätze in den Stoßgeschäftszeiten um einen bestimmten Prozentsatz oder Erhöhung der Eigenkapitalquote um einen bestimmten Anteil oder Erhöhung der Auslastung in nachfrageschwachen Zeiten oder Verminderung der Personalstärke um eine Kraft usw.
- ***Persönliche Ziele des Unternehmers:***
  Hierzu würde gehören die Nachfolgeregelung, Verminderung oder Verstärkung der Mitarbeit des Ehepartners im Betrieb, Verminderung des eigenen Arbeitseinsatzes im Betrieb, Expansion durch Zweitbetriebe usw.
  Die persönlichen Unternehmensziele sind bei mittelständischen Unternehmern mit den Unternehmens-

zielen so eng verknüpft, daß sie meistens identisch sind. Damit sind aber auch persönliche Entwicklungen (Präferenzenwechsel[6] o.a.) für die persönlichen Lebensziele ebenso entscheidend wie für die Unternehmensziele. Die Unternehmensziele des mittelständischen Unternehmers sind mit anderen Worten nur aus seinen persönlichen Zielen zu begreifen[7].

- ***Marktziele:***
  z.B. Steigerung des Umsatzes um 10%, Erhöhung des Marktanteils um 5%, Errichtung einer Filiale im Nachbarort, Gewinnen einer neuen, zusätzlichen Gästezielgruppe, Steigerung des Unternehmensansehens (Image).
- ***Gästeziele:***
  z.B. Erhöhung des Bekanntheitsgrades des Betriebes um einen bestimmten Prozentsatz, Vergrößerung der Zahl der Dauergäste in einem bestimmten Zeitraum, Veränderung der Gästestruktur durch Verlagerung des Geschäftsschwerpunkts.
- ***Ziele gegenüber den Konkurrenten:***
  Kapazitätskooperation mit bestimmten Nachbarbetrieben, Übernahmestrategie für einen bestimmten Konkurrenzbetrieb, Strategie gegenüber einem lästigen Konkurrenten, Vorsprungssicherung gegenüber Konkurrenten.

Unternehmensziele sind nur realistisch, wenn sie durch den eigenen Betrieb unter Berücksichtigung der Konkurrenzlage, des Gästepotentials und der Markttendenzen erreicht werden können. Nur wer weiß, wohin er seinen Betrieb entwickeln will, vermeidet kostenbringende Fehlentscheidungen, überflüssige Investitionen und kann seinen Betrieb systematisch auf dieses Ziel hin entwickeln.

Wer sich die Unternehmensziele nicht selbst setzt, gleicht einem Urlauber, der aufs Gradewohl losfährt, ohne zu wissen, wo er abends sein wird, wo er unterkommen wird und wo er hinkommt. Nur wer das Ziel kennt, kann die einzelnen Abschnitte optimieren, die Teilziele vorbereiten und wird auf dem günstigsten Wege sein Ziel erreichen.

Zwischen den angestrebten Zielen und der Normalentwicklung des Unternehmens besteht meist eine Differenz. Das Unternehmen entwickelt sich nicht automatisch so, wie man es gern hätte. Gerade hierin liegt aber der Vorteil eines auf die Zukunft gerichteten Marketingkonzepts, denn es gibt Strategien, Möglichkeiten und Maßnahmen, um über die Normalentwicklung des Betriebes hinaus für gute Unternehmer ehrgeizigere Ziele erreichen zu können.

15.3 Marketingvorschläge für die Gastronomie

Es gibt für jeden einzelnen Gastronomietyp spezielle Marketingstrategien, um dadurch eine günstigere Marktstellung, mehr Gäste, bessere Auslastung und Umsatzsteigerungen zu erzielen.

Dabei gibt es allgemeine Strategien, welche grundsätzlich für alle Betriebstypen in Frage kommen und spezielle Strategien für einzelne Gastronomiebetriebstypen, welche für andere weniger oder gar nicht in Frage kommen.

Jeder Gastronom sollte also nicht nur die speziellen, für seinen Betriebstyp besonders zutreffenden Marketingmöglichkeiten kennenlernen, sondern er muß darüber hinaus vor allem auch die allgemeinen Marketingmöglichkeiten beherrschen und anwenden, weil er mit ersteren gegenüber allen anderen Konkurrenten im Wettbewerb steht; mit den speziellen Marketingstrategien steht er nur mit gleichartigen Betriebstypen im Wettbewerb.

15.3.1 Je unverwechselbarer das Betriebsbild, desto größer die Wirkung

Eine Gaststätte oder ein Hotel sind feststehende Einrichtungen, die auf Gäste warten. Der Erfolg hängt also davon ab, daß die Gäste sie aufsuchen. Wer dabei versucht, alle Gäste anzusprechen, kann nicht für bestimmte Gästegruppen besonders attraktiv werden. Der Erfolg eines Gastronomiebetriebes liegt aber darin, für eine bestimmte Gästegruppe besonders attraktiv – attraktiver als die Konkurrenten – zu sein. Folglich muß sich ein Gastronomiebetrieb möglichst so gestalten, daß die gewünschte Anziehungskraft für die Gästezielgruppen erreicht wird. Solche Anziehungskraft ist nur möglich, wenn der Betrieb ein eigenes, unverwechselbares und auf die Gästezielgruppen zugeschnittenes Erscheinungsbild hat.

Kurz gesagt: Je deutlicher ein bestimmtes Erscheinungsbild eines Gastronomiebetriebes ist, desto eher wird eine spezielle Gästezielgruppe diesen Betrieb vor anderen aussuchen, desto attraktiver wird dieser Betrieb für die bestimmte Gästegruppe und desto sicherer kann dieser Betrieb aus der Masse des anonymen Gästepotentials konkrete Nachfrager erwarten.

Wie baut man ein eigenes gastronomisches Erscheinungsbild auf?

Die Konzerne haben eine bestimmte Leitidee – corporate identity –, die sie in allen ihren Konzernbetrieben durchzuhalten versuchen, um damit für die Gäste einen Standardtyp mit gleichförmiger Leistung und gleichförmiger Attraktion zu gewährleisten. Die Konzernbetriebe leben sehr stark davon, daß Geschäftsreisende sich unter dem Konzernbegriff einen bestimmten Hotelstandard oder Gaststättenstandard vorstellen und diesen buchen bzw. bestellen, weil sie den Standard kennen, auch wenn sie den Betrieb selbst noch gar nicht kennen. Viele Hotelbuchungen in Konzernbetrieben erfolgen deshalb wegen der Identität der Betriebe untereinander. Der Gast weiß, was ihn in jedem dieser Konzernbetriebe erwartet. Er kann deshalb nicht durch Andersartigkeit überrascht oder enttäuscht werden. Die Konzerne haben deshalb zuerst den Wert des Erscheinungsbildes ihrer Dienstleistungsbetriebe als Marktstrategie entdeckt und erfolgreich gepflegt. Die Identität in den Konzernbetrieben geht bis hin zu einer Art Markenartikel-Strategie ihrer angebotenen Speisen und Getränke. Auch hierin versuchen sie Standard zu halten und ihrem Stammgast das zu bieten, was er in anderen Betrieben unter diesem Begriff bereits kennengelernt hat.

Manche mittelständischen Eigentümer-Gastronomen haben versucht, im Rahmen einer Hotel- oder Gaststättenkooperation eine ähnliche Standardidentität aufzubauen, um dadurch bei fremdbuchenden Gästen ein bestimmtes, qualitatives Erscheinungsbild zu vermitteln. Diesem Zweck dienen z.B. auch die Türschilder, mit denen Hotels oder Gaststätten darauf hinweisen, daß sie zum Standard der von bestimmten Clubs oder Vereinigungen empfohlenen Betriebe gehören[8]. Diese Identitätshinweise sollen nicht nur die Mitglieder der entsprechenden Organisationen anlocken, indem sie ihnen ein gewisses „Wir-Gefühl“ vermitteln, sondern sollen darüber hinaus vor allem einen bestimmten Qualitätsstandard dokumentieren, mit dem die Gastronomiebetriebe zielgruppengerecht werben wollen.

Die meisten selbständigen Eigentümer-Gastronomen stehen aber außerhalb einer solchen Kette und deshalb auch allein vor der Frage, wie sie durch ein spezielles Erscheinungsbild ihres Betriebes die von ihnen gewünschte Zielgruppe ansprechen sollen.

Wichtig ist dabei vor allem, das Erscheinungsbild des Betriebes innen und außen und sowohl sachlich wie auch persönlich „ideeneinheitlich“ zu gestalten. Da die Person des Gastronomen die entscheidendste Größe seines Betriebes ist, wird er nur ein Erscheinungsbild seines Betriebes aufbauen können, welches er selbst verkörpert bzw. welches er selbst persönlich vermitteln kann. Er muß sich deshalb fragen, welcher Gastwirts- oder Hotelierstyp er ist und welchen Betriebstyp er daraufhin glaubhaft und werbewirksam auch mit seinem Betrieb vermitteln kann. Dies ist je nach Personentyp unterschiedlich:

- Ein „gestylter“ Gastronom wird keinesfalls eine Bergmannskneipe glaubhaft aufbauen und erfolgreich führen können.
- Ein Rock-Musiker wird in einem Operncafé nicht ernst genommen und könnte dieses weder glaubhaft gestalten noch erfolgreich führen.
- Ein Dorfgastwirt hat seine besondere Note durch die Aussprache (z.B. Platt) und durch die Kenntnisse und die Identifikation mit der umwohnenden Bevölkerung; diese Identität könnte er nicht in der Stadt aufbauen.
- Umgekehrt könnte ein Hotelmanager kein Dorfgasthaus erfolgreich führen, weil er von der Dorfbevölkerung in seiner Art nicht akzeptiert würde.

Die erste Frage für die Gestaltung eines eindeutigen und erfolgreichen betrieblichen Erscheinungsbildes ist also die Identitätsfrage an den Unternehmer selbst.

Wer von sich selber weiß, welcher gastronomische Typ er ist, der weiß auch, welche speziellen Gästezielgruppen er mit seinem Typ am besten ansprechen kann, welche Gästegruppen also zu ihm passen und sich deshalb in seinem Betrieb besonders wohl fühlen würden. Auf diese Gästegruppen muß dann der Betrieb in seiner Aufmachung, in seiner Leistung, in seinen Preisen und in seinem Service ausgerichtet sein. Nur wenn alle sachlichen Elemente unter dem gleichen Betriebsbild zusammenstimmen, wird die von den Gästen selbst immer wieder hervorgehobene „Gemütlichkeit“ im Sinne der Idee des Betriebes für eine bestimmte Gästezielgruppe erreicht.

Der Aufbau eines unverwechselbaren, eigenständigen Betriebsbildes ist nicht nur eine Frage der Betriebsgründung, sondern eine Daueraufgabe: der Unternehmer muß immer wieder neu überlegen, ob eine geplante Investition oder eine Betriebsänderung oder eine neue Preisgestaltung in das angestrebte Gesamterscheinungsbild seines Betriebes paßt oder dieses stört. Notfalls muß der Gastwirt seine Gäste fragen, ob einzelne Elemente seines Betriebes den gewünschten Gesamteindruck verstärken, verändern oder stören. Die beiden letzteren Wirkungen würden sich zwangsläufig auch in Umsatzverlusten auswirken.

Also: Je eindeutiger die Idee und je harmonischer die Umsetzung in ein eindeutiges Erscheinungsbild eines Gastronomiebetriebes ist, desto größer ist seine Wirkung auf die Gäste und desto sicherer wird auch sein Erfolg sein!

15.3.2 Angebotspolitik

Unter Angebotspolitik werden alle Marketingmaßnahmen verstanden von der Herstellung der gastronomischen Produkte über die Art der Zubereitung, der Präsentation des Services bis hin zur Zusammenstellung des Angebotes zu einem kompletten Sortiment. Dies gilt auch für Hotels mit ihrer Übernachtungsdienstleistung von der Art des Empfangs über die Ausstattung und die Vorbereitung des Zimmers, die Bestückung der Naßräume mit Handtuch, Seife, Duschgel usw. bis hin zum Weckdienst und zum Frühstücksbuffet.

Die Angebotspolitik eines Betriebes hat drei Schwerpunkte:

1. Die Gestaltung von Waren oder Dienstleistungen,
2. die Sortimentsgestaltung,
3. die Darstellung der Betriebsleistung gegenüber dem Gast.

1. Allein ein Blick in jedes Kochbuch läßt erkennen, wie groß die Möglichkeiten sind, einfache Speisen so unterschiedlich zuzubereiten und darzustellen, daß aus demselben Grundgericht völlig unterschiedliche Spezialitäten hergestellt werden können. Die ***Art der Zubereitung einer Ware oder die Art, wie die Dienstleistung gestaltet wird,*** läßt also ungeheueren Spielraum für einen Betrieb, dies in besonderer Form und für den Gast besonders attraktiv zu tun. Dabei spielt auch der Duft der Speisen eine viel größere Rolle als oft angenommen; schon der Duft der Speisen kann den Wunsch beim Gast

erzeugen, sie zu probieren. Angenehme Essensdüfte lassen beim Gast ein harmonisches und abgerundetes „Lustgefühl" entstehen.

Zur Gestaltung eines Produktangebotes (Speisen) gehört auch die „Verpackung", das Geschirr, in dem die Speisen präsentiert werden. Wer die besten Speisen mit angeschlagenen Gläsern und auf gesprungenem Geschirr präsentiert, hat bei anspruchsvollen Gästen die Lust danach bereits verdorben. Man muß immer daran denken, daß ein und dieselbe Ware, in unterschiedlicher Weise angeboten, bei dem Gast ganz unterschiedliche Eindrücke und sogar einen unterschiedlichen Geschmack erzeugt. Wir essen nicht nur mit der Zunge, sondern auch mit den Augen. Wer erstklassige Produkte verkaufen will, muß sie auch erstklassig „verpacken" und präsentieren.

2. ***Sortimentspolitik*** heißt, für die spezielle Gästegruppe auf Basis der von ihr besonders bevorzugten Leistungen auch alle anderen Produkte oder Leistungen im Gastronomiebetrieb anbieten zu können, welche die Gästegruppe häufiger wünscht. Beispiele:

- Eine Bierkneipe sollte mehrere Biersorten und eine Auswahl von Schnapssorten führen.
- Ein Hotel für Geschäftsreisende muß eine Möglichkeit vorsehen, verschmutzte Anzüge kurzfristig zu reinigen, Schuhe zu putzen und Knöpfe anzunähen – vielleicht auch Sekretariatsarbeit anbieten können.
- Ein Café wird sich nicht nur mit dem Ausschank von Kaffee halten können; die Cafégäste erwarten auch Kuchen, Speiseeis, kleine Zwischenmahlzeiten, Cognac o.ä.
- Für ein Ausflugslokal wird es ebenfalls nicht ausreichen, nur Getränke anzubieten. Wer nach dem Wandern oder nach einer Autofahrt im Ausflugslokal einkehrt, möchte auch etwas zu essen haben, möchte Spielmöglichkeiten für die Kinder antreffen und spezielle Speise- und Getränkeangebote für Kinder haben.

Ein zu großes Sortiment ist für einen Gastronomiebetrieb eine starke Kostenbelastung. Ein zu kleines Sortiment dagegen ist gästefeindlich. Hier den richtigen Mittelweg zu finden, ist unternehmerische Kunst des Gastronomen, die er immer wieder neu ausprobieren muß.

3. In der **Darstellung ihrer Produkte oder Dienstleistungen** sündigen viele Betriebe:

- Das fängt oft schon mit der Speisekarte im Fenster des Lokals an. Vergleichen Sie einmal, welche Mühe sich die Einzelhändler geben, ihr Schaufenster zu dekorieren und wie nachlässig viele Gastronomen ihr „Schaufenster" der Speisekarte gestalten. Als Aushängeschild des Betriebes kann auch die Gestaltung von Schaukästen und Angebotskarten unentschiedenen Gästen auf einen Blick die Qualität des Betriebes verdeutlichen und sie dazu bewegen, diesen Betrieb statt anderer aufzusuchen.
- Zur Speisekarte gehört auch der auf die jeweiligen Zeittrends Rücksicht nehmende „Anhang": Die Angebote für „den kleinen Hunger", für „den kleinen Gast" oder für den Vegetarier.
- Wer marktfrisch zubereitete Speisen anzubieten in der Lage ist, kann schon im Schaufenster und in der Speisekarte hierauf besonders hinweisen und wird damit den Wunsch vieler Gäste schon im Vorfeld ihrer Entscheidung ansprechen.

Daß die Ausstattung eines Gastronomiebetriebes ebenso wie Produkte oder Leistungen auf die gesamte Unternehmensidee abgestellt sein müssen, wurde schon oben[9] dargestellt. Wer eine rustikale[10] Bierkneipe betreibt, muß sie besonders rustikal ausstatten, jedenfalls rustikaler als die möglichen Wettbewerber. Wer ein exklusives Eßlokal betreibt, muß dieses besonders elegant präsentieren. Um solche Identität zu erreichen, helfen oft kleine Hilfsmittel z.B. Blumen, Dekorationsgegenstände, Früchte o.a., die je nach Saison oder nach abwechselnden Angeboten ausgetauscht werden können.

Auch die Raumbeleuchtung ist ein wesentliches Gestaltungselement für die Präsentation der Leistung und der Waren. Mit Hilfe von Spotlights kann der Blick und das Interesse des Gastes auf bestimmte Sonderangebote oder Spezialitäten gelenkt werden. Man kann auch durch Lichtauswahl bestimmte Details oder Raumwirkungen des Lokals hervorheben oder abschwächen, um sie dem Angebotscharakter anzupassen. Die Lichtauswahl ist aber auch für die Gemütlichkeit des Raums und damit für den Genuß des Warenangebots entscheidend. Einschmeichelnde Beleuchtung hilft, daß der Gast sich selbst und anderen gefällt und läßt ihn auch die angebotenen Speisen stärker genießen.

Zur Präsentation der Waren und der Dienstleistungen gehört nach der Meinung der Gäste – wie unsere Befragung gezeigt hat – im besonderen Maße auch die Art der Bedienung. Je anspruchsvoller die Gästezielgruppe ist, desto mehr Bedienung wünscht sie und erfordert sie. Wer es allerdings versteht, Bedienungseinsparungen als besondere Leistung darzustellen (Frühstücksbuffet), kann durch Ausstattung (Investitionen) personelle Bedienung teilweise ersetzen.

Nicht ersetzbar ist allerdings die Freundlichkeit der Bedienung. Speisen, freundlich serviert, schmecken besser. Eine freundliche Bedienung füllt das Lokal, brummige oder gleichgültige Kellnerinnen vertreiben die Gäste.

In vielen Gastronomiebetrieben spielt auch die Wartezeit der Gäste eine entscheidende Rolle. Sicher sind die Gourmets im Spezialitätenrestaurant bereit, auf ihre Köstlichkeit etwas länger zu warten; die meisten Gäste langweilen sich aber um so mehr, je länger sie auf ihr Essen oder ihre Getränke warten müssen. Wer sich langweilt, ärgert sich. Wer sich ärgert, kommt nicht wieder. Selbst ein hervorragendes Speiseangebot kann also durch zu lange Wartezeiten seine Attraktion auf die Gäste verlieren. Dies gilt besonders für Geschäftsgäste. Die Gastronomie muß deshalb immer neue Strategien entweder zur Verkürzung der Wartezeit überlegen oder die Wartezeit für den Gast so interessant und kurzweilig gestalten (Sonderattraktionen), daß der Gast sich nicht langweilt[11].

15.3.3 Preispolitik

Die Preise der in einer Gaststätte angebotenen Speisen und Getränke oder der im Hotel angebotenen Übernachtungsmöglichkeit spielen für die Erstentscheidung eines Gastes und für sein Wiederkommen eine entscheidende Rolle. Das heißt nicht, daß immer nur der niedrigere Preis die größere Anziehungskraft hätte. Je nach Gästezielgruppe kann auch ein höherer Preis werbewirksam sein.

Wichtig ist vor allem, daß das Erscheinungsbild des Betriebes mit seinem Preisniveau harmonieren muß:

- Eine Dorfkneipe kann keine Stadtpreise verlangen, ein Ferienhotel kann nicht Übernachtungspreise eines Stadthotels erwarten,
- ein Gourmet-Restaurant wird mit den niedrigen Preisen einer bürgerlichen Gaststube unglaubwürdig.

Die Gäste wissen heute ziemlich gut Bescheid, was ein bestimmtes Gericht im Durchschnitt kostet und ob es in einer bestimmten Gaststätte überdurchschnittlich viel oder weniger kostet. Dennoch haben die Gästebefragungen gezeigt, daß der Preis für die Entscheidung der Gäste nicht die erste Rolle mehr spielt. Der Preis muß nur „passen". Er muß dem Standard des Betriebes und den Erwartungen seiner Gästegruppe entsprechen.

Dabei scheinen die Gäste für Preise unterschiedlich empfindlich zu sein. Das gilt nicht nur für die unterschiedlichen Zielgruppen, bei denen z.B. die Jugend und die Senioren preisempfindlicher sind als die Erwerbstätigen der mittleren Altersstufen und insbesondere als die Geschäftsreisenden; die Empfindlichkeit kann sogar in der gleichen Gästezielgruppe zwischen Essen, Trinken und Übernachten unterschiedlich sein.

Der Handel hat erfolgreich vorgemacht, wie ein Laden durch Preisdifferenzierung preisattraktiv gemacht werden kann, indem einzelne Waren besonders billig angeboten und hervorgehoben werden und sich damit der Eindruck günstigen Einkaufs bei den Kunden auch auf die anderen Waren ausdehnt. Einige Gastronomiebetriebe haben dies mit günstigen Essenspreisen zu unterschiedlichen Tageszeiten oder für spezielle Gerichte ebenfalls erfolgreich nachgemacht.

Die größte Problematik aller Anbieter ist die Frage der Preisfreiheit, d.h. welchen Preiserhöhungsspielraum sie nutzen könnten bzw. welche Preiserhöhungen die Gäste akzeptieren würden.

Die preispolitischen Möglichkeiten eines Gastronomiebetriebes hängen nicht nur mit dem Wert (Art, Qualität, Menge) der Produkte einer Gaststätte oder der Ausstattung, Größe und Lage des Hotelzimmers zusammen, sondern auch von den Nebenleistungen bis hin zum Erlebnisangebot, welches der Gastronomiebetrieb zu diesen Hauptleistungen zusätzlich bietet. Das Gesamtangebot muß den Preis rechtfertigen und die Gäste müssen auch überzeugt sein, daß die Leistung ihren Preis wert ist.

Ob also die Preise in einem Gastronomiebetrieb von den Gästen akzeptiert werden, hängt nicht nur mit der Leistung selbst zusammen, sondern hängt auch davon ab, wie diese Leistungen von den Gästen gesehen werden. Dies ist häufig ein Ergebnis wirkungsvoller Kommunikation zwischen Gastwirt und Gast. Gelingt es, das Produktionsangebot oder die Leistung so in den Augen des Gastes herauszustellen, daß dieser sie auch bei höherem Preis nachfragen würde, kann der Preis auch so etwas wie ein Qualitäts- und Produktmerkmal werden („es war schon immer etwas teurer, einen besonderen Geschmack zu haben!"). Der Preis kann also höher sein, wenn er vom Gast auch als Entgelt für das Produkterlebnis aufgefaßt wird.

Im einzelnen wird jeder Gastronom seine Preise mit viel Marktkenntnis und Fingerspitzengefühl ausrichten an:

- den eigenen Unternehmenszielen,
- den Preisen der Wettbewerber,
- dem Nachfrageverhalten der Gäste.

Unter den Gesichtspunkten der Unternehmensziele muß nicht immer der Preis gefordert werden, der sich aus den Kosten (d.h. einer betriebswirtschaftlichen Kalkulation) errechnet. Vielmehr bestimmt sich der Preis auch nach den Marktmöglichkeiten. Er kann im Einzelfall niedriger sein als die Kosten[12].

Die Preisfreiheit des Unternehmers wird aber auch durch die Wettbewerber begrenzt. Niemand kann höhere Preise fordern, wenn seine Konkurrenten die gleiche Leistung billiger anbieten; dann wandern die Gäste zu den Konkurrenten ab. Soll dagegen den Konkurrenten eine Gästegruppe oder ein Marktsegment abgeworben werden, muß der Unternehmer mit aggressiven Preisen diese unterbieten und auf diese Weise deren Kunden anzulocken versuchen. Insofern ist die eigene Preisfindung immer auch ein Teil Wettbewerbskampf mit oder gegen die Konkurrenten.

In der Regel gilt[13], je niedriger die Preise, desto größer ist das mögliche Gästepotential. Je höher das Preisniveau eines Gastronomiebetriebes dagegen ist, desto weniger Gäste können sich diese Ausgaben leisten. Preisbildung ist in diesem Sinne auch die Suche nach dem richtigen Marktsegment und der richtigen Gästegruppe.

Die größte Preisfreiheit hat ein Gastronomiebetrieb bei neuen Produkten oder neuen Leistungsangeboten, weil die Gäste hierfür noch keine Vergleichsmöglichkeiten haben und der Reiz der Neuheit gerade für junge Gäste oft unwiderstehlich ist, dieses neue Angebot zu versuchen (Vorsprungsgewinne).

Die Preisbildung ist eine der empfindlichsten unternehmerischen Instrumente, welches sehr viel Marktgefühl und Vorsicht erfordert. Hohe Preise bringen zwar auch gute Erträge, können aber auch die Gäste vergraulen.

15.3.4 Öffentlichkeitsarbeit

Während Werbung sich auf das Produkt und die Dienstleistung richtet und einen direkten Kaufentschluß beim Kunden auslösen, beeinflussen oder fördern soll, ist Öffentlichkeitsarbeit ein zielgerichtetes und ständiges Bemühen, in der Öffentlichkeit Verständnis und Vertrauen für den Gastronomiebetrieb zu schaffen. Die Öffentlichkeitsarbeit soll das Unternehmensbild, welches der Gastronom sich von seinem Betrieb selbst vorstellt und als Idee durchzusetzen versucht, der Öffentlichkeit vermitteln, um dadurch in den verschiedenen Gruppen der Öffentlichkeit Bekanntheit, Sympathie und Besuchsbereitschaft zu erzeugen. Das gesamte Kontaktfeld der Öffentlichkeit läßt sich aus Sicht der Gastronomie-Betriebe nach 4 Gruppen unterteilen:

1. Institutionen und Organisationen,
2. informelle Gruppen,
3. soziale Gruppen,
4. Massenmedien.

1. Zu den ***Institutionen und Organisationen*** gehören die Verwaltungseinheiten, die Verbände, Kammern, Kirchen, Gewerkschaften, Schulen, Sportvereine, Kindergärten oder Krankenhäuser. Für den Gastronomen sind diese Institutionen und Organisationen um so wichtiger, je näher sie ihren Dienstsitz oder ihre Tätigkeit zum Gastronomie-Betrieb haben und je stärker ihre Mitgliederzahl ist. In diesen Institutionen akzeptiert zu sein, bedeutet, daß die Mitglieder dieser Organisation grundsätzlich geneigt sind, den Gastronomie-Betrieb einmal zu besuchen oder daß sie sogar den Gastronomie-Betrieb zu *ihrem* Treffpunkt, Lokal oder Vereinsheim machen. Da im Durchschnitt jeder Deutsche mindestens drei solcher Institutionen oder Organisationen angehört, spielen sie für die Bekanntheit, das Ansehen und die Akzeptanz eines auf die Öffentlichkeit angewiesenen Gewerbezweiges eine große Rolle.

2. Zu der zweiten Teilöffentlichkeit der ***„informellen Gruppen“*** gehören Bauträger, Althausbesitzer, Schüler, Sammler, Studenten, Urlauber, Freiberufler, Reiter, Naturschützer und ähnliche Gruppen. Diese bieten den Gastronomie-Betrieben die Möglichkeit, sich auf solche informellen Gruppen zu konzentrieren und damit deren besondere Sympathie und ihren Besuch zu erreichen. Dann muß der ganze Gastronomie-Betrieb auf eine solche Gruppe in Ausstattung, Betrieb und Leistungsprogramm ausgerichtet werden (Ökokneipen).

Andererseits bieten solche nicht fest institutionalisierten Gruppen auch besondere Möglichkeiten für die Gastronomie, darüber andere Teilöffentlichkeiten anzusprechen und zu erreichen.

3. Die dritte Teilöffentlichkeit der ***„sozialen Gruppen“*** kann bestehen aus: Ausländern, Rentnern, leitenden Angestellten oder Beamten, Unternehmern, Facharbeitern, Hausfrauen, Kirchenmitgliedern usw. Gruppen, die gemeinsame soziale Anliegen, Interessen und deshalb auch oft gemeinsame Denkkategorien haben. Nicht jede Gastronomie kann jede dieser sozialen Gruppen ansprechen und erreichen. Wer aber einen Teil dieser Gruppen erreicht, kann darüber ein ausreichendes Gästepotential für seinen Betrieb schaffen.

4. Die Massenmedien als vierte Teilöffentlichkeit (Presse, Funk, Fernsehen) sind gleichsam die Brücken zu den personalen Teilöffentlichkeiten und deshalb für das Schaffen und Erhalten von Vertrauen und Verständnis für einen auf die Öffentlichkeit angewiesenen Gastronomie-Betrieb sehr wichtig. Wer es als Gastronom versteht, die regionalen Zeitungen oder Fachzeitschriften für sich zu nutzen, kann darüber große Bekanntheit, großes Gästeinteresse und Zulauf gewinnen.

Die praktische Öffentlichkeitsarbeit liegt darin, daß der Gastronom versuchen muß, im Kontakt und Austausch zu den Teilöffentlichkeiten sich selbst und seinen Betrieb bekanntzumachen „im Gespräch zu bleiben“ und dadurch für Gäste attraktiv zu werden und zu bleiben. Beispiele solcher Öffentlichkeitsmaßnahmen wären etwa:

- Mitgliedschaft oder Ehrenamt in Vereinen oder Institutionen;
- Einladung an bestimmte Teilöffentlichkeiten zu besonderen Anlässen des Betriebes;
- Spende an eine gemeinnützige Institution, um damit ins Gespräch zu kommen und Interesse zu wecken;
- Sonderangebote für Angehörige einer bestimmten Teilöffentlichkeit;

- Durchführung von Wettbewerben innerhalb einer Öffentlichkeitsgruppe oder von mehreren Gruppen untereinander;
- Veranstaltung von Betriebsjubiläen mit Sonderattraktionen zu irgendwelchen Anlässen;
- Presseinformationen über interessante Veranstaltungen im Gastronomie-Betrieb, über besonders interessante Gäste oder über persönliche oder innerbetriebliche Ereignisse;
- Durchführung und Bekanntmachung von Sonderaktionen für bestimmte soziale Gruppen wie z.B. billigeres Bier für Arbeitslose usw.

Wichtig ist, daß mit Hilfe der Öffentlichkeitsarbeit der Betrieb ständig im Gespräch ist, das Bild des Gastronomiebetriebes sich in der Öffentlichkeit einprägt und sich die Gaststätte oder das Hotel bei den Menschen als ein besonderer Betrieb einprägt, in den einzukehren interessant sein könnte.

15.3.5 Werbepolitik

Im Gegensatz zu der ungezielt auf mögliche Gästegruppen gerichteten Öffentlichkeitsarbeit besteht Werbepolitik aus den zielgerichteten Maßnahmen, mit welchen nicht nur ein allgemeines Betriebsvertrauen vermittelt, sondern konkret Gäste in den Betrieb gezogen werden sollen. Die Werbepolitik muß deshalb gezielt auf bestimmte Gästegruppen ausgerichtet werden und die möglichen Gäste so stark ansprechen, daß sie den Entschluß fassen, den werbenden Betrieb zu besuchen.

Werbung kostet Geld. Wer also werben will, muß diese Werbung wie eine Investition betrachten und ebenso systematisch planen.

Werbung ist nur erfolgreich, wenn sie nach einem klaren und einheitlichen Werbekonzept durchgeführt wird. Da professionale Werbeberater in der Gastronomie zu teuer sind, muß der Unternehmer selbst das Werbekonzept entwerfen und durchführen.

Das schon im Handwerk mit Erfolg erprobte Werbekonzept besteht aus neun Schritten[14]:

1. die Zielsetzung;
2. Bestimmung der Zielgruppe;
3. Zugang zur Zielgruppe;
4. Formulierung der Werbeaussage;
5. einheitlicher Firmenstil;
6. das Werbemittel;
7. Festlegung des Werbetextes;
8. der Zeitplan der Werbung;
9. Werbeerfolgskontrolle.

1. Wer mit Erfolg werben will, muß vorher festlegen, welche präzisen Ziele mit der Werbung verfolgt werden sollen. Nur so kann man hinterher auch den Erfolg kontrollieren.
2. Keine Werbung kann alle Personen ansprechen, deshalb muß die Zielgruppe bestimmt und die Werbung auf diese Zielgruppe abgestimmt werden.
3. Um die gewünschte Zielgruppe zu erreichen, kann man Telefon- und Branchen-Adreßbücher, das Adressenmaterial bestimmter Institutionen oder die Mitgliederlisten von Organisationen benutzen. Dieses Adressenmaterial ermöglicht den direkten Zugang zu den Zielgruppen, etwa durch Telefonkontakt, Kundenbesuch, Werbebrief, Handzettel oder Werbesprospekte.
4. Die Werbeaussage muß kurz und „eingängig“ formuliert werden. Jedes Wort zuviel mindert die Wirkung. Nur wenn die Werbebotschaft (Slogan) einprägsam ist, dann ist sie gut. Dabei soll sie dem Gast dessen eigenen Vorteil durch den werbenden Betrieb präsentieren, denn der Gast fällt seine Entscheidung für einen bestimmten Gastronomie-Betrieb nur aus eigenem Nutzen[15].

6. Es gibt auch für Kleinbetriebe besonders wirksame Werbemittel, wie z.B. Kundengespräch, Anzeige, Werbebrief, Prospekt, Plakat, Handzettel, Werbegeschenk usw. Welches Werbemittel für die spezielle Werbung infrage kommt, richtet sich einmal nach dem Werbeziel, dann nach der Werbebotschaft und

vor allem nach der Gästezielgruppe, die angesprochen werden soll.

7. Da Werbung Geld kostet, muß der finanzielle Werbeumfang festgelegt werden, um mit den zur Verfügung stehenden Mitteln einen möglichst konzentrierten Erfolg zu erzielen.
8. Für die Wirkung der Werbung kommt es auch auf die Zeit an, in der geworben wird. Bestimmte Jahres- oder Wochenzeiten sind für bestimmte Gästezielgruppen ungünstiger als andere. Im Zeitplan muß aber auch die Dauer der Werbung bestimmt werden, um ihre Wirkung zu konzentrieren, aber auch einzuprägen.
9. Der Erfolg einer Werbemaßnahme läßt sich vorher nicht exakt abschätzen, aber nachher gut kontrollieren. Wer die Werbung als Dauermarketinginstrument begriffen hat, muß um die Wirkung wissen, also jede Maßnahme auf ihren Erfolg nachträglich kontrollieren. Die Kontrolle kann durch Befragung von Gästen, durch Resonanz in Form von Antwortkarten, Coupons oder Bestellungen oder auch in der Zahl zusätzlicher Gäste gemessen werden. Gastwirte sollten neue Gäste auch ruhig einmal fragen, wie sie auf ihren Betrieb aufmerksam geworden sind und warum sie sich für ihn entschieden haben.

Die allgemein wichtigsten Werbemittel über die Massenmedien stehen aus Kostengründen den Gastronomen nicht zur Verfügung. Es gibt aber einige für die Gastronomie besonders geeignete Werbemittel:

A) das Kundengespräch;
B) der Werbebrief;
C) der Prospekt;
D) Plakat/Anzeige.

A) Das direkte Werbemittel ist immer das Gespräch mit dem möglichen oder tatsächlichen Kunden. Das Gespräch vermittelt gegenseitiges Vertrauen, Sympathie und den Wunsch, den Kontakt fortzusetzen. Da die meisten Gäste auch Wünsche an den Gastronomie-Betrieb haben, ist es für den Gastwirt oder den Hotelier um so leichter, mit seinen Gästen ins Gespräch zu kommen und dabei für seinen Betrieb zu werben.

B) Jeder Geschäftsbrief ist auch ein Werbebrief und muß schon im äußeren Bild die Chancen eines Werbebriefes nutzen. Für die Gestaltung der Geschäfts- und speziellen Werbebriefe gibt es inzwischen bereits spezielle Techniken[16]. In der zunehmenden Flut von Werbebriefen fallen aber nur noch solche auf, die besonders gut und prägnant gemacht oder mit einem besonderen Angebot versehen sind.

C) Die meisten Gastronomie-Betriebe verfügen inzwischen mit Recht über Prospekte, in denen der Betrieb den Gästen erläutert und für neue Gäste vorgestellt wird. Der Aufmerksamkeits- und Erinnerungswert guter Prospekte ist sehr hoch. Die Gestaltung sollte man allerdings einem Fachmann überlassen, weil es darauf ankommt, möglichst viel in möglichst geschickter Zusammenstellung möglichst lesbar zu zeigen.

D) Mit Plakaten und Anzeigen haben Gastronomiebetriebe vor allem dort Werbewirkung, wo vorübergehende Gäste (Plakat) oder wo unbekannte Gäste (Anzeige) angesprochen werden sollen. Auch bei ihnen entscheidet häufig die Gestaltung über ihre Werbewirkung. Der Gastwirt sollte Anzeigen nur selbst aufgeben, wenn er damit bestimmte Ereignisse, Sonderaktionen oder ähnliche konkrete Anlässe für seinen Betrieb ankündigt.

Nach den Kundenbefragungen hat die Außenwerbung am Geschäftslokal bzw. am Hotel selbst eine besondere Bedeutung für den Entschluß möglicher Gäste, in diesen Betrieb einzukehren. Deshalb kommt es auf die Gestaltung des Eingangs, die Farbe und Gestaltung der Außenfront, Schaukästen und Vitrinen sowie auf die Beleuchtung von Außenwerbung, Eingang und Auslagen für die Wirkung auf vorbeigehende Gäste besonders an. Wichtig ist dabei nicht nur, daß die Außenwerbung auffällt, sondern auch, daß sie der angesprochenen Gästezielgruppe gefällt. Nur dann wird sie auch Nachfrageentscheidungen zur Folge haben.

15.3.6 Mögliche Zusatzangebote

Oben wurde bereits darauf hingewiesen, daß andere Branchen einen erheblichen Teil ihres Gewinns nicht mehr mit ihrer Hauptleistung, sondern mit Zusatzangeboten machen[17]. Je mehr Zusatzangebote also die Gastronomie auf der Basis ihres ohnehin laufenden Betriebes mitverkaufen kann, desto günstiger wird ihr Verhältnis von Aufwand zu Umsatz bzw. ihr Ertrag. Viele Gastronomiebetriebe haben diese Möglichkeiten noch nicht ausreichend erkannt und genutzt. In diesen Zusatzangeboten liegen noch erhebliche Rentabilitätsreserven für die meisten Betriebe. Zusatzangebote sind aber nicht nur rentabel, sondern können den Gastronomiebetrieb auch für die Gäste immer attraktiver machen. Damit gewinnen die Gastronomen, welche mehr und interessantere Zusatzangebote anbieten, einen Konkurrenzvorsprung vor ihren Mitbewerbern, die dies noch nicht tun. Wenn ein Gast die Auswahl zwischen zwei in der Hauptleistung gleichwertigen, in den Zusatzangeboten aber sehr unterschiedlichen Betrieben hat, wird er im Zweifel den mit mehr Zusatzangeboten besuchen. Die Zusatzangebote sind ein immer wichtigerer Wettbewerbsgesichtspunkt im Kampf um den Gast und im Wettbewerbskampf der Gastronomie untereinander.

Es gibt bestimmte Zusatzangebotsmöglichkeiten für einzelne Arten von Gastronomiebetrieben. Diese werden im nächsten Kapitel speziell behandelt. Es gibt aber einige allgemeine Zusatzangebote, die für die meisten oder sogar für alle Gastronomiebetriebe in Frage kommen und deshalb zu den hier behandelten allgemeinen Marketingmöglichkeiten gehören.

Automatenangebote

Wie unsere Gästeumfrage gezeigt hat, gehen die meisten Gäste nicht nur wegen des Verzehrs in eine Gaststätte, sondern auch um dort etwas zu erleben und um sich zu unterhalten. Die Gäste bringen also in aller Regel Zeit mit, die sie nicht allein, sondern mit anderen und mit Anregungen verbringen wollen. Finden sie für diese verfügbare Zeit ein Unterhaltungsangebot durch Automaten, wird dies für viele Gäste ein Zusatznutzen des Gaststättenbesuchs – und für den Gastwirt eine Zusatzeinnahme sein. Die Aufstellung von solchen Automaten kann also ebenso ein Gäste- wie ein Wirtenutzen sein.

In Verzehrgaststätten müssen die Gäste in der Regel mehr als eine Viertelstunde auf das von ihnen bestellte Gericht warten. Viele Gäste langweilen sich in dieser Zeit. Die Ausländergastronomie versucht bereits mit Erfolg, den Gästen diese „Leerzeit" durch ein Angebot von Unterhaltungsautomaten auszufüllen und zu verkürzen. Die Aufstellung von Automaten zur Überbrükkung von betriebsnotwendiger Produktionszeit kann also auch in diesen Fällen ebenso ein Nutzen für den Gast wie auch für den Gastwirt sein.

Die Gastronomie wird aber auch wegen der zunehmenden Konkurrenz durch Spielhallen[18] erkennen, wie sinnvoll es ist, den Gästen das in ihren Räumen zu bieten, was sie in Spielhallen suchen, um sie als Gäste nicht an die Spielhallen zu verlieren[19]. Wer also seinen Gastronomiebetrieb auf solche Zielgruppen ausgerichtet hat, die sich durch solche Angebote ansprechen lassen, muß seinen Gästen zumindest als Zusatzangebote das anbieten können, was sie sonst anderswo suchen.

Die Aufstellung von Automaten ist aber auch geeignet, zusätzliche Gästegruppen in eine Gaststätte zu bringen. Die Spielhallen stehen vor dem Problem, daß ihre Besucher dort nichts verzehren können, dies aber überwiegend gerne wollen. Wird ihnen deshalb eine Alternative geboten, die ihnen Automatenspiel und Verzehr gemeinsam anbietet, wäre dieses Marktangebot für einen Teil der Spielhallenkunden sogar überlegen und könnte zur Rückwanderung dieser Kunden in die Gastronomie führen.

Auch für Hotelbetriebe bietet sich die Aufstellung von Automaten an. Viele Hotelgäste – vor allem Geschäftsreisende – wissen abends nicht, wie sie ihre Freizeit sinnvoll gestalten können. Wird ihnen dann ein Unterhaltungsangebot durch Automaten ermöglicht, wird ein Teil von ihnen dies gerne annehmen, um sich nicht zu langweilen. Allerdings ist es wichtig Hotelautomaten richtig im Hotel zu plazieren, damit sie nicht andere Gäste stören.

Freizeiteinrichtungen

Bei dem großen Angebot von Gastronomiebetrieben wird es für den einzelnen Gastronomen immer schwerer, sich von seinem Konkurrenten abzuheben. Am besten geht dies durch Zusatzangebote an Freizeiteinrichtungen. Sieht man einmal von den geschäftlichen Anlässen ab, kommen die Gäste in ihrer Freizeit in eine Gaststätte, um sich ihre Freizeit zu gestalten. Je mehr Freizeitangebote sie dort vorfinden, desto stärker wird die Anziehungskraft eines bestimmten Betriebes. Freizeitangebote sind also eine wichtige Marketingmaßnahme, um die Kunden in den eigenen Betrieb zu ziehen, und um sie zum Wiederkommen zu veranlassen.

Dabei gibt es Freizeiteinrichtungen, welche den Gästen als Zusatzangebot kostenlos angeboten werden müssen (Spielkarten, Gesellschaftsspiele, Kinderspielplatz o.a.). Andere Freizeiteinrichtungen können aber auch zusätzliche Einnahmen erzielen oder zumindest können die durch sie entstehenden Kosten durch Entgelt abgedeckt werden.

Für die Auswahl der Freizeiteinrichtungen muß der Gastronom auf seine Gästezielgruppe Rücksicht nehmen. Nicht alle Freizeiteinrichtungen sind für alle Gästegruppen geeignet. Andererseits setzen bestimmte Gästegruppen auch ein bestimmtes Angebot von Freizeiteinrichtungen voraus (Sportler, Kinder, Kartenspieler usw.)

Für Gaststätten hat sich schon traditionell eine Kegelbahn als wichtige und rentable Freizeiteinrichtung bewährt, weil die Kegelbahn nicht nur von den Benutzern finanziert wird, sondern auch Zusatzumsatz für den

Gaststättenbetrieb bringt. Andere Gaststätten haben Billardspiele, Minigolfanlagen oder Tennisplätze mit der gleichen Nutzenwirkung errichtet. Dagegen wären die vor allem von Familien verlangten Kinderspielplätze und Tiergehege Freizeitangebote, welche sich finanziell nicht selbst tragen, sondern erhebliche Pflege- und Wartungskosten verursachen, aber für Betriebe mit entsprechenden Gästezielgruppen ebenfalls notwendig oder attraktiv sind.

Die meisten städtischen Gaststätten können sich Freizeiteinrichtungen nur innerhalb der Räume erlauben, weil sie kein zusätzliches Freizeitgelände haben oder aufbringen könnten. Dagegen haben sich viele ländliche Gaststätten auf die Freiluftfreizeiteinrichtungen konzentriert, weil sie damit etwas anbieten können, was die städtische Konkurrenz nicht zu bieten hat.

Freizeiteinrichtungen werden auch für die *Hotels* immer wichtiger. Zunehmend verlangen sogar die Geschäftsreisenden abends Fitnesseinrichtungen, um sich nach langen Autofahrten oder Konferenzen körperlich zu üben und fit zu halten. Die Welle der Hotelschwimmbäder scheint allerdings wieder zurückzugehen, weil deren Kosten zu hoch und die Nutzung durch die Gäste im allgemeinen zu gering ist. Nur in speziellen Kurhotels und Luxushotels gilt dieses Angebot für die Gäste als selbstverständlich. Immer wichtiger wird ein Schwimmbad dagegen für die Ferienhotels, weil unser Klima und die Verschmutzung der Gewässer das Schwimmen in Seen und Flüssen verhindern und die Feriengäste deshalb gerne auf ein hoteleigenes Schwimmbad ausweichen. Eine besondere Attraktivität haben Thermalschwimmbäder, welche als Zusatzangebot auch auf große Entfernungen Gästegruppen anziehen.

Ebenso wie bei den Stadtgaststätten liegt auch der Schwerpunkt der Freizeiteinrichtungen für Stadthotels bei den betriebsinternen Angeboten, bei ländlichen oder kleinstädtischen Hotels dagegen auch in Außenanlagen. Je mehr die Standardzimmer der Hotelkonzerne sich gleichen, desto stärker wird auch der Wettbewerb der Hotelkonzerne in den Innenstädten untereinander sich auf Zusatzangebote an Freizeiteinrichtungen verlagern. Dies zwingt auch die mittelständischen Hotels, sich bei diesem Wettbewerb zu beteiligen und zu behaupten. Der Trend geht auch in den Hotels zu mehr Freizeiteinrichtungen. Wer die attraktivsten Freizeiteinrichtungen hat, wird damit auch entsprechend Gäste anziehen und seine Kapazitätsauslastung verbessern können.

Unterhaltungsangebote

Viele Gaststätten leben davon, daß sich in ihnen Gäste treffen, die sich miteinander unterhalten wollen. Das Unterhaltungsangebot dieser Betriebe läuft also „von selbst“, wenn sie entsprechend auf diesen Kommunikationszweck eingerichtet sind[20].

Die Psychologie hat herausgefunden, daß Musik die allgemeine Stimmung der Menschen beeinflußt, also auch erheblich heben kann. Viele Gastronomiebetriebe setzen dieses Unterhaltunsangebot deshalb auch mit Recht ein, um ihren Gästen nicht nur damit Einsamkeitsgefühle zu nehmen, sondern um sie damit auch in die Gesamtgesellschaft einzubinden. Musik verbindet nämlich – wie die Diskowelle zeigt. Musik kann aber sogar – Diskos – zur Hauptattraktion eines Gastronomiebetriebes werden und deshalb die Gäste veranlassen, nur wegen der Musik in diesen Betrieb und nicht in andere zu gehen.

Aber auch hier gilt, daß nicht jede Musik für alle Gäste richtig ist. Jüngere Gäste verlangen „heiße Rhythmen“, ältere Gäste dagegen harmonische, melodische Musik. Der Gastwirt muß also sein Musikprogramm systematisch auf seine Zielgruppe abstimmen. Die Musik muß in das Gesamtbild des Betriebes passen. Falsche Musik könnte ein im übrigen stimmiges Gesamtbild eines Gastronomiebetriebes aufheben.

Als zusätzliche Unterhaltung haben eine Reihe von Gaststättenbetrieben die „offene Küche“ entdeckt. Viele Gäste haben es gerne, zuzuschauen wie ihre Speisen zubereitet werden. Sie sehen dabei nicht nur, aus welchen Zutaten ihre Gerichte zusammengestellt werden; durch das Miterleben emfinden sie auch keine Wartezeiten. Darüber hinaus erleben sie auch die Zubereitung von durch andere Gäste bestellten Gerichten mit und lassen sich gerne dadurch verführen, diese auch zu bestellen.

Die meisten Gaststätten und Hotels haben inzwischen auch eine Möglichkeit geschaffen, daß ihre Gäste bestimmte Fernsehprogramme im Betrieb miterleben können. Dies gilt insbesondere für Sportsendungen oder andere, bestimmte Gruppen besonders interessierende, „Straßenfeger". Wer ein solches von den Gästen gewünschtes Programm nicht bieten kann, verliert die Gäste in diesen Zeiten. Wer dagegen das Angebot im Betrieb verfügbar hat, kann den Gästen nicht nur die Unterhaltung, sondern auch Umsatzangebote verkaufen. Die Gastwirte sagten selbst aus, daß sie durch die Einrichtung von Fernsehmöglichkeiten im Betrieb, Besucherausfälle zu bekannten Fernsehzeiten wieder ausgleichen konnten.

In jeder Stadt, in jeder Region gibt es Personen, die als „Stars" bekannt sind und die im Publikum einen so hohen Stellenwert haben, daß die Menschen sie gerne aus der Nähe erleben möchten. Wenn es die Gastronomen verstehen, solche Personen häufiger in ihrem Betrieb zu haben, ziehen solche „Stars" ihre Anhängerschaft ebenfalls in dieses Lokal. So sind Künstlerkneipen entstanden, Stammlokale von Studenten, Sportlern, Politikern usw. Selbst wenn die Unterhaltung des großen Teils des Publikums nur im Bestaunen des Stars oder im Warten auf ihn besteht, bedeutet das Image eines Gastronomiebetriebes, Stammlokal eines Stars zu sein, einen hohen und für den Umsatz zuträglichen Unterhaltungswert.

Bildungsangebote

Mit der steigenden Freizeit und mit dem immer früheren Ausscheiden aus dem Erwerbsleben[21], steigt die Nachfrage nach Bildungs- und Fortbildungsangeboten.

Dies hat nicht nur im Hotelgewerbe zu speziellen Tagungshotels geführt, sondern kommt auch immer stärker auf das Gaststättengewerbe zu, die ihre Räume für Bildungsveranstaltungen einrichten und damit Gäste in ihren Betrieb ziehen können. Attraktive Bildungsangebote lassen sich aber auch mit Unterhaltung verbinden z.B. durch Modenschauen, Kochvorführungen oder Kochkurse, Reisevorträge oder Wirtschaftsinformationen. Je stärker die Nachfrage nach Bildung und Fortbildung wird, desto mehr wird sich die Gastronomie auf diese Nachfrage als Zusatzangebot einstellen müssen. Diese Entwicklung hat erst richtig begonnen.

Multifunktionsstrategien

Wir kommen in ein Zeitalter der Telekommunikation; damit ergeben sich neue Chancen für die Gastronomie vor allem im ländlichen Bereich, Stützpunkte für Telekommunikationseinrichtungen zu werden und dadurch Gäste anzuziehen, welche per Bildschirm einkaufen, den Urlaub buchen, Versicherungen abschließen, über Vermögensanlagen disponieren wollen. Künftig werden viele Gaststättenbetriebe ihren Erfolg als Telekommunikationszentrum gewinnen, aber ohne solche Zusatzangebote einen regionalen Vorsprung nicht halten können. Wenn die Gastronomie nicht selbst diesen neuen Entwicklungen voranschreitet, werden andere Branchen ihr diese Chance nehmen und die Gäste zu sich abziehen. Das gilt auch für Hotels, in denen die Gäste immer stärker nach Telefax, Börseninformationen und Kommunikationsmitteln fragen. Auch für sie gilt der Trend in Richtung der Zusatzangebote von Telekommunikation – vor allem für die Geschäftsreisenden, welche abends ihre Reiseberichte an die Zentrale durchgeben oder mit dieser korrespondieren wollen. Künftig wird ein immer stärkerer Anteil des gastronomischen Gesamterfolgs nicht mehr von der Grunddienstleistung, sondern von den Zusatzdienstleistungen und -angeboten abhängen. Wer diese Entwicklung verschläft, wird scheitern.

15.4 Kooperatives Marketing

Im weiteren Sinne ist kooperatives Marketing auch das Marketing der Hotel- und Gaststättenverbände für ihre Mitglieder. Dieses Marketing richtet sich aber nicht auf den Einzelmarkt eines Unternehmens, sondern auf den Gesamtmarkt der Verbandsmitglieder und trägt so insgesamt zur Verbesserung der Geschäftsmöglichkeiten der Gastronomie-Betriebe bei[22].

Versteht man kooperatives Marketing im engeren Sinne als Marketing von Unternehmen zur Verbesserung ihrer gemeinsamen Marktsituation, so lassen sich wiederum zwei sehr unterschiedliche Kooperationsarten unterscheiden:

1. **Horizontale Kooperation** von gleichartigen Partnern, also von Gastronomie-Betrieben miteinander.
2. **Vertikale Kooperation** von unterschiedlichen Partnern, z.B. Gastronomie-Betrieben mit anderen Fremdenverkehrseinrichtungen einer Gegend oder im Einzelhandel eines bestimmten Stadtteils oder die Kooperation von Gastronomie-Betrieben mit einer Brauerei.

Im Unterschied zum Einzelmarketing, das ebenso persönlich wie sachlich konkret und direkt auf den Markt gerichtet ist, bleibt kooperatives Marketing zwar auch direkt auf den Markt gerichtet, kann aber nur sachlich, nicht persönlich sein. Die Persönlichkeit der Gastronomen tritt in einer solchen Kooperation zurück, weil die Betriebe mit der Kooperation nur einen sachlichen, gemeinsamen Zweck verfolgen (Interessengemeinschaft).

Gemeinschaftsmarketing von Gastronomie-Betrieben

Letztlich ist die Konzernbildung auch eine Art Gemeinschaftsmarketing, nämlich eine vollständige betriebsinterne und betriebsexterne Kooperation der Konzern – Betriebe untereinander.

Die mittelständischen selbständigen Gastronomen dagegen verstehen Kooperation als Zusammenarbeit bei Erhaltung ihrer Selbständigkeit. Die beiden wichtigsten Kooperationsziele beziehen sich entweder auf die Zusammenarbeit im *Einkauf* oder auf *gemeinsame Förderung des Absatzes ihrer Betriebsleistung*.

Rechtlich werden Kooperationen meist durch einen Interessengemeinschaftsvertrag abgeschlossen, der festlegt, wer in welcher Aufgabe für die anderen Partner mit handeln soll, wie die Kosten aufgeteilt werden und wie die Abstimmung über Maßnahmen untereinander geregelt werden soll. Im Zweifel muß Einstimmigkeit erzielt werden.

Anwendungsbeispiele für horizontale Kooperationen von Gastronomie-Betrieben sind:

Einkaufsgemeinschaften

Solange es üblich ist, daß mit höherem Einkaufsvolumen günstigere Rabatte erzielt werden können, ist es ein Vorteil für die Betriebe, nicht allein nur für sich einzukaufen, sondern gemeinsam mit höherem Gesamtvolumen einzukaufen und dadurch günstigere Einkaufspreise zu erzielen. Ohne solche Einkaufsgemeinschaften wären viele Handwerker, Transportunternehmer, Freiberufler und andere Branchen gegenüber den Konzernen nicht mehr wettbewerbsfähig. Einkaufsgemeinschaften sind deshalb auch für die selbständige Gastronomie ein gemeinsamer Vorteil, der jedem zugute kommt. Sie bieten auch die Möglichkeit zur gemeinsamen Übernahme von besonders günstigen Sondereinkäufen.

Werbegemeinschaften

Jede überregionale Werbung und jede Werbung mit großer Streuung kann vom einzelnen Betrieb nicht mehr allein durchgeführt werden. Hier bietet sich deshalb eine gemeinschaftliche Werbung der Gastronomie-Betriebe einer bestimmten Stadt, einer Region oder einer bestimmten Betriebsart an. Die Gemeinschaftswerbung hat den Vorteil, daß größere gemeinsame Mittel bei beschränkten Finanzierungsanteilen zusammen kommen. Gemeinschaftswerbung kann also umfangreicher oder häufiger durchgeführt werden als Einzelwerbung. Dieser Vorteil wiegt die fehlende Namens- und Firmennennung in vielen Fällen auf.

Leistungsgemeinschaften

Schon jetzt gibt es viele Zusammenschlüsse von Gastronomiebetrieben, welche sich für einen bestimmten Zweck wie z.B. für eine Tagung, für eine Messe oder für eine bestimmte Aktion zusammenschließen, um gemeinsam eine Bewirtungsleistung damit zustande zu bringen, mit der ein Einzelbetrieb überfordert wäre oder die so viele Gäste erfaßt, daß dafür die Kapazität mehrerer Betriebe erforderlich ist.

Eine besonders enge Leistungskooperation besteht im Hotelgewerbe hinsichtlich der Kapazitätsauslastung. In den meisten Fällen bekommt ein Gast ein befreundetes Hotel vermittelt, wenn das eigene Hotel belegt ist. Diese Hin- und Hervermittlung nützt beiden, und vor allem auch dem Gast.

Im Gaststättengewerbe sind dagegen Leistungsgemeinschaften noch weniger verbreitet. Dennoch gäbe es auch hier zusätzliche Möglichkeiten, durch Austausch von vorproduzierten Speisen oder durch Kooperation in der Vorratshaltung gemeinsame Vorteile zum Nutzen größerer Leistungsfähigkeit zu erzielen.

Investitionsgemeinschaften

Die Landwirtschaft hat mit den Maschinenringen vorgemacht, wie nützlich es ist, teure, aber nicht dauernd in den Betrieben genutzte Maschinen und Einrichtungen gemeinsam zu beschaffen und zu nutzen. Im ähnlichen Sinne würde es für die Gastronomie-Betriebe auch vorteilhaft sein, z.B. Kühlräume gemeinsam einzurichten und zu nutzen, Reinigungsmaschinen gemeinsam anzuschaffen oder andere nicht ständig benötigte Einrichtungen gemeinsam zu besorgen und zu nutzen. Dies gilt vor allem für nahegelegene, städtische Gastronomie-Betriebe, welche ständigen Zugriff zur Gemeinschaftseinrichtung haben können.

Abrechnungsgemeinschaften

Vielen Gastronomen machen die betriebswirtschaftlichen Arbeiten besondere Schwierigkeiten. Dazu gehören nicht nur die Buchhaltungsarbeiten, sondern auch der Finanzverkehr, die Lohnabrechnung und die öffentliche Bürokratielast. Die Landwirtschaft hat durch gemeinsame Abrechnungsstellen den Weg gewiesen, wie auch Gastronomen diese Bürokratiearbeiten teilweise oder ganz an eine gemeinsame Stelle abgeben könnten, um sich dadurch von „unproduktiven Arbeiten“ zu befreien und für die eigentlichen gastronomischen Aufgaben mehr Zeit zu gewinnen. Viele Abrechnungsgemeinschaften haben auch einen Informationsaustausch ihrer Unternehmen, die sich gegenseitig ihre betrieblichen Kennzahlen mitteilen, um daran zu ermessen, ob sie sich durchschnittlich, besser oder schlechter entwickeln. Gerade solcher Austausch läßt schneller Schwächen eines Unternehmens erkennen und dadurch auch schneller eingreifen.

Gemeinschaftsmarketing der Gastronomie mit anderen Branchen

Die häufigste Form vertikaler Kooperation in der Gastronomie bestand mit den Brauereien (Bierlieferungsverträge). Die Zusammenarbeit mit einer Brauerei hatte für die Betriebe den Vorteil, daß sie daraus Erfahrungen, Marketingkenntnisse bis hin zur Organisation – und vor allem auch Finanzhilfen bekamen. Auch heute noch verfügen die Brauereien über erhebliche Marktforschungs- und Marketingkapazität, die sie ihren Partnern zur Verfügung stellen, so daß sich aus der Kooperation mit einer Brauerei auch ohne Bierlieferungsvertrag für die Gastronomen große Vorteile ergeben.

Die in zweiter Linie verbreitete Form vertikaler Kooperation sind Werbegemeinschaften der unterschiedlichen Branchen einer bestimmten Straße, eines Stadtteils, einer Gegend oder eines Fremdenverkehrsgebietes. Der gemeinsame Zweck dieser Werbegemeinschaft liegt darin, Gäste erst einmal allgemein auf die Vorteile dieser Einkaufsstraße, dieses Stadtteils, dieser Gegend oder dieses Fremdenverkehrsgebietes aufmerksam zu machen. Dazu sind Werbemittel (Fernseh, Funk, Annoncen, Prospekte) mit großen Streuverlusten und deshalb entsprechend hohen Kosten notwendig, die nur gemeinsam – teilweise mit öffentlicher Hilfe – aufgebracht werden können. Die meisten branchenverschiedenen Werbegemeinschaften bestehen nur für einen vom Zweck bestimmten Zeitraum und enden danach. Nur in den Feriengebieten hat es sich durchgesetzt, kooperative Dauerwerbung zu betreiben. Hierfür wird dann meist auch eine Dauereinrichtung (Fremdenverkehrsverband) geschaffen.

Wenn sich in einer Gegend bestimmte Marktänderungen ergeben, sich Konzerne oder Supermärkte ansiedeln wollen, oder Kommunalverwaltungen Verkehrsänderungen planen, brauchen alle betroffenen Betriebe dafür eine Marktanalyse oder Marktprognose. Dieser gemeinsame Zweck kann am besten gemeinsam durch Marktforschungsgemeinschaften erfüllt werden. Es hat nämlich keinen Sinn, daß jeder diese Marktforschung selbst oder alleine betreibt, wenn sie jeder braucht und man diese Arbeit gemeinschaftlich zu einem für jeden einzelnen geringen Kostenanteil beschaffen kann. Eine auf bestimmte Markträume bezogene Studie ist für die Betriebe aller Branchen dieser Gruppe oder Region gleichermaßen brauchbar. Ohne eine Gemeinschaftsaktion würden aber die meisten Betriebe eine solche Studie weder bekommen noch bezahlen können.

Überall dort ist kooperatives Marketing für die Gastronomie ein Vorteil, wo nicht nur ein Einzelbetrieb betroffen ist, sondern mehrere gleichartige oder viele Betriebe unterschiedlicher Branchen einer Gegend. Im kooperativen Marketing wird zwar nicht speziell für den einzelnen Gastronomiebetrieb gearbeitet und geworben, sondern nur indirekt. Dafür erweitert das kooperative Marketing die Einkaufs-, Werbe- oder Handlungsmöglichkeiten des Einzelbetriebes und verschafft ihm einen Teil zusätzlichen Gesamtnutzens.

16. Spezielle Angebotsstrategien für Gaststättenbetriebe

Unser Gastronomiegewerbe ist so vielgestaltig und unterschiedlich, daß nur wenige allgemeine Marketingstrategien für alle Betriebe gleichermaßen zutreffen. Deshalb sollen zunächst für die einzelnen Typen der Gaststättenbetriebe die speziell für sie geeigneten oder besonders nützlichen Marketingstrategien vorgestellt werden, um den Gastronomen solcher Betriebstypen dadurch Anregungen und Hilfen zu geben.

Der wesentliche Unterschied zwischen Speisegaststätten und Getränkegaststätten wirkt sich auch in unterschiedlichen Strategien beider Gruppen aus. Die möglichen Marketingstrategien der einzelnen Gaststättenarten werden deshalb innerhalb dieser beiden Gruppen untersucht.

16.1 Marketingstrategien für Speisegaststätten

Die unterschiedlichen Arten von Speisegaststätten haben nicht nur unterschiedliche Gästezielgruppen, sondern auch unterschiedliche Angebotsschwerpunkte. Das bedeutet, daß sie deshalb auch unterschiedliche Marketingstrategien betreiben. Kurz gesagt: Die Marketingstrategien für ein Restaurant können nicht von Imbißstuben übernommen werden, ebensowenig von Ausländergaststätten oder Cafés. Nur wer als Unternehmer die seinem Betriebstyp angemessenen und auf seine Gästezielgruppe orientierten Marketingstrategien betreibt, kann damit erfolgreich sein.

Die nachfolgenden Strategiemöglichkeiten sollen den Gastronomen eines jeweiligen Betriebstyps Anregungen geben, sich für ihren Betrieb aus den Marketingmöglichkeiten eine Kombination von Marketingstrategien (Marketingkonzept) zusammenzustellen. Welche der Strategiemöglichkeiten sie dabei auswählen, hängt vor allem von ihrer persönlichen Einschätzung ihres Marktes, aber auch von den Bedingungen des Betriebes und von ihren persönlichen Neigungen ab.

Bürgerliche Speisegaststätten

Die Leitidee der bürgerlichen Speisegaststätten ist Gemütlichkeit. Die Gäste suchen diese Betriebe auf, um sich dort wohl zu fühlen, um bei der gewünschten Mahlzeit die Atmosphäre wiederzufinden, die sie zu Hause haben oder sich zu Hause wünschen würden.

Strategien für diesen Betriebstyp müssen also darauf gerichtet sein, vor allem die Wünsche dieser Gästezielgruppe zu erfüllen. Dafür kommen in Frage:

- Verbesserung der Ausstattung des Speiselokals durch rustikales Mobiliar, durch bäuerliche oder altbürgerliche Dekorationsgeräte.
- Versuch einer bestimmten Charakterprägung für die Ausstattung des Lokals, etwa stadtbürgerliches Lokal für die Landregion oder bäuerliches Lokal in der Stadt, landsmannschaftliches Gepräge (bayerisches Lokal), Betonung einer bürgerlichen Berufsgruppe in der Ausstattung (Seefahrt, Handwerk, Spedition usw.).
- Bekleidung der Bedienung dezent und möglichst „urig“. Entweder landsmannschaftlich abgestimmt (Trachten) oder berufsgruppenähnlich (Kittelschürze, Jagdkleidung, Biedermeier usw.). Solche Bekleidung läßt sich z.T. aus Theaterrequisiten oder auf Flohmärkten billig erwerben.
- Das Ausland hat Buffettage, dies wird in einigen bürgerlichen Speisegaststätten auch bereits bei uns mit Erfolg eingeführt und würde – wenn gut gemacht –

nicht nur eine Attraktion, sondern auch eine Personalkostenersparnis bringen. Das Speiseangebot der bürgerlichen Gaststätte muß solide und reichlich sein, kann aber zu bestimmten Tagen in der Woche Schwerpunkte haben (Käsetag, Fischtag, Nudeltag, Wildtag usw.)

- Bisher werden die Speisen in einer nicht einsehbaren Küche zubereitet. Offene Zubereitung im Lokal würde gerade für diesen Betriebstyp passen und der Gästezielgruppe gefallen. Für bestimmte Jahreszeiten sollten spezielle Angebote ausgedacht werden. Im Winter: z.B. Grogabende, Fondueabende, Racletteabende, Haxentag, bayerische Woche, Skatabende, Billardturniere usw.
  Im Sommer: z.B. Waldmeisterbowlenzeit, Grillabende, Spargelessen, Salattage, Sommerbuffet usw.
- Durch Austausch mit anderen Betriebstypen sowie dem Ausland könnte man auch ein spezielles ausländisches oder andersartiges Sonderangebot bieten, z.B. Französische Woche, Fischwoche, Spanische Woche, Kochwettbewerbe der Köche verschiedener Betriebe.
- Die Einbindung gesellschaftlicher Gruppen (Vereine, Parteien, Organisationen) mit ihren Veranstaltungen gibt die Möglichkeit, fremde Gäste zu gewinnen und mit diesen sozialen Gruppen gemeinsam Sonderaktionen zu veranstalten.
- Sonderveranstaltungen mit benachbarten Betrieben z.B. Straßenfeste, Parteifest, Sonnwendfeiern usw.
- Dieser Betriebstyp hat nur begrenzte Preisstrategiemöglichkeiten, weil er eine sehr solide, wenig ausgabebereite Gästezielgruppe hat.
- Kostenstrategie: für mittags und abends zwei unterschiedliche Bedienungsgruppen aus Teilzeitarbeitskräften.
- Je nach überwiegender Geschäftsauslastung evtl. Konzentration auf Mittag- oder Abendangebote mit zusätzlichem Außer-Haus-Verkauf.
- Versuch, regional bekannte Personen als Stammgäste zu gewinnen (wegen der Anziehungskraft für andere Gäste).

- Konzentration aller Werbemaßnahmen auf das unmittelbare Umfeld der Stadt oder der Gemeinde einschließlich Hinweisschildern, Zusammenarbeit mit Bus- und Taxiunternehmen.
- Gestaltung der Außenfassade, so daß sie einen soliden bürgerlichen Eindruck vermittelt. Geschmackvoll gestalteter Eingangsbereich.
- Dezente, aber von der Umgebung sich abhebende betriebstypische Außenwerbung (Betriebssignet, das gut erkennbar ist; abends mit entsprechender Beleuchtung).

Ausländische Gaststätten

Das Kennzeichen der ausländischen Gaststätten ist ihre besondere landesspezifische Einrichtung und ihr besonderes Angebot. Sie wollen ein Stück Auslandserlebnis vermitteln.

Dazu gehört:
- Originalität in ausländischen Dekorationen.
- Einrichtung nach ausländischem Muster mit ausländischen Möbeln bis hin zu landestypischem Geschirr oder Besteck (Stäbchen).
- Originalität der Speisen und Getränke nach dem Imageland.
- Bekleidung des Bedienungspersonals in der typischen Kleidung des Imageauslands.
- Untermalung mit Musik des Ursprungslandes.
- Evtl. Speisezubereitung in original ausländischen Öfen mit direktem Kontakt zu den Gästen (Pizzaofen).
- Ausländische Originalität muß vor allem in der Fassade, im Schaukasten und der Eingangsgestaltung präsentiert werden.
- Begrüßung der Gäste mit ausländischen Spezialitäten, Sonderangebote je nach Jahreszeit, Ernte, Reife.
- Ausgewählte ausländische Produkte, nach ausländischen Festen.
- Schaukochen und -backen

Restaurants

Ein Restaurant gilt bei unseren Gästen als ein besonders gepflegter Speisebetrieb mit besonderen Angeboten. Ein solcher Betrieb muß deshalb auf Qualitätsstandard ausgerichtet sein. Diese Gästeansprüche müssen durchgängig in allen Betriebsmerkmalen von der Gestaltung der Außenfassade über die Betriebseinrichtung, die Bedienung bis hin zum Warenangebot durchgehalten werden. Im einzelnen lassen sich auf dieser Basis folgende zusätzliche Strategien überlegen:

- Werbung mit kulinarischen Wochenenden.
- Außenwerbung muß durch Materialien und anspruchsvolle Gestaltung den Qualitätsanspruch als Eindruck transportieren.
- Die Inneneinrichtung des Restaurants muß stilharmonisch gestaltet werden, evtl. besondere Stilecken oder Stilzimmer.
- Besondere Anforderungen an Auftreten, Benehmen, Waren bzw. Weinkunde und Servierkunst des Personals, da aus Sicht der Gäste ein hoher Beratungswunsch besteht. Das Personal kann also den Verkauf von Saisonspeisen und Speisen mit besonders hohem Deckungsbeitrag forcieren[1].
- Sonderangebot mit besonders bekömmlichem „Fitness-Speiseangebot".
- Nachfrage nach Zufriedenheit der Gäste durch den Inhaber oder den Küchenchef.
- Gepflegtes Geschirr, Bestecke, Tischtuch, Tischarrangements können den Stileindruck verstärken.
- Strategie des „Trend-Restaurants" mit Mode-Accessoires.
- Versuch interessante Stammtischrunden zu gewinnen (Ärzterestaurant, Presserestaurant, Juristenrestaurant usw.)
- Preisstrategie im oberen Drittel („Was nichts kostet, ist nichts wert").
- Buffetstrategie mit besonderen Buffettagen oder zu besonderen Anlässen.
- Je exklusiver das Restaurant, desto weiträumiger

muß die Werbung angelegt werden, um genügend zahlungsfähige Gäste anzuziehen.
- Die Werbeträger müssen dem Niveau der Ansprüche der Zielgruppe (und den Preisen des Restaurants) entsprechen.
- Sicherstellung gefahrloser Heimfahrt der Gäste z.B. durch Taxikooperation oder besonders originellen restauranteigenen PKW.

Cafés

Cafés leben in den Innenstädten von Passanten, die während oder nach dem Einkauf sich ausruhen, erfrischen, einen Kaffee wollen und einen kleinen Zwischenverzehr wünschen. Randlagencafés sind meist Ausflugsziele und deshalb auf das Wochenende und Feiertage konzentriert.

Die Verweildauer der Gäste ist hoch. Der Umsatz pro Kopf relativ gering. Deshalb besteht in vielen Betrieben das Problem der Platzrentabilität. Obwohl Cafés sowohl Kuchen als auch häufig andere kleine Verzehrmöglichkeiten anbieten, sind sie keine Konkurrenten der Speisegaststätten, weil sie keine Vollmahlzeit bieten.

Als Strategien für Cafés, Bistros und ähnliche Betriebe kommen in Frage:
- Einsichtmöglichkeiten von der Straße als wirksame Außenwerbung.
- Hinweise im Eingangsbereich auf Sonderangebote oder Sonderaktionen z.B. Pflaumenkuchenzeit, Erdbeerkuchen, eigenes Gebäck.
- Räumliche Öffnung zur Straße, um damit den Konditoreiverkauf außer Haus zu verstärken.
- Im Sommer, wenn möglich, Tische und Stühle auf dem Bürgersteig, als Hinweis auf die Leistungsbereitschaft des Cafés.
- Kaffee- oder Kuchenduft sollte auf die Straße gelangen, evtl. künstl. Geruchsverstärker.
- Schaufenstergestaltung je nach Jahreszeit und mit den Konditoreiprodukten zum Außer-Haus-Verkauf.

- Für Ausflugscafés Zusatzangebote, z.B. Antiquitätenverkauf, Geschenkartikel, Tiergehege, Kinderspielplatz, Ponyreiten.
- Bei Konzentration auf Geschäftsleute Börseninformation evtl. aktuell per Computer.
- Je nach Schwerpunkt der Gästegruppe evtl. große Preisfreiheit, vor allem bei Ausflugscafés.
- Jahreszeitbedingte Nebenangebote verstärken: Speiseeis, Grog, Tees usw.
- Öffnungszeiten von Stadtcafés unbedingt länger als Ladenschlußzeiten notwendig, damit die Passanten nach getätigtem Einkauf noch einkehren können.

Imbißbetriebe

Die Imbißbetriebe leben von Gästen, die wenig ausgeben und vor allem schnell statt werden wollen oder müssen. Sie müssen deshalb ihre Strategien auf niedrige Preise und ein vorgefertigtes, schnell verzehrfertiges Angebot ausrichten. Dies zwingt sie dazu, in der Regel nur einfache Standardgerichte anzubieten. Sie könnten ihren Umsatz jedoch durch folgende Strategien verbessern:

- Für Kraftfahrer ausgerichtete Imbißbetriebe: Verkehrsmeldungen per Radio oder Bildschirm.
- Ausstattung kann einfach sein, möglich sogar Stehtische, aber sauber und funktionsgerecht (pflegeleicht, nach Verlassen des Gastes müssen die Tische stets wieder gesäubert werden).
- Versuch von Originalität in Aufbau oder Außenwirkung, z.B. Blockhaus oder Kutscherstube.
- Problem der Kochgerüche wegen der Nähe zum Gastraum sollte besonders beachtet werden, evtl. räumliche Abtrennung von Kochbereich und Gastraum.
- Warenangebot muß wegen des Erfordernisses der Schnelligkeit standardisiert bleiben, aber Geschmackstrends Rechnung tragen, z.B. vergetarisch, Vollwertkost, fettarm.

- Imbißbetriebe im Randbereich oder auf dem Lande müssen ausreichende Parkplätze in unmittelbarer Nähe schaffen.
- Hauptwerbemittel: äußeres Erscheinungsbild des Betriebes, bei Fernstraßenimbiß müssen die Hinweise so weit voraus auf der Straße deutlich werden, daß die Autofahrer Überlegungszeit und Zeit zur Reduzierung der Geschwindigkeit haben.
- Sonderangebot für LKW-Fahrer, um diese wichtige Gästegruppe anzuziehen.
- Günstiger Preis entscheidet über Umsatz; besonders preisempfindlicher Betriebstyp! Dabei muß die Angebotsmenge eher im oberen Drittel liegen.
- Die Öfffnungszeiten müssen sich nach der Passantenintensität richten.
- Im Sommer Sitzplätze draußen vorbereiten!
- Immer irgendwelche Sonderangebote gut sichtbar hervorheben.

16.2 Marketingstrategien für Getränkegaststätten

Der typische Gast für Getränkegaststätten will nicht satt werden, sondern seine Freizeit gestalten. Der Getränkeverzehr ist deshalb oft sogar nur Nebenzweck hinter der Freizeitgestaltung. Deshalb müssen auch die Marketingstrategien der Getränkegaststätten stark auf Erlebnis, Unterhaltung und Freizeitgestaltung ausgerichtet werden.

Kneipen

Die Kneipen sind eine typisch deutsche Einrichtung. Der Gast sucht in der Kneipe Gesellschaft, Unterhaltung, aber auch Getränke und sogar Essensverzehr.

Zum Teil haben sich die Kneipen auf bestimmte Zielgruppen konzentriert, z.B. Nachbarschaftskneipen, Studentenkneipen, Künstlerkneipen, Juristenkneipen usw.; andere Kneipen haben sich wiederum auf eine besondere Art des Getränkeangebots konzentriert wie z.B. die speziellen Bier- und Weinlokale. Die Marketingstrategien der Kneipen müssen sich jeweils auf das spezielle Angebot oder die spezielle Gästezielgruppe konzentrieren. Insofern kommen nur wenige Marketinginstrumente für die Kneipen in Frage:

- Besondere Thekengestaltung, um den Thekenbereich als Kommunikationszentrum der Kneipe zu verstärken und besonders Singles in das Geschehen einzubinden.
- Für Bierkneipen: entweder besonders große Auswahl an Biersorten oder besondere Betonung als Brauereikneipe.
- Sonderattraktion als Hausbrauerei mit Direktausschank.
- Durchsetzung einer besonderen Betriebsidee z.B. „Bierologie", Nichtraucherkneipe.
- Besondere Ausstattung der Kneipe im Stil eines alten Pferdestalls, einer alten Apotheke, eines alten Bahnhofes, eines alten „Tante Emma Ladens" usw.
- Für Weinlokale besondere Gemütlichkeit und Anklang an Weingegenden erforderlich z.B. Frankenweinlokal, Moselkeller, Badische Weinstube.
- Besondere Möglichkeiten Spielautomaten und Spielcomputer zu installieren, um der Freizeitgestaltung der Gäste damit Attraktionen zu bieten und gleichzeitig Nebeneinnahmen zu erzielen.
- Originelle, kleine Mahlzeiten verfügbar halten („Handkäse mit Musik", Nürnberger Rostbratwürstchen, Reibekuchen, Käseplatten, ausgefallene Salate etc.).
- Wettbewerbe veranstalten, z.B. Skatabende, Billardwettbewerbe, Schachturniere usw.

Die wichtigste Strategie, das wichtigste Webeinstrument und das wichtigste Erfolgsgeheimnis jeder Kneipe ist die Person des Gastwirtes selbst. Hat er Ausstrahlungskraft, zieht er auch entsprechend Gäste an, kann er diese unterhalten und animieren, fühlen sich seine Gäste bei ihm wohl und ziehen weitere Gästegruppen an. Gastronom einer Kneipe zu sein, bedeutet also möglichst selbst immer anwesend zu sein. Einer der anstrengendsten Berufe!

Bars, Pubs, Bistros

Während die typische Kneipe an der Ecke vorwiegend auf das einfache Bürgertum ausgerichtet ist, haben Bars, Pubs und Bistros sich auf anspruchsvolleres und zahlungskräftigeres Publikum konzentriert. Vor allem die Bars sind Nachtbetriebe mit besonders anspruchs- und effektvoller Einrichtung und zum Teil mit Animierpersonal. Sie wollen das Kaufpublikum einer bestimmten Gegend ansprechen und Stammpublikum sammeln, was allerdings schon wegen der höheren Preise unregelmäßig bei ihnen einkehrt.

Die Pubs haben sich preislich unterhalb der Bars für spezielle Gästegruppen eingerichtet (Juristen, Börsianer, Banker, Einzelhändler, Ministerialbürokratie usw.). Der Pub wird nicht wegen der dort verfügbaren Getränke besucht, sondern in erster Linie, um sich dort mit anderen, gleichinteressierten Gästen auszutauschen. Dies soll aber keine Freizeitgestaltung sein, sondern Fortsetzung der beruflichen Interessen in zwanglosem Rahmen. Entsprechend sind Pubs auch meistens keine Jugendlokale, sondern Gastronomiebetriebe der gut verdienenden Erwerbsbevölkerung. Aus diesen Besonderheiten ergeben sich für die Pubs einige besondere Strategien:

– Betonung der sozialen Treffpunktfunktion durch anspruchsvolle Ausstattung der Pubeinrichtung, durch animierende Bedienung, durch gepflegte, unaufdringliche Hintergrundmusik und durch ein besonderes Eingehen auf die Eigenarten und Wünsche der angestrebten Gästezielgruppe.

- Zusatzangebote: spezielle Zielgruppeninformation wie z.B. Börseninformationsdienst per Bildschirm, gesellschaftliche Information innerhalb der Zielgruppe, Information über Lokalereignisse, Vermittlung von Geschäftsinformationen und Geschäftskontakten.
- Kleines, gepflegtes, auf die Zielgruppe ausgerichtetes, Speisenangebot, auf das z.B. durch Tafeln innerhalb des Lokals „heute aktuell" aufmerksam gemacht wird.
- Zusatzangebot an Telefon, Telefax, Bildschirmtext und Bildschirminformationen.
- Am späteren Abend Taxidienst.

Die Bistros vereinen die Funktionen des Pubs, aber auch nachmittags die des Cafés. Entsprechend kommen für sie nachmittags die Marketingstrategien der Cafés, abends die des Pubs in Frage.

Diskotheken

Bei den Diskotheken steht der Getränkekonsum ganz im Hintergrund des Freizeit- und Erlebniswertes. Entsprechend nehmen die Diskotheken in der Regel auch Eintritt für ihr Freizeitangebot, weil der Getränkekonsum unsicher[2] und wegen des nicht zahlungskräftigen meist jugendlichen Publikums beschränkt ist. Den geringen Einzelkonsum gleichen sie aber durch die Gästemenge aus. Ihr besonderes Gepräge haben sie durch ein musikalisches Angebot.

Die Diskotheken haben eine kurze Lebensdauer, weil ihr Publikum immer nach etwas Neuem sucht. Davon hängt ein Teil ihrer Strategienotwendigkeiten ab:

- Schaffung möglichst vieler Zusatzangebote in der Diskothek, z.B. Bierdörfer, Snackbar, Automatensaal, Wettbewerbe, Kostümfeste usw.
- Busdienst hin und her, um das Fahren mit Alkohol zu verhindern.
- Einrichtung von Randzonen mit gedämpfter Musik, damit sich Gäste dort unterhalten können.

- Strategien zur Verlängerung der Attraktivitätsdauer und damit des Lebenszyklus einer Diskothek wie z.B. bauliche Veränderungen außen oder innen, Ausstattungsveränderungen entsprechend den zeitlichen Trends, Pächterwechsel oder Verlagerung und Umgestaltung des Betriebes für andere Zielgruppen.

17. Spezielle Angebotsstrategien für das Beherbergungsgewerbe

Im Beherbergungsgewerbe spielen für die Marketingstrategien nicht so sehr die Betriebstypen (Hotel, Hotel garni, Pensionen) eine Rolle, als vielmehr die Lage eines Beherbergungsbetriebes in der Stadt oder auf dem Land und die dadurch in der Regel unterschiedliche Gästezielgruppe für Stadt- oder Landhotels.

Für die in einer Stadt liegenden Beherbergungsbetriebe sind nämlich die Geschäftsreisenden die wichtigste Zielgruppe. Dies gilt für Hotels ebenso wie für Hotel garnis und Pensionen. Folglich müssen alle drei Betriebstypen des Beherbergungsgewerbes gleiche oder zumindest ähnliche Strategien überlegen, um diese Gästezielgruppe für sich zu gewinnen.

Die ländlichen Beherbergungsbetriebe leben dagegen eher von privaten Gästen. Dies gilt ebenfalls für Hotels, in gleichem Maße für Hotel garnis und Pensionen auf dem Lande. Auch für sie kommen deshalb grundsätzlich gleiche Strategien für die gleiche Zielgruppe in Frage.

Eine Sonderstellung nehmen dagegen die reinen Ferienbetriebe ein. Sie unterscheiden sich nicht nur dadurch, daß sie „Saison haben“, also häufig auch nicht ganzjährig geöffnet sind, sondern vor allem durch die besondere Gästezielgruppe, die sich in einem bestimmten Feriengebiet erholen will und deshalb das Hotel oder die Pension nur als Nebenbedingung für den Hauptzweck des Ferienerlebnisses annimmt.

Anders ausgedrückt: der Gast eines Stadthotels und eines Landgasthauses entscheidet in erster Linie über den Ort und in zweiter Linie über den Betrieb; ein Feriengast dagegen entscheidet sich erst für eine Gegend oder einen Ort und nur als Wiederholungsgast in erster Linie für den Betrieb.

Entsprechend diesen unterschiedlichen Gästemerkmalen haben die drei unterschiedlichen Arten des Beherbergungsgewerbes auch unterschiedliche Strategien.

17.1 Marketing für städtische Beherbergungsbetriebe

Die meisten Gäste in städtischen Beherbergungsbetrieben sind Geschäftsreisende (85%), die möglichst wenig Zeit verlieren wollen und sich deshalb nur für die Nacht und das Frühstück im Hotel aufhalten. Für sie kommt es in erster Linie darauf an, daß sie sich gut ausruhen und entspannen können, den notwendigen Komfort haben und evtl. einen günstigen Preis zahlen. Für diese Geschäftsreisenden spielen Nebenleistungen wie Hotelschwimmbad usw. keine große Rolle. Ihre Verfügungsnachfrage konzentriert sich überwiegend auf ein reichhaltiges und abwechslungsreiches und vor allem frisches Frühstück. Nur in zweiter Linie weit geringer auf eine Abendmahlzeit. Daneben gewinnen aber vor allem für das Wochenende auch die privaten Kurzurlauber für das städtische Beherbergungsgewerbe zunehmend an Bedeutung. Durch die „Städtereisen" der Bundesbahn und Sonderangebote der Busunternehmer, Pauschalangebote von Reiseunternehmern sowie allgemein durch die zunehmende Mobilität unserer Kleinhaushalte wächst die Tendenz zu Wochenendreisen vor allem in interessante Städte wie Hamburg, München, Celle, Bonn, Rothenburg, Freiburg usw. Dadurch entsteht für die Hotels auch eine zunehmende Notwendigkeit zur Doppelstrategie einmal in Richtung auf die Geschäftsreisenden (vor allem während der Woche) und zum anderen in Richtung einer Verstärkung der privaten Reisetätigkeit.

Strategien gegenüber Geschäftsreisenden

Man kann sein Hotel oder seine Pension für Geschäftsreisende attraktiver gestalten durch:

- Funktionsgerechte Einrichtung und Sauberkeit des Hotelzimmers.
- Kleine Dienstleistungsaufmerksamkeiten zum Nutzen der Geschäftsreisenden wie z.B. Zubringerdienst zum Flugplatz oder zum Bahnhof, Briefservice, Zeitungsangebot, Schuhputzmöglichkeit, Hosenbügler auf den Zimmern, ausreichender und nahegelegener Parkplatz, Weckdienst usw.
- Art, Ausstattung und Variation des Frühstücksbuffets spielen für die Geschäftsreisenden eine besondere Rolle. Auch der möglichst frühe Zeitpunkt, zu dem das Frühstück angeboten wird (Frühaufsteher, Abreisende etc.).[1]
- Fernseher auf dem Zimmer ist heute fast ebenso selbstverständlich wie Telefon; werbend wäre darüber hinaus die Ausstattung von bestimmten Zimmern mit Telekommunikationsmöglichkeiten.
- Besonders sündigen viele Hoteliers bei der Ausstattung und der Lage der Einzelzimmer, obwohl die Masse der Geschäftsgäste Einzelpersonen sind, sind die meisten Hotelzimmer Doppelzimmer und werden die Einzelzimmer oft nur als „bauliche Lückenfüller" oder Notbehelf möbliert.
- Besonderen Wert legen Geschäftsreisende auf Bad, Dusche und die gesamte Naßzelle (Fitness). Hierin liegt die Überlegenheit der Konzernhotellerie gegenüber vielen mittelständischen Beherbergungsbetrieben. Dies gilt auch für die Bestückung der Naßzellen (Handtücher, Seife, Duschgel usw.)
- Besondere Pflege und Gestaltung erfordern Fassade und Eingang, weil die städtischen Beherbergungsbetriebe zu einem hohen Maße auch auf kurzentschlossene Durchgangsgäste angewiesen sind. Kleine, liebevoll gepflegte Details wie z.B. Blumenkästen vor den Fenstern, können hier viel bewirken.

- Die Gestaltung und Besetzung der Reception ist für das Klima im Hotel entscheidend. Dies gilt vor allem für die dort operierenden Personen. Deren Freundlichkeit entscheidet bereits, ob der Gast sich von Anfang an wohl oder als Nummer behandelt fühlt.
- Die Untervermietung von Hotelteilflächen zu ebener Erde an Geschäfte und Dienstleistungsunternehmen (Friseur, Zeitungsstand, Geschenkartikelladen usw.) hilft nicht nur Fixkosten abzudecken, sondern erhöht auch die Attraktivität des Hotels für die Gäste.
- Die Einrichtung der Bar entscheidet darüber, wieviel Gäste dort ihre Geschäftsbesprechungen durchführen oder sich dort abends noch niederlassen.
- Für tagungsgeeignete Hotels sind Tagungsräume und Besprechungszimmer umsatzentscheidend, weil die Gäste über diese Tagungseinrichtungen zu Übernachtungsgästen werden.
- Für Übernachtungsbetriebe in Messestädten ergeben sich für gewisse Zeiten besondere Preisfreiheiten, aber auch die Notwendigkeit zur häufig in solchen Zeiten übersehenen besonderen Berücksichtigung von Stammgästen.
- Nur die Konzernhotels beherrschen zur Zeit das Marketinginstrument der Preispolitik. Sie sind preisflexibel zu Minderauslastungszeiten und gegenüber Dauergästen, bemühen sich um Firmenkontrakte zu Sonderkonditionen und um günstige Sonderangebote in Auslastungsschwachzeiten. Sie operieren damit unternehmerischer als die meisten Unternehmerhotels.
- Vor allem mit öffentlichen Veranstaltungen kann der Bekanntheitsgrad der Hotels erhöht und ein Vorrang des Hotels im Bewußtsein der Bevölkerung erzielt werden.
- Die Werbemaßnahmen sollten sich auf die Buchungsstelle konzentrieren. Von den 85% Geschäftsreisenden der Stadthotels lassen nach unserer Befragung 53% die Übernachtungen durch ihr Büro oder ihre Firma buchen. Entsprechend muß sich die Werbung der Hotels auf die Firmen und die Sekretariate konzentrieren.

- In den Pauschalreisen der Busunternehmer liegt noch eine nicht vollständig erschöpfte Belegungsreserve für die Hotels. Deshalb müßten diese Reiseunternehmer mit Sonderangeboten verstärkt angesprochen werden.
- Die Stadtpensionen sollten sich mit ihrer Werbung auf Gästegruppen mit beschränkten Spesen konzentrieren, z.B. auf Handelsvertreter, Beamte (über die zuständige Behörde) oder die Angestellten auswärtiger Firmen. Sie können ihren Preisvorteil gegenüber den Hotels durch Prospekte, die an diese Zielgruppe verteilt werden, ausspielen.
- Wichtigste Werbemaßnahme ist aber die persönliche Betreuung der Gäste durch den Pensionswirt bzw. die Pensionswirtin. Nur hierin haben die Pensionen einen uneinholbaren Marketingvorteil gegenüber den meisten Hotelbetrieben.

Strategien gegenüber Privatreisenden

Wer als Privatreisender in einer Stadt übernachtet, hat mehr Zeit als Geschäftsreisende, sich im Hotel aufzuhalten und erwartet deshalb in der Regel eine intensivere Betreuung und neben der eigentlichen Übernachtung auch Nebenleistungen im Hotel oder in der Pension. Wer als Hotelier diese wachsende Gästegruppe in sein Haus ziehen will, muß ihnen deshalb mehr Service und mehr Nebenleistungen bieten als den Geschäftsreisenden. Die Belegung mit Privatreisenden hat den Vorteil, daß diese stärker am Wochenende nachfragen, der von den Geschäftsreisenden am wenigsten gewünschten Zeit. Das Gewinnen von Privatreisenden bedeutet also für die meisten Hotels eine Verbesserung ihrer Kapazitätsauslastung.

Um Privatreisende für den eigenen Hotelbetrieb zu gewinnen, wäre an folgende Maßnahmen zu denken:
- Sonderpreise für das Wochenende oder Pauschalpreise einschließlich Verpflegung.
- Kooperationsabsprachen mit Reiseveranstaltern.

- Werbegemeinschaften und gemeinsame Sonderaktionen mit städtischen Museen, Theatern, Sportvereinen oder anderen städtischen Einrichtungen, die Gäste von auswärts anziehen.
- Vermittlung von Theaterkarten für auswärtige Privatgäste.
- Sonderpreise für kleine Gruppen, spezielle Ehepaarpreise und Ehepaarleistungsangebote.
- Einrichtung eines Clubraumes, einer Bibliothek oder eines ähnlichen Aufenthaltsraumes für die Privatgäste im Hotel.
- Sicherstellung von Stadtführungen und Ausflügen in die Umgebung.
- Alten- und behindertengerechte Gänge, Treppen und sanitäre Einrichtungen.

Im übrigen wären die für Geschäftsgäste möglichen Strategien auch zum Teil für die Privatreisenden einsetzbar.

17.2 Marketing für ländliche Beherbergungsbetriebe

Für die ländlichen Beherbergungsbetriebe spielen die Privatgäste die dominierende Rolle. Nur wenige Landgasthäuser haben einen regelmäßigen und intensiven Geschäftsreisetourismus. Für diese auf Geschäftsreisende konzentrierten Betriebe kommen die meisten Strategien ebenfalls in Frage, welche bereits für die städtischen, auf Geschäftsreisende konzentrierten Beherbergungsbetriebe genannt worden sind.

Die meisten Privatgäste haben die ländlichen Beherbergungsbetriebe entweder im Zusammenhang mit Veranstaltungen, die sie durchführen (Hochzeiten, Geburtstags- oder Jubiläumsfeiern) oder als Tagungshotels – wenn man einmal die Ferienbetriebe als Sonderformen außer Acht läßt. Sie könnten durch folgende Maßnahmen ihren Übernachtungsumsatz verbessern:

- Sonderpreise für Veranstalter bei Pauschalbelegung einiger Zimmer des Hotels.
- Rechtzeitiges Angebot an Jubilare, Hochzeiter oder Geburtstagskinder mit rundem Geburtstag, daß ihre Privatgäste – evtl. mit Fahrdienst – im Landgasthaus willkommen seien.
- Besondere Bedeutung hat für die Gäste eine gute Küche des Landgasthauses oder Landhotels, weil sie in der Regel mit Voll- oder Halbverpflegung buchen. Das Landgasthaus mit dem besten oder reichhaltigsten Essen bleibt in guter Erinnerung!
- Sonderangebote für die Übernachtung auch Einheimischer zu Schützenfesten, Feuerwehrbällen etc. zur Vermeidung alkoholisierter Heimfahrten.
- Einrichtung neuer Zusatzangebote wie z.B. Automaten, Schwimmbad, Tennisplatz, Kinderspielplatz, Minizoo oder Reitponies.
- Vermietung dieser Freizeiteinrichtung an die Bevölkerung der Umgebung, zur Erhöhung des Bekanntheitsgrades und zur Erzielung von Nebeneinnahmen.
- Sicherstellung von Freizeitangeboten in der Gegend für längerfristige Gäste wie z.B. Radtouren, Ponyfahrten, Wandertouren.
- Anwerbung auswärtiger Veranstaltungen zur zusätzlichen Auslastung der Zimmerkapazität.
- Kooperation mit Reiseunternehmen und Touristikbüros.
- Schallisolierung zwischen Festsaal und Übernachtungszimmern.
- Sicherung von benachbarten Zusatzkapazitäten (Kooperation).
- Kooperation mit Tagungsveranstaltern, Instituten, Versicherungen, Banken usw.
- Zusammenarbeit mit Hochschulen, um Seminare und Wiederholungstagungen ins kostengünstige und ungestörte Landgasthaus zu ziehen.
- Organisation eigener Tagungen in Zusammenarbeit mit sozialen Gruppen und Institutionen.

- Zusammenarbeit mit anderen, gleichartigen Landhotels in Kooperationsringen (gegenseitige Vermittlung, kooperative Werbung, gemeinsames Markenzeichen).
- Kooperation mit Kollegen zur Gründung einer eigenständigen Werbegemeinschaft, z.B. „Reisen durch das Weserbergland".
- In der Preispolitik Absenkung des Zimmerpreises und Sonderberechnung bestimmter Nebenleistungen wie z.B. Schwimmbad, Tennisplatz, Kegelbahn usw.
- In Verbindung mit einem Sportclub, Angliederung eines bestimmten Sportzentrums z.B. für Bogenschützen, Poloreitclub.
- Hinarbeit auf eigene Identität als Hotel eines bestimmten Angebotes z.B. Bridgehotel, Keglerhotel, Schachhotel.

17.3 Marketing für Ferienhotels

Ferienhotels leben nicht aus ihrem eigenen Angebot, sondern von der Umgebung, den Naturbedingungen (Meer, Berge, Wald). Sie haben auch in der Regel Langzeitgäste, die nicht nur übernachten, sondern sich erholen, etwas erleben und sich unterhalten wollen. Diese Feriengäste kommen nur wieder, wenn sie sich im Hotel wohl fühlen, wenn sie dort ihre Ansprüche erfüllt sehen, und wenn vor allem die Ferienattraktion der Gegend ihnen so zusagt, daß sie diese Ferienumgebung mehr als Alternativen schätzen.

Ferienhotels haben es meist nicht in der Hand, für welche Feriengegend sich der Gast entscheidet. Erst wenn er sich entschieden hat, folgt die Entscheidung für ein bestimmtes Hotel seiner Wahl. Nur wer sich für die friesischen Inseln entschieden hat, fängt an, dort ein passendes Hotel zu suchen. Die erste Werbepriorität und die erste Ansprache an den potentiellen Gast muß also über die Regionalattraktion, über den Fremdenverkehrsverband, über das Touristikunternehmen oder über ähnliche kooperative Medien laufen. Damit gerät der Ferienhotelier zugleich in den Zwang, über diese Medien auch die Folgeentscheidung des sich für die Gegend entscheidenden Gastes für sein Hotel suchen zu müssen.

Die deutschen Ferienhotels stehen nicht nur in der gleichen Region untereinander in Konkurrenz; die gesamte deutsche Feriengastronomie steht vor allem mit ausländischen Feriengebieten in immer stärkerer Konkurrenz. Nur ein Drittel der Feriengäste bleibt im Inland, nur bei den Kurzzeitreisenden bzw. Zweiturlaubern finden die deutschen Ferienhotels noch die Mehrheit der Gäste.

Unter diesen Voraussetzungen kommen für die deutschen Ferienhotels folgende Marketingstrategien in Frage:

- Da Dauergäste den stärksten Kontakt mit dem Hotelinhaber gewinnen, spielt die Person des Ferienhoteliers für das Wohlbefinden, die Zufriedenheit und für das Wiederkommen seiner Gäste die entscheidendste Rolle. Dies gilt – da die Ferienhotels in der Regel Familienhotels sind – auch für die Familienmitglieder des Gastronomen. An der Unternehmerfamilie hängt es, ob in einem Ferienhotel Ferienstimmung herrscht oder nicht.
- Früher war der Urlaub in Deutschland billiger als im Ausland. Heute ist es umgekehrt, die meisten Feriengäste legen deshalb auf besondere Ausstattung und Bequemlichkeit des Hotels besonderen Wert. Sie sind auch wegen der langen Aufenthaltsdauer auf die Einrichtungen des Ferienhotels besonders angewiesen. Die Zufriedenheit und Wiederkehr der Gäste hängt also davon ab, welche Bequemlichkeit, welchen Service und welche Gesamtdienstleistungen das Ferienhotel ihnen bieten kann. Der Verbesserung dieser Angebote kommt eine entscheidende Werbewirkung zu.
- Der Standard des Ferienhotels muß auf den Standard des Feriengebietes bzw. des Ferienortes abgestellt werden. Ein Hotel mit einfachem Standard ist in ei-

nem modernen Ferienort fehl am Platze. Aber auch das hochwertigste Ferienhotel wird keine Gäste mehr zählen können, wenn der Strand weggespült oder verdreckt ist. Eine Steigerung des Ansehens des Ferienortes ist deshalb auch indirekte Werbung für das eigene Ferienhotel.

- Damit sich Langzeit-Feriengäste nicht langweilen, müssen ihnen im Hotel und kooperativ im Ort Freizeitangebote und Unterhaltung angeboten werden. Wer in den Ferien seine Freizeit an einem Ort interessant verbracht und sich gut unterhalten hat, wird diesen Ferienort wieder besuchen und möglicherweise auch im gleichen Ferienhotel einkehren.
- Bietet ein Ferienhotel besonders attraktive Aufenthaltsräume und stattet es sie mit Nebenangeboten (Automaten, Spiele, Bibliothek, Videobibliothek, Fitnesseinrichtungen) aus, so kann es dadurch auch Feriengäste anderer Hotels des Ortes an sich ziehen und Verzehr- bzw. Getränkeumsatz bei ihnen erzielen.
- Die Attraktivität des Ferienhotels kann gesteigert werden durch die Veranstaltung von Grillabenden, Kinderveranstaltungen, Kaminabenden oder ähnlichen Kontaktveranstaltungen.
- Vor allem für die Alleinreisenden hat der Hotelier Kontaktmöglichkeiten zu schaffen und sich um sie so zu kümmern[2], daß sie sich nicht alleine und von der Gemeinschaft ausgestoßen fühlen. Da deren Zahl immer größer wird, stellt dies eine immer stärkere Anforderung an die Ferienhoteliers.
- Auch in der Zimmereinrichtung hat das Ferienhotel zunehmend Rücksicht auf die Alleinreisenden zu nehmen, in dem es z.B. die Zimmer umrüstbar einrichtet (von zwei auf ein Bett) und die Alleinreisenden nicht in der Zimmerqualität benachteiligt.
- Eine besonders interessante Feriengästegruppe sind die Senioren, weil sie vor allem für die Zeit vor und nach der Hauptferienzeit (Schulferien) in Frage kommen. Deshalb müssen für sie spezielle Leistungen, Preise und Angebote in der Nebensaison bereitgestellt werden.

- Eine besondere Attraktivität kann sich ein Ferienhotel durch Sonderveranstaltungen wie z.B. Einladungen auf einen Bauernhof, Buffetabende, Hausmusikabende verschaffen und damit vor allem Wiederholungsgäste halten.
- Größere Ferienhotels könnten eine Hauszeitung für die anwesenden Gäste anfertigen und an Gäste, die in einer Kartei vermerkt sind, verschicken um dadurch die Information und den Kontakt zu halten sowie die Gäste dadurch über anstehende Veranstaltung des Hotels sowie regionale Attraktionen zu informieren.

Unter der Fülle der Möglichkeiten wird jeder Gastronom eine Maßnahme finden, die er zur Verbesserung seines Betriebes durchführen kann. Auf die unternehmerische Phantasie kommt es an, wie ein Gastronom mit den möglichen Strategien arbeitet, wie er sie kombiniert und wie er sie zum Erfolg führt.

18. Ausblick: Die Zukunft scheint sicher, aber die Anforderungen steigen!

Bei den allgemein günstigen Prognosen für unsere Wirtschaftsentwicklung und für das weiter wachsende verfügbare Einkommen unserer Bevölkerung müßte der Gesamtmarkt der Gastronomie sich weiter vergrößern. Welchen Anteil allerdings der einzelne Betrieb davon für sich gewinnen kann, hängt vor allem von der unternehmerischen Kreativität des Gastronomen selber ab. Diesem Zweck dienten die vorstehenden Anregungen. Jeder Gastronom wird hierin Möglichkeiten finden, sich selbst weiter zu schulen und seinen Betrieb zu verbessern. Nützt er diese, hat sich dieses Buch für ihn und uns gelohnt.

Die extrem hohe Fluktuationsrate in der Gastronomie zeigt aber auch, daß es nicht genügt, einmal einen bestimmten Kenntnisstand zu haben oder einmal über Marketingmöglichkeiten nachzudenken; vielmehr ist dieses eine Daueraufgabe und eine ständig neue Herausforderung.

Der Gastronomiemarkt befindet sich in starkem Umbruch. Die Konzerne dringen vor, Nachfragetrends ändern sich immer schneller und neue Angebotsformen tauchen auf, andere verschwinden wieder vom Markt. Daß trotz dieser Dynamik des Gastronomiemarktes viel zu verdienen ist und noch viel zu verdienen sein wird, zeigt das hohe Investitionsvolumen internationaler Konzerne, die gerade auf den deutschen Gastronomiemarkt drängen, weil sie ihn für interessanter als andere Märkte und Branchen halten. Wo aber Konzerne verdienen können, können die mittelständischen Unternehmer mit ihrer überlegenen persönlichen Dienstleistung ebenso oder sogar noch besser bestehen. Probleme tauchen für die mittelständische Gastronomie immer dann auf, wenn der Unternehmer selbst nachläßt, wenn er sich nicht mehr weiterbildet, nicht mehr die neuen Entwicklungen zu erkennen versucht und zu lange im alten Trott weitermacht. Die Hotel- und Gaststättenverbände haben deshalb mit Recht die Rationalisierung (Kostenrechnung) und das Marketing als Schwerpunkte ständig notwendiger Fortbildung ihrer Mitglieder erkannt. Wer von den Gastronomen sich am meisten um diese beiden Unternehmensbereiche, um Rationalisierung und um Marketing kümmert, wird seinen Konkurrenten überlegen bleiben und wird im wachsenden Markt der Gastronomie auch langfristig Erfolg behalten.

Es liegt also zumeist am Unternehmer selbst, ob seine Gaststätte oder sein Hotel im Markt abfällt, sich behauptet oder sogar wächst.

Der alte Satz gilt nicht mehr: „Wer nichts wird, wird Wirt.“ Vielmehr gilt: „Nur wer viel kann und viel will, sollte Wirt sein!“

Anhang A

Gästefragebogen

Mittelstandsinstitut Niedersachsen e.V.

Augustinerweg 20, 3000 Hannover 21, Telefon (05 11) 79 13 03

1. Welcher Altersgruppe gehören sie an?
   unter 25 Jahren ○ 25 – 40 ○ 40 – 60 ○ über 60 Jahren ○
2. Geschlecht: weiblich ○ männlich ○
3. Sind Sie selbständig ○ angestellt ○ im Haushalt tätig ○
4. Sind Sie Lohnsteuerpflichtig ○
   oder zahlen Sie Einkommensteuer ○
5. Nennen Sie bitte die Anzahl der in Ihrem Haushalt lebenden Personen ______
6. Reisen Sie überwiegend alleine ○ oder mit der Familie? ○
7. Machen Sie im Jahr einen Gesamturlaub ○
   mehrmals Teilurlaub ○
   dazu Wochenendreisen ○
8. Nennen Sie bitte den Grund Ihrer Hotelübernachtung bzw. Ihres Gastronomieaufenthaltes

	Hotel	Gastronomie
vorwiegend geschäftlich	○	○
vorwiegend privat	○	○

9. Warum besuchen Sie Gastronomiebetriebe?
   um zu essen ○
   um Getränke zu verzehren ○
   um unterhalten zu werden ○
   Kontakte mit Freunden/neuen Menschen ○
   mit dem Sportclub ○
   zu Besprechungen ○
   sonstiges ______________ ○
10. Wieviele Stunden verbringen Sie wöchentlich in Gastronomiebetrieben? einschl. Betriebskantine ____ Std.
11. Wo kehren Sie zum Essen am liebsten ein?
    in typisch deutsche Gaststättenrestaurants ○
    in Spezialitätenrestaurants ○
    in ausländische Restaurants ○
    in Selbstbedienungsrestaurants ○
    in Imbißbuden/Betriebskantine ○

warum? wegen

des Essens	○	der Preise	○
der Schnelligkeit	○	der Atmosphäre	○

12. Wieviel Zeit lassen Sie sich für das Essen?
10 min. ○ 30 min. ○ 1 Std. ○ 3 Std. ○
13. Haben Sie ein Stammlokal? ja ○ nein ○
14. Was entscheidet über Ihr Wiederkommen in einen Gastronomiebetrieb?
Ausstattung ○
Service ○
Atmosphäre/Publikum ○
Lage/Verkehrsanbindung ○
sonstiges ________________________ ○
15. Was könnte in Gastronomiebetrieben verbessert werden?
Wo könnte gespart werden?

	Verbesserungen	Einsparungen
Küchenqualität	○	○
Ausstattung	○	○
Service	○	○
sonstiges ________________________		○

16. würden Sie bei steigendem Einkommen
häufiger Gastronomiebetriebe aufsuchen ○
teurere Gastronomiebetriebe aufsuchen ○
keine Änderung ○
17. Wünschen Sie zusätzliche Dienstleistungen in Gastronomiebetrieben
Börseninformation ○
Bildungsdienst ○
kulturelles Angebot ○
Kochkurse ○
Bildschirmtext (BTX) ○
Versicherungen ○
Sekretariatsarbeiten ○
Telefon am Tisch, um Geschäfte abwickeln zu können ○
Babyaufbewahrung ○
Spiele ○
Attraktionen für Kinder ○
Verkauf von Geschenken für zu Hause ○
sonstiges ________________________ ○
18. Welche besonderen Wünsche haben Sie an die Feriengastronomie?
Hauptsache:
Gemütlichkeit ○
freundliche Bedienung ○
es ist was los ○
daß ich mir im Urlaub mal was gönnen kann ○
die Kinder sind beschäftigt ○
das Publikum stimmt ○
ich kann in Freizeit-/Wander-/Badekleidung ins Lokal ○
mal was anderes essen ○
meine ordentliche gewohnte Mahlzeit ○

20. Welches norddeutsche Urlaubsgebiet kommt für Sie in Frage?

Inseln, Küste (Urlaub am Meer)		○
Holsteinische Schweiz		○
Harz	Sommer ○	Winter ○
Lüneburger Heide		○
Weserbergland		○
Heilbäder		○

21. Könnten Sie sich vorstellen, ein Hotel in Niedersachsen zu besuchen?

ja ○	nein ○
wenn ja, zur Kur ○	in den Ferien ○
	ausschließlich geschäftlich ○

22. Welchen Hoteltyp bevorzugen Sie?

	Stadt	Feriengebiete
Pension	○	○
Hotel garni	○	○
Komforthotel	○	○

23. Buchen Sie Ihre Hotelübernachtungen?

über das Reisebüro	○
direkt per Telefon	○
über Fremdenverkehrsämter	○
direkt vor Ort	○
über die Firma	○

24. Wie teuer darf eine Übernachtung pro Person sein?

Geschäftsreise	bis 50,– DM ○	bis 120,– DM ○
		über 120,– DM ○
Urlaubsreise	bis 50,– DM ○	bis 120,– DM ○
		über 120,– DM ○

25. Welche Leistungen sind für Sie besonders

	wichtig	nicht wichtig
Ausstattung des Hotelzimmers	○	○
Restauration	○	○
Fitness- und Sporteinrichtungen	○	○
Freizeitangebote	○	○
gute Serviceleistungen	○	○
Animation	○	○
moderne Kommunikationsmittel	○	○
Massagen und Kuranwendungen	○	○
Friseur	○	○
Kosmetik	○	○

sonstiges ______________________

Jugendfragebogen

Mittelstandsinstitut Niedersachsen e.V.
Augustinerweg 20, 3000 Hannover 21, Telefon (05 11) 79 13 03

1. Welcher Altersgruppe gehören sie an?
   unter 15 Jahren ○ 15–18 Jahre ○ 18–21 Jahre ○
   21–25 Jahre ○ darüber ○
2. Geschlecht: weiblich ○ männlich ○
3. Wieviel Geld steht Ihnen monatlich etwa zur Verfügung?
   bis 50 DM ○ bis 100 DM ○ bis 200 DM ○ bis 500 DM ○
4. Wieviel Geld geben Sie monatlich etwa in Gastronomiebetrieben aus? __________
6. Wie lange dauert Ihr Gaststättenbesuch normalerweise?
   unter 30 min. ○ ½ bis 1 Std. ○ mehr als 1 Std. ○
7. Warum besuchen Sie Gastronomiebetriebe?

	ja	nein
um zu essen	○	○
– eher Hauptmahlzeit	○	○
– eher Zwischenmahlzeit	○	○
meist nur für Getränke	○	○
um meine Freunde zu treffen	○	○
um neue Leute kennenzulernen	○	○
mit dem Sportclub	○	○
um unterhalten zu werden	○	○

8. In welche Gastronomiebetriebe gehen Sie am liebsten?
   typisch deutsche Gastronomiebetriebe ○
   ausländische Restaurants ○
   Imbißbuden, Schnellrestaurants ○
   Bierkneipen ○
   Cafés, Cafeteria ○
   Diskotheken ○
9. Was gefällt Ihnen besonders an diesen Gastronomiebetrieben?
   ist gemütlich ○
   erinnert mich an den Urlaub ○
   Bedienung ist nett ○
   hier treffe ich meine Freunde ○
   ist besonders preiswert ○
   das Essen schmeckt mir besonders gut ○
   haben ein Unterhaltungsangebot (z.B. Life-Musik) ○
   – Spielautomaten, Computer ○
10. Was trinken Sie üblicherweise im Gastronomiebetrieb?
   Bier ○ Wein ○ Mixgetränke ○ andere Spirituosen ○
   Café, Espresso, Tee o.ä. ○ Cola ○ Limonade ○ Wasser ○
11. Worauf achten Sie bei Ihrer Ernährung besonders?
   darf nicht dick machen ○
   hält mich gesund und fit ○
   möglichst ohne Konservierungsstoffe ○
   nur einmal ○ zweimal ○ täglich warm essen ○

Gaststättenfragebogen

Mittelstandsinstitut Niedersachsen e.V.
Augustinerweg 20, 3000 Hannover 21, Telefon (05 11) 79 13 03

1. Besondere Merkmale Ihres Gaststättenbetriebes
   - ○ Gastronomie ○ ohne Beherbergung ○ mit Beherbergung
   - ○ Speiserestaurant
   - ○ Café
   - ○ Getränkegastronomie
   - ○ Ausflugslokal
   - ○ Saisonrestauration
   - ○ Erlebnisgastronomie (z.B. Diskothek, Künstlercafé)
   - ○ sonstiges, nämlich ________
2. Welches sind Ihre Stärken?
   - ○ Qualität der Speisen/Getränke
   - ○ Gemütlichkeit
   - ○ persönliche Betreuung
   - ○ Standort
   - ○ günstige Preise
   - ○ Luxusgastronomie (hohe Preisklasse)
   - ○ ausländische Spezialitäten
   - ○ regionale Spezialitäten
3. Akzeptieren Sie die Bezahlung durch Kredite?
   - ○ ja ○ nein

   wenn nein, warum nicht?
   - ○ kommt bei mir fast nie vor
   - ○ zu großer Verwaltungsaufwand
   - ○ muß mit dem Rechnungsbetrag in Vorlage gehen
   - ○ durch die Verwaltungskosten habe ich einen zu großen finanziellen Verlust

   wenn ja, welche Kreditkarten akzeptieren Sie?
   - ○ Eurocard
   - ○ American Express
   - ○ Kreditkarte des Einzelhandels und des Gastgewerbes
   - ○ sonstige ________
4. Sind Sie an den DEHOGA angeschlossen?
   - ○ ja ○ nein

   wenn nein, warum nicht?
   - ○ zu teuer
   - ○ hilft mir doch nicht
   - ○ will unabhängig bleiben
   - ○ sonstiges ________

   wenn ja, welche Angebote nutzen Sie bereits von Ihrem Verband?
   - ○ Informationsblatt
   - ○ Beratung
   - ○ Einkaufsgenossenschaft
   - ○ Ausbildungs-/Fortbildungsseminare
   - ○ sonstiges ________

Hotelfragebogen

Mittelstandsinstitut Niedersachsen e. V.
Augustinerweg 20, 3000 Hannover 21, Telefon (05 11) 79 13 03

1. Besondere Merkmale Ihres Hotels

Ausstattungskriterien	Standard: normal	gehoben	First-Class
Stadthotel	○	○	○
Hotelbetrieb in Fremdenverkehrsorten	○	○	○
Kurhotel	○	○	○
Hotel-garni-Betrieb	○	○	○

2. Betreiben Sie Ihr Hotel mit ________ Betten als
   ○ Eigentümer ○ Pächter ○ Manager
3. Bitte geben Sie uns die Öffnungszeiten Ihres Betriebes an
   ○ Jahresbesbetrieb ○ Einsaisonbetrieb ○ Zweisaisonbetrieb
4. Geben Sie bitte an, von welchen Zielgruppen Ihr Hotel hauptsächlich aufgesucht wird
   ○ Familien
   ○ Geschäftsreisende
   ○ eher Jugendliche
   ○ Seniorenhotel
   ○ sonstige ________
5. Nennen Sie den häufigsten Aufenthaltszweck in Ihrem Hotel
   ○ Kurhotel mit medizinischer Betreuung
   ○ Sporthotel
   ○ Kongreßhotel
   ○ Ferienhotel
   ○ Tagungs-/Schulungshotel
   ○ Clubhotel ○ sonstiges ________________
6. Nennen Sie bitte die durchschnittliche Aufenthaltsdauer Ihrer Gäste
   ________ Tage
7. Welchen Anteil am Gewinn verdanken Sie folgenden Nebenleistungen?
   ○ _____ % Restauration
   ○ _____ % Fitness-Einrichtungen
   ○ _____ % Massagen und Kuranwendungen
   ○ _____ % Friseur
   ○ _____ % Kosmetik
   ○ _____ % Untervermietung von Verkaufsflächen
   ○ _____ % Freizeitangebote
   ○ _____ % Animation
   ○ _____ % sonstiges ________________
8. Ab welcher Kapazitätsauslastung kommen Sie in die Gewinnzone?
   ○ unter 20 % ○ 20 – 40 % ○ 40 – 60 % ○ 60 – 80 %
   ○ über 80 %
9. Welche Marketingstrategien scheinen Ihnen künftig am erfolgsversprechendsten?

- ○ Anschluß an eine Werbegemeinschaft z.B. Romantik-Hotel
- ○ stärkere Zusammenarbeit mit Reiseveranstalter
- ○ stärkere Zusammenarbeit mit großen Firmen z.B. Direktmailing
- ○ Ringtausch mit anderen Hotels am Ort
- ○ Pauschalangebote
- ○ zusätzliche Attraktionen wie z.B. ____________________
- ○ Kooperation mit anderen Dienstleistungen wie z.B. ________
- ○ mehr Telekommunikation
- ○ Steigerung bzw. Senkung des Standards
- ○ Umstellung der Organisation auf ____________________
- ○ sonstiges ____________________

10. Worin sehen Sie die Entwicklungschancen Ihres Hotels?
- ○ im Familienbetrieb
- ○ im Anschluß an einer Betreiberkette/Konzern
- ○ im Bürotel
- ○ im Seniorenheim/Seniorenhotel
- ○ im Luxushotel
- ○ im Ferienhotel
- ○ im Erlebnishotel
- ○ im Tagungshotel
- ○ Angebote weiterer Dienstleistungen
  - a) als Eigenbetreiber
  - b) als Unterpächter

11. Wo glauben Sie, liegen die größten Stärken und Schwächen Ihrer Betriebsform?

	Stärke	Schwäche
○ Standard des Hotels	________	________
○ qualifiziertes Fachpersonal	________	________
○ Kostenentwicklung	________	________
○ Bettenüberkapazität	________	________
○ Organisation	________	________
○ persönliche Betreuung der Gäste	________	________
○ Image Ihres Betriebes	________	________
○ Möglichkeiten der Freizeitgestaltung	________	________
○ Flexibilität bei Marktveränderungen	________	________
○ sonstiges ____________________	________	________

12. Sind Sie an den DEHOGA angeschlossen? ○ ja ○ nein

wenn nein, warum nicht?
- ○ zu teuer
- ○ hilft mir doch nicht
- ○ will unabhängig bleiben

wenn ja, welche Angebote nutzen Sie von Ihrem Verband?
- ○ Informationsblatt
- ○ Beratung
- ○ Ausbildung/Fortbildung
- ○ sonstiges ____________________

13. Sind Sie mit den Leistungen des DEHOGA zufrieden?

○ ja ○ nein

wenn nein, welche Zusatzleistungen erwarten Sie von Ihrem Verband?

- ○ Betriebsvergleich
- ○ regionales Marketing statt durch die Fremdenverkehrsverbände
- ○ EDV-Programme
- ○ Fortbildung ○ der Mitarbeiter ○ der Hotelleitung
- ○ sonstiges ___________________

Anhang B

Kostenvergleichsrechnung

Um von zwei Investitionsalternativen die kostengünstigere Anlage zu ermitteln, wird die reine Kostenersparnis der einen gegenüber der anderen Investition errechnet (relative Wirtschaftlichkeit). Es werden deshalb nur die Kosten in die Rechnung einbezogen, die bei den Investitionsalternativen unterschiedlich sind. Dies kann entweder auf Basis der Gesamtkosten oder auf Basis der Kosten je Leistungseinheit (LE) geschehen. Dies mögen folgende Beispiele verdeutlichen:

Beispiel a: Kostenvergleich auf Basis der Gesamtkosten

	Anlage I	Anlage II
Kapitaleinsatz (DM)	88000	64000
Nutzungsdauer (Jahre)	8	8
Kapazität (Einheiten)	19200	19200
kalk. Abschreibungen	11000	8000
kalk. Zinsen (10 %)*	4400	3200
sonstige Fixkosten	2400	1300
Materialkosten	3800	3800
Lohnkosten	2200	4800
Energiekosten	1000	700
sonstige variable Kosten	900	1100
Gesamtkosten	25700	22900

Anlage II ist kostengünstiger

Quelle: Hamer, E., Wie finanziere ich meinen Betrieb? Volksbankenverlag Wiesbaden

Rentabilitätsrechnung

Die Rentabilität einer Investition ergibt sich aus dem Verhältnis von Gewinn zum eingesetzten Kapital, also als durchschnittliche jährliche Verzinsung des Kapitaleinsatzes:

$$\text{Rentabilität} = \frac{\text{Gewinn}}{\text{Kapitaleinsatz}} \times 100$$

Diese Rentabilitätsrechnung wird vornehmlich für Rationalisierungs- und Erweiterungsinvestitionen verwandt, um festzustellen, ob die Investition die Gesamtrentabilität des Unternehmens verbessert. Folgendes Beispiel kann dies verdeutlichen:

	Anlage I	Anlage II
Kapitaleinsatz	40000	70000
Kosten	47000	73500
Erlöse	51000	83000
Gewinn	5000	9500

Entsprechend der Rentabilitätsformel ergibt sich folgende Kapitalrentabilität:

$$R\,I = \frac{5000 \times 100}{40000} \qquad R\,II = \frac{9500 \times 100}{70000}$$

$$R\,I = 12{,}5\,\% \qquad R\,II = 13{,}6\,\%$$

Die Investition II bringt eine bessere Kapitalverzinsung.

* für das Investitionskapital anfallende Zinskosten

Amortisationsrechnung

Mit der Amortisationsrechnung soll der Zeitpunkt festgestellt werden, an dem die Investitionsausgaben durch die Einnahmen der Investition frühestens ausgeglichen werden. Diejenige Investitionsalternative, welche die kürzeste Wiedergewinnungszeit (= Amortisationszeit) aufweist, ist am vorteilhaftesten.

Im Unterschied zu den anderen statischen Verfahren wird bei der Amortisation nicht die Wirtschaftlichkeit eines Investitionsobjektes, sondern der Amortisationszeitraum ermittelt. Die danach anfallenden Einnahmen und Ausgaben bleiben unberücksichtigt. Die Amortisationsrechnung wird durch folgende Formel ermittelt:

bei Reinvestitionen

$$\text{Wiedergewinnungszeit} = \frac{\text{Kapitaleinsatz}}{\text{Kostenersparnis} + \text{Abschreibungen}}$$

bei Nettoinvestitionen

$$\text{Wiedergewinnungszeit} = \frac{\text{Kapitaleinsatz}}{\text{Gewinn} + \text{Abschreibungen}}.$$

Die Amortisationsdauer kann als Durchschnittsrechnung oder als Kumulationsrechnung durchgeführt werden, erstere ist am einfachsten und üblich. Sie zeigt folgendes Beispiel:

	Anlage I	Anlage II
Kapitaleinsatz	335 000	550 000
Abschreibungen pro Jahr	41 875	68 750
Nutzungsdauer (Jahre)	8	8
Gewinn pro Jahr	50 250	134 000
Rückfluß pro Jahr	92 125	202 750
Amortisationszeit in Jahren	$\frac{335\,000}{92\,125} = 3{,}6$	$\frac{550\,000}{202\,750} = 2{,}7$

Anlage II hat den kürzeren Amortisationszeitraum, ist deshalb von beiden Investitionsalternativen günstiger.

Quelle: Hamer, Wie finanziere ich meinen Betrieb?

Anhang C

Schema eines Liquiditätsplans

	Position	Letzter Monat TDM	Planungszeitr. TDM 1. M.	2. M.	3. M.
	Geldeingänge aus				
1	– ausstehenden Forderungen				
2	– geplanten Umsätzen				
3	– Mieten				
4	– Finanzanlagen				
5	– Anzahlungen				
6	– Anlagenverkäufen				
7	– Privateinlagen				
8	– sonstigen Einnahmen				
A	Summe der Geldeingänge				
	Geldausgänge für				
9	– bestehende Verbindlichkeiten				
10	– geplante Einkäufe				
11	– Personalkosten				
12	– Betriebskosten				
13	– Betriebssteuern				
14	– Finanzkosten				
15	– sonstige Kosten				
16	– Investitionen				
17	– Einlösung von Schuldwechseln				
18	– Privatentnahmen				
19	– Zahllast Mehrwertsteuer				
20	– sonstige Ausgaben				
B	Summe der Geldausgänge				
	Liquiditätsrechnung Summe der Geldeingänge (A) ⁒ Summe der Geldausgänge (B)				
C	Überschuß(+) / Defizit (–)				
21	Bankguthaben				
22	Freie Kreditlinien				
D	Summe der Liquiditäts-Res.				
23	Liquid.-Bedarf/-Überschuß pro Planungsperiode Summe C + D				
24	Übertrag Liquid.-Bedarf/-Überschuß Vorperiode				
E	Liquid.-Bedarf/-Überschuß kumuliert				

(Erläuterungen zu den Positionen auf der nächsten Seite)

Erläuterungen zu den Positionen des Planschemas auf der vorigen Seite

1 Für den nächsten Planmonat müssen die ausstehenden Forderungen nach Fälligkeit und Zahlungsgewohnheit der Kunden entsprechend ihrem wahrscheinlichen Zahlungseingang aufgeführt werden, z.B. 50 % der Forderung Eingang im nächsten Monat, 40 % im zweiten und 10 % Eingang im dritten Monat.

2 Ähnlich wie die Forderungen müssen auch die Umsätze als später entstehende Forderungen, also Geldeingänge geplant werden. Nimmt man die gleichen Zahlungseingangsprozent an, würden jeweils aus dem Umsatz des Vormonats etwa 50 % im nächsten Monat, 40 % im Folgemonat und 10 % im dritten Monat als Planung eingehen. Dies ergibt dann folgendes Bild:

Monat	Umsatz TDM	April	Mai	Juni	Juli	August
April	240	75 (50%)	60 (40%)	15 (10%)		
			90 (Einz. auftr.)			
Mai	230		65 (50%)	52 (40%)	13 (10%)	
					100 (Einz. auftr.)	
Juni	250			125 (50 %	100 (40%)	25 (10%)
		75	215	192	213	25

3 Hier werden Einnahmen aus Vermietung von Hallen, Lagerflächen oder Wohngebäuden eingetragen.

4 Bei den Finanzanlagen kommen z.B. Erträge aus den Genossenschaftsanteilen o.a. in Frage

Zu Ziffer **5** bis **7**: Diese Positionen kommen selten regelmäßig, sondern meist nur fallweise in Frage.

8 Unter sonstige Einnahmen kommen z.B. Krediteinnahmen von aufgenommenen Krediten, Lizenzgebühren, Rückzahlungen o.a. in Frage.
Die vorstehenden Positionen ergeben die Summe der Geldeingänge pro Planmonat (A).

9 Bei den Geldausgängen stehen die bestehenden Verbindlichkeiten an erster Stelle, weil sie als Zahlungsausgang zeitlich festliegen.

(Forts. nächste Seite)

(Fortsetzung)

10 Die Geldausgänge der geplanten Einkäufe werden in ähnlicher Weise wie die Geldeingänge der Umsätze entsprechend der Zahlungsgewohnheit oder den notwendigen Fälligkeiten (auf Skonti achten!) auf die Planmonate aufgeteilt.

Beispiel: Sie planen Einkäufe im April für 150 TDM, im Mai für 140 TDM und im Juni für 160 TDM. Zahlungen leisten Sie für gewöhnlich folgendermaßen: 40 % im gleichen Monat, 15 % im nächsten Monat und 5 % im übernächsten Monat; 40 % im gleichen Monat mit 3-Monats-Wechseln. Im Ergebnis verteilen sich Ihre Geldausgänge aus Planeinkäufen so:

Monat	Einkauf	April	Mai	Juni	Juli	August	Sept.
April	150	60 (40%)	22,5 (15%)	7,5 (5%)	60 (40%)		
Mai	140		56 (40%)	21 (15%)	7 (5%)	56 (40%)	
Juni	160			64 (40%)	24 (15%)	8 (5%)	60 (40%)
		60	78,5	92,5	91	64	64

11 Zu den Ausgaben unter Personalkosten gehören nicht nur Löhne und Gehälter, sondern auch Sozialabgaben, Zahlungen für freiwillige Sozialleistungen und Altersversorgungszuwendungen.

12 Betriebskosten sind Ausgaben für Reparaturen, Strom, Wasser, Öl, Treibstoff für Pkws u.a.

13 Zu den Betriebssteuern gehören noch nicht die Ertragssteuern, sondern nur die Ausgaben für Gewerbesteuern, Körperschaftssteuern, Vermögenssteuer, Grundsteuer und ähnliche ertragsunabhängige Steuern.

14 Zu den Finanzkosten zählen Ausgaben für Zinsen, Tilgungen, Leasingraten, Wechselkonten u.a.

15 Sonstige Kosten sind alle übrigen Verwaltungs- und Vertriebskosten, soweit sie insbesondere nicht unter Ziffer 12 aufgeführt sind.

16 Die Geldausgaben für Investitionsobjekte werden gesondert gerechnet (Kapitel 3.4) und in ihren Zahlungsfähigkeiten hier eingetragen.

17 Da Wechsel wegen der Folgen gefährliche Liquiditätsrisiken sind, sollten sie extra in die Planung berücksichtigt werden, um das Geld beim Fälligkeitsdatum verfügbar zu halten.

18 Da die meisten Handwerksbetriebe auch den Unterhalt der Handwerkerfamilie aus den Einnahmen bestreiten müssen, sollten diese Entnahmen geplant werden.

(Forts. nächste Seite)

(Fortsetzung)

19 Schon eingenommene, aber noch nicht abgeführte Mehrwertsteuer ist ebenso zu berücksichtigen wie . . .

20 alle anderen in den vorstehenden Positionen nicht enthaltenen Ausgaben.

21 Die Summe aller Geldausgänge wird von der Summe der Geldeingänge abgezogen und ergibt einen Liquiditätsüberschuß oder ein Liquiditätsdefizit. Im letzteren Falle muß überlegt werden, wie dies abzudecken ist. Dies könnte entweder aus bestehenden anderweitigen Bankguthaben oder aus Kreditlinien bei der Hausbank . . .

22 abgedeckt werden. Beide Positionen bilden die sogenannte „Liquiditätsreserve", bis zu der ein Handwerksbetrieb Zahlungsdefizite riskieren kann.

23 Geht ein Defizit über diese Liquiditätsreserve hinaus, ist dies nur dann unschädlich, wenn man aus Überschüssen der Vormonate einen . . .

24 Ausgleich aus einem Liquiditätsüberschuß des Vormonats (Ziffer 24), durch zeitliche Streckung der Ausgaben oder durch Aufnahme eines Zwischenkredits abdecken kann. Dies wäre im nachfolgenden Beispiel für den Monat Juni notwendig.

		April	Mai	Juni
	Überschüsse/Defizite	+ 9,8 + 7,0	⁒19,0 –	⁒21,5 –
23	Liquiditätsbedarf/-Überschuß pro Planungsperiode	16,8	⁒19,0	⁒21,5
24	Übertrag Vorperiode	–	+ 16,8	⁒ 2,2
E	Liquiditätsbedarf/-Überschuß kumuliert	+16,8	⁒ 2,2	⁒23,5

Anmerkungen

Kapitel 2

[1] Tourismus-Bericht des deutschen Fremdenverkehrspräsidiums 1988, Bonn/Frankfurt 1988, S. 12

[2] Das Schwerpunktprogramm der Bundesregierung von 1975 geht sogar von einer Beschäftigtenzahl von 1,5 Mio. Menschen aus, die insgesamt im Fremdenverkehr beschäftigt sind.

[3] Das statistische Bundesamt verzeichnete für das Jahr 1988 insgesamt für den

– Straßen- und Fahrzeugbau und die Reparatur von Fahrzeugen Beschäftigte	862.228
davon:	
– für die Herstellung von Kraftwagen und -motoren Beschäftigte	461.420
Vergleichszahlen Juni 1989:	
– Beschäftigte Straßen- u. Fahrzeugbau u. Rep. v. Fahrzeugen	856.298
davon:	
– Beschäft. Herstellg. v. KFZ und KFZ-Motoren	464.141

[4] z.B. für Handelsvertreter oder Reisende; bei Tagungen, Fortbildungsveranstaltungen, Konferenzen u.a.

[5] Meyerhöfer, Walter, ifo-Studie Nr. 33, Struktur und Wettbewerbsverhältnisse im Gastgewerbe in der Bundesrepublik Deutschland: Konsequenzen und Perspektiven für die kleinen und mittleren Unternehmen, München 1987, S. 20 f.

Kapitel 3

[1] Hoffmann, Moritz, Die Geschichte des deutschen Hotels, Heidelberg 1961, S. 11

[2] Tabernene war die zu der damaligen Zeit gebräuchliche Bezeichnung für unsere heutigen Schankwirtschaften.

[3] Das lex visigotorum bestrafte alle Bürger, die das freie Recht auf Gastfreundschaft verweigerten.

[4] Hoffmann, M., a.a.O., S. 18 f.

[5] Postmonopol Thurn und Taxis

[6] Franchise-Systeme in der Gastronomie, München 1980, S. 125 ff.

[7] Hitler hatte versprochen, jedem deutschen Haushalt einen Lebensstandard zu ermöglichen, der ihm mindestens Sonntags ein „Huhn im Topfe" garantiere – ein für damalige Zeit unvorstellbarer Massenluxus.

[8] z.T. durch neue Finanzierungsmethoden wie z.B. Abschreibungsgesellschaften u.a.

[9] vgl. unten Kap. 11

[10] Hemmer, Edmund, IW-Trends Februar 1989, Dokumentation Personalzusatzkosten im produzierenden Gewerbe und im Dienstleistungsbereich, Köln, Januar 1989

[11] So die empirische Untersuchung von Nischlag/Kuhn, Binnenhandel und Binnenhandelspolitik, 3. Auflg., Berlin 1980, S. 85 ff.

[12] Freudenmann, H., Planung neuer Produkte, S. 8, Stuttgart 1965

[13] Vgl. dazu Berger, Sylvia, Ladenverschleiß, in: Mitteilung des Instituts für Handelsforschung, Köln Nr. 7/1977, S. 89 ff.

Kapitel 4

[1] So auch der Verfasser in: Das mittelständische Unternehmen, Stuttgart 1987, S. 108-110

[2] Vgl. dazu die Kundenbefragung unten

[3] Z.B. Buchungen innerhalb der Hotelkette und Taxileistungen u.a.

[4] Z.B. die Systemgastronomie im fast-food-Bereich

[5] Z.B. durch Unterlassen von baulichen Modernisierungen oder Instandhaltungen bzw. durch schlechtes oder unfreundliches Personal

[6] Mac Donalds, Burgerking u.a.

[7] Z.B. Disco's

[8] Vgl. dazu unten Kap. 12, Empirische Ergebnisse

[9] Kapazität wird in diesem Sinne verstanden als das Leistungsvermögen des Betriebes bestehend aus Bettenzahl und Serviceleistung.

[10] Anmerkung: z.B. Bierkneipen, Getränkehallen, Getränkeverkauf außer Haus

[11] Z.B. Prämium-Produkte von Mövenpick

[12] Vgl. Lizenzwerbung von Mövenpick; FAZ vom 21.6.89

Kapitel 5

[1] Vgl. dazu Mittelstandsinstitut Niedersachsen Band 7, die Frau im Mittelstand, Hannover 1983

[2] Hamer, E., Das mittelständische Unternehmen Stuttgart 1987, S. 128 ff und 346 ff.

[3] Hamer, E., Die Unternehmerlücke, Stuttgart 1986, Seite ??
Das mittelständische Unternehmen, Stuttgart 1987, Seite 317 ff.

[4] Hamer, E., Wie Unternehmer entscheiden, Stuttgart 1988, S. 44 ff., S. 111 ff.

[5] Reissen, M., Die Absatzpolitik, Seite 65 ff.

[6] Vgl. dazu Hamer, Franchise-Träume von Selbständigkeit in: Beiträge zur Mittelstandsökonomie, Hannover-Minden 1988, S. 20 ff.

[7] Z.B. bei Tennisveranstaltungen, Turnieren, Galopprennen, Springreitturnieren u.ä.

[8] Zum Teil gehört den Franchise-Nehmern der Einzelbetriebe nicht einmal das, was abends in der Kasse ist, sondern sie haben dies abzuführen und bekommen nur einen Anteil

[9] Statistisches Bundesamt, Handels- und Gaststättenzählungen, Fachserie 6, Ausgabe 1979

[10] Reissen, M., a.a.O., S. 35 ff.

[11] Vergleiche § 15 I Nr. 1 i.V. mit Abs. II

[12] Z.B. Gefängnisanstalten, Hochschule, Stadtverwaltungen

[13] Vgl. unten Kapitel 14

[14] Hoffmann, M., a.a.O., S. 30 f.

Kapitel 6

[1] Hamer, E., Das mittelständische Unternehmen, Stuttgart 1987
[2] Vgl. vorne Kapitel 5.1.1,
[3] Es gibt nur wenige Ausnahmen hiervon wie z.B. Königshof oder Bayrischer Hof in München, Hotel Vier Jahreszeiten in Hamburg
[4] Hamer, E., Wie Unternehmer entscheiden, Stuttgart 1988
[5] Deshalb haben die Unternehmer eine deutlich geringere Scheidungsquote als Manager; Emanzipationsprobleme gibt es im Familienbetrieb nicht, weil jeder so viel tun kann wie er will und sich so im Betrieb verwirklichen kann wie er will.
[6] Hamer, W., Wie Unternehmer entscheiden, Stuttgart 1988
[7] Vgl. Hamer, E., Wie Unternehmer entscheiden, S. ??
[8] Hotel- und Gaststättenstatistik 1979

Kapitel 7

[1] Das Adressenmaterial auf dessen Basis die Handels- und Gaststättenzählungen vorgenommen werden, stammt aus den Finanzverwaltungen
[2] Vgl. dazu Kap. 2, S. 5
[3] Hamer, E. Das mittelständische Unternehmen Seite 88 ff.
[4] Statistisches Bundesamt, Umsatzsteuerstatistik
[5] Die Zahlen für 1989 wurden hochgerechnet
[6] Die aktuellste Handels- und Gaststättenzählung ist aus dem Jahr 1985
[7] Statistisches Bundesamt, Umsatzsteuerstatistik
[8] Statistisches Jahrbuch 1987, Seite 249, Ziffer 1116
[9] Vergleiche Statistisches Jahrbuch 1987, S. 467
[10] Statistisches Bundesamt, Umsatzsteuerstatistik, Basis Jahr 1980 = 100, beachte ohne Umsatzsteuer
[11] 1984 bei knapp 275.000,– DM
[12] Da bisher die aktuellsten Zahlen über den Gastronomiebestand aus dem Jahre 1986 stammen, wurden auch die Durchschnittsumsätze auf der Basis 1986 berechnet.
[13] Da bisher die aktuellsten Zahlen über den Gastronomiebestand aus dem Jahre 1986 stammen, wurden auch die Durchschnittsumsätze auf der Basis 1986 berechnet.
[14] Vgl. ifo-Studie, a.a.O, S. 51 ff.
[15] DWIF
[16] Anlagevermögen in % der Bilanzsumme ermittelt, bbg Düsseldorf, Betriebsvergleich 1986 und DWIF Hotelbetriebsvergleich 1985
[17] DWIF-Hotelvergleich 1985, bbg Düsseldorf, Betriebsvergleich 1986
[18] Quelle: Tourismusbericht 1987, a.a.O., S. 13
[19] Vgl. Kap. 12, Empirische Ergebnisse
[20] 1987 vgl. Statistisches Jahrbuch, S. 249 DWIF, Hotelbetriebsvergleich 1985
[21] Vgl. die empirische Erhebung Kap. 12
[22] Quelle, Tourismusbericht 1987, a.a.O., S. 13

Kapitel 8

[1] Konrad-Adenauer-Stiftung, Politische Akademie, Bevölkerung der Bundesrepublik Deutschland, Modellrechnung der deutschen Bevölkerung bis 2030, Bonn 1986

[2] Vgl. Hamer, E., Lebensversicherung und Mittelstand, in: Mittelstandsökonomie 1989, Schriftenreihe des Mittelstandsinstituts Niedersachsen, Band 20, S. 112, 113

[3] Vgl. Hamer, E., Entwicklungstrends der deutschen Wirtschaft in: Mittelstands- und Verwaltungsökonomie, Schriftenreihe des Mittelstandsinstituts Niedersachsen, Band 17/1988, S. 57 ff.

[4] Statistisches Jahrbuch 1986

[5] Die meisten Prognosen sagen sogar eine Erhöhung um mehr als 2,5% voraus

[6] Prognos, Unternehmer Buch bei Poller, Die Bundesrepublik Deutschland, 1985/1990/2000, Stuttgart 1983, S. 25 ff.

[7] Irrgang, Prof. Dr. Wolfgang, Die Gastronomie im Jahr 2000, Referat auf dem HO-RE-CA-Kongreß 1985, Düsseldorf, S. 22 ff.

[8] Maslow, A.M., A Theory of human Motivation, in: Psychological review 1943, S. 370 ff.

[9] Meffert, Prof. Dr. Heribert, Marketing, 7. Aufl., München 1987, S. 422

Kapitel 9

[1] Bäckereien, Metzgereien, o.a.

[2] Vgl. Tourismusbericht des deutschen Fremdenverkehrspräsidiums 1988, S. 37/38

[3] Tourismusbericht DFP 199, S. 37

[4] Tourismusbericht DFP 1988, S. 37

[5] Tourismusbericht DFP 1988, S. 37

[6] Tourismusbericht DFP 1988, S. 38 und S. 61 ff.

[7] Vgl. Hamer, E., Wie Unternehmer entscheiden, Stuttgart 1988 S. 125 ff.

[8] Freyer, Walter, Tourismus, München 1988, S. 90

[9] Freyer, Walter, Tourismus a.a.O., spricht sogar von 129 Mio. geschäftsbedingter Reisen, (S. 90)

[10] Zahlen entnommen aus Freyer, W., a.a.O., S. 89, der sich auf eine LAE-Leseranalyse 1985 bezieht

[11] Weltweit werden in den Industrieländern 11 % des Konsumeinkommens für Reisen ausgegeben.

[12] Dies entspricht ca. ⅔ ihres Monats-Nettogehaltes

[13] Freyer, Dr. Walter, a.a.O., S. 103

[14] Vgl. Freyer, Walter, a.a.O., S. 103

[15] Krippendorf, Jost, Freizeit und Tourismus, Berner Studien zum Fremdenverkehr, Heft 22, Bern 1986, S. 62 ff.

[16] Vgl. unten Kapitel 11

[17] Vgl. unten die Strategien Kap. 16, 17

Kapitel 10

[1] Vgl. Hamer, E., Bürokratieüberwälzung auf die Wirtschaft, Hannover 1979, S. 25 ff.

[2] Vgl. Hamer, E., Bürokratieüberwälzung auf die Wirtschaft, S. 139 ff.

[3] Vgl. Hamer, E., Bürokratieüberwälzung in der Wirtschaft, S. 49 ff., = DM 5.012,40

[4] Vgl. Hamer, E., Bürokratieüberwälzung auf die Wirtschaft, S. 115 ff.

[5]

Belgien	6 %	generelle MwSt-Sätze 19,0 %
Frankreich	7 %	18,6 %
Italien	9 %	18,0 %

Luxemburg	6 %	12,0 %
Niederlande	5 %	19,0 %
Spanien	6 %	12,0 %
Portugal	8 %	16,0 %

England bei Aufenthaltsdauer von mehr als 28 Tagen 0,0 %

aus: Presse- und Informationsbüro der Kommission der Europäischen Gemeinschaften, München

[6] Vom 1.4.1971

[7] § 68 Zif. 7 AO

[8] BFH Bundessteuerblatt 1986 II, S. 88 und 93

[9] Vgl. DEHOGA, Memorandum zur Vereinsgastronomie 1985

[10] Hrsg.: Niedersächsischer Hotel- und Gaststättenverband im DEHOGA e.V., Weißbuch Schwarzgastronomie, Hannover 1984

[11] Hamer, E., Mittelstand, Träger der Marktwirtschaft, Schriftenreihe des Mittelstandsinstituts Niedersachsen, Band 10, 1984, S. 99 ff.

[12] Die Mitarbeiter bekommen bestimmte Tische als Umsatzmöglichkeit und eine Umsatzbeteiligung für diese Tische, so daß sie statt an der Leistung von Arbeitszeit an der Leistung von Umsatz interessiert werden.

Kapitel 11

[1] Vgl. hierzu die ausführlichen Erklärungen in: Sanierungskonzepte für existenzbedrohte Hotel- und Gaststättenbetriebe, Gastgewerbliche Schriftenreihe Nr. 52

[2] Betriebsvergleich Gastgewerbe 1985/86, BBG Düsseldorf. Entwickelt wurde dies innerhalb des besonderen Kontenrahmens für die Gastronomie (gleiche Quelle, S. 84/85).

[3] Vgl. ausf. dazu Hamer, E., Machtkampf im Einzelhandel, Schriftenreihe des Mittelstandsinstituts Niedersachsen, Band 13, Hannover 1986

[4] Z.B. „Kiek in"-Hotel-Kooperation

[5] Z.B. die Salattheken der Currasco-Restaurants, Restaurant Walter-Spiel in München mit warmen Buffets u.a.

[6] Vgl. unten Kap. 15

[7] Vgl. Hamer, E., Das mittelständische Unternehmen

[8] Vgl. Hamer, E., Wie finanziere ich meinen Betrieb, ein Leitfaden der Volksbanken und Raiffeisenbanken für Handwerks- und Mittelbetriebe, 2. Auflage., Wiesbaden 1986, S. 70 (zu haben bei jeder Volksbank und Raiffeisenkasse)

[9] Vgl. Anhang S. ??

[10] Vgl. ausführlich dazu Hamer, E., Wie finanziere ich meinen Betrieb?, a.a.O. S. 68 ff.

Kapitel 12

[1] Gemeinsam mit dem niedersächsischen Wirtschaftsminister und dem Niedersächsischen Hotel- und Gaststättenverband sowie unter Hilfe des Deutschen Hotel- und Gaststättenverbandes und der Betriebsberatung Gastgewerbe, Düsseldorf

[2] Dies schließt nicht aus, daß einzelne Gastronomiekonzerne für sich solche Untersuchungen haben. Sie geben sie jedoch nicht heraus, so daß sie nicht allgemein verfügbar sind.

[3] Vgl. Hamer, E., Wie Unternehmer entscheiden, Poller-Verlag, Stuttgart, 1988

[4] Vgl. Hamer, E., Machtkampf im Einzelhandel, Hannover/Minden, 1986, Schriftenreihe des Mittelstandsinstituts Niedersachsen Nr. 13
[5] Statistisches Bundesamt, Umsatzsteuerstatistik und Meßzahlen, GfK-Handelsforschung sowie Deutscher Fachverlag vgl. hierzu ebenso ifo-Studie, a.a.O., S. 34 ff.
[6] Vgl. Anteile der Umsatzsteuerstatistik 1988 in Kap. 7.
[7] Um ein Bild über die Zusammensetzung innerhalb der einzelnen Betriebsformen gewinnen zu können, folgte der Verfasser der Einteilung entsprechend des DWIF-Hotelvergleichs 1985, a.a.O.
[8] Vgl. ausführl. Hamer, E., Wie Unternehmer entscheiden, Band 18 der Schriftenreihe des Mittelstandsinstituts Niedersachsen, Hannover 1988, S. 37 ff., 125 ff.
[9] Ausführl. dazu Hamer, E., Das mittelständische Unternehmen, Stuttgart 1987
[10] Bis zu 60.000,– DM Umsatzfreigrenze.
[11] Vgl. dazu vom Verf.: Statt Wochen- die Jahresarbeit, in: Mittelstand, Motor der Marktwirtschaft, Band 14 der Schriftenreihe des Mittelstandsinstituts Niedersachsen, Hannover 1986, S. 22 ff.
[12] Gemeint sind die „Zumutbarkeitsregelungen" der Sozialverwaltungen vgl. Hamer, E., Bürokratieüberwälzung auf die Wirtschaft a.a.O.
[13] Hamer, E., Bürokratieüberwälzung auf die Wirtschaft, Hannover 1979
[14] Vgl. Hamer, E., Bürokratieüberwälzung auf die Wirtschaft a.a.O.
[15] Vgl. oben Kap. 10.
[16] Hamer, E., Die Iden des März – Politik und wirtschaftliche Folgen, in: Mittelstand, Träger der Marktwirtschaft, Minden 1984, S. 115 ff. und Hamer, E., Wie Unternehmer entscheiden, a.a.O., S. 50 ff.
[17] Vgl. dieses Kapitel, „Am häufigsten genannte Schwierigkeiten der Gastwirte"
[18] Vgl. oben Kap. 11.1
[19] Vgl. Hamer, E., Das mittelständische Unternehmen, Stuttgart/Hannover 1987, Band 15 der Schriftenreihe des Mittelstandsinstituts Niedersachsen, S. 49 ff.
[20] Zuerst 1979 in dem Buch: Bürokratieüberwälzung auf die Wirtschaft, Hannover.
[21] Vgl. oben Kap. 10
[22] Vgl. dazu vom Verf.: Statt Wochen- die Jahresarbeit, in: Mittelstand, Motor der Marktwirtschaft, Band 10 der Schriftenreihe des Mittelstandsinstituts Niedersachsen, Hannover/Minden 1986.
[23] Vgl. unten Kap. 16
[24] Vgl. dazu oben Kap. 11.2
[25] Vgl. ausführl. dazu Hamer, E., Wie Unternehmer entscheiden, Stuttgart 1988, S. 37 ff., 79 ff.
[26] Wie Unternehmer entscheiden a.a.O., S. 79 ff.
[27] Vgl. oben Kap. 12.2
[28] Vgl. dazu oben zur Zielgruppenanalyse Kap. 9
[29] Vgl. dazu auch die Freizeitprognosen oben Kap. 8
[30] Vgl. dazu oben Kap. 11.2, 11.3
[31] Z.B. sozialer Abstieg des Viertels oder der Straße.
[32] Vgl. deswegen unten Kap. 17
[33] Es gibt bereits 28 solcher mittelständischer Hotelverbände, die sich untereinander helfen, vermitteln und austauschen, vgl. Tourismusbericht 1988.
[34] Vgl. dazu auch Hamer, E., Die Unternehmerlücke, Stuttgart 1984, S. 34 ff. und vom Verf.: Das mittelständische Unternehmen, Stuttgart 1987, S. 128 ff.
[35] Vgl. dazu oben Kap. 12.3
[36] Vgl. auch dazu Hamer, E., Bürokratieüberwälzung auf die Wirtschaft a.a.O.,
[37] Dazu ausführl. Hamer, E., Bürokratieüberwälzung auf die Wirtschaft, Hannover 1979

[38] Vgl. dazu Hamer, E., Machtkampf im Einzelhandel und „Zuliefererdiskriminierung“, Schriftenreize des Mittelstandsinstituts Niedersachsen, Bände 13 und 19
[39] Vgl. ausführl. dazu Hamer, E., Das mittelständische Unternehmen, a.a.O., S. 321 ff.
[40] Vgl. dazu die Monographie des Verf.: Die Unternehmerlücke, Stuttgart 1984
[41] Vgl. dazu unten Kap. 15
[42] Vgl. unten Kap. 16

Kapitel 13

[1] NGZ-Umfrage, veröffentlicht im NGZ-Service-Manager 10/88
[2] Vgl. dazu Freyer, a.a.O., S. 88 ff.
[3] Vgl. Tourismusbericht des Deutschen Fremdenverkehrspräsidiums 1988, a.a.O., S. 30 ff.
[4] Von netto 1600 Stunden im Jahr.
[5] Vgl. oben Kap. 4
[6] Vgl. dazu unten Kap. 15, 16, 17
[7] Hotelbefragung Frage 4, vgl. oben Kap. 12
[8] Z.B. NGZ-Seniorenuntersuchung 1988
[9] Nach dem Bundesausbildungsförderungsgesetz (Bafög)
[10] In den vorstehenden Antworten ist die neuerliche Tendenz noch nicht berücksichtigt, daß neben der ausländischen Billiggastronomie nun auch eine ausländische Spitzengastronomie eine zunehmende Bedeutung gewinnt. Die Antworten bezogen sich im wesentlichen auf die ausländische Billiggastronomie.
[11] Ab 18 Jahre die Entwicklung von der unverbindlichen Freundschafts-Gemeinsamkeit zu der verbindlichen Zweisamkeit.
[12] Vgl. Irrgang, Prof. Dr. Wolfgang, Die Gastronomie im Jahr 2000, Düsseldorf 1985
[13] So Sozialstatistik 1988.
[14] Vgl. vom Verf.: Lebensversicherung und Mittelstand, in: Beiträge zur Mittelstandsökonomie, Jahressammelband 1989, Mittelstandsinstitut Niedersachsen, Hannover/Minden, S. 112
[15] In diesen statistischen Hochrechnungen ist allerdings die Bevölkerungsveränderung durch die Zuwanderung der Jahre 1989/90 noch nicht berücksichtigt. Sie wird geringe Änderungen der Langzeitentwicklung mit sich bringen, aber keine grundsätzlichen.
[16] 12.669.092 Rentner lt. Statistisches Bundesamt, VZ vom 25.5.87
[17] Vgl. oben Kap. 8.1
[18] Vgl. oben Kap. 12
[19] Etwa Cafés, Konditoreien und die Gastronomie der Kurbäder.
[20] Das BAT-Freizeitinstitut, Ist – Verhalten der Wunsch – Verhalten von Frührentnern und Pensionären im Vergleich, NGZ-Service Manager 10/88 S. 144
[21] Während dies im Durchschnitt aller Befragten 47,3 % für die Ausländergastronomie waren.
[22] NGZ-Service Manager 10/88 a.a.O.
[23] Leserumfrage „Junge Senioren“, NGZ-Service Manager 10/88 S. 5
[24] Vgl. die genauen Prozentwerte oben Kap. 12.4
[25] USA, Frankreich oder Italien
[26] Vgl. unten zu den Strategien Kap. 15/16

Kapitel 14

[1] Vgl. unten unter den Strategien, insbesondere zur Erlebnisgastronomie Kap. 16
[2] Vgl. dazu oben bei den Strategien Kap. 15, 16
[3] Vgl. unten Kap. 16
[4] Vgl. unterschiedliche Abschreibungssätze im EStG
[5] Vgl. weiter oben in diesem Kapitel unter Gegenwartsanalyse

Kapitel 15

[1] Dazu das nächste Kap. 16
[2] Asbach-Studie, a.a.O., S. 119
[3] GfK Marktforschung, Anders, H.J., Der niedersächsische Fremdenverkehr im nationalen Wettbewerb, Situationsanalyse und Wettbewerb, Nürnberg/Bad Pyrmont 1987, S. 1 f.
[4] GFK Marktforschung, a.a.O., S. 3 ff.
[5] Z.B. Party-Service, Außer-Haus-Verpflegung, Familienfeiern u.a.
[6] Vgl. oben Kap. 5
[7] Vgl. Hamer, E., Wie Unternehmer entscheiden, a.a.O., S. 79 ff.
[8] ADAC-Hotel, Rotary-Hotel usw.
[9] Kap. 15.3.1
[10] Vgl. Marketing für gastgewerbliche Klein- und Mittelbetriebe aus: Gastgewerbliche Schriftenreihe Nr. 55 des Dehoga Bonn 11/1985, S. 46 ff.
[11] Vgl. unten bei den Strategien Kap. 16
[12] Gemeint sind die variablen, d.h. durch die Produktion erst entstehenden Kosten, vgl. hierzu Kap. 11
[13] Ausnahme: Snoblokale
[14] Ausführlich in Hamer/Linke, Marketing-Handbuch für das Handwerk, Hannover 1981, S. 144 ff.
[15] Ausführlich dazu Hamer E., Marketing Handbuch für das Handwerk a.a.o. S. 151 ff.
[16] Vergleiche ausführlich Hamer E. Marketing-Handbuch für das Handwerk, a.a.o.S. 164 ff.
[17] Vgl. oben Kap. 14
Die Beispiele reichen von den Tankstellen bis zur Automobilindustrie
[18] Vgl. vom Mittelstandsinstitut Niedersachsen: Spielhallen in der Kontroverse, Hannover 1988
[19] Als einer der trendweisenden Betriebe in der Bundesrepublik kann sicherlich der „Berliner Spielpark" in Wuppertal genannt werden, bei dem mit Erfolg versucht wurde, Gastronomie und Spielsaal miteinander zu verbinden.
[20] Das bedingt beispielsweise ein enges Zusammenrücken der Gäste um Zentralpunkte wie z.B. die Theke und das Schaffen von intimen Ecken, in denen sich Gruppen oder Paare unterhalten können.
[21] Im Durchschnitt gehen die Deutschen bereits mit 58 Jahren in „Rente".
[22] Vergleiche ausführlich Hamer/Linke Marketing Handbuch, a.a.o.S. 194 ff.

Kapitel 16

[1] Vgl. dazu: Impulse 10/89 S. 41 f.
[2] Meistens Verrechnung des Eintrittsgeldes über Verzehrbons

Kapitel 17

[1] Am Vorabend bereitete „Thermofrühstücke“, die der Gast lieblos und ohne Service einnehmen kann, wirken abstoßend

[2] Auch Alleinreisende möchten z.B. an begehrten Tischen vielleicht mit Blick aufs Meer sitzen und nicht immer nur an den kleinsten und schlechtesten Tischen im Lokal.

Literaturverzeichnis

Anders, H.J.
Der niedersächsische Fremdenverkehr im nationalen Wettbewerb, Situationsanalyse und Wettbewerb, GFK Marktforschung, Nürnberg/Bad Pyrmont 1987

Berger, Sylvia
Ladenverschleiß, in: Mitteilung des Instituts für Handelsforschung, Köln Nr. 7/1977

Betriebsberatung Gastgewerbe für Rheinland-Pfalz GmbH
Sanierungskonzepte für existenzbedrohte Hotel- und Gaststättenbetriebe, Existenzerhaltung statt Pleite und Zwangsverkauf, Gastgewerbliche Schriftenreihe Nr. 52, Januar 1985

Betriebsberatung Gastgewerbe GmbH, bbg Düsseldorf
Angebots- und Nachfrageveränderungen im Gastgewerbe, Gastgewerbliche Schriftenreihe des DEHOGA, Nr. 50
– Betriebsvergleich für das Hotel- und Gaststättengewerbe 1985/86, Orientierungswerte für das Geschäftsjahr 1987, Düsseldorf 1987

DEHOGA
Memorandum zur Vereinsgastronomie 1986

DWIF Deutsches Wirtschaftswissenschaftliches Institut für Fremdenverkehr
Die ökonomische Bedeutung des Ausflugs- und Geschäftsreiseverkehrs in der Bundesrepublik Deutschland, Schriftenreihe Heft 39, München, Oktober 1987

Franchise-System in der Gastronomie, München 1980

Freudenmann, H.
Planung neuer Produkte, Stuttgart 1965

Freyer, Dr. Walter
Tourismus, Einführung in die Fremdenverkehrsökonomie, München 1988

Hamer, Prof. Dr. Eberhard
Bürokratieüberwälzung auf die Wirtschaft, Hannover 1979
– Das mittelständische Unternehmen, Stuttgart 1987
– Die Unternehmerlücke, Stuttgart 1986
– Wie finanziere ich meinen Betrieb, Ein Leitfaden für Volksbanken und Raiffeisenbanken für Handwerks- und Mittelbetriebe, 2. Auflage, Wiesbaden 1990
– Wie Unternehmer entscheiden, Stuttgart 1988
– Spielhallen in der Kontroverse, Hannover 1988
– Die Frau im Mittelstand, Schriftenreihe des Mittelstandsinstituts Niedersachsen, Band 7, Hannover 1983

– Mittelstand, Träger der Marktwirtschaft, in: Schriftenreihe des Mittelstandsinstituts Niedersachsen, Band 10, Hannover 1984
– Machtkampf im Einzelhandel, in: Schriftenreihe des Mittelstandsinstituts Niedersachsen e.V., Band 13, Hannover 1986
– Statt Wochen- die Jahresarbeitszeit, in: Mittelstand, Motor der Marktwirtschaft, Band 14 der Schriftenreihe des Mittelstandsinstituts Niedersachsen e.V., Hannover 1986
– Entwicklungstrends der deutschen Wirtschaft, in: Mittelstands- und Verwaltungsökonomie, Schriftenreihe des Mittelstandsinstituts Niedersachsen e.V., Band 17, Hannover 1988
– Lebensversicherung und Mittelstand, in: Mittelstandsökonomie 1989, Schriftenreihe des Mittelstandsinstituts Niedersachsen e.V., Band 20, Hannover 1989

Hamer, Linke
Marketing-Handbuch für das Handwerk, Hannover 1981

Hemmer, Edmund
EW-Trends Februar 1989, Dokumentation Personalzusatzkosten im produzierenden Gewerbe und im Dienstleistungsbereich, Köln, Januar 1989

Hoffmann, Moritz
Die Geschichte des deutschen Hotels, Heidelberg 1961

HOGA (Hotel- und Gaststättenverband)
Marketing für gastgewerbliche Klein- und Mittelbetriebe, Gastgewerbliche Schriftenreihe des DEHOGA, Nr. 55, Bonn 1985

Irrgang, Prof. Dr. Wolfgang
Die Gastronomie im Jahr 2000, Referat auf dem HO-RE-CA-Kongreß 1985, Düsseldorf

Kaub, E.
Erfolg in der Gastronomie, Frankfurt 1985

Konrad Adenauer Stiftung, Politische Akademie
Bevölkerung der Bundesrepublik Deutschland, Modellrechnung der deutschen Bevölkerung bis 2030, Bonn 1986

Krippendorf, Jost
Freizeit und Tourismus, Berner Studien zum Fremdenverkehr, Heft 22, Bern 1986

Maslow, A.M.
A theory of human motivation, in: Psychological review 1943

Meffert, Prof. Dr. Heribert
Marketing, Einführung in die Absatzpolitik, 7. Auflage, München 1987

Meyerhöfer, Walter, ifo-Studie Nr. 33
Struktur und Wettbewerbsverhältnisse im Gastgewerbe in der Bundesrepublik Deutschland: Konsequenzen und Perspektiven für die kleinen und mittleren Unternehmen, München 1987

Niedersächsischer Hotel- und Gaststätenverband im DEHOGA e.V. (Hrsg.)
Weißbuch Schwarzgastronomie, Hannover 1984

Nieschlag, Kuhn
Binnenhandel und Binnenhandelspolitik, 3. Auflage, Berlin 1989

NGZ-Service-Manager
NGZ-Umfrage, Seniorenbefugung, „Junge Senioren" in: NGZ-Service-Manager 10/1988
o.V.
– Handelsblatt, 20.6.89, Mövenpick, Anhaltendes Wachstum begründet ein weiter hohes Investitionstempo, Restaurantpläne für Mittelstädte
– Impulse, 10/89
Prognos, Unternehmerbuch bei Poller
Die Bundesrepublik Deutschland 1985/1990/2000, Stuttgart 1983
Reissen, Michael
Die Absatzpolitik von Gastronomieunternehmen, Schriften zur Handelsforschung Nr. 74, Göttingen 1986
Statistisches Bundesamt
Fachserie 2, Reihe 1.4, Kostenstrukturen im Gastgewerbe
– Fachserie 6, Handels- und Gaststättenzählung 1975, Unternehmen des Gastgewerbes
– Fachserie 14, Umsatzsteuerstatistik
– Statistische Jahrbücher
Tourismus-Bericht des deutschen Fremdenverkehrspräsidiums 1988
Bonn/Frankfurt 1988
–Weinbrennerei Asbach & Co. (Hrsg.)
Gastlichkeit im Jahr 2000, Tatsachen, Thesen, Trends, Rüdesheim am Rhein 1986, 2. Auflage 1987

Stichwortverzeichnis

H

I

J

K

L

M

N

O

Z

Automaten deutscher Hersteller (Ganselmann) beleben die Einrichtung einer Gastronomie

Automatenspiel ist Freizeitgestaltung der Gäste